OS SENTIDOS DA ALFABETIZAÇÃO

(SÃO PAULO / 1876-1994)

FUNDAÇÃO EDITORA DA UNESP

Presidente do Conselho Curador
Herman Jacobus Cornelis Voorwald

Diretor-Presidente
José Castilho Marques Neto

Editor-Executivo
Jézio Hernani Bomfim Gutierre

Conselho Editorial Acadêmico
Alberto Tsuyoshi Ikeda
Célia Aparecida Ferreira Tolentino
Eda Maria Góes
Elisabeth Criscuolo Urbinati
Ildeberto Muniz de Almeida
Luiz Gonzaga Marchezan
Nilson Ghirardello
Paulo César Corrêa Borges
Sérgio Vicente Motta
Vicente Pleitez

Editores-Assistentes
Anderson Nobara
Henrique Zanardi
Jorge Pereira Filho

MARIA DO ROSÁRIO LONGO MORTATTI

OS SENTIDOS DA ALFABETIZAÇÃO

(SÃO PAULO / 1876-1994)

5ª reimpressão

© 1999 Editora UNESP

Direitos de publicação reservados à:
Fundação Editora da UNESP (FEU)
Praça da Sé, 108
01001-900 – São Paulo – SP
Tel.: (0xx11) 3242-7171
Fax: (0xx11) 3242-7172
www.editoraunesp.com.br
www.livrariaunesp.com.br
feu@editora.unesp.br

Dados Internacionais de Catalogação na Publicação (CIP)
(Câmara Brasileira do Livro, SP, Brasil)

Mortatti, Maria do Rosário Longo
  Os sentidos da alfabetização: (São Paulo / 1876-1994) / Maria do Rosário Longo Mortatti. – São Paulo: Editora UNESP, 2000. – (Encyclopaidéia)

  Bibliografia.
  ISBN 85-7139-264-1

  1. Alfabetização – Métodos 2. Alfabetização – São Paulo 3. Alfabetização – São Paulo – História 4. Leitura 5. Leitura – História I. Título. II. Série.

99-3963   CDD-372.4109

Índice para catálogo sistemático:
1. Alfabetização: São Paulo: História   372.4109

Editora afiliada:

Asociación de Editoriales Universitarias
de América Latina y el Caribe

Associação Brasileira de
Editoras Universitárias

Para Júlia

assim como não se poderão compreender coisas novas e jovens, sem se familiarizar com a tradição, assim deverá o amor às antigas permanecer estéril e falso, se nos fecharmos ao espírito novo, que delas se origina, segundo uma necessidade histórica.

Thomas Mann

A memória, onde cresce a história, que por sua vez a alimenta, procura salvar o passado para servir o presente e o futuro. Devemos trabalhar de forma que a memória colectiva sirva para a libertação e não para a servidão dos homens.

Jacques Le Goff

SUMÁRIO

Agradecimentos *11*

Apresentação *13*

Introdução *17*

Capítulo 1
A metodização do ensino da leitura *41*

Capítulo 2
A institucionalização do método analítico *77*

Capítulo 3
A alfabetização sob medida *141*

Capítulo 4
Alfabetização: construtivismo e desmetodização *251*

Alfabetização e modernidade no Brasil
(À guisa de conclusão) *293*

Bibliografia *307*

Instituições e acervos consultados   *323*

Anexos   *325*

Índice onomástico   *361*

Índice geral   *367*

AGRADECIMENTOS

Agradeço a todos que colaboraram, direta ou indiretamente, com a produção deste livro, em particular: aos professores Ruy Lourenço Filho, Lêda M. Silva Lourenço e João Wanderley Geraldi, pelos depoimentos e cessão de textos; às professoras Magda Soares, Clarice Nunes, Maria Alice Faria e aos professores João Wanderley Geraldi, e Luiz Carlos Cagliari, pelas ricas e pertinentes sugestões apresentadas, na condição de membros da comissão julgadora do concurso de livre-docência; a Eliane Perez, Chefe da Seção de Informação Documental da Fundação Biblioteca Nacional, às bibliotecárias Lia de Matos, da Editora Melhoramentos, e Gedalva, do Arquivo "Sud Mennucci", e aos funcionários da Biblioteca da FCT, UNESP – Presidente Prudente, pelo pronto atendimento às solicitações de levantamento e reprodução de material documental e bibliográfico; às professoras Estela N. M. Bertoletti, Ana Maria C. S. Menin, Lazara Nanci B. Amancio, Elianeth Hernandez, pelo auxílio indireto na coleta de dados.

APRESENTAÇÃO

Se se pretendesse elaborar um cânone das obras fundamentais, de indispensável leitura, sobre a alfabetização, no Brasil, não vacilaria em afirmar que este livro de Maria do Rosário Longo Mortatti, que agora se publica, seria um dos que encabeçaria a lista. Esse pensamento me ocorreu desde o primeiro momento em que me chegou às mãos esta obra, ainda sob a forma de tese de livre-docência, de que tive o privilégio de ser uma das primeiras leitoras, como membro que fui da Comissão Examinadora. Era o ano de 1997, estávamos ainda, nós, os que estudamos e pesquisamos leitura e literatura, em discussões polêmicas sobre a obra de Harold Bloom, *O cânone ocidental*, há pouco divulgada entre nós, em tradução, e ao primeiro folhear da tese de Maria do Rosário, a relação imediatamente se fez: eis uma obra que teria sem dúvida lugar indiscutível num cânone brasileiro das obras sobre alfabetização! Apresento as principais razões para atribuir esse lugar e essa importância a esta obra.

Em primeiro lugar, é um trabalho inaugural, uma vez que vem preencher uma lacuna lamentável que até hoje existia na pesquisa sobre alfabetização no Brasil: a absoluta ausência de estudos históricos sobre essa questão. Na pesquisa sobre a produção acadêmica a respeito da alfabetização que vimos desenvolvendo no Centro de Alfabetização, Leitura e Escrita – CEALE, da Faculdade de Educação da UFMG, surpreendia-nos que no conjunto, bastante amplo, de todas as teses e dissertações já produzidas sobre o tema não se encontravam pesquisas históricas! Talvez dada a assustadora magnitude do renitente fracasso da escola brasileira em alfabetizar as crianças, pressionados, pois, pelos problemas do presente, esquecem-se os pesquisadores de que não há como entender o presente sem olhar o passado. A comprovação disso está nesta obra de Maria do Rosário: quanta luz ela lança sobre o hoje, recuperando o ontem! Quanta orientação o conhecer o passado nos traz, para atuar no presente!

E isto nos leva à segunda razão que justificaria colocar esta obra num cânone que se fizesse das obras essenciais sobre alfabetização, no Brasil: é que a história que nesta obra se reconstitui é a história dos métodos de ensino de leitura e de escrita, que é, na verdade, a história dos sentidos que ao longo do tempo foram sendo atribuídos à alfabetização. Estes são os aspectos que têm polarizado as discussões, as pesquisas, as intervenções na área da alfabetização nos tempos atuais: o sentido que se deve atribuir à alfabetização, os métodos de alfabetizar que desse sentido devem decorrer; mas essas discussões, pesquisas e intervenções se vêm fazendo sem alicerces, porque lhes falta a compreensão que só o conhecimento do passado que nos conduziu a este presente pode dar. Quanta luz esta obra de Maria do Rosário lança sobre este presente de polêmicas sobre sentidos e métodos de alfabetização, recuperando o passado, os processos que foram forjando e construindo essas polêmicas e esses métodos!

Finalmente, há um terceiro aspecto que é preciso destacar enfaticamente nesta obra de Maria do Rosário. Os pesquisadores, somos em geral muito ciosos das fontes que descobrimos, sobretudo se são fontes históricas, sejam primárias ou secundárias, que resultam de uma laboriosa, persistente, paciente garimpagem, o que acaba por gerar um talvez compreensível ciúme de fontes tão penosamente recolhidas. Frequentemente o pesquisador tende, por isso, a preservá-las para si mesmo, para futuras pesquisas, para futuros estudos que quer guardar para si ou, se o ciúme não é grande demais, para seus orientandos... Maria do Rosário, ao contrário, é extremamente generosa: oferece ao leitor, além da análise brilhante que delas faz, todas as fontes que identificou, aponta possibilidades de pesquisas, gera ela mesma, agora, com esta obra, uma "fonte das fontes", manancial de inúmeros estudos e pesquisas sugeridos, possibilitados, facilitados por esta generosa doação ao campo da alfabetização no Brasil.

Não há dúvida: se se pretendesse elaborar um cânone das obras fundamentais, de indispensável leitura, sobre a alfabetização, no Brasil, este livro de Maria do Rosário Longo Mortatti, que tenho a honra e o privilégio de apresentar, seria um dos que encabeçaria a lista.

Magda Soares
Agosto, 1999.

INTRODUÇÃO

I

Este livro tem sua origem em um projeto de pesquisa elaborado em 1992, com o objetivo de compreender as relações entre teorias e práticas contemporaneamente operantes no ensino da língua materna, na escola pública brasileira. Com o desenvolvimento da pesquisa documental e bibliográfica, porém, foi possível recuperar e reunir um farto e pouco conhecido conjunto de fontes primárias e secundárias, cuja análise demandou redirecionamento do projeto inicial.

Primeiramente passei a priorizar o ensino da língua escrita na fase inicial de escolarização de crianças. Essa priorização se deu em decorrência tanto da compreensão da importância dessa fase de escolarização como rito de iniciação no mundo público da linguagem e da cultura, que consolida modelos e concepções de leitura e escrita, quanto da importância estratégica que, no Brasil, foi-lhe sendo atribuída ao longo de dois processos históricos correlatos: organização de um sistema público de ensino e constituição de um modelo específico de escolarização das práticas culturais de leitura e escrita. Nesse âmbito, impôs-se ainda a necessidade de delimitar o estudo aos métodos de ensino da leitura e escrita, aspecto recorrentemente presente nas fontes documentais e indicativo de acirradas disputas que se estendem até nossos dias. Articuladamente a essas delimitações de caráter temático, foi necessário delimitar cronológica e espacialmente o estudo.[1] Quanto à delimitação cronológica, foi eleito o período compreendido entre 1876, ano de publicação da *Cartilha Maternal*, do poeta português, João de Deus, e 1994, ano de encerramento da pesquisa documental e, de certo modo, próximo do início de certas mudanças na política educacional paulista e brasileira.

Quanto à delimitação espacial, o foco recaiu sobre a situação paulista, em razão do papel desempenhado por esta província/ Estado na organização do sistema público de ensino no Brasil, em decorrência da concentração, desde meados do século XIX, de intelectuais, administradores públicos e legisladores empenhados na consecução de um projeto de modernização social fundamentado na cultura e na educação. E, à medida que se foi consolidando um modelo de ensino público em São Paulo, particularmente no tocante à articulação entre ensino normal e ensino elementar, foi-se também expandindo a experiência paulista, tomada como modelar, para outras províncias/estados brasileiros.

A partir desse redirecionamento do projeto inicial elaborei uma tese de livre-docência,[2] que, com modificações, resultou neste livro, onde abordo o problema da alfabetização, explorando os sentidos que lhe foram sendo atribuídos em decorrência das tematizações, normatizações e concretizações produzidas na província/Estado de São Paulo, entre 1876 e 1994, relativamente à "questão dos métodos" de ensino da leitura e escrita na fase inicial da escolarização de crianças.

II

Como conduzida aqui, a abordagem histórica do problema da alfabetização dialoga, por um lado, com uma tendência que, nas últimas décadas, vem-se intensificando entre pesquisadores europeus e americanos[3] e se iniciando entre pesquisadores brasileiros.[4] Mas dialoga especialmente com uma característica comum a grande parte das pesquisas em alfabetização produzidas no Brasil.

Em relação ao caso brasileiro, observa-se nas últimas décadas a intensificação de estudos e pesquisas em que predominam perspectivas de análise da alfabetização centradas na psicologia, na pedagogia e, mais recentemente, na psicolinguística, sociolinguística e linguística.[5] Apesar das diferentes perspectivas, a característica comum à maioria dessas pesquisas consiste em sua fundamentação em valores e finalidades relacionados com a necessidade de "aplicação imediata" de resultados, visando à "intervenção na realidade", critério que permite justificar e assegurar a relevância social e científica da pesquisa.[6]

No âmbito da perspectiva psicológica e em relação direta com a necessidade de "intervenção na realidade", vem-se destacando, mais recentemente, a vertente construtivista, fundamentada na psicologia e epistemologia genética de Jean Piaget e nas pesquisas realizadas por Emilia Ferreiro e colaboradores a respeito da psicogênese da língua escrita.

Disseminados por meio de traduções de livros e artigos a partir do início da década de 1980 e apresentados como indicativos de uma "revolução conceitual", os resultados dessas pesquisas vêm refutar as explicações tradicionais para os problemas relativos à alfabetização, uma vez que essas explicações não conseguem dar conta do fracasso escolar de crianças (especialmente as pobres) na fase inicial de escolarização, apesar do anúncio institucional de democratização das oportunidades educacionais. Desse ponto de vista, torna-se imprescindível enfocar os processos de aprendizagem do sujeito cognoscente e ativo, particularmente no que se refere à psicogênese da língua escrita. Não se trata, portanto, de discutir métodos de ensino, mas de se compreender o processo de construção, por parte da criança, do conhecimento sobre a língua escrita, para se buscarem procedimentos didático-pedagógicos adequados a esse processo.

Com base sobretudo nas contribuições dessa tendência construtivista, a necessidade de intervir mais urgentemente no ensino da leitura e escrita, mediante o treinamento e convencimento do professor para aplicar as novas e revolucionárias teorias, torna-se, então, imperativo e consenso na busca de mudanças no ensino acusado de tradicional, herdado do passado e tido como responsável pelo grave problema educacional, social e político representado pelo fracasso escolar, que se verifica sobretudo nas séries iniciais do ensino fundamental, na escola pública brasileira.

Mudar em relação a quê? O que é esse ensino tradicional? Quando e por que se engendra um tipo de ensino inicial de leitura e escrita que hoje é acusado de antigo e tradicional? O que representa para o momento em que ocorre seu engendramento? Qual a relação com a tradição que lhe é anterior? Como e por que ocorre sua disseminação no tempo? Como se pode explicar sua persistente permanência? Quais os sujeitos que se empenham(aram) na produção do novo e revolucionário? Por que razão e de que maneiras? Qual a relação entre tematizações, normatizações e concretizações produzidas ao longo da história desse ensino?

Que tradição é essa da qual parece ser preciso sempre se desvencilhar para se produzirem novas, modernas e legítimas utopias? Quem tematiza, quem normatiza, quem concretiza projetos de mudança? Quando? Onde? Por quê? Para quê? Para quem? Como? O que são esses projetos?

Quando, por que, por quem e como se engendra, no Brasil, a tendência à definição de certos modelos de escolarização da leitura e escrita assim como de objetos e métodos de investigação relacionados a esse ensino?

Essas são algumas das questões que permanecem ainda pouquíssimo ou apenas indiretamente exploradas, demandando abordagem de outro tipo, que: por um lado, não permita obliterarem-se as diferenças constitutivas do passado nem tampouco que se o enquadre, anacronicamente, de acordo com critérios, valores e finalidades produzidos aprioristicamente neste presente histórico e relacionados com as "propostas modernizantes" para a pesquisa acadêmica e para a alfabetização; e, por outro lado, permita compreender os problemas atuais em sua diversidade e historicidade, sem se confundir a crítica do presente seja com a nostalgia, seja com a exorcização do passado. Melhor dizendo, é preciso pensar em outras possibilidades de investigação relativamente ao ensino da leitura e escrita na fase inicial de escolarização de crianças, inserindo-o na problemática relativa às pesquisas em Ciências Humanas, neste final de século, conforme sugere Chauí:

> acolher novos temas, novos métodos, novas técnicas, novos campos de pesquisa, mas não ... por serem novos nem porque sejam garantia de uma ocupação, isto é, nem porque sejam parte da *fashion culture*, nem porque sejam garantia de emprego, mas porque fazem sentido, correspondem a necessidades e experiências reais que pedem interpretação e compreensão.[7]

III

Com o anúncio contemporâneo de "revolução conceitual" em alfabetização, explicita-se também a necessidade de se encerrar um modo de pensar, sentir, querer e agir em relação à "mais básica de todas as necessidades de aprendizagem".[8] No entanto, a despeito desse esforço de diferenciação do presente em relação ao passado, a análise das fontes documentais sobre o ensino da leitura e escrita no Brasil permite observar que anúncios e necessidades desse tipo não são exclusivos deste presente histórico, podendo ser localizados desde o final do século XIX, pelo menos.

Tanto naquela como em nossa época, a alfabetização é apresentada como um dos instrumentos privilegiados de aquisição de saber e, portanto, de esclarecimento das "massas". Torna-se, assim, necessário implementar o processo de escolarização das práticas culturais da leitura e escrita, entendidas, do ponto de vista de um certo projeto neoliberal, como fundamentos de uma nova ordem política, econômica e social. Desse modo, problemas educacionais e pedagógicos, especialmente os relativos a métodos de ensino e formação de professores, passam a ocupar não apenas educadores e professores mas também administradores, legisladores e intelectuais de diferentes áreas de conhecimento.

Tanto naquela como em nossa época, enfim, anuncia-se a necessidade de intervenção institucional na formação das novas gerações, por meio da instrução elementar, ao mesmo tempo em que se denunciam as contradições crescentes entre aspirações e realidade. A fim de superar essas contradições e construir o futuro desejado, cada presente histórico precisa se desvencilhar dos resíduos de seu passado e proceder ao ajuste e regulação de teorias e práticas pedagógicas.

A análise das fontes documentais, portanto, permite apreender, ao longo do período histórico em estudo, a persistência de uma certa tensão entre semelhanças e diferenças, no que se refere aos anúncios e necessidades em alfabetização. Enfocando mais atentamente os discursos sobre alfabetização produzidos no passado e propondo-lhes questões semelhantes às propostas aos discursos produzidos neste presente de que somos contemporâneos, é possível reconstituir certo processo histórico complexo, no qual se observa que, nas últimas décadas do século XIX brasileiro, em particular na província/Estado de São Paulo, começam a se configurar disputas pela hegemonia de projetos para o ensino inicial da leitura e da escrita em estreita relação com projetos políticos e sociais emergentes.

Essas disputas têm seu ponto de convergência e sua face mais visível e mobilizadora na questão dos métodos de alfabetização, que, desde então até os dias atuais, torna-se objeto de tematizações, normatizações e concretizações e locus privilegiado, em que se manifesta a recorrência discursiva da mudança, indicadora de uma tensão permanente entre os autodenominados "modernos" e aqueles a quem esses modernos denominam "antigos".

Da permanência conflituosa dessa tensão configura-se um movimento histórico complexo, cujo ritmo é dado pela simultaneidade entre continuidade do movimento e descontinuidade de sentidos.[9]

As características indicadoras da continuidade do movimento podem ser assim sintetizadas: produção, por parte de diferentes sujeitos em um dado momento histórico, de uma heterogeneidade de tematizações, normatizações e concretizações relativas à alfabetização, em que se sobressai a tensão entre os que propõem o novo, a partir de sínteses homogeneizadoras de seu passado recente – sentido como presente porque ainda operante no nível das concretizações –, visando a exorcizá-lo como tradicional e origem dos males legados a esse momento histórico; e aqueles que, especialmente no nível das concretizações, continuam defendendo o antigo e resistindo à mudança, que se encontra, predominantemente, proposta nas tematizações e imposta nas normatizações.

As características indicadoras da descontinuidade, por sua vez, podem ser depreendidas da análise de determinadas tematizações, normatizações e concretizações que, em determinado momento histórico, se tornam hegemônicas, como resultado de um esforço de produção de marcas distintivas da mudança em relação a uma situação contemporânea ou anterior, dada como um conjunto de semelhanças a serem superadas, mediante a produção, para o termo "novo", de um sentido distintivo e valorativo: melhor e revolucionário.

Mediante um outro e simultâneo esforço – de homogeneização das diferenças do presente e busca de consenso –, essas marcas distintivas se apresentam como atos fundadores do novo e respostas discursivamente hegemônicas às urgências sociais e políticas do momento histórico em que são produzidas, visando a impor-se como legado histórico aos seus pósteros.

Em síntese, a tensão entre modernos e antigos apreendida nos discursos dos sujeitos de época, ao longo do período histórico enfocado, permite a seguinte interpretação: visando à ruptura com seu passado, determinados sujeitos produziram, em cada momento histórico, determinados sentidos que consideravam modernos e fundadores do novo em relação ao ensino da leitura e escrita. Entretanto, no momento seguinte, esses sentidos acabaram por ser paradoxalmente configurados, pelos pósteros imediatos, como um conjunto de semelhanças indicadoras da continuidade do antigo, devendo ser combatido como tradicional e substituído por um novo sentido para o moderno.

Entendendo esses discursos como versões que certos sujeitos pretenderam deixar como imagem de si e de seu momento histórico e evitando-se aderir à interpretação e às estratégias de convencimento previstas nessas versões ou com elas disputar julgamentos de valor, é possível compreender essa persistente tensão entre modernos e antigos como correlata a uma outra tensão: entre *semelhanças*, relacionadas com o recorrente e contínuo desejo de mudança; e *diferenças*, relacionadas com os sentidos novos e descontínuos que o desejo de mudança vai gerando.

Ou seja, trata-se de uma tensão resultante – do ponto de vista da longa duração histórica – da contradição entre nova e velha tradição. Embora nova, é também tradição, que permanece como substrato, sobre o qual e a partir do qual se produzem sentidos novos e uma nova tradição, ao mesmo tempo em que se garante a preservação da memória e a continuidade da história. Embora tradição, é nova, de fato, em relação à anterior, uma vez que nela se condensa um outro e descontínuo sentido, produzido por outros sujeitos, em outro momento histórico. Na longa duração, portanto, diferentes sentidos vão-se configurando para os pares de termos "moderno"/"novo" e "antigo"/"tradicional",[10] permitindo a identificação de momentos cruciais, em que se encontram condensadas as tensões e contradições.

Com base nessas possibilidades interpretativas é possível, ainda, explicar esse movimento histórico em torno da questão dos métodos de alfabetização como indicador, no caso brasileiro, de um duplo movimento: de constituição de um modelo específico de escolarização das práticas culturais da leitura e escrita;[11] e de constituição da alfabetização como objeto de estudo e investigação, tendente, nas últimas décadas deste século, a se constituir como campo de conhecimento particular, cuja crescente sistematização passa a demandar abordagem interdisciplinar.

IV

A delimitação do período histórico focalizado neste livro – 1876 a 1994 – não tem por objetivo demarcar com exatidão o início e o fim desse movimento complexo, mas apenas situá-lo temporalmente, em conformidade com as características internas ao objeto. E também de acordo com essas mesmas características foram eleitos quatro momentos considerados cruciais para o movimento histórico em torno da questão dos métodos de alfabetização assim como para o duplo movimento de constituição apontado anteriormente.

No *primeiro momento*, sobressai-se a disputa entre os partidários do então novo e revolucionário "método João de Deus" para o ensino da leitura baseado na palavração e os partidários dos então tradicionais *métodos sintéticos* – soletração e silabação –, em que se baseiam as primeiras cartilhas produzidas por brasileiros.

Contido na *Cartilha Maternal ou Arte da Leitura*, escrita pelo poeta português João de Deus e publicada, em Portugal, em 1876, o "método João de Deus" passa a ser divulgado sistemática e programaticamente no Brasil, a partir do início da década de 1880, por Antonio da Silva Jardim, positivista militante e professor de Português da Escola Normal de São Paulo. Fortemente influenciado pelo novo método e sua base positivista, Silva Jardim passa a produzir as primeiras tematizações brasileiras a respeito do ensino da leitura e da língua materna, propondo reformas no ensino tradicional praticado até sua época.

Apesar de suas propostas não terem logrado acolhimento oficial, o combate aos métodos sintéticos e a importância social e política atribuída ao ensino da leitura por meio da atuação desse ardoroso propagandista funda uma tradição, de acordo com a qual o ensino da leitura envolve necessariamente uma questão de método, apresentando-se o "método João de Deus" como fase científica e definitiva no ensino da leitura e fator de progresso social.

O *segundo momento* se caracteriza por uma acirrada disputa entre partidários do então novo e revolucionário *método analítico* para o ensino da leitura e os que continuam a defender os ainda tradicionais *métodos sintéticos* – especialmente a silabação – e a produzir cartilhas neles baseadas.

Com a reforma da instrução pública paulista engendrada a partir de 1890, uma geração de normalistas formada pela Escola Normal de São Paulo passa a defender programaticamente o método analítico, mediante a produção de cartilhas, de artigos "de combate" e de instruções normativas para seu uso, contribuindo para a institucionalização do método no aparelho escolar paulista, situação que perdura até se fazerem sentir os efeitos da "autonomia didática" prevista na Reforma Sampaio Dória, de 1920.

No interior desse momento, encontra-se, ainda, um tipo particular de disputa entre os defensores do método analítico, permitindo classificá-los em "mais modernos" e "modernos". Esse tipo de disputa se trava a respeito do modo de processar o método analítico – a palavração, a sentenciação ou a "historieta" – de acordo com a biopsicologia da criança e acaba por fundar uma nova tradição: o método analítico como "bússola da educação".

No *terceiro momento*, observa-se, a partir aproximadamente de meados da década de 1920, uma disputa inicial entre defensores do *método misto (analítico-sintético ou sintético-analítico)* e partidários do tradicional *método analítico*, com diluição gradativa do tom de combate dos momentos anteriores e tendência crescente de *relativização da importância do método*.

Em decorrência sobretudo da disseminação, repercussão e institucionalização das novas e revolucionárias bases psicológicas contidas em *Testes ABC* (1934), de Lourenço Filho, vão conquistando hegemonia as práticas de medida do nível de maturidade necessária à aprendizagem da leitura e escrita e de classificação dos alfabetizandos, de acordo com as quais a importância do método é sistematicamente relativizada e considerada tradicional. Dessa posição resulta um ecletismo processual e conceitual, que passa a permear as tematizações, normatizações e concretizações relativas à alfabetização, fundando-se uma nova tradição: alfabetização sob medida.

O *quarto momento* se caracteriza por uma disputa que passa a se destacar a partir, aproximadamente, do final da década de 1970: entre partidários da "revolução conceitual" proposta pela pesquisadora argentina Emilia Ferreiro, de que resulta o chamado *construtivismo*, e entre os defensores – velados e muitas vezes silenciosos, mas persistentes e atuantes – dos *tradicionais métodos* (sobretudo o misto), das *tradicionais cartilhas* e do *tradicional diagnóstico do nível de maturidade com fins de classificação dos alfabetizandos.*

Assumido e disseminado como correlato metodológico das necessárias mudanças sociais e políticas pretendidas neste final de século, o construtivismo passa a ser defendido pelos "educadores progressistas", que se empenham no convencimento dos alfabetizadores, mediante produção, tradução e divulgação massivas de artigos, teses acadêmicas, livros e vídeos de combate, cartilhas construtivistas, sugestões metodológicas e relatos de experiências bem-sucedidas, visando a garantir sua institucionalização na rede pública de ensino.

No âmbito desse momento – ainda em curso, quando do encerramento da coleta de dados para a pesquisa de que resultou este livro –, observa-se a tendência a um outro tipo de disputa entre mais modernos e modernos: estes, defensores do construtivismo de base piagetiana; aqueles, defensores do interacionismo baseado na Psicologia Soviética, que tem em L. S. Vygotsky seu principal representante. Ressaltando-se o fato de se tratar de um momento ainda presente e o arriscado esforço de tratá-lo o mais objetivamente possível, observa-se a tendência a se fundar uma nova tradição e a se elevar a alfabetização à condição de campo de conhecimento, interdisciplinar por excelência.

De uma perspectiva sincrônica, cada um desses momentos cruciais[12] se apresenta como curta duração histórica. Nesse âmbito, relacionam-se dialeticamente diferenças e semelhanças, continuidade e descontinuidade, passado, presente e futuro, permitindo a apreensão de uma unidade prenhe de um sentido particular, a ser buscado e interpretado em sua "agoridade" nada imóvel.[13] De uma perspectiva diacrônica, cada um desses momentos, dada a descontinuidade de sentidos, apresenta-se como "causa do movimento", com "poder de mover", sucedendo-se na longa duração, sem que a passagem de um a outro esteja determinada por um modelo ou lei geral.[14]

O entrecruzamento dessas duas perspectivas permite que a análise e a interpretação incidam intensivamente sobre a descontinuidade de sentidos em cada um dos momentos, neles apreendendo, simultaneamente, a continuidade do movimento. Torna-se, então, possível, apreender um movimento em vórtice, cuja complexidade de ritmo deriva das "temporalidades múltiplas",[15] sintetizadas na noção de simultaneidade anteriormente apresentada.

Por outro lado, ressalta-se a dificuldade de se indicar com precisão início e término de cada momento. A indicação aqui proposta não resulta de mera transposição de marcos político-administrativos de periodização apropriados pela História da Educação, o que não implica desconsiderar nem esses marcos, quando coincidentes com os relativos ao objeto, nem a cronologia, fundamental para a compreensão do movimento apontado.

Dado que resultam especialmente da delimitação temática que identifica cada um dos momentos, os critérios para eleição desses marcos auxiliares foram formulados a partir da análise do conjunto de fontes documentais, que presentificam a recorrência discursiva da mudança e encontram-se em direta relação com a simultaneidade constitutiva do movimento.

Por essas razões, a indicação do início e término dos momentos coincide ora com a data de publicação de um documento considerado emblemático, ora com a década durante a qual determinadas manifestações começam a propor ou impor novos sentidos. É importante também ressaltar que, na longa duração histórica, a duração de cada momento tende a se estender – em estreita relação com o grau de cientificidade e convencimento logrado pelos projetos hegemônicos –, e os marcos temporais, a se tornarem mais difusos.

O fato de os momentos, assim compreendidos, sucederem-se no tempo não deve, portanto, remeter a um conceito operativo de história como temporalidade linear e ascensional em direção à culminância do processo histórico, no presente; nem tampouco como eterno retorno, ou como sucessão de ciclos de apogeu e decadência, ação e reação. Penso que, com a proposição da figura do vórtice, pode-se evitar que o movimento aqui apontado seja compreendido como mero somatório de momentos de transição, e o passado, como mero antecedente, com o intuito de elucidar o presente como fim da evolução.

V

Dentre o material documental recuperado e reunido, foram selecionados os documentos impressos e manuscritos produzidos entre 1876 e 1994 e relativos à questão dos métodos de alfabetização, no Estado/província de São Paulo. Esses documentos foram também classificados com base em critérios diretamente relacionados com sua condição de fontes para o estudo do objeto aqui produzido.

Em relação ao conteúdo, finalidade e forma de veiculação desses documentos, têm-se:

a) tematizações – contidas especialmente em artigos, conferências, relatos de experiência, memórias, livros teóricos e de divulgação, teses acadêmicas, prefácios e instruções de cartilhas e livros de leitura;

b) normatizações – contidas em legislação de ensino (leis, decretos, regulamentos, portarias, programas e similares); e

c) concretizações – contidas em cartilhas e livros de leitura, "guias do professor", memórias, relatos de experiências e material produzido por professores e alunos no decorrer das atividades didático-pedagógicas.

Em relação a seus autores, têm-se: intelectuais (acadêmicos ou não); legisladores de ensino; administradores públicos; educadores; professores; e alunos.

Quanto à sua contribuição para a produção de sentidos em cada um dos momentos, os documentos selecionados foram classificados em: *fontes primárias ou diretas* – quando se trata de documentos produzidos pelos sujeitos do momento que estiver sendo focalizado (sujeitos de época); e *fontes secundárias ou indiretas* – quando produzidos por sujeitos de um outro momento, mas contendo informações e interpretações relativas ao momento em foco. Desse modo, um mesmo documento pode ser tomado como fonte primária e fonte secundária, dependendo de sua relação com o momento em foco; e, especialmente no quarto momento, um mesmo documento poderá ser tomado como fonte documental e como texto de apoio teórico.

As fontes primárias foram ainda submetidas a outro processo de classificação. De acordo com sua representatividade relativamente a cada um dos momentos cruciais, foram considerados emblemáticos determinados documentos nos quais se encontram sintetizadas as relações problemáticas entre tematizações, normatizações e concretizações, assim como o processo de homogeneização e consensualização das versões que foram sendo legitimadas, preservadas e legadas aos seus pósteros. Dado seu caráter emblemático, tais documentos permitem, enfim, melhor apreender a simultaneidade entre sentidos descontínuos e continuidade do movimento, entre as "temporalidades múltiplas" que nele coexistem.

Entendendo-se documento como

> uma montagem, consciente ou inconsciente, da história, da época, da sociedade que o produziram, mas também das épocas sucessivas durante as quais continuou a viver, talvez esquecido, durante as quais continuou a ser manipulado, ainda que pelo silêncio,[16]

pode-se tomá-lo como portador de testemunhos de época, de natureza diversa – textos escritos, objetos, fotografias etc. –, e, simultaneamente, como elaboração histórica resultante de escolha motivada pelo ponto de vista do investigador, que elege, dentre um conjunto disponível, determinados documentos como fontes de investigação.

No caso da pesquisa de que resultou este livro, a eleição dos documentos escritos (impressos ou manuscritos) como fontes foi motivada por sua condição de texto verbal, resultante de um trabalho discursivo, consciente ou não, de determinado(s) sujeito(s) do momento histórico em que foram produzidos, assim como de seus pósteros, para os quais continuaram a existir, manipulados seja pelo combate acusatório, seja pelo esquecimento silencioso e nem sempre inocente.[17]

Evidentemente, todo ato interpretativo dirigido a determinado objeto de investigação impõe ao intérprete a necessidade de produzir discursivamente esse objeto, a partir da problematização de dados que não "falam por si" e não devem ser confundidos com o objeto de investigação. Assim também, embora condição necessária, os documentos-fontes "só falam, quando se sabe interrogá-los".[18]

Por essas razões e por entender linguagem como forma de interação humana, produzida e atuante sobre um fundo de discurso e não de silêncio,[19] e que utilizar a língua "é bem mais do que representar o mundo: é construir sobre o mundo uma representação", é agir sobre o outro e sobre o mundo, constituindo-se o sujeito do discurso como o "lugar de uma constante dispersão e aglutinação de vozes",[20] social, histórica e ideologicamente situadas, os documentos-fontes são aqui tratados como configurações textuais, mediadoras na busca de compreensão, explicação e interpretação do que foi, em cada momento, o fazer e seu sentido relativamente à alfabetização, de que resulta, de acordo com a apropriação que deles faz esta investigadora, a produção do objeto de investigação, ao longo do texto escrito em que se apresenta o resultado do trabalho investigativo.

Por meio da expressão "configuração textual", busco nomear o conjunto de aspectos constitutivos de determinado texto, os quais se referem: às opções temático-conteudísticas (o quê?) e estruturais-formais (como?), projetadas por um determinado sujeito (quem?), que se apresenta como autor de um discurso produzido de determinado ponto de vista e lugar social (de onde?) e momento histórico (quando?), movido por certas necessidades (por quê?) e propósitos (para quê?), visando a determinado efeito em determinado tipo de leitor (para quem?) e logrando determinado tipo de circulação, utilização e repercussão.[21] É, portanto, a análise integrada desses aspectos que propicia ao investigador: reconhecer e interrogar determinado texto como configuração "saturada de agoras"[22] e "objeto singular e vigoroso";[23] e dele produzir uma leitura possível e autorizada, a partir de seus próprios objetivos, necessidades e interesses.

Evidentemente, as interpretações aqui propostas com base nesses pressupostos são possibilitadas pelo fato de esta investigadora estar situada em um presente histórico, que se apresenta como futuro do passado que se quer compreender. As opções teórico-metodológicas formuladas, por sua vez, visam a propiciar a compreensão do movimento apontado (incluindo o presente desta investigação), resistindo tanto à tentação de apenas enquadrar o passado quanto à de se deixar seduzir inadvertidamente pelas interpretações dos sujeitos de cada momento.

Trata-se, portanto, de interrogar os documentos na posição de um leitor contemporâneo que se esforça por compreender simultaneamente: o sentido da experiência vivida configurada nos discursos produzidos pelos sujeitos de cada momento; a apropriação desses discursos por seus contemporâneos e seus pósteros, como mediação necessária à constituição de sentidos diferentes; a razão pela qual os discursos que, em cada momento, lograram hegemonia apresentam, de uma sucessão de acontecimentos, uma determinada versão e por que foram essas as versões preservadas no tempo e legadas aos pósteros como documentos/monumentos;[24] e as inevitáveis diferenças entre os sentidos propostos por esses sujeitos e os sentidos que hoje podemos lhes atribuir.

VI

Visando à materialização discursiva desses pressupostos e pontos de vista, na redação dos capítulos 1 a 4 foram utilizados especialmente os procedimentos descritos a seguir.

Na apresentação/problematização de cada momento crucial, optei pela utilização intensiva das fontes documentais recuperadas, reunidas, selecionadas e organizadas, privilegiando a análise da configuração textual dos documentos considerados emblemáticos e, sempre que necessário, descrevendo mais detalhadamente os documentos menos conhecidos.

E, dado que o imprescindível esforço de síntese pode, por vezes, obscurecer o caráter mediador das fontes documentais para a compreensão, explicação e interpretação do que foi o fazer e seu sentido em cada momento, utilizei-me, de maneira intensiva, do recurso às citações. Propiciando *também* aos sujeitos de época o direito à voz, esse procedimento permite ao leitor melhor observar, na polifonia de versões, a tensão entre imposições e apropriações, especialmente no nível das concretizações e dos contradiscursos "pelo baixo", os quais, embora não tenham logrado hegemonia, motivaram também a luta pelas verdades – muitas vezes "treplicantes" – que mereceram ficar registradas.

Na narração, a fim de garantir a visão do presente em sua "agoridade", foram utilizadas formas verbais no presente do indicativo e preservados os termos de época, muitas vezes com o uso recorrente de aspas, por receio de incorrer em anacronismos léxico-semânticos e para facilitar a distinção entre discursos dos sujeitos de época e o discurso sobre eles produzido neste livro.

Na citação dos documentos e títulos de textos, busquei preservar, sempre que possível, sua forma original, os grifos do autor e a ortografia de época; e, especialmente no caso de livros, foi também indicada a data da primeira edição, sempre que tiverem sido analisadas edições posteriores assim como, no caso de citações hauridas em fontes secundárias, apresentam-se primeiramente autor e data do trecho citado.

Utilizando-se desses procedimentos e a fim de facilitar a consulta e mostrar ao leitor interessado os dados e sua problematização, os quais sustentam as interpretações propostas, os quatro capítulos correspondentes a cada um dos momentos cruciais são acompanhados de notas explicativas e bibliográficas e do arrolamento das fontes documentais citadas.

Após esses, seguem-se: um capítulo à guisa de conclusão; bibliografia de apoio teórico; relação das instituições e acervos consultados; anexos, contendo outras fontes documentais não citadas nos capítulos correspondentes; índice onomástico; e índice geral.

Por fim, dado que a estruturação deste livro encontra-se flagrantemente marcada pelos diferentes momentos de escritura e reformulação assim como pela relativa autonomia de seus capítulos, é possível que, dependendo do interesse do leitor, a leitura seja iniciada pela introdução, ou em outra ordem sequencial, ou mesmo ainda que se leiam capítulos isoladamente.

VII

Ao final do trabalho investigativo desenvolvido ao longo de aproximadamente seis anos, posso avaliar que, dentre as muitas dificuldades enfrentadas para sua realização, algumas puderam ser resolvidas de maneira mais satisfatória que outras.

A principal e mais preocupante dificuldade diz respeito a três tipos inter-relacionados de tensão: entre caráter interdisciplinar do objeto de investigação e formação especializada da pesquisadora; entre pesquisa aplicada e pesquisa aplicável em educação; e entre subjetividade e objetividade científicas.

Com essa, conviveu uma dificuldade de outra ordem. Apesar de terem sido necessários constantes deslocamentos às cidades onde se situam as instituições consultadas e, sempre que possível, o material necessário e disponível tenha sido reproduzido por xérox e microfilmagem ou mesmo em manuscrito, a pesquisa foi desenvolvida sem financiamento e sem auxiliares, ao que se acrescenta a precariedade das condições de funcionamento e conservação do acervo da maioria das instituições de pesquisa em nosso país.

Mesmo assim, julgo ter recuperado e reunido uma considerável quantidade de fontes documentais, que foram submetidas a um cuidadoso processo de seleção e apresentação, o que: por um lado, permite que se considere o aparentemente lacunar – dadas as expectativas geradas pelo texto final – como acréscimo e preenchimento de um espaço inicialmente pouco ou nada ocupado; e, por outro, não consegue impedir uma inevitável sensação de incompletude, no que respeita tanto às fontes impossíveis de serem localizadas e/ou recuperadas quanto às reflexões aqui apresentadas e as opções de que decorrem.

Muitas outras são, evidentemente, as possibilidades de problematização e de interpretação dos problemas históricos da alfabetização no Brasil. A que aqui apresento, porém, longe de pretender esgotar o assunto, foi a que julguei ser a mais adequada no que se refere tanto à busca de respostas às questões formuladas inicialmente quanto à necessidade de organização de um promissor, mas ainda pouco explorado campo de conhecimento. Em que pesem todas as dificuldades, limitações e desconfortos, considero que a significativa e silenciosa permanência no tempo e nos arquivos de grande parte dos documentos reunidos indicam muitas possibilidades de desdobramentos e aprofundamentos. Muitos são ainda os caminhos a serem trilhados para a busca de soluções para o ensino de língua e literatura no Brasil, especialmente no que se refere à alfabetização, visando a contribuir para tomadas de decisão mais fundamentadas por parte dos envolvidos na busca de soluções para os problemas da educação no Brasil.

Neste livro, espero ter ao menos conseguido mostrar a viabilidade de um desses caminhos, cuja fecundidade reside justamente naquela ambivalência apontada por Certeau em relação à operação histórica:

> Por um lado, historiciza o atual. Falando mais exatamente, presentifica uma situação vivida. Obriga a explicitar a relação da razão reinante com um *lugar* próprio que, por oposição a um "passado", se torna presente. Uma relação de reciprocidade entre a lei e seu limite engendra simultaneamente a diferenciação de um presente e de um passado.
>
> Mas, por outro lado, a figura do passado guarda seu valor primeiro de representar *o que faz falta*. Com um material que, para ser objetivo, está necessariamente lá, mas conotativo de um passado na medida em que remete de imediato a uma ausência, ela introduz também a fenda de um futuro ... o lugar que ela corta ao passado é igualmente uma maneira de *dar lugar ao futuro*.[25]

NOTAS

1 A partir do material reunido ao longo dessa pesquisa documental, foi possível elaborar o Programa de Pesquisa intitulado "História do ensino de língua e literatura no Brasil", organizado em torno de cinco núcleos temáticos:

formação de professores de língua e literatura; alfabetização; ensino da língua materna; ensino de literatura; e literatura infantil. Esse Programa de Pesquisa vem sendo desenvolvido, a partir de 1994, pelo Grupo de Pesquisa que coordeno e do qual participam meus orientandos de mestrado e doutorado, dos cursos de Pós-Graduação em Educação – UNESP – Marília e em Letras – UNESP – Assis.

2 A tese intitula-se *Os sentidos da alfabetização*: a "questão dos métodos" e a constituição de um objeto de estudo (São Paulo – 1876-1994) e foi apresentada como requisito parcial para obtenção do título de Livre-Docente em Metodologia do Ensino de 1º Grau: Alfabetização, junto ao Departamento de Educação da Faculdade de Ciências e Tecnologia da UNESP – Campus de Presidente Prudente, em novembro de 1997. Essa tese, por sua vez, resultou de um relatório de pesquisa concluído em 1995 e intitulado *Ensino da língua materna no Brasil*: a "questão dos métodos" de alfabetização em São Paulo (1876-1994).

3 Como exemplos dessa tendência, ver: GRAFF, H. J. *Os labirintos da alfabetização*: reflexões sobre o passado e o presente da alfabetização. Trad. T. M. GARCIA. Porto Alegre: Artes Médicas, 1994; HÉBRARD, J. A escolarização dos saberes elementares na época moderna. *Teoria & Educação*, n.2, p.65-110, 1990. FERNANDEZ, R. *Os caminhos do ABC*: sociedade portuguesa e ensino de primeiras letras (do Pombalismo a 1820). Porto: Porto Editora, 1994; FRAGO, A. V. *Alfabetização na sociedade e na história*: vozes, palavras e textos. Trad. T. T. Silva, A. M. Hypolito e H. B. M. Souza. Porto Alegre: Artes Médicas, 1993; FURET, F., OZOUF, J. (Org.) *Lire et écrire*: l'alphabetisation des français de Calvin à Jules Ferry. Paris: Minuit, 1977 (2v.); e CHARTIER, A.-M., HÉRBRARD, J. *Discursos sobre a leitura* –1880-1980. Trad. O. Biato e S. Bath. São Paulo: Ática, 1995. Uma interessante análise da renovação nesse campo de conhecimento encontra-se em: MAGALHÃES, J. Linhas de investigação em história da alfabetização em Portugal: um domínio do conhecimento em renovação. *Revista Brasileira de Educação*, n.2, p.42-60, maio-ago. 1996.

4 O recente interesse de pesquisadores brasileiros por questões relativas às discutidas neste livro pode ser observado mediante consulta, entre outros, aos cadernos de resumos do I Congresso Luso-Brasileiro de História da Educação: *Leitura e escrita em Portugal e no Brasil*: 1500-1970 (Lisboa, 23-26 de janeiro de 1996); e do II Congresso Luso-Brasileiro de História da Educação: *Práticas educativas, culturas escolares, profissão docente* (FE–USP, São Paulo, 16-19 de fevereiro de 1998). É importante, no entanto, ressaltar aqui o caráter indiretamente precursor, no que se refere às pesquisas de fundo histórico sobre alfabetização, dos seguintes livros, que ofereceram significativas pistas para minha pesquisa documental. São eles: ARROYO, L. *Literatura infantil brasileira*. São Paulo: Melhoramentos, 1968; e PFROMM NETO, S., ROSAMILHA, N., DIB, C. Z. *O livro na educação*. Rio de Janeiro: Primor, INL, 1974.

5 Essas considerações baseiam-se em dados obtidos mediante consultas a diferentes Bases de Dados disponíveis e a SOARES, M. *Alfabetização no Brasil*: o estado do conhecimento. Brasília: MEC, INEP, REDUC, 1989, onde é inventariada, sistematizada e avaliada a produção acadêmica e científica relativa à alfabetização, veiculada no período de 1954 a 1986.

6 A respeito dessa preocupação com a "aplicação imediata" dos resultados de pesquisas acadêmicas, ver: CHAUÍ, M. Perspectivas para o futuro. In: JANCSÓ, I. (Org.) *Humanidades, pesquisa, universidade*. São Paulo: Comissão de Pesquisa FFLCH–USP, 1996 (Seminários de pesquisa, 1), p.159-71. Refletindo sobre a "inessencialidade" das Ciências Humanas, "fenômeno" que, neste final de século, vem minando o projeto moderno que deu origem às Humanidades e à Universidade, Chauí discute a proposta de "salvação modernizante" da universidade, de acordo com a qual acusadores e neoliberais propõem a "universidade de serviços", baseada na docência e pesquisa de "resultados", acarretando a destruição do trabalho autônomo e da dimensão pública da pesquisa, mediante o impedimento da aparição de sujeitos do conhecimento e a submissão da produção universitária às leis de mercado. A respeito da pesquisa em educação no Brasil, ver: WARDE, M. O papel da pesquisa na pós-graduação. *Cadernos de Pesquisa*, n.73, 1990; e CUNHA, L. A. Pós-graduação em educação: um ponto de inflexão? *Cadernos de Pesquisa*, n.77, p.63-8, 1991.

7 CHAUÍ, M., op. cit., 1996, p.169-70.

8 FERREIRO, E. *Com todas as letras*. Trad. M. Z. C. Lopes. São Paulo: Cortez, 1993, p.9.

9 ARIÈS, Ph. Uma nova educação do olhar. In: DUBY, G., ARIÈS, Ph., LE GOFF, J., LA DURIE, E. L. *História e nova história*. Trad. C. V. Ferreira. Lisboa: Teorema, 1988, p.21-31.

10 Essas considerações inspiram-se nas reflexões sobre o sentido dos termos "moderno", "novo", "antigo" e "tradicional", contidas em: SCHORSKE, C. E. *Viena Fin-de-Siècle*: política e cultura. Trad. D. Bottmann. Campinas: Editora da Unicamp: São Paulo: Companhia das Letras, 1988; I E GOFF, J. Antigo/Moderno. Trad. I. Ferreira. In: *Enciclopedia Einaudi* – 1. Memória-História. Lisboa: Imprensa Nacional, Casa da Moeda, 1984a, p.370-92; e FRANCO, M. S. C. Sobre o conceito de tradição. *Cadernos n.5*, Centro de Estudos Rurais e Urbanos, p.9-40, jun. 1972.

11 Essa formulação inspira-se nas reflexões de Hébrard, a respeito da necessidade de "localizar a série de rupturas, ordenadas de maneira complexa no espaço social, no espaço das instituições e dos tempos, pelas quais se autonomizam, se articulam e se expressam as aprendizagens elementares na medida em que elas se escolarizam" (op. cit., 1990, p.67).

12 A escolha da expressão "momentos cruciais" para designar tal conceito operativo assim como a de alguns dos procedimentos metodológicos utilizados foram inspiradas em CANDIDO, A. *Formação da literatura brasileira*: momentos decisivos. Belo Horizonte: Itatiaia, 1957. 2v. No caso deste livro, o

adjetivo "crucial" está sendo utilizado em dois de seus sentidos possíveis: "cruciforme", com o qual se pretende representar figurativamente a unidade resultante do entrecruzamento de sentidos históricos; e, em decorrência do anterior, "decisivo", sentido com o qual se pretende indicar o "poder de mover", no âmbito da relação dialética entre continuidade e descontinuidade.

13 BENJAMIN, W. Sobre o conceito de história. In: _____. *Magia e técnica*. Arte e política: ensaios sobre literatura e história da cultura. Trad. S. P. Rouanet. São Paulo: Brasiliense, 1985, p.222-32 (Obras escolhidas – v.1).

14 ARIÈS, Ph., op. cit., 1988, p.26.

15 Reflexões mais expandidas a respeito do movimento em vórtice encontram-se em: MAGNANI, M. R. M. *Em sobressaltos*: formação de professora. Campinas: Editora da Unicamp, 1993. Quanto à expressão "temporalidades múltiplas", devo-a à sugestão da professora Clarice Nunes.

16 LE GOFF, J. Documento/Monumento. Trad. S. F. Borges. In: *Enciclopédia Einaudi – I. Memória-História*. Lisboa: Imprensa Nacional, Casa da Moeda, 1984b, p.95-106 (p.103).

17 Reflexões problematizadoras a respeito das noções de "testemunho" e "documento" e sua relação com a pesquisa histórica podem ser encontradas, especialmente, em: LE GOFF, J., op. cit., 1984b; _____. A nova história. In: _____. *Reflexões sobre a história*. Trad. A. J. P. Ribeiro. Lisboa: Edições 70, s. d., p.63-101; e ARIÈS, Ph. *O tempo da história*. Trad. R. L. Ferreira. Rio de Janeiro: Francisco Alves, 1989. A respeito das dificuldades em relação às fontes documentais que permitam reconstruir práticas culturais no âmbito escolar, ver: JULIA, D. La culture scolaire comme objet historique. *Pedagogica Historica* (International Journal of the History of Education). Supplementary Series, v.1, p.353-82, 1995.

18 BLOCH, M. *Introdução à história*. Trad. M. Manuel e R. Grácio. 5.ed. s.l.: Europa-América, [1987], p.60.

19 FOUCAULT, M. *Arqueologia do saber*. Trad. L. F. Baeta. Petrópolis: Vozes, Lisboa: Centro do Livro Brasileiro, 1972.

20 GERALDI, J. W. *Linguagem e ensino*: exercícios de militância e divulgação. Campinas: Mercado de Letras, ALB, 1996, p.52.

21 Para uma expansão do conceito de configuração textual e sua relevância para a análise e interpretação de material discursivo, ver: MAGNANI, M. R. M., op. cit., 1993; e _____. Sobre ensino da leitura. *Leitura: teoria & prática*, n.25, p.29-41, jun. 1995. A respeito do caráter discursivo das representações culturais, ver: CHARTIER, R. *A história cultural*: entre práticas e representações. Trad. M. M. Galhardo. Lisboa: DIFEL, Rio de Janeiro: Bertrand Brasil, 1990; e GERALDI, J. W. Linguagem e trabalho linguístico. In: _____. *Portos de passagem*. São Paulo: Martins Fontes, 1991, p.1-72.

22 BENJAMIN, W., op. cit., 1985.

23 STAROBISNKY, J. A literatura: o texto e seu intérprete. In: LE GOFF, J., NORA, P. (Dir.). *História*: novas abordagens. Trad. H. Mesquita. Rio de Janeiro: Francisco Alves, 1988, p.132-43.

24 LE GOFF, J., op. cit., 1984b.
25 CERTEAU, M. A operação histórica. In: LE GOFF, J., NORA, P. *História*: novos problemas. Trad. T. Santiago. 3.ed. Rio de Janeiro: Francisco Alves, 1988, p.17-48 (p. 41) (grifos do autor).

CAPÍTULO 1
A METODIZAÇÃO DO ENSINO DA LEITURA

A "MISSÃO CIVILIZADORA" DE SILVA JARDIM

> Trabalhamos todos, modificando o presente em bem do porvir; "Em tempos de revolução a difficuldade, dizia Tacito, não está em cumprir o dever, está em saber onde elle se acha".
> Nos sabiamos onde estava o dever, felizmente; creio poder assegurar que seguimol-o á risca. (Silva Jardim, 1882, p.29)

Com essas palavras, o professor e positivista Antonio da Silva Jardim (1860-1891) encerra, em 18 de julho de 1882, o relatório, apresentado ao presidente da província do Espírito Santo – Inglez de Souza –, sobre a história e o resultado da propaganda do "método João de Deus" para o ensino da leitura, contido na *Cartilha maternal ou arte da leitura* (1876), do poeta português João de Deus.

As conferências realizadas nessa província dão início a uma série de eventos em que Silva Jardim passa a divulgar sistemática e programaticamente esse método assim como suas próprias propostas para o ensino da língua, os quais já pratica e divulga como professor. Conforme se pode observar nos extratos publicados nos jornais *O Horisonte* e *A Provincia do Espirito Santo*, nessas conferências tem-se uma síntese do pensamento do jovem propagandista em torno da reforma do ensino da língua materna, especialmente da leitura.

Criticando veementemente o método da soletração, de que deriva o brocado medieval "*La letra con sangre entra*" até então tradicionalmente utilizado no Brasil, e relacionando diretamente reformas nesse ensino com reformas sociais e políticas, as tematizações e concretizações de Silva Jardim podem ser consideradas emblemáticas em relação ao primeiro momento crucial, no âmbito do movimento de constituição da alfabetização como objeto de estudo.

Bacharel pela Faculdade de Direito de São Paulo, em 1883; fundador, juntamente com João Köpke, da Escola Neutralidade (SP), em 1884; professor da aula do sexo masculino anexa à Escola Normal de São Paulo até 1883, ano em que é nomeado professor, nessa escola normal, da 1ª cadeira – Português –, disputada em concurso com o escritor, linguista e professor Júlio Ribeiro, Silva Jardim participa ativamente do movimento de sua época em prol da divulgação de um ideário positivista, como base para a renovação do pensamento e da vida social e política do país.

> Quem não viveu nesse tempo não conhece por não ter sentido diretamente em si as mais fundas comoções da alma nacional ... De repente, por um movimento subterrâneo que vinha de longe, a instabilidade de todas as coisas se mostrou e o sofisma do império apareceu em toda a sua nudez ... Na política é um mundo inteiro que vacila. Nas regiões do pensamento teórico, o travamento da peleja foi ainda mais formidável, porque o atraso era horroroso. Um bando de ideias novas esvoaçou sobre nós de todos os pontos do horizonte. (Romero, 1926, p.XXIII-XXIV)

Na apropriação desse ideário, Silva Jardim confere ênfase a uma determinada "região do pensamento teórico": a educação. E contribui significativamente para a emergência e divulgação de uma reflexão teórica e de um discurso mais sistematizados e de caráter doutrinário sobre o assunto, os quais gradativamente vão passando a ser produzidos por sujeitos diretamente envolvidos com o magistério e seus problemas: os professores primários. Dentre esses, destacam-se professores paulistas que começam a receber uma formação institucionalizada na Escola Normal de São Paulo e a constituir uma classe profissional em processo de organização corporativa, ansiosa por interferir nas decisões educacionais.

Visando à concretização do "sentido moderno da educação", resultante de uma "teoria de educação positiva", formulada pelo comtismo e apresentada como meio de ação e "única chance de viabilizar a reforma espiritual da sociedade",[1] Silva Jardim defende uma educação útil, prática e racional e aplica ao estudo dos métodos de ensino o princípio de "concertar melhorando".

> Filhos de um seculo que ha de caracterizar-se pela Reconstrucção, obedecemos a uma lei natural, furtando-nos ao despotismo da ignorancia e inutilidade. (*A Provincia do Espirito Santo*, 1882a, p.3)

Desse princípio decorre a ideia de revolução no ensino, entendida e praticada como reforma que visa à substituição do antigo – fase imediatamente anterior e transitória – pelo novo – fase científica e definitiva –, de acordo com a lei comtiana dos três estados – teológico, metafísico e positivo – que rege a evolução social, rumo ao progresso. Valoriza, assim, o passado e seu legado como necessários preparadores do presente que devem ser melhorados, mas não destruídos.

> Deslumbrado pelos esplendores que aguardam a era moderna, o prelector lembra que, diante dos velhos elementos legados pelo passado e os novos cuja ascenção gradual elle preparou, diante de um edificio que cahe e outro que se levanta, o verdadeiro processo scientifico é concertar melhorando. Não mais o puro negativismo; *não se destróe senão aquilo que se póde substituir*; ora a destruição vai adiantada e ja é tempo de construir proficuamente, com segurança. Ha de applicar esse principio no estudo dos actuaes methodos de ensino. Não dispenderá muito tempo em abatel-os, reservando-o para a demonstração das vantagens dos

meios de substituição a empregar. (*A Provincia do Espirito Santo*, 1882a, p.3)

o prelector faz justiça aos melhores methodos antigos, e aos mestres que por elles ensinaram.

Sem elles, diz, nunca teriamos recebido o legado incomparavel de conhecimento que os nossos Grandes Antepassados construiram para nós. Entende, ao contrario dos revolucionarios, que o Passado merece a maior veneração. Applaude mesmo a firmeza dos antigos mestres nos principios que sustentaram; pede-lhes que cedam somente a força da demonstração. Sua gloria estará em serem firmes, jamais obstinados. Mesmo porque a evolução não para; a lei do Progresso, como a da Ordem, é fatal, e só ha de servil-a, ou ser por ella vencido. (*A Provincia do Espirito Santo*, 1882b, p.3)

O pensamento doutrinário de Silva Jardim pode ser considerado, por um lado, representativo de uma geração de novos educadores e, por outro, singular, enquanto experiência voltada simultaneamente para a tematização e a concretização relativas à matéria de ensino em questão.[2]

Mas uma questão de methodos de ensino, por menor que seja, é uma questão de educação, e portanto uma questão social sujeita ás leis da evolução historica que determinaram seu apparecimento. Sem duvida isto se torna claro depois da descoberta das leis sociologicas, isto é, de relações constantes entre os phenomenos sociais, e de ligação necessaria.
...
A questão da educação, por isso que diz respeito ao homem, base indispensavel para a constituição dos seres collectivos precede a questão social, do mesmo modo que esta precede a politica...
...
Mestre e methodo: eis n'esta epocha de transição, a baze da reorganização do ensino, e, especialmente, do ensino primario. (*A Provincia do Espirito Santo*, 1882a, p.3)

Imbuído dessas convicções aliadas ao prestígio profissional e intelectual que lhe conferem, Silva Jardim passa a empreender sua "missão civilizadora", expandindo e divulgando a ideia de educação positiva, aplicada especialmente ao ensino da língua materna.

E depois, o positivismo tem uma parte filosofica que só os crentes muito sinceros, ou os ignorantes de maior marca, deixam de applicar: e é essa parte filosofica que, digo-o altamente, e esta bem claro nos meus Programmas, applico ao ensino da lingua que sem duvida nas mãos de um competente trará a reforma do ensino da lingua materna e a verdadeira theoria da linguagem applicada á lingua portuguesa. É essa coisa tão pedida, tão falada o tal methodo intuitivo, concreto, etc. Applico a lei dos tres estados; a theoria biologica e social da fala humana, da linguagem dos animais, a theoria cerebral, a relatividade dos conhecimentos; combino essas noções filosoficas com os trabalhos de filologia moderna... (Silva Jardim, 1884, p.2).

Suas preocupações com o ensino da língua materna são também as de uma época que, aspirando por reverter o "atraso horroroso" e o "sofisma do império" e baseando-se em um projeto de fundação de uma civilização nos trópicos, enfatiza a importância da aprendizagem da leitura, mediante a disseminação da instrução pública, do método intuitivo ou objetivo para o ensino escolar e da ideia de necessária nacionalização do sistema de educação e dos livros para a escola.

> O que ensinam nas Escolas primárias é ler, escrever e contar, pouco de Gramática, muito pouco de Religião, cujo ensino cifra-se todo na Cartilha e no Catecismo de Montpellier ... E para isso quatro anos!
> ...
> Os Professores não têm método ou por que não o aprenderam, ou porque o não podem empregar,
> ...
> Um dos defeitos – é a falta de compêndios – no interior por que os não há – nas Capitais – por que não há escolha, ou foi mal feita;
> Qualquer que fosse o fundamento da escolha, e é certo que o Conselho que foi quem a propôs, esqueceu-se de um livro para

leitura; e se alguns professores remediaram este inconveniente, adotando com melhores razões – o bom Homero Ricardo e Máximas de Fránklin – outros, a maior parte, obrigam os meninos a ler pelo catecismo, livro impróprio para leitura por ser escrito em perguntas e respostas; esqueceu-se o Conselho de que a impressão de cartões para escrita e Aritmética, de silabários e de frases, seria mais cômoda e de mais proveito à instrução; – não pensou em que as nossas litografias não podem ainda tirar bons traslados, motivo por que estragou a caligrafia de Vanzeller e não há modelo de escrita nas escolas; – não atendeu a que não há livros, pelos quais se deem lições de leitura manuscrita, de modo que se o professor quer dar remédio a esta falta, exige que os alunos tragam cartas, e como estas não podem ser idênticas, também, não pode haver o emprego do método que a lei recomenda; em último lugar foi injusta com os Professores, autores da Bahia, que, segundo ele, "Levaram sempre em mira o lucro, e nunca sua capacidade literária". (Gonçalves Dias, 1852)

Ler, escrever e contar são nomes de baptismo sancto com que os Estados bem constituidos ornam a fronte dos filhos do povo.

Ler, escrever e contar constituem a base do progresso por onde somente um povo pode encaminhar-se ao porto da civilisação. Não deve e não póde ser privilegio dos felizes filhos da fortuna.

Esta questão resolve, como já tem resolvido, muitos e importantes problemas sociais, ela assenta sobre quatro pontos cardeaes – eschola, mestres, discipulos e methodos. (Carvalho, 1876, p.5)

A nação não sabe ler. Há só 30% dos indivíduos residentes neste país que podem ler, desses uns 90% não leem letra de mão, 70% jazem em profunda ignorância. (Machado de Assis, 1876)

E o que é que quer, senhores, o ensino moderno, intuitivo, razoavel, positivo, natural e, portanto, agradavel e convidativo, tão brilhantemente descripto e proclamado aqui, desta tribuna, por alguns dos illustrados membros deste Congresso?

Quer redimir a infancia da materialidade e das torturas do velho ensino: – quer allivial-a dos vexames, do martyrio do ensino rotineiro, além de indigesto e amargoso, imposto pela violencia; – quer fazer dos mestres prestantes obreiros do progresso da instrucção dos povos, em vez de tristes mantenedores da rotina; – quer tornar a

escola amada, agradável e feliz, tanto para quem ensina como para quem aprende; quer que os meninos as busquem em vez de fugir dellas; em summa senhores:
– Quer esclarecer as intelligencias,
– Quer formar os corações,
– Quer fundar o imperio da razão. (Borges, 1882, p.14)

De feito, o que até hoje se distribue em nossas escolas de primeiras lettras, mal merece o nome de ensino. Tudo nellas é mechanico e esteril; a creança, em vez de ser o mais activo collaborador na sua própria instrucção, como exigem os canones racionaes e scientificos do ensino elementar, representa o papel de um recipiente passivo de formulas, definições e sentenças, embutidas na infancia a poder de meios mais ou menos compressivos ... É o dominio absoluto do "verbalismo", esse vicio, atrophiador da energia mental das gerações nascentes, que uma das maiores autoridades de França nestes assumptos accusava, depois da catastrophe nacional de 1870, como a chaga de que mais soffria a educação naquelle paiz.

Estamos ainda completamente nessa phase da cultura intellectual, em que, para me servir das palavras de um dos espiritos mais vasto deste seculo, "o entendimento das creanças verga ao peso de generalidades, antes de possuir nenhum dos fatos concretos que as autorizam ... em que um assumpto abstracto como a grammatica figura entre os primeiros, quando se havia de retardar para entre os ultimos, e se ensina, em vez de synthetica, analyticamente." (Barbosa, 1886, p.VI-VII)

Rio, 21 de fevereiro de 1882.
...
Reconheço ser indispensável adotar-se uma pedagogia aqui, mas ela deve ser brasileira e não alemã, calcada sôbre moldes brasileiros e adaptada ao caráter do povo e às condições de sua vida doméstica. As crianças brasileiras, em absoluto, não devem ser educadas por alemães; é trabalho perdido, pois o enxêrto da planta estrangeira que se faz à juventude daqui não pegará. (Binzer, 1982, p.65)

Neste levantamento geral que é preciso promover a favor da educação nacional, uma das mais necessarias reformas é a do livro de leitura. Cumpre que elle seja brazileiro, não só feito por brazileiro, que não é o mais importante, mas brazileiro pelos assumptos, pelo espirito, pelos autores trasladados, pelos poetas reproduzidos e pelo sentimento nacional que o anime. (Verissimo, 1890, p.6)

A REFORMA DO ENSINO DA LÍNGUA MATERNA E O "MÉTODO JOÃO DE DEUS"

Em meio a essas aspirações, Silva Jardim situa seu dever especificamente na divulgação do "método João de Deus", contido na *Cartilha Maternal*, o qual apresenta como revolucionário e fase definitiva – porque científica – para o ensino da leitura no estado atual da civilização.

A *Cartilha Maternal* é uma revolução no ensino primario, mas não póde ser uma completa originalidade. Methodo scientifico, não pode ser invenção do cerebro de um homem; para elle concorreram, embora mui indirectamente, trabalhos anteriores ... Aquilo é uma couza tão simples, tão natural, que realmente admira ha mais tempo não fosse descuberto. Entretanto ... n'uma baze até aqui desconhecida nas suas applicações á leitura: o estudo dos valores das letras; e abre uma phase nova, e ... definitiva no ensino; – a palavração. Rigorosamente, antes de J. de Deus não havia arte de leitura, si por esta se entende uma [ilegível] logica, racional. (*A Provincia do Espirito Santo*, 1882a, p.4)

A Arte da leitura tem, sem duvida, como as nossas concepções, passado por fases distinctas: ficticia, transitoria e definitiva. É ficticia a soletração, em que reunem-se nomes absurdos exigindo em seguida valores; transitoria a syllabação, em que reunem-se syllabas, isoladamente, para depois ler a palavra; definitiva a palavração, em que lê-se desde logo a palavra, partindo da mais facil para a mais difficil, da simples para a composta. A natureza, meus senhores, só se vence pelo aperfeiçoamento. Como aprendemos a falar? falando palavras; como aprenderemos a lêr? é claro que lendo essas mesmas palavras. *A palavração, pois, é o unico processo racional*; porque não ensina o alphabeto todo e sim por partes; porque não arbitrariamente e sim partindo das vogaes, sons elementares e geraes, communs, para as invogaes, sons secundarios e especiaes, e ainda nestas, das mais approximadas d'aquellas para as mais affastadas, n'uma complicação crescente e generalidade decrescente, porque finalmente torna explicito que para *lêr não são necessarios nomes de lettras e sim seus valores*, por isso que só estes são falados; que aquelles são sua abstracção convencional. (Silva Jardim, 1884, p.12)

A recorrência discursiva da ideia de revolução nos métodos de ensino da leitura representada pela *Cartilha Maternal* remete às concretizações rotineiras, para a época, em relação a esse ensino, sobretudo àquelas centradas nos métodos atualmente denominados marcha sintética – soletração e silabação – que, a despeito das novas ideias, continuavam a ser adotados nas escolas de primeiras letras do país.

> o mestre de primeiras letras, depois de ter feito conhecer distintamente aos discípulos os caracteres de escrituração, ou abecedário tanto em letra de mão, como de imprensa, deverá ir-lhes ensinando a formar sílabas, combinando as letras vogais com as consoantes de todos os modos possíveis, principiando sempre pelas mais simples, até chegar às compostas do maior número de letras. Tanto que os alunos estiverem prontos nestes elementos passará a ensinar-lhes a formação das palavras: unindo, e ligando as sílabas, que já sabem pronunciar separadas, em cuja lição procederá com a mesma economia, passando gradativamente dos vocábulos de duas sílabas para os mais compostos, depois do que lhes irá ensinando a ler qualquer escrito de mão, e de imprensa, para desta sorte se habituarem com ambas as formas de caracteres. (Melo Castro e Mendonça, 1889)

> Foi em 1875 que eu, tendo pouco mais de 6 annos, me matriculei na escola do Professor Pires.
> ...
> Correram os mezes. Em seguida á carta de A B C, veio o b-a-bá, que servia de inicio á série bastante longa das **cartas de syllabas**. Depois destas vieram **as cartas de nomes** e por ultimo as **cartas de fóra**, que serviam de remate á aprendizagem da leitura. O methodo adoptado era o da solletração.
> ...

O programma do ensino primario cifrava-se naquillo que os inglezes denominam os trez **r**; **ler, escrever** e **contar**.
A leitura estava no primeiro plano. Começava pela letra manuscripta, mas a partir das cartas de fóra, a letra de fôrma vinha alternar com a **letra de mão**. Entravam então em scena os livros escolares. O primeiro que me cahiu nas mãos foi um **sillabario portuguez**. Agradou-me em extremo por causa das estampas, e de tanto manuseal-o acabei por estragal-o.

...

Após o **syllabario**, veiu a **Cartilha de Doutrina Christã**, tambem illustrada.

...

Nas escolas do Imperio, ou pelo menos naquella que frequentei, a aprendizagem desta disciplina era morosa e muito incompleta. Servia-lhe de remate o estudo da disciplina grammatical, o qual consistia apenas em decorar o compendio do Coruja. E ai! de quem não levasse a lição na ponta da lingua: podia estar certo de que voltaria para a casa com as mãos vermelhas.

Valia muito mais, na escola do Professor Pires, o ensino da escripta. O pedagogo era um calligrapho, na inteira acepção do vocabulo. Não havendo, como agora, cadernos de calligraphia impressos, era ele quem fazia os **debuxos** para os principiantes e os **traslados** para os mais adiantados. (Rodrigues, 1930, p.46-56)

Em 1884, Raimundo Dias de Freitas, nascido em 1874 no Piauí, veio fazer o curso secundário no Ginásio Pernambucano ... Fizera êle os estudos primários no Piauí. Primeiro em Jerumenha, com uma Dona Ludovica ... Depois, em Amarante, com o "velho José". Tanto numa como noutra escola o método do ensino era o mesmo. Ensinavam a conhecer as letras do alfabeto, e, depois, passavam a ensinar a formação das sílabas, fazendo juntar um *b* com um *a* e dizia-se *b-a ba*. E tôdas essas formações de sílabas como as lições de tabuada eram ditas em voz alta e cantadas. Êsse era o método: aprendia-se quase de oitiva e pelo muito de se estudar cantando e gritando.

...

Waldemar (Martins) Ferreira, nascido em São Paulo em 1885, recorda ter sido "estudante pobre, copista de cartório" ... Dos seus estudos primários e dos seus jogos e brinquedos de menino de escola, dá-nos Waldemar (Martins) Ferreira relato minucioso que merece ser aqui reproduzido palavra por palavra: "Tinha seis anos quando se matriculou no Colégio Mineiro, que era internato e externato de meninas, dirigido por D. Mariana de Campos Aires, ainda viva, graças a Deus. Acedera ela em receber uma turma de meninos, o que não deixou de constituir revolução nos costumes. Não havia recreio em que brincassem meninos e meninas. As aulas tinham um período só, que começava às 11 horas e terminava às 16 horas. Aprendia-se a ler e a escrever. Escrevia-se cobrindo debuxos a lápis e completando os espaços em branco. Depois copiavam-se traslados dos manuscritos. Liam-se cartas. Liam-se livros impressos em tipos manuscritos, que se chamavam – *paleógrafos*. Aprendia-se pela cartilha de João de Deus. Estudava-se a gramática portuguêsa de Coruja e, concomitantemente, se lia o *Primeiro Livro de Leitura*, de Abílio César Borges, Barão de Macaúbas. Tudo era lido e decorado" ... (Freyre, 1962, p.170, 182)

Trata-se, no entanto, de um processo de disputa por hegemonia de tematizações e concretizações. O final da década de 1870 e a década de 1880, sobretudo na província de São Paulo, são momentos ricos de efervescência de ideias renovadoras em relação ao ensino da leitura e à nacionalização do material didático. Silva Jardim é um dos mais – se não o mais – articulados tematizadores e concretizadores e, de certo modo, projeta-se, divulgando uma apropriação do "método João de Deus".

No que diz respeito às concretizações, outros professores, movimentando-se no âmbito mais específico do ensino e sem o mesmo ardor propagandístico e doutrinário – mas com a certeza de estarem com a verdade inquestionável –, passam a divulgar sua própria experiência, seja por intermédio de canais restritos – como palestras ou provas escritas – à escola em que trabalham ou em que completam sua formação, seja por intermédio da produção de cartilhas e livros de leitura, que começam a impulsionar o mercado editorial brasileiro de livros escolares e que têm larga aceitação nas escolas e durante muitas décadas, ainda que seus autores possam ter, depois de certo tempo, abandonado o magistério.

Em 1876, no exame escrito de Pedagogia da Escola Normal de São Paulo, o aluno-mestre, Francisco Pedro do Canto, versando sobre o ponto "Methodos de Ensino nas Escolas Primarias", faz uma síntese dos métodos gerais e dos métodos de leitura por ele conhecidos e, ao final da prova, relata sua experiência com um método particular de ensino da leitura, que propicia o aprendizado rápido e perfeito por parte de seus alunos. Vale lembrar que a prova recebe a menção "Boa", do professor da cadeira: M. Trigueiro da Boa Morte.

Methodos Particulares ou Methodos de Ensino

Methodos de Leitura – São muitos os methodos de leitura hoje conhecido os quaes podem-se resumir em 3 geraes, a saber: methodo antigo de solletração ou de intuição, methodo moderno ou de inducção e methodo syllabico.

Methodo antigo – este methodo tem por fim o ensino do alphabeto na sua ordem lexiccographica, em seguida o syllabario, cartas de nomes e leitura corrente. Segundo este as consonancias são precedidas de um -e- mudo e as palavras solletrão-se da maneira seguinte: eme-e-esse=mes = te-erre-e=tre – mestre. Como se ve é baldo de harmonia e não ha ligação entre os sons ellementares e os syllabicos de que são formadas as palavras, de maneira que uma palavra depois de solletrada pode ter mais de um sentido, como, na palavra sabia – sabiá – sábia.

Methodo moderno – Este methodo tem por fim o ensino do alphabeto, syllabario, cartas de nomes & até a leitura corrente. Segundo este, as consonancias são seguidas de -e- mudo e as palavras solletrão-se da maneira seguinte e-me-e-s=mes = t-re-e-tre=mestre. Este methodo é mais racional que o 1º e guarda uma harmonia constante entre os sons ellementares e os syllabicos.

Durante o tempo que dirigi a minha cadeira fiz uzo de um methodo meu particular, com o qual consegui em menos de 4 meses deixar alguns alumnos lendo perfeitamente. Consistia elle na exposição do alphabeto em um quadro de panno pintado a óleo, começando pelo alphabeto typographico maiusculo e em seguida minusculo; o alphabeto manuscripto maiusculo e minusculo, todos paralelos uns aos outros de maneira que o A maiusculo typographico correspondesse ao A maiusculo manuscripto & Procedia a leitura dos differentes typos de lettras e a medida que os alumnos hião comprehendendo as lettras fazia-os traçal-as na pedra fazendo desta maneira distinguir os differentes typos de lettras. Passando depois ao syllabario no 2º quadro, começando pelos diphtongos e fazia-os lerem as syllabas pelo methodo moderno ou de inducção, da maneira seguinte: lião primeiramente a 1ª carreira de syllabas, lendo um alumno, em vôs alta e os outros repetindo, por exemplo: ba-be-bi-bo-bu em seguida lião por cima as mesmas syllabas e hião á pedra formar palavras, tais como: baba, bobo &. Passão em seguida a outra ordem de syllabas, taes como ça, ce, ci, ço, çu e formão na pedra as palavras baço, beco &, e assim prosseguia até o fim do syllabario, findo o qual estarão os alumnos habilitados a lerem nos livros.

São Paulo, 24 de jan. de 1876

Francisco Pedro do Canto (Canto, 1876)

Quanto àqueles que produziram cartilhas e livros de leitura, merecem destaque, pela permanência de suas cartilhas: Hilário Ribeiro, com a *Cartilha Nacional*; Thomas Paulo do Bom Sucesso Galhardo, com a *Cartilha da Infância*; e Felisberto de Carvalho, com seu *Primeiro Livro de Leitura*. Vale lembrar que outro ilustre educador da época, João Köpke, cria, para uso dos alunos da Escola Americana (SP) e com o objetivo de substituir os silabários tradicionais, o *Methodo Racional e Rapido para Aprender a Lêr sem Solettrar* – dedicado á infancia e ao povo brazileiro, de 1874 e cuja 2ª edição revista e aumentada data de 1879.

Buscando tornar o ensino mais ameno, Köpke apresenta, para o ensino da leitura, o método da silabação, partindo do valor das letras. Por não ser indicada pelas autoridades para uso em escolas públicas, a cartilha de Köpke não tem popularidade na época. Mais tarde, porém, por medida da presidência da Província (Hilsdorf, 1986), seus livros passam a ser indicados e disseminados nas escolas primárias, competindo com os de Felisberto de Carvalho e motivando a compra, pela Livraria Francisco Alves, da Editora Melilo que publicava os livros de Köpke.[3]

> Fui levado pelo amor às crianças que choravam por causa da estúpida carta de nomes cujos melhores auxiliares eram a palmatória e o cocre. (Köpke apud Hilsdorf, 1986, p.128)

Na *Cartilha Nacional* (Novo Primeiro Livro) – escrita provavelmente no início da década de 1880 e que, em 1936, encontrava-se na 228ª edição –, Hilário Ribeiro objetiva o ensino simultâneo da leitura e da escrita e se baseia nas próprias lições ministradas no Imperial Lyceu de Artes e Officios (RJ), onde consegue que os alunos passem "à classe de leitura ao final de trinta e duas lições", resultado que agrada às autoridades de ensino e o incentiva a publicar a cartilha e os livros de leitura que lhe dão sequência.

> Persuadido, pois, de que este methodo é incomparavelmente superior ao que já publiquei ha alguns annos e já está na 10ª edição, sujeito-me hoje ao consenso publico e sinto o prazer dos que trabalham convictamente pela causa da instrucção primária, a obra mais patriotica e meritoria da moderna civilização
> Se eu me desvanecesse ante a acceitação que têm tido os meus livros didacticos actualmente adoptados em varias provincias, certo não me daria ao trabalho de estudar um novo methodo de leitura, nem escreveria outros livros que estão no prélo.
> Mas para mim a questão era outra e embora me considere o ultimo dos que se consagram resolutamente á idéa da instrucção, entendo que certos livros escolares não podem supportar uma longa existencia; elles têm uma duração limitada pela sciencia pedagogica que todos os dias progride e apodera-se de novos processos. (Ribeiro, 1936a, p.V-VI)

> A CARTILHA NACIONAL tem por fim ensinar simultaneamente *a ler e a escrever*. Como a arte da leitura é a analyse da fala, levemos desde logo o alumno a conhecer os valores phonicos das letras, porque é com o valor que ha de ler e não com o nome dellas.
> Uma vez que o alumno conheça perfeitamente o elemento phonico correspondente a cada vogal, começará o professor a ensinar-lhe a escrever com giz, no quadro negro, primeiro o i, que é a vogal mais elementar, e sucessivamente o u, e, o, e o a.
> ...
> Por ultimo, pedimos aos Srs. professores que, além de educarem convenientemente nas crianças os orgãos da audição e os orgãos vocaes da palavra, votem a mais vigilante attenção em corrigir os defeitos e vicios da pronuncia na leitura. (Ribeiro, 1936b, p.78)

Concluinte da Escola Normal de São Paulo, com menção honrosa, em 1876, Thomaz Paulo do Bom Sucesso Galhardo escreve, também no início da década de 1880, a *Cartilha da Infância*, cuja 225ª edição circula em 1979.[4] Nessa cartilha, modificada e ampliada por Romão Puiggari, em 1890, Galhardo defende o método da silabação como o mais adequado para o "estado atual do ensino primario em nosso país".

Dos três métodos de ensino da leitura, antigo ou da **soletração**, moderno ou da **silabação**, e modernissimo ou da **palavração**, escolhemos o meio termo, sôbre cujas bases foi escrito o presente sistema.

Razão tivemos para esta preferência.

O método antigo é o método do absurdo.

Parece que ainda bate em nossos ouvidos a toada monótona das crianças a repetirem cantarolando a multidão de sílabas sem sentido das antigas cartas do A B C!

Condenado pelo seu próprio absurdo com o qual martirizam-se miseras crianças, lastimável é que, em algumas de nossas escolas, retardatárias em acompanhar o progresso do ensino, ainda se ouça a voz infantil proferir com penoso acento, e como que implorando compaixão; b-a-ba; b-e-be; b-i-bi; b-o-bo; b-u-bu.

E após esta, vem outra e outra e mais outra carta de silabas desconexas, durante quatro, seis, oito meses, até a intitulada **carta de nomes**, já decorada por todos os alunos da aula, que a ouviram cantarolar por muito tempo aos mais adeantados.

Péssimo sistema êste.

O próprio govêrno deve, por humanidade, proibir que o primeiro ensino seja ministrado por modo tal.

Quanto ao método da **palavração,** não julgamos por enquanto de vantagem a sua aplicação, em vista do estado atual do ensino primário no país.

Fizemos também experiências sôbre os **métodos fônicos, fonotípico** e outros, mas sem colher os resultados admiráveis do emprêgo do método silábico, seguido de imediata aplicação das sílabas em palavras e da aplicação destas frases curtas e de fácil compreensão.

...

Não temos necessidade de repetir que nosso trabalho tem por base o **método silábico**; e que, conseguintemente, com êste sistema não se deve consentir que as crianças soletrem, senão que pronunciem as sílabas, reunindo-as após para a formação dos vocábulos, cuja significação, embora sabida por vulgar, será dada pelo professor. (Galhardo, 1939, p.6)

Como uma espécie de expressão tardia da defesa do método da silabação, o *Primeiro livro de leitura*, de Felisberto de Carvalho é publicado em 1892, momento em que, juntamente com as mudanças republicanas, o método analítico vai ganhando adesões e oficialização, a começar pelas reformas da instrução pública em São Paulo.

Refundida em 1906 por Epaminondas de Carvalho e com 129ª edição datada de 1945, essa cartilha de Felisberto de Carvalho apresenta, à guisa de introdução, um excerto do *Tratado de Methodologia* (1880) – por ele coordenado –, no qual o autor também condena o método da soletração e, citando autores estrangeiros que então escreviam sobre o assunto, defende o "método por articulação ou de emissão de sons" e a necessidade de "considerar-se pedagogicamente indivisivel o ensino da leitura, da escrita e da ortografia".

Os principais métodos de ensino da leitura elementar, atualmente em vigor, são conhecidos pelas seguintes denominações: antiga soletração ou alfabético; moderna soletração ou fônico: e o método por articulação ou de emissão de sons.
...
Achille, no seu excelente *Tratado de Metodologia*, depois de fazer a exposição dos diferentes métodos de leitura elementar ... a êsse respeito assim continua: "Esta simples exposição deveria ser suficiente para fazer compreender que, dos três métodos, o último (o da emissão de sons) é o mais racional, o mais conforme o desenvolvimento normal dos orgãos do ouvido e da palavra: êle conduz a uma pronunciação mais perfeita; e, em contrário aos dois primeiros, não ensina ao aluno cousa alguma que não seja útil para a leitura".
...
Convém combinar a leitura com a caligrafia e a ortografia, considerando todavia as duas últimas especialidades como acessórias, e ainda como um dos meios de alcançar mais prontamente, com

mais segurança, o fim da primeira. Esta combinação não somente se torna vantajosa para o ensino da leitura, como também ao progresso geral dos alunos e à bôa ordem da escola. Além disso, a leitura, a escrita e a ortografia são mútuos auxiliares naturais, pois que todos entendem com um fim único, que é a comunicação escrita dos pensamentos.

...

Na escola primária que regemos, para fazer que o ensino da caligrafia e o da ortografia acompanhem o da leitura empregámos e com vantagem o seguinte meio:

– Logo em seguida à lição de leitura, dada pelo menino no excelente silabário de Ribeiro de Almeida, copiávamos no quadro negro e em manuscrito, primeiro as letras que deviam entrar na formação das palavras da lição, e depois estas. O menino, ainda no mesmo quadro, reproduzia as letras isoladas: primeiro uma, e depois de obter certa facilidade na reprodução dessa, a outra, e assim por diante, até que escrevia todas as palavras dessa lição. Muitas vezes sucede que o trabalho caligráfico sôbre o objeto da mesma lição de leitura não é terminado senão ao fim de três, quatro ou cinco dias de exercício; mas também é verdade que as primeiras lições facilitam as outras, e muito particularmente se reunidos os meninos em pequenas turmas para êsse exercício, podemos tirar partido da emulação. Depois de práticos na escrita dessas palavras, na pedra, de forma a escrevê-las sem copiar, reproduzem-nas os alunos sôbre o papel, imitando o modelo que no alto da folha para cada um fizermos.

Poderão dizer-nos que êsse meio fere de frente os preceitos estatuídos. Ferirá; mas a verdade, que garantimos com a lealdade que devemos ter, é que êle produz excelentes resultados: e contra fatos não prevalecem argumentos. (Carvalho, 1945, p.10-6)

Refletindo sobre o que, em sua época, se concretiza em relação ao ensino da leitura e sobre a ligação necessária entre problemas sociais e educacionais, Silva Jardim, em suas conferências no Espírito Santo e posteriormente em outras conferências na província de São Paulo, analisa os estados anteriores por que passou esse ensino, condenando totalmente a soletração – estado teológico –, apontando seus erros e ressaltando, em relação ao sistema da silabação – estado metafísico –, o papel transitório, de preparação para a palavração – estado positivo e definitivo do ensino da leitura.

E das duas especies de soletração, a antiga e a moderna, póde--se affirmar a igual falsidade de ambas. Na primeira, reunem-se os nomes das lettras, e encontram-se na somma dos valores, como em bê-á-bá, na moderna nem os nomes, nem os valôres, como em bê-á-bá.

...

Analysando o segundo estado, – o da syllabação, o prelector ... mostra os progressos aqui realizados: o alphabeto já ensina-se por partes, vencendo-se as difficuldades uma a uma; os nomes das letras, fê, lê, mê, etc. ja são coherentes, mais aproximados do seu valôr na palavra. Relembra alguns methodos que adoptaram tal systhema: o de Castilho desde 1853, consolida em Portugal a reforma; o do Dr. Augusto Freire da Silva, desde 1863 entre nós. Este methodo dá as letras nomes aproximados aos da *Cartilha Maternal*; condemna a soletração, e recomenda a syllabação. É de lastimar que não tivesse mais voga, afim de que a vulgarização da syllabação preparasse o advento da palavração, e os nossos professores não estranhassem a transicção um tanto brusca. *O Methodo Rapido do Dr. João Köpke,* banca soletração, e explicitamente, como mais notadamente se vê da edicção de 1879 sob a denominação *Methodo Racional e rapido para aprender a ler sem soletrar.* O do Dr. Abilio Cesar Borges, prevê a palavração. Mas a syllabação, com ser um progresso, não o é ainda inteiramente. Seus inconvenientes são ainda em parte, os da soletração, principalmente por não concretizar o ensino, pois que as sílabas isoladas, são tão falhas de sentido como as letras.

...

E no que toca á leitura quanta á sua prosodia, quando se lê sem mais preambulos bá, bé, renunciam-se a todas as vantagens da letra sobre o symbolo, ultima extravagancia a que se pode chegar do descaminho da razão e da natureza. (*A Provincia do Espirito Santo*, 1882b, p.3)

Denuncia, ainda, as "consequências funestas" desses processos de ensino para o desenvolvimento do sentimento, da inteligência e da atividade das crianças bem como para os destinos do país, situação que somente pode ser consertada com a adoção do sistema que divulga, aliado à compreensão, por parte dos professores de seu papel de único mestre e única autoridade, na aula, posicionando-se contra o ensino verbalista, os decuriões e o uso indiscriminado dos compêndios em substituição à exposição do professor.

> e por aqui se póde comprehender como uma simples questão de methodos de leitura possa contribuir, embora indirectamente, nos destinos inteiros de um paiz! Ora, em tudo isto, conclue o prelector, a insuficiência, claramente, não é da criança; é do methodo e do professor. (*A Provincia do Espirito Santo*, 1882b, p.3)

A *CARTILHA MATERNAL OU ARTE DA LEITURA*

Concretização dos ideais comtianos almejados por Silva Jardim, a *Cartilha Maternal ou Arte da Leitura* é escrita, em "substituição aos abecedários usuais, ao enfrentar a tarefa de ensinar a ler uma de suas filhas" (Hilsdorf, 1986, p.128), pelo poeta português João de Deus (1830-1896), o "lyrico moderno mais popular e espontaneo" (Dias, 1912, p.267), filho de um modesto comerciante do interior de Portugal e que se torna bacharel em Direito e deputado em Lisboa.

Publicada, em 1876, a pedido de Candido J. A. de Madureira, Abade de Arcozelo, livreiro e amigo do poeta, a despeito das críticas e polêmicas que suscita, na época – sobretudo por parte do Apostolado Positivista –, a *Cartilha* difunde-se de modo tal que, "em meio ano havia 200 escolas ensinando pelo seu método, em Portugal. Sua casa se tornou o centro de uma cruzada pela educação popular". (Hilsdorf, 1986, p.128). Em 1888, o governo português declara-a "methodo nacional" e nomeia seu autor "com uma pensão de 900$000 réis commissario d'esse methodo. Quando morreu fez-lhe exequias officiaes suas e destinou aos seus restos o Pantheon dos Jeronymos" (Dias, 1912, p.167-8).

> Inicia-se deste modo a sua carreira de pedagogo, que lhe acarretou sérios desgostos até o fim da vida, fazendo-o reagir com

polémicas e sátiras, mas que também lhe valeu em 1895, a poucos meses do falecimento, uma das mais entusiásticas consagrações públicas de que foi alvo um escritor português. (Saraiva, Lopes, 1985, p.973)

Até hoje, a *Cartilha* continua a ser editada em Portugal e utilizada em escolas desse país, onde João de Deus tornou-se também nome de rua, de escola e de museu pedagógico, entre outros.

Em nosso país, desde o final da década de 1870, a *Cartilha* é já conhecida nas províncias do Rio de Janeiro e de São Paulo, sendo, nesta província, utilizada, entre outros, pelo professor primário e igualmente positivista, Sebastião Hummel, na cidade de São José dos Campos, e Júlio Ribeiro, em seu colégio na cidade de Capivari, certamente em decorrência da divulgação efetuada por Antonio Zeferino Candido, professor de matemáticas da Universidade de Coimbra e positivista ativo, que, no ano de 1878, "fez uma verdadeira tournê de propaganda realizando conferências em várias cidades da Província de São Paulo e do Rio". (Hilsdorf, 1986, p.128).

A Zeferino Candido deve-se também a relação entre o "método João de Deus" e a lei dos três estados da filosofia comtiana, relação essa de que Silva Jardim se apropria e reproduz em sua propaganda.

O processo de leitura, na sua evolução histórica, passou pelos tres estados da lei. Foi theologico na soletração, tornou-se metaphysico na syllabação, e é finalmente positivo ou scientifico na palavração. Essa ultima phase foi inaugurada pela cartilha maternal.

Na soletração, as lettras, tomadas em separado, eram as entidades sobrenaturaes, que tinham o miraculoso poder de construir palavras sem que o espírito podesse descortinar a relação entre a causa e o effeito, entre o elemento e o composto. De fato ninguém póde descobrir como be e a produz – **ba**, **pê**, **agá**, **o**, **es** produz **fós**, etc.

Na sillabação, as syllabas constituiam os elementos subjectivos que, isoladamente se podiam sujeitar a uma mecanica da memoria infinitamente grande e difficil, para depois, collectivamente considerados, e combinados de todos os modos constituirem palavras. Ha de metaphysico n'este processo este modo de conceber as syllabas como entidades abstratas, inteiramente separadas das palavras, formando-se previamente no espirito a idéa de synthese que dá em resultado o vocabulo. A idéa desce do espirito para as coisas, como succede exactamente na concepção metaphysica.

Na palavração, os elementos de toda a organisação thechnica do processo de leitura são as proprias palavras, como sendo e constituindo a realidade, e é pelo methodo geral de analyse recaindo sobre as palavras que o espirito determina por um lado os ultimos residuos da palavra quando ella se decompõe, as lettras com os seus exactos valores, por outro as leis legitimas e simples que devem presidir á organisação da palavra. Assim a idéa sobe das coisas para o espirito, como sucede na concepção positivista. (Candido, 1883, p.154)

E foi por intermédio de um aluno de Zeferino Cândido – "ardente propagador do método" e a quem se deve a "feliz innovação" do termo "palavração" – que ocorreu a Silva Jardim o "feliz acaso" de conhecer o "método João de Deus".

Conhecendo os valôres das lettras, e o mechanismo do methodo, auxiliado pelos trabalhos que se publicavam a respeito, principalmente do Dr. Zeferino Candido, auxiliado pelas indicações de um digno collega seu de S. José dos Campos, na Provincia de São Paulo, o Sr. Sebastião Hummel, foi que o prelector veiu ao conhecimento completo do methodo João de Deus, que tem posto em pratica com vantajosissimos resultados. Considera este fato um dos mais felizes de sua vida o conhecer um meio facilissimo de educar a infancia. (*A Provincia do Espirito Santo*, 1882c, p.4)

Apesar das dificuldades, puderam ser localizados alguns exemplares da *Cartilha*, que, embora relativamente recentes, permitem inferir as características a que se refere Silva Jardim. Nas edições datadas do início da década de 1990 e que circulam em Portugal, a *Cartilha Maternal ou Arte da Leitura* é apresentada em um volume de formato pequeno, dividido em duas partes. Dentre as várias que certamente circularam no Brasil, foi possível localizar uma edição presumivelmente de meados da década de 1940, apresentada também em formato pequeno, mas em dois volumes, correspondentes a cada uma das partes. No verso da capa de um dos exemplares dessa edição, encontram-se as seguintes informações: "Todos os direitos reservados, compreendendo a distinção silábica", "Ortografia actualizada conforme o Acordo Luso-Brasileiro de 1945" e "Composto e impresso na IMPRENSA PORTUGAL-BRASIL...". Na penúltima página do primeiro volume, encontram-se ainda informações relativas ao material que acompanha a *Cartilha*: "Álbum da Cartilha Maternal", "Arte de Escrita (5 cadernos)" e "Método João de Deus (guia prático da *Cartilha Maternal*)", além de outros dois livros do autor; e, na última página, a seguinte advertência:

> Para o discípulo passar **metòdicamente** da "arte de leitura" a algum livro é necessário que esse livro condiga na forma gráfica com a "arte da leitura", condição que se dá em metade da **Cartilha Maternal – segunda parte**, que é igualmente silabada. E como por saber ler se entende ler em várias formas de letras, na **Cartilha Maternal – segunda parte** o discípulo vai por um plano inclinado até o cursivo, donde depois se achará folgado com o tipo ordinário de livros e jornais.
>
> A verdade e o bem que há no método de leitura há no **método de escrita**. Esses métodos, neste sistema, acompanham-se, não se fundem. **Os 5 cadernos de que se compõe a Arte de Escrita encontram-se à venda na LIVRARIA BERTRAND.**
> *(Ver o Guia da Cartilha Maternal, onde se encontram as explicações do método João de Deus).* (Deus, [s.d.])

Essa edição contém mais ilustrações (todas em preto e branco) do que as edições da década de 1990 (ilustrações em azul), no entanto, nos demais aspectos não há diferenças significativas.

No prefácio da primeira parte, que se inicia com as vogais já formando palavras e depois frases, são expostos os fundamentos do sistema adotado, o qual é apresentado como "meio de evitar o flagelo da cartilha tradicional".

> Les mères et les instituteurs, voilà ceux qui jettent dans le monde presque toutes les semences du bien et du mal. AMBROISE RENDU (FILS)
>
> Este sistema funda-se na língua viva; não apresenta os seis ou oito abecedários de costume, senão um, do tipo mais frequente, e não todo, mas por partes, indo logo combinando esses elementos conhecidos em palavras que se digam, que se ouçam, que se entendam, que se expliquem; de modo que, em vez de o principiante apurar a paciência numa repetição néscia, se familiarize com as letras e os seus valores na leitura animada de palavras inteligíveis.
>
> Assim ficamos também livres do silabário, em cuja interminável série de combinações mecânicas não há a penetrar uma única ideia!
>
> Esses longos exercícios de pura intuição visual constituem uma violência, uma amputação moral, contrária à natureza: seis meses, um ano, e mais, de vozes sem sentido, basta para imprimir num espírito nascente o selo do idiotismo.
>
> Por que razão observamos nós a cada passo nos filhos da indigência, meramente abandonados à escola da vida uma irradiação moral, uma viveza rara nos mártires do ensino primário?
>
> Às mães, que do coração professam a religião da adorável inocência, e até por instinto sabem que em cérebros tão tenros e mimosos todo o cansaço e violência pode deixar vestígios indeléveis, oferecemos neste sistema profundamente prático o meio de evitar a seus filhos o flagelo da cartilha tradicional. (Deus, 1876, p.5)

Na introdução à segunda parte da *Cartilha*, composta de textos para leitura apresentados "em várias formas de letra", o autor reafirma a ideia de educação em que fundamenta seu sistema.

> Também por saber ler se entende ler em várias formas de letra.
>
> Quanto ao assunto, como livro complementar da arte de ler, e por consequência elementaríssimo, não instrui nem devia instruir. Educa: inspira-se nos sentimentos naturais de respeito e amor filial, e assim corre até ao fim, apenas como um eco da consciência. A sua doutrina sente-se; não exige memória nem reflexão. (Deus, 1876, p.73)

Dentre essas características gerais da *Cartilha*, Silva Jardim destaca as peculiaridades em relação ao que se vinha produzindo até então: uso da letra de imprensa, do caracter tipográfico redondo e de dois tipos de letras – liso e lavrado – para distinguir as sílabas; aceitação do "progresso da syllabação de ensinar o alphabeto por partes", propondo uma dificuldade por lição, "atendendo à classificação phisiologica dos sons da voz humana, como unico fundamento racional da distribuição das letras"; e dedução do nome das letras pelo seu valor na confecção dos vocábulos, partindo, na classificação das letras, "das mais geraes e mais simples para as mais especiaes e mais complicadas; n'uma generalidade decrescente e n'uma complicação crescente, segundo a verdadeira lei da classificação scientifica".

Chama a attenção do auditorio para a feliz innovação no processo typographico da Cartilha, adoptando os dous tipos de lettra – lizo e lavrado,– para distinguir as syllabas. Nos antigos methodos eram separados pela linha de união (-) ou de separação, que, como sabemos, não tem tal fim. Na leitura corrente não encontramos tal separação nas syllabas: e o alumno a ella habituado nos syllabarios, estranha sensivelmente sua ausencia. O prelector revela a intenção primitiva do auctor em apresentar a lettra preta e vermelha, intenção modificada pelo receio fundado de prejudicar o orgão visual do aluno quando passa á leitura corrente. (*A Provincia do Espirito Santo*, 1882b, p.4)

Visando à "generalidade decrescente" ou "complicação crescente", as lições da *Cartilha* iniciam-se com as vogais, sendo seguidas das invogais, iniciando-se com a toante *v*; após aprendido seu valor, junta-se-o às vogais, de modo tal que a criança já pode formar palavras, incitada pelo professor, propiciando o desenvolvimento dos "orgãos da voz" e preparando uma "leitura clara, nitida e consciente", contrariamente ao que acontece com as crianças que aprendem pelo sistema da soletração.

O methodo apresenta á criança antes de tudo as cinco vogaes, porquanto representam as vozes; ora, sem voz não ha palavra falada; d'onde sem vogal não ha palavra escripta. As vogaes são vozes simples, de pronuncia facil, dependendo apenas de maior ou menor abertura da boca; e ensinam-se todas de uma só vez; representando as 5 partes das lettras do alphabeto quanto ao numero, não representam nem a vigesima quanto as dificuldades. Sua extrema simplicidade justifica, pois, sua apresentação em primeiro lugar.

Quer a criança aprenda pelos quadros parietaes, que conteêm em ponto grande, todas as licções da *Cartilha*; quer tenha o mestre de traçar as lettras na louza negra, imitando fielmente a lectra impressa; quer o aluno aprenda pela propria cartilha, o prelector faz vêr a necessidade de attrahir a attenção da criança para as letras, procurando similes na natureza, nos objetos conhecidos, etc. Porque a letra, repete, é um symbolo, morto, abstracto; e a passagem do concreto ao abstracto é preciso ser feita com muita pericia, sem fatigar a infancia.

...

Faz considerações sobre o habito que a criança tem de cantar na aula primaria pela necessidade natural de amenizar a aridez do estudo abstracto das syllabas e vozes sem sentido por meio do canto. Bate a rotina a este respeito, pedindo aos professores não consintam n'este facto, depois de demonstrar como a concentração, a applicação necessária para a bôa comprehensão da leitura não póde combinar-se com a distracção que o canto fornece. As crianças que aprendem pelo methodo J. de Deus, diz o prelector, quando bem ensinadas, não cantam, com essa voz enfadonha que transforma as aulas em colmêas de abelhas a zumbirem. (*A Provincia do Espirito Santo*, 1882b, p.4)

Em síntese, a propaganda empreendida por Silva Jardim enfatiza a feliz conciliação, na *Cartilha Maternal*, das três faculdades do espírito humano: o "sentimento de pae" que a inspira e revela-se em seu "impulso affectivo" – relacionado ao sentimento –, a "bem fundada analise da fala" – relacionada à inteligência – e a "concretização do ensino por meio da leitura palavrada" – relacionada à atividade.

O MÉTODO E O SENTIMENTO

O "impulso affectivo" da *Cartilha* inspirado no "sentimento de pae", apresenta-o Silva Jardim como um exemplo digno de imitação a preencher a "lacuna no ensino", caracterizada pela transitoriedade, em sua época, da escola primária como instituição e do homem como professor primário e preposto das mães. Do ponto de vista do ideário positivista comtiano, em uma época normal – reforma definitiva e culminância do processo de regeneração social –, papel de destaque deverá ser atribuído à mulher – superior ao homem e sua "providencia moral" –, a quem, dada a sua "admiravel intuicção scientifica fornecida pelo sentimento", cabe preferencialmente a função educadora e a direção do ensino das crianças, no lar.

> Se o orgão do sentimento é na terra a mulher, e si o ensino é capitalmente uma questão de sentimento, dado é concluir que indigna e indevidamente o homem preenche a missão de educador.
> A escola primaria é, portanto, uma instituição transitoria, e o professor primario, preposto das mães, deve possuir-se do maior sentimento social.
> Não é uma utopia pretender que a mulher tome, em breve, a direcção do ensino no lar; elle já ahi efficazmente delineado. ... A aspiração universal é que a Mulher que nos prepara a vida vegetativa, além da affectiva, prepara-nos a intellectual, completando e formando o desenvolvimento de nosso corpo, nosso coração, nosso caracter e nosso espirito; depois de os ter gerado com tanto amôr e carinho!
> Até que advenha este dia abençoado, saiba o espirito patriotico dos professores, sua intuição do futuro social, preencher a lacuna no ensino; saibam elles comprehender como é nobre essa paternidade espiritual; saibam viver para a infancia e n'ela reviver! (*A Provincia do Espirito Santo*, 1882a, p.4)

O MÉTODO E A INTELIGÊNCIA

Quanto à "bem fundada analyse da fala", Silva Jardim a atribui à sintonia com os "progressos da linguistica", sobre os quais parece informado. Em resenha publicada, em 14 de julho de 1880, no jornal *A Provincia de São Paulo*, a respeito do livro *Traços gerais da linguística*, de Julio Ribeiro, Silva Jardim aponta os méritos e limitações do livro em questão e expõe também seu próprio ponto de vista sobre a linguagem, citando certos autores – Abel Hovelacque, Ferrière e André Léfèvre – os quais, estudando a linguagem do ponto de vista da biologia e da fisiologia, permitem avaliar os progressos nessa área.[5]

> Seguindo de mui perto, como com honestidade declara, os passos dos que da materia já se occuparam, e especialmente Ferriérre e Abel Hovelacque, cujo nome, sem duvida por méro accidente, deixou de citar, o sr. Julio Ribeiro esclarece-nos sobre a séde da linguagem articulada, sobre o apparelho phonetico, origem e desenvolvimento da linguagem, evolução porque passou, etc.; occupa-se das linguas monossylabicas, agglutinantes, flexionaes e contractas, concluindo com a traducção de um bello artigo de Léfèvre sobre a *Sciencia da Linguagem*.
> ...
> Nestas idéas, que de leve desenvolveu, é que, penso, devia ter o sr. Julio Ribeiro feito insistencia de modo a tornar clara a humanização da linguagem, e, n'uma realidade sã, desbancar os velhos sustentadores de Bonald. Parece-me que um bom methodo aconselharia isto, de preferencia ao estudo dos periodos monossyllabicos, aglutinantes, flexionaes e contractos porque têm passado e ainda hoje passam as linguas.
> ...
> O que convinha era uma propaganda sadia por meio de uma nova corrente de idéas; eu preferia-o ás muitas paginas sobre pontos em que, por não minucioso, unico meio de ser interessante, o auctor tornou-se fastidioso, secco, arido, principalmente no ponto indicado, em que limitou-se a traçar o mappa das linguas vivas e mortas na face da terra.
> ...
> A linguagem, para o distincto auctor, não póde ser senão um facto da vida do homem, da anthropologia, e, consequentemente, da biologia, que é a sciencia da vida em geral ... "tal estudo, dil-o o proprio artigo de Léfèvre, traduzido pelo auctor, toma o seu lugar na serie das sciencias biologicas, na soleira mesmo da anthropologia". (Silva Jardim, 1880, p.1)

A fim de provar as vantagens da *Cartilha*, Silva Jardim faz acompanhar à divulgação do "engenhoso edificio" do método a explicitação de seus fundamentos linguísticos inovadores, centrados em uma "verdadeira theoria da formação da linguagem" e em uma "analyse da fala, inteiramente nova, no que toca á nossa lingua".

De acordo com essa "verdadeira theoria", a linguagem, "inspirada pelo sentimento e esclarecida pela inteligência", origina-se da necessidade de comunicação e se destina também à "communicação de nossas emoções, e de preferencia dos impulsos sympathicos, unicos plenamente transmissiveis". Tendo sido feita por todos os que nos precederam e caracterizando a continuidade humana, a linguagem apresenta um caráter social de união dos homens e das unidades sociais, ao mesmo tempo em que revela a superioridade intelectual da espécie humana, única capaz da linguagem, em decorrência da harmonia entre a estrutura de nosso aparelho de fonação e a constituição cerebral.

Quanto às inovações relativas à análise da fala, encontram-se indicadas em quadro ao final da *Cartilha*, podendo ser resumidas como se segue.

- A "classificação dos caracteres alphabeticos em lettras vogaes e consoantes" é rejeitada, sendo substituída pela distinção entre vogais e invogais;
- a fala é dividida em vozes e modos (ou articulações ou inflexões), sendo estes últimos embelezamentos da linguagem e característicos das línguas cultas em oposição às bárbaras;
- as vozes, por sua vez, dividem-se em puras e nasaladas; subdividindo-se, ainda, as puras em: nominais, fechadas, abertas e graves; e
- os modos dividem-se em proferíveis – que soam por si – e improferíveis – que só se podem pronunciar junto com as vogais; subdividindo-se, ainda, os proferíveis em toantes e assoantes e os improferíveis, em labiais, linguais, linguais-dentais, linguais-palatais e linguais-guturais.

O MÉTODO E A ATIVIDADE

Aliando o "impulso affectivo" e a "analyse da fala", a "concretização do ensino pela leitura palavrada" remete, por sua vez, a uma concepção de ensino da língua fundada em determinadas ideias sobre criança e educação.

Reproduzindo o homem em seu desenvolvimento as fases pelas quais passou a humanidade, ao estudo da infância e do ensino da língua a ela destinado devem ser aplicadas as leis que regem a infância da humanidade, visando-se a uma educação positiva e enciclopédica – prática, útil de racional –, apropriada à vida moderna.

Pelo fato de ainda não estar educada e ter pouco desenvolvidas as faculdades abstratas – entre elas a da linguagem –, a criança é um ser imperfeito, que erra muito. Em seu cérebro, "qual a cêra", imprimem-se as "primeiras formas, as mais decisivas da vida", merecendo esse "primeiro estado de tenridade" todo nosso cuidado, a fim de graduar o ensino em dificuldades crescentes e apresentar os objetos antes dos símbolos e devendo, por isso, caber a tarefa de "iniciar o [seu] desenvolvimento cerebral" aos "homens mais eminentes" e não aos ignorantes.

> N'essa epocha, as impressões gravam-se mais fortemente; o cerebro recebe tudo do mundo exterior; o trabalho de contemplação é quasi exclusivo, e o da meditação quasi nullo: o exterior fornece quasi todos os elementos para a elaboração das ideias, e o intimo concorre para ellas mui indiretamente. (*A Provincia do Espirito Santo*, 1882a, p.3)

Para o aprendizado da leitura, por sua vez, é necessário que se desenvolvam os órgãos da voz, uma vez que para a formação da linguagem na criança – assim como ocorreu na história da humanidade – não basta o aparelho da fonação, mas a harmonia deste com a constituição cerebral.

> A palavra propriamente dita, é sem duvida, um resultado da superioridade intellectual da nossa especie, como o mostra o exemplo dos idiotas e dos diversos animaes nos quaes não existe verdadeira linguagem, se bem que a phonação seja n'elles sufficiente. Mas é preciso que a estrutura de nosso apparelho vocal offereça certos caracteres específicos em harmonia com a faculdade de nosso cerebro. (*A Provincia do Espirito Santo*, 1882c, p.3)

As considerações sobre a leitura da palavra entendida como "somma dos diversos valores dos elementos que a constituem" e sua adequação à necessidade de buscar o sentido da palavra, como forma de amenizar, para a criança, a passagem do concreto para o abstrato e de basear-se no princípio da "generalidade decrescente" e "complicação crescente" sugerem noções de *síntese* e *análise* como operações, respectivamente, de reunião e separação de elementos discriminados pela sensação, privilegiando-se a síntese das "coisas" como ponto de partida para o processo de conhecimento, cuja marcha se apresenta como analítica e em direção ao espírito.

Trata-se de uma teoria do conhecimento humano centrada em uma visão de mundo naturalista, que explica o homem como ser psicofísico e relacionada, por sua vez, com uma filosofia e uma psicologia que buscam materializar seu objeto, ao mesmo tempo em que empenham-se na crítica à separação dualista entre corpo e alma e almejam a reunião dos processos psicológicos e fisiológicos.

O ENSINO DA LEITURA COMO OBJETO DE ESTUDO

Embora nem sempre se possam encontrar referências explícitas a autores que fundamentam as reflexões de Silva Jardim, as considerações recorrentes ao longo de sua propaganda para justificar o ensino da leitura pela palavração remetem a uma certa confluência de ideias pedagógicas, psicológicas e linguísticas em trânsito no século XIX, a partir das contribuições, respectivamente de: J. A. Comenius, J. H. Pestalozzi, J. F. Herbart, F. Fröebel e H. Spencer, além das advindas de A. Comte; J. Mill, J. S. Mill e A. Bain; M. Müller, M. Bréal, A. Hovelacque, F. Diez e J. Ribeiro, entre outros.

Articuladamente a essas ideias, produzem-se, do ponto de vista da constituição do objeto de estudo em questão, determinadas concepções básicas, que, ao longo das reflexões e discussões posteriores, vão sendo retomadas e redefinidas, de acordo com as mudanças nos referenciais teóricos e metodológicos que passam a predominar. Uma primeira aproximação dessas concepções, nem sempre explicitadas, permite formulá-las da seguinte maneira:

- educação: processo de instrução, que, atuando no âmbito do sentimento, da inteligência e da atividade, visa a civilizar as massas incultas, desenvolvendo seu instinto construtor;
- ensino: problema principalmente metodológico, que demanda o conhecimento da criança e da matéria a ser ensinada, de maneira amena, mediante a educação dos sentidos e das "lições de coisas", que permitem a aquisição de conhecimentos concretos e duradouros;
- método: passos para a organização do ensino, de acordo com a natureza do ser humano, devendo-se optar pela conjugação dos métodos intuitivo, objetivo e analítico, que partem do geral e concreto para o particular e abstrato;
- criança: ser em fase de formação, inculto e incapaz de atividades cerebrais abstratas e que deve ser ativo e pensante no processo de aprendizagem;
- linguagem: faculdade abstrata de comunicação;
- língua: construção coletiva de grupos sociais, relacionada especialmente com a fala;
- leitura: arte que envolve o processo de apreensão da ideia representada pela palavra, a partir da síntese – soma dos valores das letras – e que demanda ênfase na educação do ouvido;
- escrita. técnica caligráfica de registro dos valores das letras, auxiliar no aprendizado da leitura;
- palavra: símbolo das "coisas" e unidade de pensamento.

Da propaganda empreendida por Silva Jardim, sobressai-se, assim, a superioridade do "método João de Deus" pela sua cientificidade, decorrente da sintonia com os progressos das diferentes áreas de conhecimento envolvidas: a linguística, por meio dos estudos fonéticos; a pedagogia, por meio dos estudos sobre a adequação do método à matéria ensinada e à natureza da criança; e a psicologia, por meio da base materialista, embora ainda associacionista, do aprendizado humano.

Do entrecruzamento das contribuições dessas diferentes áreas com a apropriação que do método faz o positivista Silva Jardim, pode-se pensar que o que está em jogo é a produção de uma teoria do conhecimento – não obrigatoriamente intencional por parte de João de Deus – que sustenta a disputa pela hegemonia de tematizações e concretizações em relação ao ensino da leitura, nesse momento, no Estado de São Paulo.

A FUNDAÇÃO DE UMA TRADIÇÃO

Divulgada como inovação definitiva, a *Cartilha Maternal* não tem, no Brasil, a mesma duração e permanência que em Portugal. Tampouco Silva Jardim continua sua luta no magistério, que acaba abandonando para se dedicar à causa republicana, atuando principalmente no Rio de Janeiro,[6] até morrer acidentalmente, tragado pelo Vesúvio, em 1891. No entanto, o cumprimento do dever desse propagandista, mediante a divulgação sistemática do "método João de Deus", contribui decisivamente para a constituição da alfabetização como objeto de estudo, no Brasil.

O fato é que, embora colocando em xeque pioneira, explícita e programaticamente a tradição herdada relativamente à soletração e silabação – manifesta predominantemente no nível das concretizações – e contando para isso com o prestígio das novas ideias defendidas por um grupo restrito de intelectuais da época, Silva Jardim não logra acolhimento oficial de sua proposta, sobretudo porque, até esse momento, precária e quase imperceptível se apresenta a normatização a respeito da instrução pública.

De qualquer modo, no âmbito da tensão entre modernos e antigos que caracteriza esse "breve" primeiro momento crucial, a atuação de Silva Jardim vai configurando sentidos específicos para os termos "antigo" e "moderno", este oscilando entre definir-se *a partir* e *contra* aquele, fase transitória a ser necessariamente superada. Enfocando o ensino da leitura integradamente ao ensino da língua materna e como subordinado, por um lado, às ciências que estudam a linguagem, especialmente a fisiologia da fala humana, e, por outro, à filosofia positivista, a atuação desse propagandista funda uma tradição: o ensino da leitura envolve necessariamente uma questão de método, apresentando-se o "método João de Deus" (palavração) como fase científica e definitiva nesse ensino e fator de progresso social.

E o que permite conferir à atuação de Silva Jardim o sentido de fundadora de uma tradição é justamente o fato de serem suas tematizações as primeiras de caráter programático e cientificamente fundamentadas, produzidas por um brasileiro, a respeito do ensino da leitura e da língua materna, diferentemente do que ocorria em relação à "tradição ingênua" dos métodos sintéticos, produzida no âmbito das concretizações e incorporada (não "fundada") como *habitus* e rotina nas escolas de primeiras letras do Brasil.

Essa tradição acabará sendo retomada pela geração de professores normalistas formada pela Escola Normal de São Paulo, após a proclamação da República, os quais, em substituição aos bacharéis, passam a reivindicar e assumir, em relação à instrução pública, as funções não apenas de tematizadores e concretizadores mas também de normatizadores, sobretudo no que se refere ao ensino da leitura. Assim, a atuação de Silva Jardim abre caminho para o fortalecimento das disputas pela hegemonia em relação aos métodos de ensino da leitura, mediante o entrecruzamento, no momento seguinte, de tematizações, normatizações e concretizações a respeito do método analítico para o ensino da leitura.

NOTAS

1 MONARCHA, C. *Escola Normal da Praça*: o lado noturno das luzes. Campinas: Editora da Unicamp, 1999.
2 De acordo com Monarcha, Silva Jardim reunia "duas atividades intelectuais habitualmente separadas: a investigação científica de um determinado campo de conhecimento e o seu respectivo ensino" (op. cit., p.153).

3 HALLEWELL, L., *O livro no Brasil*: sua história. Trad. Maria da Penha Villalobos e Lélia L. Oliveira. São Paulo: T. A. Queiroz, Editora da USP, 1985.

4 HALLEWELL, L., op. cit., 1985.

5 Vale lembrar que, no início do século XIX, com a descoberta do sânscrito e da relação de parentesco entre as línguas e com a elaboração dos métodos da gramática comparada, ganham impulso os estudos centrados na língua como objeto de observação e não mais de especulação, atitude que, guardadas as diferenças de abordagem, perdura da Antiguidade grega até o século XVIII (BENVENISTE, E. *Problemas de linguística geral*. I. Trad. M. G. Novak e M. L. Neri. 2.ed. Campinas: Pontes, Editora da Unicamp, 1988). Na segunda metade do século XIX, com os estudos dos neogramáticos, a língua passa a ser vista não mais como um "organismo que se desenvolve por si, mas um produto do espírito coletivo dos grupos linguísticos" (SAUSSURE, F. de. *Curso de linguística geral*. 6.ed. Trad. A. Chelini et al. São Paulo: Cultrix, 1974, p.12). Esses novos horizontes propiciam, conjuntamente ao impulso das ciências naturais, o advento e o desenvolvimento da fonética como disciplina auxiliar da linguística, centrada no estudo biológico da linguagem, focalizando "os fatores fisiológicos e físicos que produzem a fala" (CAMARA JÚNIOR, J. M. *História da linguística*. Petrópolis: Vozes, 1975, p.77) e apontando a "necessidade do conceito de sons vocais independentes das letras", "encarados como produções fisiológicas e como fenômenos físicos" (Ibidem, p.66).

6 A respeito da atuação de Silva Jardim como "um dos grandes agitadores populares", ver, especialmente: CARVALHO, J. M. *Os bestializados*: o Rio de Janeiro e a república que não foi. São Paulo: Companhia das Letras, 1987.

FONTES DOCUMENTAIS

BARBOSA, R. Preambulo do traductor. In: CALKINS, N. A. *Primeiras lições de coisas*: manual de ensino elementar para uso de paes e professores. Trad. R. Barbosa. Rio de Janeiro: Imprensa Nacional, 1886. p.V-XV.

BINZER, I. *Os meus romanos*: alegrias e tristezas de uma educadora alemã no Brasil. 2.ed. Trad. A. Rossi e L. G. Cerqueira. Rio de Janeiro: Paz e Terra, 1982.

BORGES, A. C. *Dissertação lida no Congresso de Pedagogia Internacional de Buenos Ayres* (em 2 de maio de 1882). Rio de Janeiro: Typographia a vapor do CRUZEIRO, 1882.

CANDIDO, A. Z. O methodo João de Deus e a philosophia positiva. *Almanach Litterario de São Paulo para o Ano de 1884*. São Paulo: Typographia de "A Província de São Paulo", 1883. p.154-5.

CANTO, F. P. Methodos particulares ou methodos de ensino. (Texto Manuscrito – 23.12.1876). Arquivo do Estado de São Paulo – Lata 5129.

CARVALHO, F. A. S. *Relatorio sobre o estado da instrucção publica na Provincia de São Paulo no ano de 1875*. São Paulo: Typographia do "Diario", 1876.

CARVALHO, F. Método do ensino da leitura. In: *Primeiro livro de leitura*. 129.ed. Rio de Janeiro: Francisco Alves, 1945. p.10-6.

DEUS, J. *Cartilha maternal ou arte da leitura*. Lisboa: Bertrand Editora, 1990.

_____. *Cartilha maternal ou arte da leitura*. Porto: Liv. Universal de Magalhães & Moniz, 1876.

_____. *Cartilha maternal ou arte da leitura*. Lisboa: Bertrand, [s.d.] 2 v.

DIAS, J. S. *Historia da litteratura portuguêsa*. 12.ed. Lisboa: Liv. Classica Editora, 1912.

FREYRE, G. *Ordem e progresso*. 2.ed. Rio de Janeiro: José Olympio, 1962. v.1

GALHARDO, T. Ao leitor. In: *Cartilha da infancia*: ensino da leitura. 141. ed. Rio de Janeiro: Francisco Alves, 1939. p.5-6.

GONÇALVES DIAS, A. Instrução pública nas províncias do Pará, Maranhão, Ceará, Rio Grande, Paraíba, Pernambuco e Bahia. 1852. In: ALMEIDA, J. R. P. *História da instrução pública no Brasil (1500-1889)*. Trad. A. Chizzotti. São Paulo: EDUC; Brasília, DF: INEP, MEC, 1989. p.336-65.

HILSDORF, M. L. S. *Francisco Rangel Pestana*: jornalista, político, educador. São Paulo, 1986. Tese (Doutorado em Educação) – Faculdade de Educação, Universidade de São Paulo.

MACHADO DE ASSIS, J. M. História de quinze dias. 1876. In: _____. *Obra Completa*. Rio de Janeiro: Nova Aguilar, 1986. p.345. v.3.

MELO CASTRO E MENDONÇA, A. M. *Memória econômico-política da capitania de São Paulo*. 1889. In: SILVA, M. B. N. *Cultura no Brasil colônia*. Petrópolis: Vozes, 1981. p.130.

(A) Província do Espírito Santo. Vitória, 12 jul. 1882a. Sciencias, Lettras e Artes, p.3-4.

_____. Vitória, jul. 1882b. Sciencias, Lettras e Artes, p.3-4.

_____. Vitória, 21 jul. 1882c. Sciencias, Lettras e Artes, p.3-4.

RIBEIRO, H. Duas palavras. In: _____. *Cartilha nacional*: novo primeiro livro – ensino simultaneo da leitura e escripta. 228.ed. Rio de Janeiro: Francisco Alves, 1936a. p.V-VI.

_____. Methodo a seguir. In: _____. *Cartilha nacional*: novo primeiro livro – ensino simultaneo da leitura e escripta. 228.ed. Rio de Janeiro: Francisco Alves, 1936b. p.75-9.

RODRIGUES, J. L. *Um retrospecto*: alguns subsídios para a história pragmática do ensino público em São Paulo. São Paulo: Instituto D. Anna Rosa, 1930.

ROMERO, S. Explicações indispensáveis. In: BARRETO, T. *Vários escritos*. Sergipe: Ed. do Estado do Sergipe, 1926. p.XXIII-XXIV.

SARAIVA, J. A., LOPES, O. *História da literatura portuguesa*. 13.ed. Porto: Porto Editora, 1985.

SILVA JARDIM, A. Linguística. *A Provincia de São Paulo*. São Paulo, 14 jul. 1880, Lettras e Artes. p.1.

_____. *Relatório Apresentado a S. Exa o Sr. Presidente d'A Provincia do Espirito Santo Dr. H. M. Inglez de Souza – sobre a historia e resultado da propaganda do methodo de leitura João de Deus por Antonio da Silva Jardim – Professor da Aula do sexo masculino anexa á Escola Normal de S. Paulo. Contratado pelo Exmo Governo Provincial para propagar o mesmo nesta Provincia, em 18 de Julho de 1882*. Vitória: Tipographia da "Província", 1882.

_____. *Reforma do ensino da lingua materna* (Conferência proferida na Escola Normal de São Paulo, em 21 de julho de 1884). São Paulo: Typographia a vapor de Jorge Seckler, 1884.

VERISSIMO, J. *A educação nacional*. Rio de Janeiro: Francisco Alves, 1890.

CAPÍTULO 2
*A INSTITUCIONALIZAÇÃO
DO MÉTODO ANALÍTICO*

A "NOVA BUSSOLA DA EDUCAÇÃO"

Uma das questões mais interessantes que, sobre Pedagogia, se tem levantado em S. Paulo nestes ultimos tempos, é, incontestavelmente, esta sobre ensino da leitura...

......

Questão transcendente, o problema da leitura ha mais de um seculo vem preocupando os espiritos mais eminentes de todos os paizes, com tenacidade notavel nos da França, Estados Unidos, e Inglaterra, que o têm estudado com um interesse digno da maior veneração.

Desde os gramaticos de Port-Royal até o abbade de Radonvilliers, que foi o primeiro a suggerir em 1768 a idéa do methodo analytico; desde Nicolas Adam que o exercitou praticamente em 1787, até Jacotot, que fez escola pela ampliação que lhe deu, a these do ensino da primeira leitura tem sido abordada em todos os tons sem que, entretanto, até hoje, se chegasse a um accôrdo sobre o melhor processo a seguir.

Surge agora de novo a questão aqui em S. Paulo.

Poderá a pedagogia paulista fornecer quaesquer dados para a almejada solução? (Barreto, A. O., 1902, p.961)

Com esse tom grandiloquente e polemizador, inicia-se um artigo publicado na *Revista de Ensino*[1] e produzido pelo professor Arnaldo de Oliveira Barreto, que se tornou um dos principais divulgadores e polemistas em relação ao método analítico para o ensino da leitura.

Diplomado pela Escola Normal de São Paulo em 1891, A. O. Barreto integra uma geração de normalistas que, após a Proclamação da República, passa – em substituição ao bacharel em Direito – a ocupar cargos na administração educacional, liderar movimentos associativos do magistério, assessorar autoridades educacionais e produzir material didático e de divulgação das novas ideias, especialmente no que diz respeito ao ensino da leitura.

A atuação desses normalistas configura o engendramento de uma atitude caracteristicamente paulista e definidora do que considerei o segundo momento crucial no movimento de constituição da alfabetização como objeto de estudo, no Brasil: a disputa entre mais modernos e modernos – sobrepondo-se àquela entre modernos e antigos, observável na década de 1880 – pela hegemonia de tematizações, normatizações e concretizações relativamente ao ensino da leitura, da qual resulta a fundação de uma (nova) tradição.

Essa disputa encontra-se diretamente relacionada com a reforma da instrução pública paulista, iniciada em 1890, pelo Dr. Antonio Caetano de Campos, e, a partir de 1892, aperfeiçoada por Gabriel Prestes (ambos enquanto diretores da escola) e executada por Cesário Motta Junior, Secretário de Estado dos Negócios do Interior no governo de Bernardino de Campos. O "espírito da reforma" veio oficializar, institucionalizar e sistematizar um conjunto de aspirações educacionais amplamente divulgadas no final do Império brasileiro. Enfeixadas pela filosofia positivista,[2] essas aspirações convergiam para a busca de cientificidade – e não mais o empirismo – na educação da criança e delineavam a hegemonia dos métodos intuitivos e analíticos para o ensino de todas as matérias escolares, especialmente a leitura.

A partir de então, uma "nova bussola" deveria orientar a preparação não apenas teórica mas sobretudo prática de um novo professor sintonizado com os progressos da "pedagogia moderna", o qual deveria deduzir da psicologia da infância e suas bases biológicas os modos de ensinar a criança.

> É da escola, é do ensino primario, é dos methodos bem entendidos e bem praticados que póde sahir o cerebro adaptado á conquista da verdade.
> É da psycologia da infancia que se deve deduzir o melhor modo de ensinal-a, e esse ensino inclue não só a instrucção, que é muito, como tambem o habito de aprender, que é tudo.
> ...
> No entanto, não póde haver ensino primario sem o professor educado na arte de ensinar, e não póde haver ensino productivo sem a adoção de methodos que estão transformando agora em toda a parte o destino das sociedades. (Caetano de Campos, 1890)

> Sim, como se aprende! É este o titulo de benemerencia do mestre-escola hodierno. A cultura intensiva do espirito, o aproveitamento de todos os detalhes, cada cousa em sua hora, o alimento intellectual o mais completo, dado na proporção da receptividade psycologica, – eis o merito indiscutivel do ensino moderno. (Caetano de Campos, 1890)

> Toda a discussão prévia do que deve ser a lei que reforme o ensino, é ociosa e anachronica sem a formação do professor. Entregar um navio a um marinheiro que nunca navegou – é insensato. Quem creou o navio actual foi a pratica da navegação. (Caetano de Campos, 1891)

> Vê-se daqui quanto trabalho precisa o professor vencer para ficar á altura das necessidades do magistério.
> Modificar tudo que se ensinava; tudo encaminhar nos diversos ramos de conhecimentos para explical-os por novos processos; sobretudo fazer perder o habito de decorar, o que só se obterá escrevendo novos compêndios; addicionar ás materias que outr'ora se ensinavam muitas outras que completam a instrucção indispensavel que deve ter o professor – tal foi, em poucas palavras, o espirito da refórma da Escola Normal. (Caetano de Campos, 1890)

Ao longo da década de 1890, com a inauguração da Escola-Modelo do Carmo (1890) e do Jardim da Infância (1896), a Escola Normal de São Paulo vai-se configurando como condensação do modelo de sistema de ensino proposto para o Estado de São Paulo e pretensamente para o restante do país.

Para dirigir a primeira escola-modelo – a do Carmo –, instalada no Convento do Carmo e inaugurada em julho de 1890, são contratadas, por indicação do diretor da Escola Americana, Horácio Lane, as professoras D. Maria Guillhermina Loureiro de Andrade e *Miss* Marcia Priscilla Browne, para as seções feminina e masculina, respectivamente. A indicação de ambas deveu-se à sintonia de seu trabalho com a moderna metodologia norte-americana, que, então, passa a sintetizar os anseios educacionais. Autora de uma cartilha, de livros de leitura e de história, Maria Guilhermina havia estudado quatro anos nos Estados Unidos da América do Norte; *Miss* Browne era apresentada como professora solteira e rica que ensinava "por prazer e vocação" e que havia dirigido uma escola normal em S. Luiz (Massachusetts) e uma *high-school* em Malden, perto de Boston, além de ter auxiliado Caetano de Campos na reforma da instrução.

A brasileira acaba se afastando do cargo por desentendimentos com a americana; esta, por sua vez, partidária das teses darwinistas apregoadas por Caetano de Campos, assume a direção das duas seções da escola até 1894, quando passa a dirigir a Escola-Modelo anexa à Escola Normal no novo prédio da Praça da República, e retorna definitivamente aos Estados Unidos, em 1896, após ter dirigido também o Grupo Escolar "Prudente de Moraes". Seu "braço direito", Oscar Thompson, normalista da turma de 1891 e professor-adjunto da Escola-Modelo do Carmo até 1893, assume efetivamente a direção dessa escola, cargo em que permanece até 1898 e que dá início a sua longa carreira na administração do magistério paulista e a sua atuação como "implementador" da reforma iniciada em 1890.

Criada à semelhança do *Training School* dos americanos e iniciativa institucional representativa da "fase heroica" de disputa entre modernos e antigos, a escola-modelo propõe-se a servir tanto de padrão e demonstração – quanto ao tipo de ensino – às demais escolas primárias do estado quanto de local de exercício docente para os futuros professores.

Ao longo das décadas de 1890 e 1900, outras escolas-modelos vão sendo instaladas na capital bem como no interior do Estado, acompanhando a expansão do ensino normal; e, por intermédio das "missões" de professores paulistas, esse modelo de ensino vai sendo divulgado em outros estados da nação.

> Os evangelizadores da nova e gloriosa cruzada foram alguns lentes da Escola Normal paulista, proselytos ardorosos das idéias positivistas...
> ...
> Repontou assim toda uma geração de operosos e provectos mestres, que, sem mais precisar de concurso extranho, levaram por deante a obra iniciada: – René e Arnaldo Barreto, Mendes Vianna, R. Puiggari, Miguel Carneiro, Roca Dordal, Oscar Thompson, Alves Pereira, João Lourenço Rodrigues, Pedro Voss e muitos outros, cujos serviços deixaram perenne sulco, quer na direcção de institutos, quer na regencia suprema do ensino, quer, emfim, em atlas, cadernos e compendios adoptados hoje em todas as boas escolas do Brasil.
> ...
> Tal é, em rapida synthese, a instrucção publica no prospero Estado de S. Paulo.
> O seu ensino primario é, indubitavelmente, o melhor e o mais racional que se fornece em todo o Brasil. As creanças, ao contrario do que acontecia outr'ora, nos tempos da retrograda instituição monarchica, buscam prazenteiramente a escola, onde, consoante as prescripções da pedagogia moderna, não lhes faltam divertimentos que amenizam a difficil e arida aprendizagem das primeiras letras.
> Aos archaicos systemas de "soletração" e "syllabação" succedeu o methodo chamado "analytico", muito mais logico e rapido. Dahi, o augmento do numero de matriculas e o crescimento da média de frequencia, – o que, em resumo, equivale a dizer que a instrucção popular se dissemina cada vez mais pelo Estado, o qual mui legitimamente se jactancearia de ter em tão proveitosa applicação dos seus recursos financeiros a base inderrocavel do seu mais duradouro progresso. (Magalhães, 1913, p.98-110)

O caso deste centenário [da Escola Normal da Praça da República] tem importancia até nacional. A Escola Normal constituiu, nestes ultimos cincoenta anos, a réplica pedagogica do bandeirismo. De um jeito ou de outro, mandou a sua palavra pelo Brasil inteiro. Começou espalhando professores primários dentro do Estado, de cidade em cidade, de bairro em bairro. Continuou a espalhá-los, depois, através de escolas que dela se formaram, á sua imagem e semelhança: ..., distribuidas estrategicamente por Oscar Thompson; e, mais tarde, as sete dezenas de outras, oficiais e livres, jogadas aos quatro ventos. E não parou aí. Seus filhos ou netos, atravessando a fronteira paulista, foram organizar escolas primarias na Marinha; foram a Santa Catarina, a Mato Grosso, ao Ceará, ao Espirito Santo, a Pernambuco, ao Distrito Federal, a Goiás, ao Rio Grande do Sul, ao Territorio de Ponta Porã. Certas vezes, não tendo ela ido aos Estados, os Estados vieram a ela. Sem falar no contágio pelas leis e pela literatura. Creio não exagerar dizendo que esse prestigio e essa irradiação contribuiram para a unidade espiritual do país. (Almeida Junior, 1946, p.15)

Foi, assim, ganhando adeptos o método analítico para o ensino da leitura – do "todo" para as "partes" –, baseado especialmente em moldes norte-americanos e utilizado na Escola-Modelo anexa à Escola Normal. Inicialmente sem grandes disputas intestinas, os grupos de normalistas que se foram formando em torno dos propugnadores da "nova bussola" passaram, no entanto, a produzir apropriações diferenciadas, gerando-se as disputas em torno do melhor modo de se processar o método analítico para o ensino da leitura.

No âmbito dessas disputas, foram-se impondo as apropriações de determinados grupos que assessoravam autoridades da administração educacional e cujas propostas ganharam espaço institucional, configurando-se como as primeiras normatizações sobre o ensino da leitura. Essas normatizações, por sua vez, também foram-se impondo, por meio da adoção oficial de cartilhas e da produção de artigos de combate, traduções de textos estrangeiros e relatos de experiências bem-sucedidas, publicados sobretudo na *Revista de Ensino*.

Além dessas, outras iniciativas – oficiais – objetivavam consolidar a "nova bussola" da educação. Mediante deliberação do Conselho Superior da Instrução Pública, na gestão de Cesário Motta Junior como Secretário de Estado dos Negócios do Interior, o professorado primário paulista foi instado a visitar as escolas-modelos, numa tentativa de disseminar os sistemas e métodos de ensino aí utilizados e garantir sua hegemonia, a despeito das diferentes condições e predileções dos professores.

Aproximadamente duas décadas depois, já na fase de expansão do aparelho escolar paulista e de sistematização das novas orientações, durante a primeira gestão de Oscar Thompson na Diretoria Geral da Instrução Pública (1909-1910), o método analítico para o ensino da leitura é oficialmente indicado e passa a ser adotado em grupos escolares da capital e do interior do Estado, com o objetivo de uniformizar esse ensino e consolidar o modelo considerado cientificamente verdadeiro. Relacionados com esse processo de institucionalização, são expedidos por essa diretoria os seguintes documentos: *Como ensinar leitura e linguagem nos diversos annos do curso preliminar* (1911), assinado pelos inspetores escolares Miguel Carneiro, J. Pinto e Silva, Mariano de Oliveira e Theodoro de Moraes; e *Instrucções praticas para o ensino da leitura pelo methodo analytico – modelos de lições* [1914], assinado por Mariano de Oliveira, Ramon Roca Dordal e Arnaldo de Oliveira Barreto.

>Ah, era obrigatório. Tinha que ser o método analítico para alfabetizar. E é um método difícil, principalmente para as crianças de roça. Mas era obrigado. Era obrigado seguir uma cartilha analítica. A cartilha analítica era assim: começa com a sentença em vez de começar com a silabação. Em vez de aprender sílabas, tinha que aprender, um tempão, só sentenças. Custava para entrar na sílaba, sabe. Então precisava a gente ter muita paciência e muito cuidado. Agora, na primeira escola que eu fui, ainda não era obrigado, aí eu ainda usava silabação.
>...
>Aí, eu comecei com o analítico, que começava do seguinte modo: Dava-se uma sentença e escrevia-se no quadro-negro. Decompunha-se em palavras e depois em sílabas, depois em letras ...

Vou dar um exemplo de uma frase que se escrevia no quadro-negro e mandava a criança acompanhar com o ponteiro, que era perigoso, porque o professor às vezes se esquecia e batia na cabeça das crianças: – O bebê bebe leite. Então a criança lia: O bebê bebe leite. A professora depois apontava para a frase: o bebê, depois leite, quase que decorado. Depois ia para as letras *b* e *l*, já são duas letras do alfabeto, que hoje está diminuindo. Já não tem o *y* ou o *w*. E assim foi o método analítico, que ensinou uma geração de brasileiros. Era fácil, ainda mais saindo da Escola Normal que a gente estudava a metodologia, em poucas horas, à noite, até sair para a roça e então desenvolvia o que aprendeu. (apud Demartini, Tenca, Tenca, 1985, p.69)

Essa situação perdurou oficialmente até 1920, quando Oscar Thompson se retira da instrução pública e é implantada a Reforma Sampaio Dória (Lei n.1750, de 1920), que, dentre outros importantes aspectos, garantia autonomia didática aos professores.

Para alguns memorialistas e historiadores da educação, ao trabalho efetuado por Antonio Caetano de Campos, M. Guilhermina Andrade e *Miss* Marcia P. Browne deve-se o pioneirismo das novas orientações para o ensino e o "progresso didático" alcançado pelas escolas paulistas. Para outros, essas figuras se desvanecem, e Gabriel Prestes assume papel de relevância na implementação e aperfeiçoamento da reforma de 1890. E para outros, ainda, a figura central do cultivo e execução institucional das novas ideias é Cesário Motta Júnior. Para a maioria dos professores, no entanto, a memória engendra outra versão, em que se sobressaem os nomes dos "criadores" e dos divulgadores e/ou sistematizadores do método analítico, o qual parece representar o indicador mais sensível da "nova bússola", interferindo diretamente no cotidiano da sala de aula.

Naquele tempo nós estávamos debaixo da inspiração do Sampaio Dória, que era como o arauto do método analítico. Ele não criou o método analítico no ensino da leitura. Isso quem criou propriamente foi o João Köpke. Depois o Thompson foi para os Estados Unidos, numa viagem, e, quando voltou, também trouxe aquela propaganda toda sobre o método analítico, que a meu ver, é o único método do ensino de leitura. O resto é mistificação, é invenção. O método analítico tem bases científicas. E o Sampaio Dória, nos livros dele expõe as bases científicas do método analítico. Porque tem bases científicas. O ponto de partida, parte do todo, depois a análise, depois a recomposição das palavras, aquele plano todo do método analítico. (apud Demartini, Tenca, Tenca, 1985, p.69)

A despeito das diferenças, no entanto, esses pontos de vista apresentam pelo menos dois aspectos em comum: os frutos das novas ideias semeadas na década de 1890 tornam-na rememorada e cultuada como o "período áureo" e modelar da instrução pública paulista, ao qual se segue um período de entusiasmo pelo método analítico simultaneamente ao crescente desânimo ante a propalada decadência do ensino, situação que se agudiza na década de 1910, demandando urgente reforma na instrução pública, sem, no entanto, se questionar a validade do método analítico; e a Escola Normal de São Paulo é apresentada como um polo produtor, propulsor e irradiador das novas ideias pedagógicas, seja mediante o processo de formação – teórica e prática – dos novos professores, seja mediante a posterior atuação dessa geração de normalistas que se assumem como "especialistas".

CARTILHAS ANALÍTICAS E PROFISSIONALIZAÇÃO DOS ESCRITORES DIDÁTICOS

Essa "revolução na educação brasileira" marcada pelos "progressos nos metodos educacionais" e pelo crescimento das taxas de alfabetização pode também ser analisada do ponto de vista de uma outra urgência da época e seu fenômeno correlato: a consolidação do mercado editorial de livros didáticos produzidos por brasileiros e para a escola brasileira. Contemplando preocupações então crescentes, assim como suscitando críticas à produção indiscriminada de "machinas de ensinar" e à sua adoção e compra pelo governo do estado, esse fenômeno, responsável pela nacionalização da literatura didática,[3] está diretamente relacionado ao surgimento de um tipo específico de escritor didático profissional: o professor normalista; e de uma especialidade editorial: a publicação de livros didáticos.[4]

> O desejo e o esforço de nossos bons auctores didacticos, têm sido, nestes ultimos tempos, o de preencher a falta quasi absoluta de livros que correspondessem ás exigencias da reforma.
>
> A verba destinada no orçamento para adquisição de livros e material escolar, tem animado tentativas que, ao vêr-se privadas deste auxilio, não se produziriam, não teriam existido.
>
> Actualmente, o Governo póde, sem maior despeza que a destes ultimos annos, conseguir resultados ainda mais compensadores e uteis.
>
> Póde elle determinar a organisação de series de livros didacticos que venham produzir a estabilidade necessaria, determinando as modificações convenientes em periodos de antemão marcados, realisando assim segura e calmamente o ideal de todo o mechanismo social – caminhar sem perturbar.
>
> Alcançar a regularidade de horario, a uniformidade de programma, será sómente possivel com a unidade do livro. (Dordal, 1902, p.589)

De fato, a institucionalização do método analítico para o ensino da leitura e a organização de um sistema público de ensino passam a demandar adaptação desse método aos moldes linguísticos e culturais brasileiros e produção de cartilhas e livros de leitura de acordo com a reforma na instrução pública paulista. Além de baseado em "métodos antigos", o material didático impresso produzido por brasileiros até a década de 1880[5] era bastante incipiente, do ponto de vista quantitativo, em vista das novas necessidades de expansão e organização do ensino.

Entretanto, a despeito da ardorosa defesa do método empreendida pelos reformadores do ensino paulista desde o início da década de 1890, os dados obtidos indicam que na grande maioria das escolas públicas do Estado de São Paulo, ao longo desse momento histórico, os professores tendiam a continuar se baseando em métodos sintéticos para o ensino da leitura, mediante uso de "cartilhas antigas". O método analítico era utilizado sistematicamente na Escola-Modelo anexa à Escola Normal de São Paulo e divulgado especialmente por meio da revista *Eschola Publica*, que se propunha a orientar metodologicamente a atuação do professorado paulista.[6]

É apenas entre o final da década de 1890 e início da década de 1900, que começam a ser publicadas cartilhas brasileiras afinadas com o novo método para o ensino da leitura.[7] A primeira dessas cartilhas parece ter sido o *Primeiro Livro de Leitura*, de Maria Guilhermina Loureiro de Andrade. Escrita provavelmente no final da década de 1890, na cartilha o método utilizado era o da "palavração", passando a ser conhecido como o "'método do gato', porque a primeira lição girava em torno de uma criança e um gatinho, que brincavam com uma bola." (Leite, 1930).

Muitas outras se seguiram, escritas por professores normalistas atuantes no magistério, os quais partilhavam dos progressos pedagógicos e, muitas vezes, do "círculo do poder" educacional do Estado de São Paulo. Mediante pareceres de "comissões de especialistas", essas cartilhas eram indicadas às autoridades educacionais[8] e, uma vez aprovadas, passavam a ser adotadas – entendendo-se "adoção" como oficialização e aquisição – pelo Estado, para uso nas escolas primárias paulistas, com a finalidade de uniformizar o ensino da leitura.

> A commissão indica para cada anno do curso preliminar um numero maior ou menor de obras classificadas e enumeradas na ordem descendente do seu valor didactico, já sufficientemente demonstrada, pela experiencia das nossas escolas.
>
> Essa indicação depara ao Governo um criterio mais ou menos seguro de selecção, a qual se poderá fazer mediante uma simples limitação numerica, adoptando para cada anno um determinado numero de livros de leitura.
>
> ...
>
> A adoptação dos livros ora indicados não deve evidentemente ter um caracter definitivo: isso teria por effeito fazer esmorecer tantas aptidões productivas que estimuladas e bem dirigidas,

podem opulentar e melhorar cada vez mais a nossa ainda exigua biblioteca escolar.

Será, ao contrario, de grande vantagem a revisão periodica da classificação ora feita sob a forma de concursos annuaes, de tal modo que os bons livros que forem apparecendo possam ser facilmente adoptados, o que representará para o mesmo uma garantia de progressivo melhoramento.

...

Aqui, como em tudo, cumpre evitar o estabelecimento do monopolio: a concorrencia ha de ser sempre uma condição essencial de melhoramento. (Rodrigues, Brito, Pereira, 1904, p.254)

Muitas também foram as polêmicas causadas por esse "chuveiro de livros abundantes" adotados pelo Estado.

Houve um tempo em que, sem exaggero, e todos os recantos, dos mais remotos do Estado [de São Paulo], surgiam, como por encanto, a granel, escriptores didacticos, a offerecer ao commercio, aos editores da capital, seus productos – como obra prima da educação.

O governo, por seu turno, no elevado intuito de desenvolver e auxiliar a instrucção publica, approvando e adoptando uma obra submettida á sua appreciação, ultimava o seu acto, comprando parte da primeira edição, com grande gaudio do editor e contentamento esterlino do autor.

Dahi esse abuso inveterado, esse chuveiro de livros abundantes, pesados pelo volume e vasios de conceitos, a enriquecer o pasto das traças nas prateleiras das editoras: – methodos, contos, literaturas, versos, historias e outras bugigangas sem conta... (Bellegarde, 1902, p.75)

Analisando-se as relações de cartilhas – e, por vezes, exemplares de algumas delas ou mesmo descrições de seus conteúdos – indicadas pelas comissões de especialistas nas duas primeiras décadas deste século bem como aquelas divulgadas pela *Revista de Ensino*, podem-se observar: as diferenças e as semelhanças no que se refere à processuação do método analítico nelas proposta; e a recorrência de certos títulos e autores indicativa tanto do papel desempenhado por essas cartilhas e seus autores ao longo do momento histórico em foco quanto de sua contribuição para a fundação de uma tradição relativa a esse material didático.

ARTE DA LEITURA, DE LUIZ CARDOSO FRANCO

Em seu número de agosto de 1902 (p.573), a *Revista de Ensino* noticia o recebimento do "elegante livrinho ... destinado ao primeiro ensino da leitura": *Arte da Leitura*, do professor Luiz Cardoso Franco. Referindo-se à sua semelhança com a *Cartilha Maternal ou Arte da Leitura* (1876), do poeta português João de Deus, o redator aponta os erros presentes na obra de Cardoso Franco – a utilização equivocada das letras maiúsculas e a falta de lógica dos assuntos – que, uma vez expurgados, propiciariam a prestação de "bons serviços ás nossas escolas isoladas". Nos números seguintes da *Revista* (out.-dez. 1902 e fev. 1903), o então professor do Curso Complementar da Escola-Modelo da Luz, na capital, L. C. Franco – diplomado pela Escola Normal de São Paulo em 1887 – apresenta, com a assinatura "Luiz Cardoso", considerações e aspectos teóricos em defesa da "cientificidade" de sua cartilha, caracterizando o cenário de debates e disputas em torno do método de ensino da leitura.

Invocando a necessidade de "adaptação inteligente" apontada por José Veríssimo, Cardoso reconhece a necessidade de aperfeiçoamento de sua cartilha, mas se defende das acusações de cópia do "Systema João de Deus", em que se baseia sua *Arte da Leitura*, e de erros elencados pela redação da *Revista de Ensino*. Preocupado com a "anarchia do ensino", decorrente das dificuldades de o professor ensinar leitura elementar, quando se emprega o modo simultâneo de organização das classes, propõe que se retome o "verdadeiro curso de logica" representado pelo sistema do poeta português, "unico mais conforme com a physiologia humana, com a razão e com a indole da lingua nacional". Reproduzindo – com nuanças próprias – os argumentos utilizados, na década de 1880 em defesa do "método João de Deus", pelos professores positivistas-comtianos A. Zeferino Candido e

A. Silva Jardim, e em defesa do método intuitivo, por Ruy Barbosa e Norman A. Calkins, Cardoso retoma as três fases por que passou o ensino da leitura: primitiva (soletração), transitória (silabação) e definitiva (palavração), correspondentes às fases por que tem passado a humanidade.

O aspecto indicador da "modernidade" desses argumentos em sintonia com as novas orientações é o acréscimo "programático" das "sentenças e historietas" na fase da palavração.

> Assim, pois, segundo a lei da evolução humana, devemos partir da palavra para chegarmos ás narrações, empregando em primeiro logar, não a linguagem literaria, mas a vulgar; familiar ao alumno.
>
> A "Arte da Leitura" obedece a estes preceitos e pela sua methodica systematização desenvolve de um modo harmonico as faculdades intellectuaes da criança, despertando-lhe o gosto pela aprendizagem da leitura.
> ...
> Nessa condições, o professor nada mais é que a BUSSOLA, destinada a indicar o verdadeiro norte á criança, systematizando os conhecimentos pela metodização do ensino. (Cardoso, 1902a, p.770-1)

Enfatiza, ainda, a "marcha racional da arte de ensinar a ler", enumerando, com base no "caracter phonico" de nosso "systema graphico" e na necessidade de ler bem e compreender o que se lê, as fases do ensino da leitura elementar, a saber: 1) distinção dos sons da fala, por meio da educação do ouvido; 2) análise empírica dos elementos dos vocábulos orais; 3) leitura de palavras escritas como expressões de palavras faladas; 4) análise dos valores das letras; e 5) leitura de sentenças familiares e historietas "ao alcance de suas intelligencias e construidas com elementos conhecidos".

> Portanto, o verdadeiro ponto de partida no ensino da leitura propriamente dicta, consiste em considerar as fórmas graphicas das palavras como symbolos de idéas. Subsequentemente então se analysará o vocabulo, decompondo-o em syllabas e estas em elementos fundamentes – oraes e graphicos –; exercicios estes que

concorrem, poderosamente, não só para enriquecer e consolidar o cabedal adquirido, como para despertar no alumno a disposição de contar comsigo mesmo no estudo de novas lições, pelo conhecimento empirico de regras que concorrerão sobremodo para a boa ortographia, em futuro não distante. (Cardoso, 1902b, p.976)

Cardoso é também autor de outros artigos publicados nessa *Revista*, nos quais aborda questões relativas à língua portuguesa (n.2, jun. 1903), ao ensino racional (n.1, abr. 1904; n.4, out. 1904) e aos problemas do ensino, de acordo com sistema spenceriano (n.2, jun. 1909; n.3, set. 1909; n.4, dez. 1909; n.1, mar. 1910; n.2, jun.1910; n.3, set, 1910; n.4, dez 1910; n.1, mar. 1912; e n.2, jun. 1912).

De acordo com o critério da "ordem decrescente de seu valor didático", a indicação dessa cartilha é significativa das disputas desse momento, que demandam o enfrentamento do passado recente e suas tentativas de permanência. Desaparecendo da cena a geração que defendia o "método João de Deus" por concretizar os ideais positivistas, seus pósteros – e ex-alunos, muitas vezes –, elegendo ideais e "valores didáticos" distintivos e cientificamente sintonizados com sua época, esforçam-se por marcar a diferença, mesmo quando a continuidade insiste em se insinuar. No âmbito do novo, por sua vez, as soluções não são pacíficas; outras disputas emergem, alicerçadas na defesa do "verdadeiramente novo".

CARTILHA DAS MÃES, DE ARNALDO DE OLIVEIRA BARRETO

Discípulo de Antonio Caetano de Campos e diplomado pela Escola Normal de São Paulo em 1891, ao longo de sua carreira no magistério, A. O. Barreto se torna uma figura de destaque, tendo desempenhado diversas atividades: professor da Escola-Modelo do Carmo (1894), diretor de escolas para filhos de operários da Estrada de Ferro Central do Brasil (1894?), inspetor das escolas anexas à Escola Normal de São Paulo (1897), diretor do Ginásio de Campinas (1908), diretor da Escola Normal de São Paulo (1924-1925), redator-chefe da *Revista de Ensino* (1902-1904).

A partir de 1896, inicia a produção de sua obra didática, cujas datas nem sempre foi possível precisar: *Cartilha das Mães, Cartilha Analytica, Leituras Morais* (Série Puiggari-Barreto – *1º, 2º e 3º Livros de Leitura*), Coleção de *Cadernos de Caligrafia* (em colaboração com R. R. Dordal), *Cadernos de Cartografia, Cadernos de Linguagem, Os Lusíadas* (Canto 1 – interpretação). Foi, ainda, o organizador da Biblioteca Infantil, da Editora Melhoramentos, que, em 1915, publicou o primeiro título: *O patinho feio*, de H. C. Andersen; e autor de muitos artigos sobre ensino da leitura publicados na *Revista de Ensino*.

Embora não tenha sido possível precisar a data de publicação da *Cartilha das Mães*, sua primeira edição parece ter ocorrido entre os anos finais do século XIX e os iniciais do século XX anteriormente à *Cartilha Moderna*, de R. R. Dordal.[9]

Na página de rosto da 52ª edição (Livraria Francisco Alves, 1941, 63p.), após o nome do autor encontram-se os seguintes créditos: "Ex-Inspetor das escolas-modelos anexas à Escola Normal de S. Paulo, Ex-Diretor do Ginásio de Campinas; Inspetor Escolar"; segue-se a chancela: "obra aprovada pelo Concelho Superior de Instrução Publica do Estado de S. Paulo e adotada em todas as suas escolas e em muitos colégios particulares"; e, na página seguinte, a dedicatória a Campinas, sua terra natal.

Após a apresentação inicial das cinco vogais, encontram-se frases curtas, com destaque para a consoante *v*, a qual compõe também os vocábulos monossilábicos e dissilábicos que aparecem em seguida às frases. Utilizando-se a mesma sequência, a essa vão sendo acrescentadas, ao longo das lições, outras consoantes, e inicia-se a análise dos vocábulos, mediante a divisão em sílabas. A partir da página 33, começam a ser apresentados pequenos textos narrativos, poemas, quadras e cartas, além do abecedário, nas páginas finais.

Desde o início, são apresentadas letras maiúsculas e minúsculas de imprensa, com tipo liso e vazado nas palavras destacadas, e letras manuscritas (caligrafia vertical), com sílabas impressas em vermelho e preto, em frases formadas, ao pé da página, com as palavras da lição. Aparecem, também, estampas coloridas, acompanhando palavras e historietas.

À guisa de advertência, antes das lições, encontram-se observações (não assinadas) para sua "adoção vantajosa". A grande preocupação de seu autor refere-se à necessidade de o professor preparar a criança e nela despertar o desejo de ler, antes de entregar a *Cartilha*. Baseada em princípios psicológicos, a duração desse "período preparatório" depende do desenvolvimento mental da criança, para o qual é imprescindível o uso do quadro-negro, de acordo com a sequência de passos indicada para o ensino da leitura pelo método analítico.

É um verdadeiro absurdo pedagógico entregar-se a uma criança, logo nos primeiros dias de aula, a cartilha que se destine a guiar-lhe os passos iniciais do seu aprendizado da leitura.

Não adaptada ainda ao meio escolar; sem ter recebido ainda qualquer influxo para o desenvolvimento da sua atividade mental, a criança, de si mesma, se julga incapaz de resolver as dificuldades do livro, que, para ela, são insuperáveis, por lhe faltar ainda ao espírito o método, o modo de resolvê-las.

Daí, o primeiro desânimo, a primeira manifestação de falta de confiança em si mesma, de graves consequências, ás vezes, para a sua vida escolar.

O uso da cartilha tem, pois, um momento para ser iniciado.

Esse momento, fundamentalmente psicológico, a própria criança o manifestará.

O que compete ao professor é aguardá-lo pacientemente, provocando-o, estimulando-o, preparando-o. (Barreto, 1941, p.5)

CARTILHA ANALYTICA, DE ARNALDO DE OLIVEIRA BARRETO

Com quase uma década de intervalo, A. O. Barreto publica *Cartilha Analytica*, publicada presumivelmente em 1909 e estando, em 1967, na 74ª edição. Num exemplar da 27ª edição (Livraria Francisco Alves, 1926, 93p.), encontram-se sugestivas informações: "Baseada sobre rigorosos princípios pedagógicos" e "Completamente refundida, e posta de acordo com as instruções recomendadas pela Diretoria Geral do Ensino Publico de S. Paulo"; e, na página seguinte, a dedicatória: "Ao Oscar Thompson, o mais decidido propagandista, no Estado de São Paulo, do ensino da leitura pelo methodo analytico e ao Theodoro de Moraes, o seu mais fino executor, como preito da mais justa homenagem, offerece o Arnaldo".

Há, ainda, na terceira página, duas epígrafes:

> Não merece o nome de professor aquele que, para ensinar, não recorre aos processos mais de accordo com as leis do espirito.
>
> APHORISMOS DE PESTALLOZZI
>
> – Cultivae as faculdades em sua ordem natural; formae primeiro o espirito, para instruil-o depois.
> – Primeiro a synthese, depois a analyse. Não a ordem do assumpto, mas sim a ordem da natureza,

às quais se segue uma espécie de advertência:

> Para bem entender-se o methodo processado neste livro, é indispensavel a leitura do que vae dito nas ultimas paginas, nas instrucções da Directoria Geral do Ensino, que, com a devida auctorização, transcrevemos nesta cartilha.

Às *Instrucções praticas...* transcritas, Barreto acrescenta algumas observações relativas à divulgação de um folheto, no qual desenvolve os princípios psicológicos e pedagógicos que justificam o método analítico, e aos resultados exitosos obtidos pelas professoras de grupos escolares da Capital que aceitaram o seu modo de processar esse método "com o maior enthusiasmo, como a expressão mais racional do methodo analytico, applicada ao ensino da leitura". Apresenta, ainda, um detalhado roteiro de lições no quadro-negro, seguido de mais quatro passos, com o objetivo de explicitar o movimento constante de análise e síntese (e vice-versa) que propõe.

Apresentada pela editora, na relação de obras do mesmo autor, como "methodo da palavração", a *Cartilha Analytica* inicia suas lições com uma historieta, formada por sentenças numeradas e com letra manuscrita vertical, sempre precedidas por estampas. As lições são organizadas de acordo com os passos já apontados e, ao longo delas, vão sendo introduzidas a letra de imprensa, com tipo redondo e liso, e "pensamentos de outrem", por meio de diálogos, poemas, adivinhas e contos que se subdividem em capítulos.

CARTILHA MODERNA, DE RAMON ROCA DORDAL

A *Cartilha Moderna* parece ter sido publicada em 1902, por Spíndola, Siqueira & Cia, com uma segunda edição nesse mesmo ano.

Em artigo da *Revista de Ensino* (n.2, jun. 1902, p.213-25) dedicado aos "mestres progressistas", Dordal expõe considerações e explicações a respeito do método utilizado na Cartilha, "para que fiquem de uma vez accentuadas as linhas geraes a que deve obedecer todo methodo de leitura que queira merecer as honras da critica, no estado actual do Ensino Publico Paulista".

Invocando Pestallozzi e os princípios da educação intelectual e do ensino integral, assim como ressaltando a importância capital do primeiro livro para crianças, o que demanda escolha criteriosa por parte do professor, Dordal apresenta os grandes objetivos de sua *Cartilha*: agradar à criança e facilitar o trabalho do professor, de modo que o ensino da leitura pelo método analítico se torne agradável e, ao mesmo tempo, viável nas escolas públicas. A seus objetivos contrapõe o método do "eminente e mavioso João de Deus" e o método "patenteado" pelo "illustre educador João Köpke", em conferência de 1896.

Embora julgue ser este último o "mais racional", considera sua aplicação impossível, "tão cedo", nas escolas públicas, uma vez que, não demandando a utilização de cartilha, supõe ensino individual e um professor que seja "desenhista notavel e metodisador emerito".

> Apresentar um desenho, esboçado rapida e elegantemente á vista do proprio alumno, e depois, em palestra, alegremente, ir animando-o, até que elle consiga conhecer, explicar, lêr e reproduzir

os caracteres graphicos que compõem as sentenças que puderam ser formuladas a respeito desse desenho, e logo, compôr, com o proprio alumno, a historieta, que o mesmo desenho inspirar, seria, digo, a ultima palavra no ensino da leitura, constituindo, na phrase do distincto educador, o passo mais seguro da integralisação do ensino primario.

Mas, actualmente, mesmo durante muito tempo, será isto possivel nas escolas publicas? (Dordal, 1902, p.215)

Quanto à *Cartilha Maternal*, embora exalte seu papel revolucionário e o estudo dos sons da fala – dos quais também diz utilizar-se –, Dordal lamenta a não aceitação do ensino integral e a desconsideração das características biopsicológicas da criança.

Depois do apparecimento da *Cartilha Maternal*, do eminente e mavioso João de Deus, havia forçosamente de fazer-se uma revolução no ensino da leitura; no emtanto, o Mestre, que foi notavel em arrojo e inigualavel esforço, considerou a criança no seu aprendizado, principalmente do ponto de vista phonetico.
...
certo é que seu inimitavel methodo deixou em plano inferior o ponto pratico – ensinar a lêr – para discutir ou mostrar a exacta estructura dos vocabulos e da emissão das vozes empregadas.

Não acceitou no ensino da leitura essa integralidade que converte os primeiros exercicios em primeiras lições de cousas, assim como em primeiras lições de linguagem. (Dordal, 1902, p.219)

Tomando como pressupostos a noção de leitura como ato de "dizer uma sentença que exprima uma idéa completa" e a indiscutível necessidade tanto do ensino da leitura quanto do livro para esse ensino, Dordal enumera os requisitos da cartilha que corresponde às exigências do ensino moderno: conter "figuras, desenhos nitidos e elegantes de objectos, animaes ou cousas que a criança conheça ou precise conhecer", como forma de amenizar e facilitar o ensino da leitura; conter palavras e frases que exprimam ideias claras e ao alcance da inteligência das crianças; e conter ensinamentos úteis, de aplicação imediata. Em síntese, a cartilha deve propiciar o ensino da leitura do modo mais completo – a realidade desde o primeiro passo – e no menor prazo possível, já que é "o livro o roteiro da viagem emprehendida, e os enganos de roteiro retardam a jornada dos mais experientes viajantes" (p.218). De acordo com seu autor, é a *Cartilha Moderna* que contempla todos esses requisitos. Desde a primeira lição – que consta de "vogaes, alguns dyphtongos, e a articulação ou consoante v" – são apresentadas a letra de imprensa e a letra manuscrita (inclinada) minúsculas e maiúsculas assim como os sinais de pontuação, para que os alunos possam também aprender a escrever (copiar). Todas as lições são ilustradas, iniciando-se com palavras referentes às gravuras, sua divisão em sílabas, aparecendo, ao fim da página, frases formadas com essas palavras; e, após algumas lições, à página 24, é apresentada uma historieta, a partir de uma gravura. Apresenta-se, ainda, "sòmente um signal novo de cada vez, caminhando sempre do conhecido ao desconhecido". Essas características, segundo o autor, permitem tornar o "ensino agradável, sem sacrificar o método".

MEU LIVRO (LEITURA ANALYTICA), DE THEODORO JERONYMO DE MORAES

Diplomado pela Escola Normal de São Paulo em 1906, T. J. Moraes escreveu, além de *Meu Livro*, outros livros didáticos: *Sei Ler* (Cia. Editora Nacional), *Cartilha do Operário* (Typ. Siqueira) – "para o ensino da leitura, pela processuação do methodo analytico, aos adolescentes e adultos" – e *Minhas Taboadas* – aritmética elementar –; escreveu artigos para a *Revista de Ensino* – na qual atuou como redator efetivo a partir de 1908 –; e verteu para o português, entre outros, *Palestras Pedagógicas*, de William James e *Lições de Cousas*, de E. A. Sheldon, ambos editados pela Typographia Augusto Siqueira & C., em 1917.

Publicado em 1909, *Meu Livro* (Leitura Analytica) foi escrito a partir de um plano adotado por Oscar Thompson e já praticado, por Theodoro de Moraes, na Escola-Modelo Isolada anexa à Escola Normal de São Paulo assim como por professores de grupos escolares da capital de São Paulo. Por indicação do próprio Thompson, quando no cargo de Director Geral da Instrucção Publica, essa cartilha é indicada e aprovada para adoção nas escolas públicas do Estado de São Paulo.

> Attendendo á necessidade da organização de uma Cartilha, accomodando o methodo analytico ás exigencias da lingua portugueza, o professor Theodoro de Moraes acaba de publicar as primeiras leituras de accordo com o referido methodo, realizando fielmente as condições exigidas para o ensino racional da leitura aos analphabetos.
>
> Esse trabalho, que se intitula "Meu Livro", é baseado no plano que adoptei e que tem sido posto em pratica com pleno sucesso por aquelle professor na Escola Modelo Isolada annexa á Normal e por alguns grupos desta Capital.
>
> Em vista do que acabo de expor, venho solicitar que o trabalho "Meu Livro" do referido professor seja approvado pelo Governo e adoptado nas escolas publicas. (Thompson, 1910, p.10)

No texto *A Leitura Analytica* (1913),[10] Moraes expõe as ideias e o plano concretizados em sua cartilha. Citando nesse texto Francis Parker, *Miss* Arnold,[11] João de Deus, Silva Jardim, João Köpke, Arnaldo de O. Barreto, Montaigne e Pascal, entre outros, busca fundamentar seus ataques à soletração e à silabação e sua defesa do método analítico "ou *idea-method* como judiciosamente o denominava *Miss* Browne".

> Sem a comprehensão do que se lê, surge a abstracção até aonde não chega o entendimento infantil.
> Eis o grande inconveniente do methodo synthetico, pelo qual o alumno permanece divorciado de uma acção de que, para seu proveito, devêra ser autor e não imitador.
> Já em 1884, Silva Jardim, o glorioso mestre e pranteado republico, manifestava com desassombro, embora norteando outro rumo, que a palavração é o unico processo racional.
> Faz 25 annos.
> *Ideas grow very slowly.*
> ...
> O tempo não abandona as verdades ás margens do esquecimento, vem carreando-as na corrente como pharóes fluctuantes que, na vastidão dos mares, desmascaram ao nauta a perfida vendetta dos escolhos.

...

si a *Cartilha Maternal* – na evolução do ensino – foi a aurora, o acórdes de uma harmonia ainda distante, será o methodo analytico o sól em pleno zenith, a vibração intensa, magestosa, de um hymno soberbo – o da redempção intellectual da criança no apprendizado da leitura! (Moraes, 1913, p.6-8)

Recordando os embates e revezes gerados pela "descrença inconsciente de uns e a teimosia rotineira de outros", enaltece aqueles que continuaram a defender ardorosamente esse método, com a "convicção cimentada pela realidade do facto" e a "consciencia robustecida pela verdade tangivel da experiencia". Destaca, euforicamente, a figura de Thompson que, em vez de impor, "de chofre", a adoção do método – como ocorrera em Minas Gerais – apenas recomendou-o aos professores, visando a sua definitiva implantação nas escolas paulistas.

Moraes expõe, ainda, os passos para a "processuação do método analytico, segundo autoridades do assumpto", exemplificando, curiosamente, não com sua já citada "experiência", mas com a *Cartilha de Arnold* e remetendo aos conselhos de João Köpke, sobre o uso do quadro-negro, culminado com a leitura propriamente dita da cartilha que, com "caracter festivo", será entregue às crianças em "memoravel dia".

Invocando razões de ordem psicológica para defender o método analytico e os passos de sua processuação, o autor apresenta, também, os conceitos básicos que fundamentam sua opção e demandam a recusa dos métodos sintéticos. O aluno é "collaborador", "creador", "interlocutor" e "observador", trazendo para a escola seu "apprendizado empirico", adquirido anteriormente pela vista e ouvido, a partir do interesse. Ler, por sua vez, é um processo que envolve: a apreensão, pelo espírito da criança, do pensamento – adquirido como produto de percepções sensíveis –, por intermédio de palavras escritas organizadas em sentenças; e sua expressão – exteriorização natural dos conceitos assim adquiridos. Dessas definições deduz-se o "roteiro logico, o methodo racional", representado pelo *thought-method* – que se inicia com a sentença usada como unidade, só posteriormente ocorrendo a análise, a partir dos "sonidos do phonema inicial da palavra" – a ser utilizado pelo mestre – "o pedagogo, o guia discreto do alumno" – a quem cabe o papel de "despertador de idéas" e de "adaptação integral ás necessidades psycologicas do educando". Sua tarefa inicial em relação à leitura consiste, portanto, em sistematizar, disciplinar essa "linguagem toda espontanea", que o aluno traz para a escola, e adestrá-lo na aquisição de pensamentos, a fim de lhe dar o hábito da leitura.

Assim como Köpke, Moraes também se defende das réplicas daqueles que acusam de moroso esse método, rebatendo o "falso criterio de ensinar bem seja ensinar depressa", e reafirmando que os resultados mediatos geram o alcance pedagógico do método analítico, já então enaltecido pela crítica não sectária.

> Não basta a consciencia da verdade; é preciso coragem moral para desafogal-a, proclamar-lhe os principios e agir segundo seus dictames. (Moraes, 1913, p.7)

CARTILHA INFANTIL, DE CARLOS ALBERTO GOMES CARDIM

Normalista da turma de 1894, Carlos A. G. Cardim trabalhou na Escola-Modelo "Prudente de Morais", a convite de *Miss Browne*, e, posteriormente, ocupou vários cargos seja como professor, seja como diretor e inspetor escolar, entre eles o de Diretor da Escola Normal da Praça da República, entre 1925 e 1928. Entre 1908 e 1913, assessorou a reforma do ensino primário e secundário no Espírito Santo; de 1917 a 1919 participou da diretoria da Associação Beneficente do Professorado Público Paulista; foi, ainda, o fundador da primeira Biblioteca Infantil de Curso Primário, em São Paulo e no Brasil; e autor de vários outros livros didáticos, sobre diferentes matérias escolares, como, por exemplo, "A música, pelo método analítico".

Sobre a *Cartilha Infantil*, de Carlos Alberto Gomes Cardim, poucas foram as informações que puderam ser localizadas, por meio de referências esparsas. Essa *Cartilha* parece ter sido escrita no final da década de 1910, e nela são apresentadas "historietas", formadas de sentenças relacionadas entre si por meio de nexos sintáticos e contendo as palavras que servirão para a análise posterior.

CARTILHA (LEITURAS INFANTIS) E *PRIMEIROS PASSOS* (LEITURAS INFANTIS), DE FRANCISCO MENDES VIANNA

Diplomado pela Escola Normal de São Paulo em 1895, F. M. Vianna é também autor de outros livros didáticos, dentre os quais: *Novo Methodo de Calligraphia Vertical*, em 7 cadernos (Comp. Melhoramentos de São Paulo, sem data) e "approvados e mandados adoptar nas escolas publicas pelos governos dos Estados de São Paulo e de Minas Geraes".

Cartilha (*Leituras Infantis*) [1910] e *Primeiros Passos* (*Leituras Infantis*) [1912] foram escritos provavelmente no início da década de 1910, o segundo tendo sido aprovado, em 1913, para uso no Estado de São Paulo, e no qual "o autor introduz uma parte, em cada lição, que permite aplicar o método de silabação" (Pfromm Neto, Rosamilha, Dib, 1974, p.162)

NOVA CARTILHA ANALYTICO-SYNTHETICA E *CARTILHA ENSINO-RAPIDO DA LEITURA*, DE MARIANO DE OLIVEIRA

Normalista da turma de 1888, M. Oliveira é coautor da monografia *Como ensinar leitura...* e um dos signatários das *Instrucções praticas...*, as quais também transcreveu, ao final da *Nova Cartilha Analytico Sinthetica* (Wcisflog Irmãos, [1915] 91p.), com ligeiras modificações e datadas de 19.2.1915. Na página de rosto da 52ª edição (sem data) dessa *Cartilha*, encontra-se a chancela "Approvada e adoptada officialmente nos Estados de S. Paulo, Santa Catharina, Rio Grande do Norte e Goyaz", e na página seguinte, a dedicatória: "Á infancia brasileira".

A *Nova Cartilha Analythico-Sinthetica*, ilustrada em cores, inicia-se com historietas, em letra manuscrita vertical minúscula e maiúscula. A análise se inicia à página 10, com a decomposição das frases em palavras, e vão sendo introduzidas a letra de imprensa e as sílabas, até se encerrar a *Cartilha* com o alfabeto maiúsculo e minúsculo, manuscrito e de imprensa.

Escrita provavelmente no início da década de 1920, a *Cartilha Ensino-Rapido da Leitura* (Weiszflog Irmãos, 48p.) alcança, em 1965, 1.134 edições. Na página de rosto, aparece também uma chancela: "Approvada e adoptada officialmente no Estado de Sta. Catharina e adoptada no ensino do districto Federal, Espirito Santo, Paraná, Rio Grande do Norte e Piauhy".

Certamente em razão da preocupação com a "rapidez" do ensino da leitura, essa *Cartilha* se inicia com palavras, sempre acompanhadas de estampas em letra manuscrita vertical, que vão sendo separadas em sílabas, apresentando-se, ao final da página, as vogais. Nas lições seguintes, inicialmente são apresentadas palavras, seguidas de sua divisão em sílabas e reorganização em frases (não historietas), sendo depois novamente separadas e divididas em sílabas. A letra de imprensa redonda é introduzida à página 12 e as historietas, à página 14, misturando-se também os dois tipos de letras. Ao final da *Cartilha*, é apresentado o alfabeto maiúsculo e minúsculo, em letra de imprensa e manuscrita.

CARTILHA – PRIMEIRO LIVRO, DE ALTINA RODRIGUES DE ALBUQUERQUE FREITAS

Data de 1920 a publicação da *Cartilha* – primeiro livro (Edição Pocai ou Liv. Francisco Alves (?), Série Oscar Thompson, 103p.), de Altina Rodrigues de Albuquerque Freitas, diplomada pela Escola Normal de São Paulo em 1902.

Dedicada à memória de Gabriel Prestes, a *Cartilha* traz, em sua 2ª edição (1922), três textos à guisa de apresentação. No primeiro deles – "O livro do dia" –, não assinado, são tecidos elogios à autora e à *Cartilha*, escrita "com clareza e com observancia rigorosa dos principios pedagogicos", assim como aconselhada sua adoção pelos professores e diretores dos grupos escolares. Em segundo lugar, é apresentada uma carta datada de 1922 e assinada por Cymbelino de Freitas, certamente diretor de grupo escolar, que felicita a autora pela acolhida da 1ª edição da *Cartilha*, por ele adotada, com resultados exitosos, e recomendada, como uma das melhores até então aprovadas, aos collegas "que ensinam a lêr pelo methodo analytico".

Assimilando intelligentemente a orientação de conhecida cartilha americana, a Sra. conseguiu produzir um trabalho original, fructo de longa experiencia no magisterio primario, augmentando com uma bôa obra didactica nossa pobre bibliotheca pedagogica.

Em seu livrinho as lições estão bem concatenadas; os vocabulos novos, em numero reduzido em cada uma são repetidos com a devida insistencia, de maneira a tornarem-se logo familiares ao aprendiz, e as sentenças, enunciadas em linguagem singela, são connexas, constituindo breves historietas, que agradam ás creanças, pois os assumptos escolhidos, relacionando-se com a vida infantil, estão perfeitamente ao alcance de sua compreensão. (Freitas, 1922)

O terceiro texto, também uma carta, data de 1920 e é assinado por Oscar Thompson, que parabeniza a autora, após expor uma síntese do histórico e das bases psicológicas do método analítico para o ensino da leitura. Decorridos trinta anos desde o início da divulgação sistemática e oficial do método analítico, perpassados pela atuação de Thompson, entre outros, essa síntese assume um caráter emblemático.

EXMA. COLLEGA

Já Comenius, em 1631, preconizava para o ensino da leitura o methodo cujo ponto de partida é a sentença. Mais tarde, Jacotot, em 1770, não seguia outra orientação, pois, no ensino da leitura partia de uma phrase inteira que era pronunciada, explicada e depois analysada em suas partes constitutivas.

A Psycho-Pedagogia, em nossos dias, após as notaveis experiencias de Binet, Henri, Degand e Decroly, não aconselha outro methodo para o ensino daquella disciplina.

De facto, o acto de aprender, como é sabido, envolve duas operações mentaes: a acquisição e a assimilação.

O de *acquisição*, tanto para a criança como para o adulto, é *analytico*, parte do todo, do conjuncto, e, primeiro logar, para os elementos, as partes, os detalhes.

Logo o methodo por que se ensina deve seguir a mesma marcha, de modo a não pertubar o desenvolvimento psycologico do educando.

O ensino da leitura, assim processado, não criará uma solução de continuidade, um hiato, entre a educação do lar e a que a criança vae receber na escola. Elle conjugará psycologicamente as duas phases infantis, aproveitando com magnificos resultados o pequeno patrimonio intellectual que a criança traz da sua vida pré-escolar. Esse patrimonio, no caso em questão, é constituido pelas imagens auditivas formadas no seio da familia, após longo tempo, morosamente, pela educação do ouvido, competindo á escola, para ministrar o ensino da leitura, formar, pela educação da vista, as imagens visuaes. Assim, o educando reconhecerá pela vista como formas, *imagens visuaes*, o que já conhece, pelo ouvido, sons, *imagens auditivas*. É o ensino racional da leitura, operando, ao mesmo tempo, como factor educativo, isto é, pondo em exercicio, em jogo, todas as faculdades da criança e, como factor instructivo augmentando-lhe os conhecimentos.

Aprender a ler em pouco tempo, nada vale. O que é preciso é que a criança, aprendendo a ler, tenha opportunidade de desenvolver as forças latentes do seu espirito com um methodo que ponha em actividade todas as suas faculdades. Isto só se consegue com o methodo analytico, que a illustre collega tão bem traçou na cartilha que acabo de examinar.

Queira, pois, acceitar meus parabéns.

S. Paulo – 1920
        Do atto. collega e adr.
    OSCAR THOMPSON (Thompson, 1922)

A cartilha assim festejada organiza-se em 75 lições, sendo utilizadas estampas coloridas, no início de várias lições, e misturadas letras de imprensa e manuscritas, maiúsculas e minúsculas desde a primeira lição. Algumas inovações em relação às cartilhas analíticas da época merecem destaque: os tipos gráficos são, inicialmente, maiores do que os comumente utilizados e seu tamanho vai diminuindo ao longo das lições; ao final de cada série de oito lições é apresentada uma "recordação" do estudado anteriormente; ao final das lições (p.105-10), encontra-se uma "lista das palavras empregadas neste livro conforme vão apparecendo nas lições".

A autora apresenta, também, ao final da *Cartilha*, explicações sobre o "modo de processar o methodo", dividido em seis passos – muito semelhantes aos de outras cartilhas já citadas –, a que se segue um "plano para um trabalho de Analyse". Na introdução dessas explicações, encontra-se uma síntese dos princípios em que se baseia e que apontam para a necessidade de compreensão da psicologia da criança e para o papel educativo e instrumental da leitura.

> Combinando os methodos do Pensamento, da Acção e da Analyse teremos um methodo de leitura baseado no cultivo da linguagem, no trabalho de imaginação, de raciocinio, de construcção, nos jogos e nos brinquedos infantis.
> Pelo methodo do Pensamento torna-se recto o espirito da criança, dando como resultado o habito da attenção, a boa expressão, naturalidade e aproveitamento geral. É a ordem logica do ensino: "Ensinae a pensar". "Formae primeiro o espirito para instruil-o depois" [Pestalozzi].
> Pelo methodo da Acção aviva-se a percepção, desperta-se o interesse, torna-se a creança feliz, dá-se movimentação á classe, dão-se exercicios physicos, allia-se a escola aos folguedos infantis, capta-se a sympathia dos alumnos. O aproveitamento é certo: "A actividade é uma lei da meninice" [Pestalozzi].
> Pelo methodo da Analyse impulsionaremos o trabalho, auxiliaremos a deducção, apressaremos os resultados, dando-lhes força e firmeza. É a chave da independencia: "Primeiro a synthese, depois a analyse" [Pestalozzi].
> O processo do ensino da leitura deve pois ser de accordo com estes tres methodos.
> A leitura é um circulo em torno do qual todas as outras disciplinas devem girar. Como soubermos ensinar a leitura, saberemos ensinar as outras disciplinas. (Freitas, 1922, p.111)

CARTILHA PROENÇA, DE ANTONIO FIRMINO DE PROENÇA

A *Cartilha Proença*, de Antonio Firmino de Proença – diplomado pela Escola Normal de São Paulo em 1904 – é escrita provavelmente em meados da década de 1920 e publicada pela Companhia Melhoramentos de São Paulo. No prefácio, o autor expõe o "plano deste livrinho" e, sintonizado com as orientações da época, adverte a respeito da liberdade de escolha do professor – condicionada às normas oficiais e aos princípios do método analítico – e de sua não pretensão de originalidade.

> Este livrinho foi composto para o alumno. É um livro de leitura, não um methodo para o professor. Ao professor não se podem impor processos nem traçar regras invariaveis. Dentro das normas estabelecidas nos programmas officiaes e obedecendo aos mesmos principios geraes do methodo, deve o professor ter plena liberdade de acção. Foi o que pensamos ao compor esta cartilha.
>
> Não tivemos a pretensão de fazer obra original. Depois dos bellissimos e valiosos trabalhos de Theodoro de Moraes, Mariano de Oliveira, Arnaldo Barreto, Benedicto Tolosa, Gomes Cardim e Francisco Vianna, para só citar os mais conhecidos do professorado paulista, tentar originalidade neste dominio seria pretensão estulta. A obra não é inteiramente original, mas temos certeza de que será util. (Proença, [s.d.], p.IV)

Com 105 páginas e ilustrada cuidadosamente com numerosas gravuras coloridas, essa *Cartilha* apresenta, desde a 1ª lição, letra manuscrita vertical e de imprensa, maiúsculas e minúsculas, sendo também utilizados tipos maiores e poucas vezes o itálico, para destaque de palavras, sílabas e letras. Até a 22ª lição, o processo é "intencionalmente synthetico" – fase da sentenciação –, supondo a utilização do quadro-negro, e as sentenças são simples, com vocabulário bastante repetido. As lições seguintes referem-se à fase da palavração, na qual a decomposição deverá ser intencional e sistemática, com utilização também do quadro-negro. A terceira parte – fase da silabação – destina-se ao conhecimento das sílabas, como "elemento material do vocabulo", cujo estudo sistemático se dá de acordo com a sílaba inicial do vocábulo.

> o desenvolvimento do ensino por esta cartilha obedece aos principios do methodo analytico, ou antes, do methodo analytico-synthetico, porque a analyse e a synthese se apresentam sempre integralizando o processo mental. (Proença, [s.d.], p.III)

CARTILHA DE ALFABETIZAÇÃO, DE BENEDITO M. TOLOSA

Antes de escrever a *Cartilha de Alfabetização* [1923], Benedito Tolosa, normalista da turma de 1891, exerce, entre outros, o cargo de inspetor escolar, além de participar, como redator efetivo, das Comissões de Redação da *Revista de Ensino*, de 1908 até, pelo menos, 1912.

Na *Revista de Ensino*, n.2, set. 1911, é publicado o primeiro de uma série de cinco artigos (n.3, dez. 1911; n.1, mar. 1912; n.1, jun. 1912; n.1 e 2, jun.-set. 1917), nos quais Tolosa, valendo-se de sua experiência como inspetor escolar, expõe considerações gerais a respeito do ensino da leitura pelo método analítico e uma série de lições apresentadas como orientações e sugestões dirigidas sobretudo aos professores novos e àqueles "vencidos e não convencidos" do método. Para essas orientações, baseia-se em dois textos: *A leitura analytica*, de Theodoro de Moraes; e *Como ensinar leitura* ..., indicando o *Meu Livro*, de Moraes, e a *Cartilha das Mães*, de Barreto, além dos livros de leitura de Köpke e Vianna.

> O ensino de leitura em nossas escolas preliminares passa actualmente por uma grande transformação, digna de alguns reparos.
> Já não se duvida mais da efficacia da leitura analytica. Pede-se hoje a melhor fórma de apllical-a proveitosamente.
> Dahi a obrigação em que nos achamos de escrever alguma coisa que possa orientar um pouco os professores publicos, especialmente os noveis, que pela primeira vez se acham frente a uma classe.
> São os professores principiantes os que mais necessitam de que digamos o mais necessario para o ensino da leitura. (Tolosa, 1911, p.67)

> O ensino da leitura pelo chamado methodo analytico ainda não conseguiu impôr-se ao espirito de todos os collegas, havendo ainda muitos que o applicam como vencidos e não convencidos. Nossa intenção é justamente levar-lhes essa convicção tão necessaria para que haja sucesso real nos resultados finaes. (Tolosa, 1912a, p.87)

> nos sentimos devéras indignado quando encontramos um professor novo, formado já no regimen dos processos analyticos de leitura, arrastando sua classe ao som monotono e antiquado da syllabação. A estes concitamos sempre, ou antes exigimos delles, a adopção immediata dos novos processos, afim de que não comecem apprendendo errado a importante profissão de educadores. (Tolosa, 1912b, p.82)

AS DISPUTAS ENTRE MAIS MODERNOS E MODERNOS

AS POLÊMICAS VEICULADAS PELA *REVISTA DE ENSINO*

Em artigo publicado na *Revista de Ensino* (n.2, jun. 1902, p.321-5), Joaquim Luiz de Brito – normalista da turma de 1882, membro da diretoria da Associação Beneficente do Professorado Público de São Paulo e redator efetivo da Revista – defende entusiasticamente a *Cartilha Moderna*, de R. R. Dordal. A fim de mostrar as vantagens da *Cartilha*, Brito expõe suas discordâncias em relação ao "método da palavração americana", introduzido por *Miss* Browne e praticado nas escolas-modelos, "pela convicção inabalavel de seu improficuo resultado"; e, em parte, ao método exposto por João Köpke na conferência de 1896, "por não ser elle applicavel em nossas escolas, onde o ensino é feito collectiva e não individualmente, e nem serem todos os professores desenhistas" (p.321).

Em que pesem "pequenos senões", que poderão ser sanados em outras edições, a *Cartilha* de Dordal apresenta, de acordo com Brito, as seguintes vantagens: método da palavração racional e lógico, que impede decoração; emprego abundante de gravuras nítidas e interessantes para as crianças; aspecto elegante e agradável da impressão; gradação das dificuldades; supressão da então tradicional "página dos ditongos"; possibilidade de utilização como auxiliar da escrita e da linguagem.

> Depois do apparecimento da – *Cartilha Maternal* – de João de Deus, da *Cartilha* do provecto educador Commendador Galhardo e da – *Cartilha das Mães* – do não menos provecto e incansavel collega Arnaldo de Oliveira Barreto, da qual os magnificos resul-

tados, attestam cabalmente a sua excellencia, parecia-nos que nada mais se pudesse fazer no genero, egual ou superior ás existentes. No emtamto, surge a – *Cartilha Moderna* – a provar-nos, sinão o contrario, ao menos que uma nova cartilha, baseada em methodo differente das existentes, vem prestar os mais relevantes serviços no ensino da leitura. (Brito, 1902, p.322)

No número seguinte da Revista (out. 1902), o professor João Köpke publica uma "Carta aos professores J. de Brito e R. Roca Dordal", na qual, movido por "um dever de consciencia profissional" e baseando-se na conferência de 1896, contesta as críticas a respeito da impraticabilidade do processo analítico de leitura que aconselha. Inicia-se, então, um debate que se acirra, na década seguinte, com a acentuação das diferenças de processos empregados e a publicação de duas cartilhas de João Köpke.

Quanto à exigência de serem os professores "desenhistas notáveis", Köpke esclarece que esta não é uma "condição necessária para o emprego do processo", podendo-se recorrer a uma estampa, mediante o uso de clichês tipográficos – como faz Dordal em sua *Cartilha* – ou de "chromos tão faceis de achar por estes tempos de cartazes reclamaticios e folhinhas de graça" – como faz o próprio Köpke. De qualquer modo, julga secundário e até dispensável – embora valioso como auxiliar – o uso do desenho, não se justificando, por esse aspecto, as acusações que recebeu.

> intervindo na leitura, O DESENHO NADA ENSINA, mas apenas auxilia, concretizando as idéias traduzidas pelas palavras escriptas do texto, tirando ao conto a abstracção, a que o espirito infantil é avesso, e dando, por isso mesmo, ás lições o enleio, que mais facilmente leva á comprehensão do sentido, portanto, á leitura expressiva... (Köpke, 1902, p.774)

Ironicamente "embaraçado" com as infundadas objeções ao processo que indica e pratica, "com os melhores resultados ha perto de trinta annos", Köpke apresenta princípios teóricos e invoca a "didactica mais adeantada do mundo, a americana", em defesa da aplicabilidade desse processo também no ensino simultâneo. Entendido "método" como "caminho em direção a", a possível ineficiência encontra-se nos "instrumentos" ou "processos" empregados para sua consecução. No ensino da leitura, "*o instrumento* é, de dous, um: *o livro* ou o *quadro negro* ou *parietal*", sendo estes mais vantajosos para o ensino coletivo e aquele, para o ensino individual. Assegurando a "attenção e a assimilação da collectividade", as quais convergem, simultaneamente para um "centro commum", o quadro-negro torna-se a "séde da acção do mestre", cuja eficácia é demonstrada na conferência de 1896, em que Köpke indica "o quadro como instrumento do methodo para a instrucção das classes de leitura pelo processo analytico".

Refuta, também, a acusação de usar e abusar da decoração, que julga incompatível com o método analítico, de acordo com o qual a criança deve entender e não decorar, como acontece quando se usa o método da soletração e suas abstrações que "infernaram a aprendizagem de nossos antepassados, e levaram á affirmação brutal do '*la letra con sangre entra*'". E, para melhor fundamentar seus argumentos, invoca o exemplo dos surdos--mudos que, por meio dos "olhos que elevam ao cerebro as impressões da vista", conseguem ler "palavras inteiras, compostas de signaes representativos dos sons".

Dois pontos de discordância em relação à *Cartilha* de Dordal são apresentados por Köpke: deve-se ensinar primeiramente a letra manuscrita e as minúsculas, a fim de se evitar duplicação desnecessária de esforços.

E, a fim de reafirmar "a base essencialmente pedagógica do processo de palavração", Köpke invoca a obra *The problem of teaching to read*, de Meiklejohn – professor de educação na Universidade de St. Andrews –, "apologia mais convencida e convincente da super-excellencia e archi-practibilidade desse processo de ensino, unico acceitavel para a iniciação da leitura em qualquer lingua do mundo" e faz uma demonstração prática de uma possível aplicação desse processo "de acordo com os conselhos de Roca Dordal".

> A idéa, que vos aqui me propuz dar, tomando, ao acaso, uma estampa, sobre ella inventando um contosinho, e organisando

os exercícios com que, partindo do todo – palavra, os alumnos chegam aos elementos – phonemas, e, simultaneamente, leiam e escrevam, sómente poderá approximar-se da verdade e ser proficua si imaginardes que, escolhidas estampas mais apropriadas, em vez de um conto, successivos contos irão fornecendo as palavras a fixar, e o quadro final nascerá de um jacto, mas será a resultante de pequenos quadros, que cada lição, convenientemente dosada, for organisando. E si, entre estampa e estampa, houver um elo de relação, de modo a formarem os exercicios ou contos sequencia, e a serem todos os vocabulos occorrentes personagens de scenarios diversos, em que uma mesma acção se desenrola, mais a gosto ficará o esforço dos alumnos, e mais efficaz será o effeito do methodo no instruil-os sem violencia e intelligentemente. (Köpke, 1902, p.784-5)

Das considerações e da "demonstração pratica" sobressaem-se alguns princípios e conceitos que embasam o ponto de vista de Köpke. As sentenças formadas a partir da estampa devem ser curtas, para que todos os seus elementos possam ser abarcados pela vista; a visão de todos esses elementos permite ler expressivamente, ou seja, relacioná-los na expressão do sentido; as "palavras concretas" devem preceder as "palavras abstractas ou de relação"; indutivamente, deve-se conduzir a comparação e analogia entre forma fônica, já conhecida e depositária de sentido, e forma gráfica das ideias e, posteriormente, entre as formas gráficas. A escrita, portanto, equivale à "graphação" – "traçado consciente do signal" empregado como palavra e não como letra – da ideia e representa a fala – forma fônica da palavra, discriminada pelo ouvido –; leitura, à "emissão pela fala" da forma gráfica discriminada/reconhecida pela visão e representativa da forma fônica, o sentido conhecido; e aprender a ler, processo gradual de corporificação, na "intelligencia activa", do som com o sinal.

Nesse mesmo ano fecundo em relação à acirrada polêmica sobre o método analítico para o ensino da leitura, A. O. Barreto publica um artigo na *Revista de Ensino* (n.5, dez. 1902), expondo um ponto de vista "moderador" a respeito dos "radicalismos exaggerados" e dos "carrancismos improgressivos", características, respectivamente, dos defensores do método analítico e do método sintético. Iniciando seu artigo com o trecho citado na abertura deste capítulo, e também invocando Meiklejohn, Barreto adverte que a chave da solução do problema consiste na atitude imparcial e nas concessões de uns e outros.

> No meio termo, a nosso ver, é que está a verdade; isto é, si uns concederem iniciar-se o primeiro ensino da leitura pelas sentenças, auxiliando-se esse inicio com estampas adequadas e suggestivas; e outros admittirem que em cada lição haja um phonema que lhe seja a base, ou por assim dizer, o seu pivot, como o fez Meiklejohn; e que, em subsequentes lições se decomponham as sentenças em palavras e estas em seus elementos como o exige a natureza da nossa lingua materna – para nós, repetimos, o problema naturalmente se resolve. (Barreto, 1902, p.962)

Certamente não está resolvido o problema. Outras cartilhas baseadas no método analítico são publicadas, nessa década e nas seguintes, pretendendo dar conta da "verdade genuína" e acirrando debates e disputas por prestígio profissional e lucro financeiro.

A POLÊMICA ENTRE PAULISTAS E FLUMINENSE

Dentre o conjunto de cartilhas analíticas que merecem destaque no momento em foco, aquelas escritas por João Köpke ocupam um lugar a parte, assim como seu autor se diferencia daquele grupo de professores paulistas. Escritas em 1916, como concretização dos estudos e experiências do autor, e submetidas à apreciação das autoridades escolares paulistas, são elas o pivô de uma das mais explícitas polêmicas revelando a disputa entre mais modernos e modernos.

Natural de Petrópolis (RJ) e bacharel em Direito, em 1875, pela Faculdade de São Paulo, Köpke passa a se dedicar ao magistério, lecionando em colégios particulares da capital do Estado e de Campinas e, em 1884, funda, com Silva Jardim, a Escola Primária Neutralidade. Além de ter publicado vários textos na *Revista de Ensino*, Köpke foi autor de livros de leitura e de textos para a escola. Em 1874, publica *Methodo Racional e Rapido para Aprender a Lêr sem Solettrar* – dedicado á infancia e ao povo brazileiro, cartilha baseada no método da silabação, o qual abandona, em razão das vantagens do método analítico para o ensino da leitura.

Em "A leitura analytica", conferência proferida, em 1º de março de 1896, em uma das salas da Escola Normal de São Paulo, a convite do Instituto Pedagógico de São Paulo, Köpke expõe a "doutrina relativa ao methodo analytico, applicado segundo o processo, a que [sua] pratica [o] tinha levado" (Köpke, 1916, p.32). Vinte anos depois, complementa essa conferência com outra intitulada "O ensino da leitura pelo methodo analytico", proferida nas dependências do Jardim da Infância, anexo à Escola Normal da Praça da República, em 11 de maio de 1916. Publicada em opúsculo para ser distribuída entre os professores e também em revistas, essa conferência tem por objetivo explicar e divulgar a *Cartilha n.1* e a *Cartilha n.2*, escritas, depois de estudo constante e aprofundado dos princípios propagandeados na primeira conferência, como desobrigação da promessa do autor de "incorporar em livro o molde" que dá às lições "na applicação do processo da leitura pelo methodo analytico".

> como a melhor demonstração da marcha de um processo é a organisação dos exercicios a que deve elle recorrer, dei corpo á intenção, por muito tempo adiada, de escrever as cartilhas destinadas ao ensino da leitura pelo processo, que pratico, aproveitando na sua confecção os conselhos dos grandes educacionistas, que especialmente se têm occupado do assumpto, entre os quais Meiklejohn, Stanley Hall, Claubb e Carpenter, e a observação da minha propria experiencia na especialidade. (Köpke, 1916, p.34)

Considerando-se um "veterano", nessa conferência de 1916 elogia os "novos" – Moraes, Barreto e Cardim –, que "filiam à propaganda do velho lidador a contribuição que trazem ao progresso de uma doutrina e pratica", e tece considerações a respeito das cartilhas desses professores, comparativamente às suas. Explicita também as diferenças entre suas cartilhas e as duas publicações da Diretoria Geral da Instrução Pública: *Instrucções praticas...* e *Como ensinar leitura...* Na discussão dessas diferenças, acaba também por abordar a *Cartilha de Arnold* e aquelas que, em sintonia com essas publicações, foram escritas por Barreto, Moraes e Cardim.

A exposição do modo de processar o método analítico nas duas cartilhas de Köpke está didaticamente dividida em quatro partes, que buscam responder a quando, como, para que e o que ensinar a ler, "as quatro interrogações, que se impõem ao espirito no investigar o assumpto especialissimo da didatica da arte da leitura e escripta".

Citando Stanley Hall e Fröebel, entre outros, Köpke ressalta as bases psicológicas dos pedagogistas modernos, que propõem a instrução pelas coisas e não mais pelas letras, de tal modo que a leitura, instrumento indispensável e precioso para a cultura, deixa de ser seu introito obrigatório. Assim, a idade média de sete anos – "termo da primeira infancia" – é a ideal para se iniciar o ensino da leitura.

Quanto ao método para ensinar a ler, há "uma preliminar obrigada: dado o mestre competente, tudo depende do discipulo", ou seja, de suas aptidões, de onde decorre a escolha do método analítico e dos processos mais adequados para sua execução.

> Sendo, porem, incontestavel que as crianças preferem as cousas completas, e acham, ao menos no vernaculo, como assevera Stanley Hall, as sentenças mais faceis que as palavras, como é certo que aborrecem os detalhes, os elementos e as abstracções, o ponto de partida para o ensino da leitura deve ser o TODO. Este TODO, mais do que a SENTENÇA, é a fala, a descripção, a narração, o DISCURSO, que a instruiu na lingua em que entende e se faz entendida, e que, sob a forma de *conto* ou *historia* escripta, se ha de traduzir a seus olhos, dando-lhe o segredo da representação graphica, em que se faça entendida e entenda.
>
> Analytico, pois, será forçosamente o methodo desde que o TODO ha de ser o ponto de partida, qualquer que seja o aprendiz; os processos, que todavia, puzer em jogo, esses hão de combinar-se de modo a que olho, ouvido, bocca e mão se exerçam conjunctamente em collaboração mutua para a conquista da perfeição au-

tomatica, mercê da qual a fala escripta se faz para a intelligencia, travez da visão e da mão, o que para ella é a fala oral, travez da audição e da bocca. (Köpke, 1916, p.36-7)

Contrário às noções de leitura como transposição das letras em sons e baseado nas contribuições de Francis Parker, a respeito do estímulo que provoca a ação, e de Meiklejohn, a respeito da seriedade do brinquedo, Köpke apresenta o divertimento como finalidade da leitura e a necessidade de o professor procurar conhecer as fases particulares de seus alunos para organizar o ensino.

Que a criança, portanto, como quer Parker e nós largamente vertemos, leia para sentir em acção o seu pensamento em confrontação com o pensamento alheio por seus olhos traduzido da mudez da escripta. Que nessa traducção a sua iniciativa se exerça de maneira que sinta ella haver no seu trabalho uma irradiação da sua propria individualidade. O automatismo, a que os exercicios hão de subordinar seus orgãos de percepção mechanica e mental, deve ser adquirido com a intervenção da sua vontade consciente, percebida no prazer, que deriva da sua applicação. Ler, conseguintemente, deve ser para ella a satisfação do seu almejo pelo lucro de um goso, em que se sinta activa.
...
Porque é sobre estes interesses inherentes á criança que nós havemos de buscar os nossos planos de trabalho no escopo de que o impulso para aprender, para fazer, venha de dentro, e a criança se desenvolva pelo exercício da própria actividade. Este principio do desenvolvimento pela própria actividade é uma das verdades fundamentaes, que constituem nosso credo profissional. (Köpke, 1916, p.43, 48)

Essa finalidade, por sua vez, demanda a necessidade de se despertar o interesse da criança, mediante a leitura do pensamento de outrem – e não do que já conhece –, utilizando-se da história – não de frases ou palavras –, em que o enredo, "a teia ininterrupta dos capitulos", garante o todo e a continuidade de sentido.

Citando Jacotot e João de Deus, critica a incoerência dos que, também se dizendo se basear na necessidade de despertar o interesse, apresentam à criança frases sem relação de sentido entre si – como o faz Arnold em sua cartilha – ou com nexo sintático apenas, como propõem as *Instrucções praticas*...

Por fim, quanto a o que ensinar a ler – cuja resposta encontra-se incluída nas reflexões anteriores –, Köpke destaca, ainda, aspectos relativos ao interesse da criança e aos passos para despertá-lo, os quais se iniciam com leitura de pequenos entrechos iluminados por estampas até a formação do gosto estético com a leitura da "boa literatura".

A *Cartilha n.1* e a *Cartilha n.2*, ambas baseadas no método analítico, são acompanhadas pelo "livro companheiro" e pelos "cadernos de escrita". Com a dupla finalidade de entreter, despertando interesse e prazer, e ministrar o "conhecimento e traquejo dos fonogramas nas suas combinações mais simples", a *Cartilha n.1* é composta de trinta estampas acompanhadas das correspondentes narrativas, estas entendidas como sínteses do apreendido das estampas por meio da visão. Essas narrativas são tecidas com um número limitado de vocábulos denominados "matrizes", que se repetem disfarçados pela variedade de ação e dos quais é destacado o fonema inicial a fim de que, por indução, auxilie na aprendizagem de novos vocábulos com o mesmo fonema inicial. Na *Cartilha n.2*, são acrescentadas as sílabas em combinações mais complexas.

Algumas características dessas cartilhas são apontadas por seu autor como marcadores das diferenças que pretende destacar. Por alegadas "razões historicas", desde a primeira lição, é utilizado o tipo manuscrito minúsculo, sendo introduzido o maiúsculo apenas quando da transição para o tipo impresso; se desnecessário o vocábulo, é utilizada apenas a figura para representação da ideia; são utilizadas com frequência as omissões para serem preenchidas pelo aluno; com o objetivo de "por palavras velhas, evoccar ideias conhecidas" e estimular a autonomia de ação do aluno, são insinuadas, em cada lição, as palavras das quais se hão de deduzir a sílaba e o fonema iniciais; as narrativas são "tramadas" com o menor número possível de palavras; "ao lado ... dos vocabulos de fórma analoga, aparecem os vocabulos *normais* ou *matrizes*, impressos em cores", iniciando-se uma análise consciente, também visando à atividade independente; e foram organizados, "no livro companheiro", numerosos exercícios para "adestração do aprendiz".

Da exposição de Köpke podem-se depreender os conceitos básicos do processo que defende. Leitura é entendida como um instrumento – não inicial – que permite penetrar na cultura enciclopédica e, ainda, evocar e traduzir a ideia de outrem, mediante o símbolo fônico que a registrou; e escrita (linguagem gráfica), como representação e meio de transmissão do pensamento por meio das letras (logogramas), seu ensino diferenciando-se dos exercícios mecânicos de cópia e caligrafia e buscando estimular no aluno a "persuasão da autoria". A aprendizagem da leitura, por sua vez, envolve a harmonia entre visão e audição e supõe desenvolvimento pela atividade e busca de expressão própria que conduzem o aprendiz à autonomia e originalidade de ação; o ensino, baseado nesses "fatos psicológicos", apresenta-se como auxiliar da aprendizagem, mediante o processo analítico, que toma como todo e ponto de partida o discurso narrativo – a história – dada a continuidade e completude de sentido que encerra. Análise e síntese, em vez de antagônicas, são entendidas como fatos psicológicos integrados.

Após a exposição de seu processo e indicação das diferenças de "norte" em relação a seus colegas paulistas, Köpke apresenta, ainda, considerações sobre o uso do método analítico em escolas rurais e destaca as dificuldades de adoção desse método – seja nas escolas rurais seja nas urbanas – dadas tanto sua "lentidão" relativamente aos métodos sintéticos quanto a exigência de professores melhor preparados para utilizá-lo. Em contraposição às resistências impostas pelos defensores da "rotina pedagogica", aponta a falta de preparo para se receber tanto a excelência do método analítico como a excelência do regime republicano.

Com suas cartilhas, enfim, Köpke pretende, mais uma vez, servir às crianças paulistas e brasileiras, para que possam contribuir para a consecução dos ideais republicanos e da afirmação da pátria brasileira.

> Tornar a acção do livro e material escolar independente de qualquer supplemento, que acarrete sobrecarga ao professor, ou, mau grado seu, por má comprehensão dos principios basicos do methodo, falseie os seus resultados, foi objectivo, que tive em vista, quando elaborei as cartilhas, cujo plano foi exposto.
> Sou, naturalmente, o menos competente para julgar si essas cartilhas satisfazem o objectivo assim visado. Si, porém, o juizo dos competentes, a que desejo submettel-as, verificar que sim, grande será minha satisfação em que justifiquem ellas, pelo auxilio, que dêem aos mestres das escolas ruraes e urbanas, o enthusiasmo do Dr. Silvio Maia e de quantos mestres sejam do seu sentir como apologistas do methodo analytico. (Köpke, 1916, p.68)

Na ocasião, torna público o desejo de fazer doação dos direitos autorais das cartilhas ao Estado de São Paulo, "como testemunho humilde, mas sincero, do [seu]... reconhecimento ao estimulo e animação com que sempre amparou o [seu] ... esforço modesto, porém devotado, obreiro na magna tarefa da nossa organisação pedagogica" (Köpke, 1916, p.32).

> Obtido esse julgamento, que aqui vim expressamente promover, pedindo aos juizes do meu trabalho, que só tenham em vista os sagrados interesses do ensino e da infancia a instruir, entregal-o-ei, si me fôr dada a venia por quem de direito, ao Governo deste Estado para uso nas suas escolas, com a renuncia dos meus direitos autoraes, recebendo, na acceitação, a maior e a melhor das compensações, que poderiam ambicionar os meus almejos, e mais um estimulo para ao serviço das crianças, minhas patricias, da carinhosa terra paulista e da nobre causa da educação na nossa grande e gloriosa patria, pôr o resto de uma actividade, que sempre teve por maior incentivo o amor de todas ellas. (Köpke, 1916, p.68-9)

Dada essa oferta, Oscar Thompson, então Diretor-Geral da Instrução Pública de São Paulo, designa os inspetores escolares Tolosa, Kuhlman e Camargo Couto para analisarem e emitirem parecer sobre a adoção da *Cartilha n.1* e da *Cartilha n.2*. Com a conferência proferida por Köpke, em maio de 1916, e com a publicação desse Parecer no jornal *O Estado de S. Paulo*, na edição de oito de outubro de 1916, inicia-se a grande polêmica sobre o método analítico, envolvendo os professores Barreto, Cardim e Oliveira, citados por Köpke na conferência.

Em junho desse ano, o jornal *O Commercio de São Paulo* organiza um inquérito sobre o método analítico para o ensino da leitura, publicando entrevistas com professores paulistas eminentes: A. O. Barreto, C. A. G. Cardim e T. Moraes. E no dia 16 de outubro desse ano, Köpke escreve três cartas destinadas aos professores A. O. Barreto, C. A. Gomes Cardim e M. de Oliveira, as quais, em 1917, são publicadas em conjunto, sob o título *O Methodo Analytico no Ensino da Leitura*.

Nessas entrevistas, conduzidas por Manoel Bergström Lourenço Filho – então aluno da Escola Normal de São Paulo e exercendo atividades de tipógrafo, revisor e redator de jornais da capital do Estado[12] – e publicadas, pelo que se pôde presumir, nas primeiras páginas do jornal, ressaltam-se o tom combativo das opiniões e a importância social atribuída ao método analítico. Nelas, os entrevistados expõem sua opinião sobre o "modo paulista de processar o método" e sobre o processo proposto por Köpke. As críticas mais veementes são as expressas por Barreto e Cardim. Embora não desconsiderem o trabalho do fluminense e nem deixem de reconhecer seu mérito e a influência de suas ideias, esses professores paulistas consideram desnecessário e mesmo prejudicial adotarem-se as cartilhas de Köpke e seu processo, uma vez que o modo de processar o "methodo analytico no ensino da leitura aos analphabetos" praticado nas escolas públicas paulistas é o ideal, respeitando as leis científicas do aprendizado da leitura e apresentando, então, resultados "verdadeiramente surprhendentes": 70% de promoções...

– Não é de seu accordo, pois, a introducção do processo de leitura do dr. João Kopke, nas nossas escolas publicas?

– Como está formulado na conferencia do eminente educador, não...

– Nem pelo gosto de reformar?...

– Mas, reformar para que? Não temos aqui, um methodo "nosso", nascido aqui, desenvolvido aqui, e, portanto, em correspondencia exacta com as nossas necessidades didacticas, dando os melhores resultados?

– O que não é razão de sentimento, mas de boa pratica.

– E ainda, não tem o governo dispendido dinheiro para a systematização desse trabalho? E os professores não tem gasto tempo, e ralado a paciencia, para chegar á propriedade da technica do methodo?

– Na verdade. O que é uma razão muito forte, e de conselho pragmatista.

– Não concordo, pois, que se troque o methodo analytico paulista, ou melhor o seu processo, por nenhum outro qualquer. (Barreto, 1916 p.1)

Mais cauteloso, T. Moraes, outro professor entrevistado e ex-aluno de Köpke no aprendizado das primeiras letras na Escola Neutralidade, declara não poder emitir opinião a respeito do processo do fluminense, por não ter assistido à conferência e necessitar aplicar na prática as cartilhas, "para saber de resultados positivos".

– Quer então "falar" com os factos.

– Quero. Tenho a convicção intima de que o dr. Kopke não daria á luz um trabalho que não fosse são, fructo de uma experiencia longa.

– Mas ha pontos de vista. E são esses pontos de vista, não raro, que valorizam os julgamentos, que eles proprios valem...

– Minha maneira de encarar o assumpto é conhecida. Abracei o methodo analytico, e, creio, é o melhor de todos os que se applicam no ensino da leitura. As variedades de processo pouco importam. Desde que lecionei na "escola modelo" isolada, até hoje, os resultados que tenho colhido são os melhores possiveis.

– Conhecemos sua cartilha "Meu livro"...

– Que não é perfeita. É preciso que a gente ponha do lado a vaidade propria, e, quando em erro, se confesse desviado do caminho certo...

Eu fui apenas um desbravador do terreno. Tudo melhora com as correcções que a observação póde ensinar. Por isso vou examinar attentamente as cartilhas do nosso mestre, e ensaial-as na pratica. (Moraes, 1916, p.1)

Nas cartas, mostrando-se magoado com a entrevista e com a divulgação e publicização do Parecer, cansado de polêmicas e desejoso de continuar a elaboração de livros didáticos, Köpke lamenta a não aceitação de suas cartilhas.

Na carta a Barreto – resposta à entrevista com esse professor –, ressalta-se a indignação causada pelo tom de disputa em torno do método ideal para ensino da leitura, o qual os professores paulistas julgam ter elaborado, desconsiderando, assim, tanto as cartilhas de Köpke quanto quaisquer outras iniciativas que se diferenciem desse método ideal. Invocando as verdades científicas e a coerência lógica, Köpke opõe-se veementemente à proposta de adequação de suas cartilhas e as defende como contribuição para o aprendizado da leitura de todos os brasileiros.

> Inutilmente, por toda a parte, á voz de Olavo Bilac, fremerá e se levantará a alma nacional em estos de enthusiasmo para arregimentar os brasileiros á sombra de bandeira comum, que os congregue todos em alliança, capaz de assegurar a defesa da Nação, si entre irmãos, que devemos todos, um mestre illustre como vós, um mestre que já mereceu a honra de dar a primeira investidura nas letras aos futuros heroes da nossa marinha, a sangue frio, com altivez que magôa, em nome de uns miseráveis vintens despendidos, de uns mesquinhos minutos de tempo gasto e de um ridiculo pouquinho de paciencia rallada, mette entre brasileiro e brasileiro, como aculeo entre fibras da mesma carne, um "AQUI", vedatorio aos de alhures; – um "PAULISTA", restrictivo dos foros de cidadãos da mesma patria; – c um "NÃO TEMOS NECESSIDADE DE MELHOR", escarninho dos que desinteressadamente se esforçam por elle. (Köpke, 1917, p.9)

Na carta a Cardim – resposta à entrevista dada por esse professor ao jornal *O Commercio de São Paulo* –, Köpke detém-se na comparação entre as suas cartilhas e a *Cartilha Infantil*, escrita por Cardim, a fim de defender seu método das acusações apresentadas nas entrevistas. Expondo sua estranheza quanto ao contraste entre a calorosa recepção que teve quando da conferência em 1916 e os ataques que passa a sofrer quando oferece suas cartilhas ao Estado de São Paulo, Köpke lamenta tanto a ausência de Cardim e Barreto na comissão responsável pelo Parecer quanto os interesses pessoais e financeiros que sustentam a polêmica.

> Bem podies ter comprehendido que as opiniões exaradas nas entrevistas de que me venho occupando, quando ainda não havia tempo bastante para um estudo detido dos originaes das cartilhas, em que tamanhos deslises da boa doutrina encontrastes, sobretudo nenhuma interpellação tendo suscitado a palestra, em que perfunctoria, mas argumentando franca e lealmente, expuz os pontos de divergência entre o meu trabalho e o vosso e o de vossos collegas, já adoptados, são passíveis da pecha ou de vaidade offendida ou de lucro ameaçado – susceptibilidades, que a ninguém deviam melindrar, porque, superior a tudo, estavam a verdade da sciencia e o sagrado interesse da infancia. (Köpke, 1917, p.33)

Na carta endereçada a Mariano de Oliveira, Köpke discute a *Nova Cartilha Analytico-Synthetica*, comparativamente as suas, para novamente destacar as diferenças entre seu método e o adotado no Estado de São Paulo.

> Julguei que, expondo desenvolvidamente as minhas idéas sobre o assumpto e o melhor meio de as tornar effectivas na pratica, mais clara ficaria a razão de minha discordância com a sua Cartilha analytico-synthetica e as que se orientam pelas instrucções. Desculpar-me-á, pois, o abuso, que fiz da sua paciência endereçando-lhe, em vez de um juizo directo, um confronto donde indirectamente colligirá qual, em summa, é esse meu juizo. Sem embargo do desaccôrdo (para mim profundo e para si em minimas divergencias), não posso senão regosijar-me com o Estado de São Paulo e com o Brasil inteiro pelo nobre empenho em que os professores da sua terra trabalham pela reforma da processuação didactica, substituindo os velhos processos do ensino da leitura por aquelles, que os melhores educacionistas aconselham, apoiados na observação e consciencioso estudo da materia á luz da sciencia pedagogica, baseada em solidas investigações psycologicas. (Köpke, 1917, p.69)

OSCAR THOMPSON E A INSTITUCIONALIZAÇÃO DO MÉTODO ANALÍTICO

Dentre as iniciativas oficiais relacionadas ao método analítico para o ensino da leitura, nesse segundo momento, predominam as tomadas, diretamente ou mediante incentivo a professores e inspetores escolares, por Oscar Thompson, figura à qual encontravam-se, de alguma maneira, ligados aqueles que normatizavam, tematizavam e concretizavam esse método.

Diplomado pela Escola Normal de São Paulo, em 1891, Thompson exerce vários cargos no magistério e na administração escolar, destacando-se sua atuação como: diretor da Escola Normal de São Paulo (1901 a 1920, com interrupções); Diretor Geral da Instrução Pública (1909-1910 e 1917-1920); incentivador e divulgador do método analítico para o ensino da leitura e da produção de cartilhas assim como de experiências em psicologia científica e em bibliotecas escolares; criador da Directoria Geral da Instrucção Publica; e propulsionador de iniciativas que inspirariam a Reforma realizada por Sampaio Dória, em 1920.

As *Instrucções praticas para o ensino da leitura pelo methodo analytico – modelos de lições* [1914],[13] diretamente relacionadas com sua atuação estão organizadas em cinco passos, que "devem ocupar o professor durante quatro mezes" – sem uso da cartilha –, ao final dos quais deve-se passar para o *Meu Livro*, de Theodoro de Moraes, que "na occasião era o ... que mais se approximava da orientação das Instrucções" (Barreto, 1926, p.100); e dois meses antes do término do ano letivo, "deve-se adoptar francamente um Primeiro Livro de Leitura". A escrita deve caminhar paralelamente, por meio de exercícios de cópia, os quais, quando a letra das crianças estiver com "forma bem definida", devem-se revezar com os dos "cadernos 1º e 2º da Série Paulista, letra vertical".

Os passos indicados e as lições que os exemplificam podem ser sintetizados como se segue: 1º) observação de um objeto ou estampa, enunciação de sentenças relacionadas entre si, formação de uma pequena história descritiva do objeto ou estampa; 2º) registro das frases da historieta em colunas verticais, onde se destacam as palavras, e formação de outras sentenças com essas palavras; 3º) divisão oral das palavras estudadas em sílabas, com destaque para a sílaba inicial, introduzindo-as de acordo com a ordem alfabética e passando por todas as consoantes, formação de novas palavras iniciadas com a sílaba em estudo e formação de sentenças e historietas com essas palavras; 4º) retomada do 1º e 2º passos, composição de nova lista de palavras, sua divisão em sílabas e formação de novas palavras; e 5º) conhecimento dos sons consonantais pelas palavras rimadas.

A exposição dos passos é acompanhada de orientações gerais: os passos são cumulativos e devem ser utilizados sempre que necessário, mesmo após a introdução da cartilha; até o 3º passo trata-se de aprender a ler os próprios pensamentos e, a partir do 4º passo, trata-se da preparação para a leitura do pensamento de outrem; cada objeto ou estampa pode servir para várias lições; e todas as lições devem ser escritas no quadro-negro, com letra manuscrita vertical, e as sílabas novas, destacadas com giz de cor.

É importante ressaltar, ainda, alguns dos principais termos utilizados e os conceitos e princípios a que se referem. Por "história descritiva" ou "historieta" – o "todo" –, entende-se um conjunto de sentenças, enunciadas pelos alunos a partir do estímulo visual gerado pela observação e fixadas pela memória, que mantém nexos lógico-gramaticais entre si: o objeto lógico da sentença anterior deve coincidir com o sujeito da sentença imediatamente seguinte. Pelo menos duas ordens de princípios subjazem a esse conceito:

a) *educacionais-pedagógicos* – dois são os fins da educação: disciplinar, relacionado ao treinamento das faculdades mentais – observação, raciocínio e expressão de ideias – e *instrutivo*, de acordo com o qual o objetivo do ensino da leitura é "fornecer á criança um poderoso instrumento de aquisição de ideias e pensamentos", mediante a formação do hábito intelectual de leitura da "ideia e os pensamentos que encerram"; e

b) *psicológicos-metodológicos* – necessidade de adequação das sentenças à "natural vivacidade do espirito infantil" e de provocar metodologicamente, com ênfase no sentido da visão e na memorização, o desenvolvimento de seu "espirito de analyse" que permite a passagem da "leitura dos próprios pensamentos" à "leitura dos pensamentos de outrem".

Mais discreta – mas não menos importante – que a atuação de Oscar Thompson foi sua produção escrita relativa ao método analítico para o ensino da leitura. Dentre outras, merecem atenção as publicações na *Revista de Ensino* e os relatórios apresentados ao Secretário de Estado dos Negócios do Interior e contidos nos *Annuarios do Ensino* de1910, 1917 e 1918.

Na *Revista de Ensino* (n.6, fev. 1904) é publicado o Memorial sobre o ensino público de São Paulo, escrito por Thompson, Carlos Reis e Horacio Lane e enviado à Exposição Universal de São Luiz, nos EUA. Apresentado pela *Revista* como "um minucioso attestado de nossa evolução intellectual", dentre os vários aspectos abordados no Memorial vale ressaltar a afirmação de um desejo a respeito da utilização do método intuitivo nas escolas paulistas.

> O ensino nas escolas de S. Paulo é ministrado segundo os processos intuitivos. As licções são empiricas e concretas encaminhadas de modo que as faculdades dos alumnos sejam provocadas a desenvolvimento gradual e harmonico. (Reis, Thompson, Lane, 1904, p.553)

Encontra-se também na *Revista* (n.6, fev. 1905, e n.1, abr. 1905) uma transcrição das impressões de viagem de Thompson aos Estados Unidos da América do Norte, publicadas sob a forma de entrevista pelo jornal *O Estado de S. Paulo*. Mostrando-se admirado com os edifícios escolares, com o sistema e os métodos de ensino e com as escolas formadoras de professores, enfatiza a superioridade da instrução pública americana, apresentando-a como um exemplo a ser seguido e propondo o envio anual de professores brasileiros aos EUA, para estudarem e praticarem as novas orientações. E, referindo-se à situação educacional paulista, responde com otimismo à pergunta sobre a possibilidade de esse estado acompanhar os progressos americanos

> – Sim, superiores a Cuba. S. Paulo, ha dez annos atraz, teve um grande problema a resolver: não tinha professores em numero sufficiente para as suas necessidades.

> O nosso governo os fez quasi por encanto, e essa phalange de moços e moças, instruidos, trabalhadores e dedicados ahi está prompta para esse grande emprehendimento. (Thompson, 1905, p.589)

No relatório apresentado ao Secretário do Interior, relativo ao período de 1909-1910, Thompson aborda, doutrinariamente, as grandes metas de sua gestão: organização da inspeção escolar do ponto de vista pedagógico e introdução, nos grupos escolares, dos métodos e processos de ensino adotados na Escola-Modelo "Caetano de Campos".

Uma das concepções que sustentam essas metas é a de "escola moderna": "um viveiro de homens de bom caracter", a qual deve se organizar cientificamente, "pelos meios mais de accordo com as leis do espirito".

> E, como está provado hoje, é na escola onde melhor se apuram essas qualidades [físicas e psíquicas dos indivíduos]. Dahi a razão da escola moderna, essencialmente progressista e scientifica, preconizar os methodos de ensino directos ou naturaes, que obedecem em toda a sua marcha os mesmos passos seguidos pelo espirito humano na aquisição de conhecimentos. (Thompson, 1910, p.1)

Uma das preocupações dominantes exposta no relatório é a que se refere ao "problema do ensino da leitura aos analphabetos". Baseando-se em Parker, apresenta uma concepção de leitura como "um factor da maior importancia para o ensino, por isso que ler é pensar, e pensar é um modo de acção" (p.9), que demanda a utilização do método analítico como o mais adequado para esse ensino, justificando-se, assim, os esforços de instituição e uniformização desse método, durante sua gestão.

> Em resumo: 1º a idéa, 2º a sentença, 3º o vocabulo – taes são os tres passos capitaes do moderno methodo de leitura analytica, de accordo com a marcha natural do espirito humano na investigação da verdade, no estudo e comprehensão das coisas e factos.
> Si o methodo analytico sob o ponto de vista geral e philosofico é o methodo por excelencia, por isso que parte da idéa geral

do conjuncto – para suas partes, do concrecto para o abstracto, do todo – que impressiona claramente a imaginação – para o elemento indivisivel, que é monotono, arido e insignificativo; não é de extranhar que elle tenha a sua primeira applicação pedagogica no ensino da leitura, a qual é inquestionavelmente uma operação essencialmente analytica. (Thompson, 1910, p.9)

É importante ressaltar, ainda, que Thompson faz críticas à *Cartilha de Arnold*, sobretudo em razão dos problemas de tradução, e solicita a adoção de *Meu Livro*, de Theodoro de Moraes, nas escolas públicas paulistas, por considerá-lo o mais adequado e coerente meio de concretização do método, uma vez que se baseou em plano adotado pelo próprio Thompson.

Attendendo á necessidade da organização de uma cartilha, accommodando o methodo analytico ás exigencias da lingua portugueza, o professor Theodoro de Moraes acaba de publicar as primeiras leituras de accordo com o referido methodo, realizando fielmente as condições exigidas para o ensino racional da leitura aos analphabetos.

Este trabalho que se intitula "Meu Livro", é baseado no plano que adoptei e que tem sido posto em pratica com pleno successo por aquelle professor na Escola Modelo Isolada annexa á Normal e por alguns grupos desta Capital. (Thompson, 1910, p.10)

E, desse mesmo autor, indica também os *Cadernos de Calligraphia*, "vazados na didactica americana" e "destinados a fazer uma revolução no ensino de calligraphia e auxiliar na reforma que modestamente foi iniciada nas escolas-modelo" (p.11).

Outro texto – não assinado – presente no relatório, discute as "bases psychologicas do methodo analytico para o ensino da leitura". Um dos subtítulos desse texto, "Methodos de ensino", busca justificar cientificamente o método analítico para essa matéria, com argumentos já repetidas vezes enumerados. O que chama a atenção é a ênfase dada à argumentação centrada na ordem psicológica – e não lógica – para o desenvolvimento do ensino da leitura, com base em experiências e estudos realizados por Binet, Simon, Decroly e Degand, os quais indicam – dos pontos de vista psicológico, pedagógico e metodológico – que "ao processo analytico por que se apprende corresponde o methodo analytico por que se ensina" (p.167).

Outra iniciativa importante para o estudo em questão é a criação da Directoria Geral da Instrucção Publica (Dec. n. 1.885, de 6.6.1910), no âmbito da qual são organizadas duas classes de serviços: externos e internos e divididos estes últimos em três seções. Uma delas, destacada por "sua feição scientifica e belleza de suas investigações", fica a cargo de Clemente Quaglio, responsável pelos estudos de antropologia pedagógica e psicologia experimental que já vinha desenvolvendo no Grupo Escolar de Amparo. Dessas atividades, resulta a instalação, em 1914, na Escola Normal da Praça da República, de um Gabinete de Antrophologia Pedagogica e Psycologia Experimental, a cargo de Quaglio e de Ugo Pizzoli (professor da Universidade de Módena – Itália), os quais, com base nos progressos da pedagogia e da pedologia, buscam estudar a natureza humana e suas relações com a aprendizagem. Inicia-se, assim, uma atitude em relação às questões do ensino sistematicamente experimental e centrada em testes e medidas, ao mesmo tempo em que vai-se explicitando a função diretora da psicologia sobre a pedagogia.[14]

Em texto assinado por Quaglio, cujas posições são oficialmente referendadas com a apresentação no relatório, são expostos os assuntos que esse professor pretende estudar no Gabinete, com o auxílio de modernos aparelhos destinados aos exames antropológicos, e enfatiza-se a importância dos *mental tests*, que permitem avaliar as condições das crianças – com base nos estudos sobre os anormais, como também procederam, entre outros, Decroly e Mlle. Degand – e organizar melhor e mais eficientemente o ensino, a fim de transformar a escola em um laboratório pedagógico.

> De accôrdo com os hodiernos progressos da Pedologia, todo o verdadeiro professor deve seguir uma orientação educativa scientifica, estudando o estado psychologico de seus alumnos, desde o primeiro dia em que estes comparecem á aula, afim de poder iniciar o seu trabalho com criterio positivo e scientifico, determi-

nar as differenças individuaes da actividade mental em cada phase do seu desenvolvimento, conhecer o patrimonio intellectual por aquelles assimilado, de modo que successivos educadores possam continuar o trabalho iniciado, estabelecendo o gráu de desenvolvimento mental de cada alumno. (Quaglio, 1910)

Curiosa, no entanto, em razão da mudança de ponto de vista – mas alinhada com a "dispersão" que começa a se delinear em fins da década de 1910 – é a posição assumida por Quaglio como relator da "These official do 1º Congresso Brasileiro de Protecção á Infancia", em 1920. Sob o título *Qual o methodo de ensino da leitura que mais de perto acompanha a evolução mental da creança?*, o autor se contrapõe às *Instrucções praticas...* e defende o "methodo phonetico puro" como o mais adequado, uma vez que "tira a sua razão de ser da physiologia e da psychologia" e não da "tradição irracional e teimosa" (Quaglio, 1920, p.27).

Em *O Laboratorio de Pedagogia Experimental* (1914) – livro organizado pela Escola Normal Secundária da Capital e que contém teses produzidas pelos participantes do curso "Tecnica Psychologica", ministrado pelo prof. Ugo Pizzoli, no Gabinete de Pedagogia e Psicologia Experimental –, encontra-se, também, um "ensaio teórico" produzido por Thompson e intitulado: "O futuro da pedagogia é científico".

No relatório contido no *Annuario do Ensino* de 1917, correspondente a sua segunda gestão na Directoria Geral da Instrução Publica paulista, Thompson retoma inicialmente as metas priorizadas em 1909-1910 e aborda a nova meta, condizente com as então necessidades da instrução pública do Estado de São Paulo: "divulgar em nossos estabelecimentos de ensino o objectivo da escola nova e da pedagogia social" (p.7).

Analisando os resultados dos esforços empreendidos, desde sua primeira gestão, para a uniformização do método analítico, avalia que muitos foram os avanços, restando, ainda, no entanto, vulgarizá-los, para que o ensino "antiquado e anti-psychologico" não perturbe a direção pedagógica moderna que se quer imprimir à educação da infância.

Quanto à aspiração de "fazer escola nova", esta se baseia nas descobertas da psicopedagogia, que invertem o papel de professores e alunos. O ensino tende a individualizar-se, adaptando-se métodos e programas a cada tipo de aluno, e baseando-se a "escola nova" nessa "nova bussola da educação".

> Escola nova, para nós, é a formação do homem sob o ponto de vista intellectual, sentimental e volitivo; é o desenvolvimento integral desse trinomio psychico; é o estudo individual de cada alumno; é, tambem, o ensino individual de cada um delles, muito embora em classes; é a adaptação do programma a cada typo de educando; é a verificação das lacunas do ensino do professor pelas sabbatinas e exames; é o emprego de processos especiaes para a correção das deficiencias mentaes; é a educação physica e a educação profissional, caminhando parallelamente, com o desenvolvimento mental da criança; é a preparação para a vida pratica; é a transformação do ambiente escolar num perenne campo de experiencia social; é a escola de intensa vida civica, do cultivo da iniciativa individual, do estudo vocacional, da diffusão dos preceitos de hygiene, e, principalmente, dos ensinamentos da puericultura; é, em summa, a escola brasileira, no meio brasileiro, com um só labaro: – formar brasileiros orgulhosos de sua terra e de sua gente.
> ...
> Não mais o programma norteará o ensino, mas o typo de cada alumno será a nova bussola da educação. Fazer para aprender, mas fazer só, assistido, acompanhado do professor, é o processo da escola nova; fazer tudo, todas as lições, todos os exercicios, todas as experiencias, de maneira que os conhecimentos adquiridos pelo alumno não sejam mais do que resultados da sua propria actividade mental e psychica. É a self-activity, ou, melhor, a *self-education*, dos anglo-saxões. (Thompson, 1917, p.7-8)

São também de Thompson iniciativas marcantes em relação a propostas de solução dos problemas repetidamente apontados, na década de 1910, na instrução pública paulista. E muitas dessas propostas acabam sendo incorporadas pela Reforma Sampaio Dória, em 1920.

Representativos da formulação desses problemas e propostas são a Carta Circular de 1918 e o relatório contido no *Annuario do Ensino* desse mesmo ano, que estimulariam a origem do movimento reformista.[15]

Na Carta, Thompson solicita sugestões para a resolução do problema do analfabetismo e dela deriva, entre outras, a carta aberta elaborada por Sampaio Dória – bacharel em Direito (1908), professor de Psicologia da Escola Normal da Praça e participante ativo da Liga Nacionalista –, na qual são apresentadas as bases de um plano de extinção do analfabetismo, centrado na urgência nacional de "alphabetizar o povo", para "assimilar o estrangeiro" – "A alfabetização do povo é, na paz, a questão nacional por excelencia" – e aspirando a oferecer-lhe "tres beneficios minimos": ler, escrever e calcular (Sampaio Dória, 1918, p.59).

É importante lembrar que, com a apresentação de propostas como essa, estreitamente vinculada aos princípios e objetivos da Liga Nacionalista, Sampaio Dória passa a se destacar no cenário reformador do final da década de 1910, vindo a substituir Thompson na Diretoria Geral da Instrução Pública paulista e liderando a Reforma de 1920. Posteriormente à promulgação da Lei n. 1.750, no entanto, desgostoso com as interferências dos chamados "tradicionalistas" (responsáveis pela reforma de 1925) em seu projeto de reforma da instrução pública, Sampaio Dória retorna à sua cadeira na Escola Normal da Praça, e, além de outras, publica, em 1923, a obra *Questões de Ensino*, na qual podem-se encontrar preciosas reflexões a respeito das ideias renovadoras desse momento, em especial a que mais diretamente interessa para a discussão dos métodos de ensino da leitura: a "revolucionária" ideia de autonomia didática.

Aceitando o método analítico como a "verdade cientifica" e "unico correspondente ás leis da percepção infantil", Sampaio Dória, no entanto, critica sua obrigatoriedade, uma vez que professores mal preparados ou contrários a esse método contribuem para sua derrocada. Propõe, por isso, que o professor não seja obediente executor, mas que se lhe propicie o conhecimento da verdade científica do método analítico até que essa verdade possa triunfar, sem ser insensatamente imposta. A autonomia didática do professor implica, portanto, liberdade de escolher, com responsabilidade, o livro didático e o método de ensino, desde que em conformidade com as "leis do espírito [da criança] em formação" e com as bases oficiais estabelecidas a fim de assegurarem a unidade.

Ao lado do ideal de alphabetizar, sem distincções, que é, verdadeiramente, a espinha dorsal da Reforma, nella se concretizam innovações formidaveis. Dir-vos-ei, agora, uma dellas. Parece nada, e é uma revolução. Acha-se crystallizada na brevidade de uma phrase, entre outras, de um só artigo da lei. É a maxima autonomia didactica, compativel com a unidade a efficiencia do ensino, que se vae assegurar.

...

Estou certo que, se respeitar a autonomia didactica, e se, concomitantemente, se der a vêr, em praticas, o methodo legitimo, a verdade triumphará. Não ha outro geito de elle triumphar. A verdade não póde ser imposta: ella é que a si mesma se impõe. (Sampaio Dória, 1923, p.149-55)

O relatório de Thompson, de 1918, que prenuncia discussões como as encetadas por Sampaio Dória e outros na década de 1920 e cuja preocupação básica está sintetizada na meta de combate ao analfabetismo, apresenta, pela primeira vez "de maneira consciente e declarada" a "análise do ensino público paulista realizada com certo grau de objetividade" e a "urgência da reforma da instrução pública", transparecendo a influência dos princípios da Liga Nacional.[16] É nesse relatório também que se "inaugura" o termo "alfabetização" para designar oficialmente o ensino das primeiras letras – o termo "analphabeto" já aparece no de 1909 – e que se encontram sugestivos pareceres sobre cartilhas e livros didáticos. Composta por A. de Sampaio Dória, Américo de Moura e Plínio Barreto, a comissão responsável pela revisão dos livros adotados aponta erros e propõe alterações em livros, elimina títulos "tradicionais" e conserva outros, também "tradicionais".

Em face dessas considerações, Oscar Thompson – ex-aluno de Caetano de Campos e durante trinta anos atuando destacadamente na instrução pública paulista – pode ser considerado o elo que perpassa o conjunto de iniciativas e disputas desse momento, buscando garantir, mediante sistematização e normatização, a unidade e a implementação sempre atualizada das aspirações históricas que, no final do século XIX, foram engendradas para a instrução pública paulista e para o ensino da leitura.

Seria longo demais enumerar o rol de serviços de Oscar Thompson, prestados com dedicação à instrução brasileira. Aí está para lembrança do presente a série de iniciativas que teve, a propaganda do ensino agrícola, criação de escolas para anormais, idealização da escola normal superior, o incentivador de experiências no terreno da psicologia científica, ou de bibliotecas escolares.
...
Com a unificação das normais, em 1920, retira-se Thompson da Instrução Pública ... Quando em 1930 se congrega o professorado em torno do monumento a Caetano de Campos, está com os velhos companheiros de jornada para, membro da comissão pró-monumento, homenagear a memoria do grande educador de que fora aluno. (D'Ávila, 1946)

A FUNDAÇÃO DE UMA (NOVA) TRADIÇÃO

Em síntese, o conjunto de iniciativas levadas a efeito por essa geração de normalistas que passa pela Escola Normal de São Paulo sobretudo a partir da década de 1890 e que assume direta ou indiretamente posição de liderança na instrução pública paulista vai configurando, ao longo desse segundo momento, aquela atitude tipicamente paulista de disputa entre mais modernos e modernos pela hegemonia de tematizações, normatizações e concretizações, em que se sobressai – em substituição ao do bacharel em Direito – o papel do professor normalista como tematizador, normatizador e concretizador no campo da instrução, bem como na formação de um "espírito de corpo" em relação ao magistério público, no controle do aparelho escolar e da produção cultural e educacional.

No que diz respeito ao ensino da leitura, a "nova bussola" consegue se impor, graças à atuação de diferentes sujeitos, da qual resulta: institucionalização normatizadora por parte dos administradores educacionais – em especial, por Thompson –, concretização mediatizada pelos escritores didáticos e tematização de suas bases divulgadas por uns e outros.

Ao longo desse momento histórico, a alfabetização – assim como a educação – vai-se consolidando como objeto de estudo tendente à autonomia e irredutibilidade às demais manifestações educacionais e culturais. E funda-se uma nova tradição segundo a qual o método analítico para o ensino da leitura é o melhor, porque sintetiza todos os anseios do "ensino moderno", ou seja: é o mais adequado às condições biopsicológicas da criança, "à marcha natural do desenvolvimento do espírito humano", proporcionando um aprendizado que tem o professor como guia e a "redenção intelectual" da criança como fim.

Dentre as grandes figuras desse momento histórico, alguns se aposentam ou falecem, outros abandonam a causa da instrução pública e outros – os mais novos – ainda permanecerão atuantes, sintonizados com outras novas preocupações. Continua a circular, no entanto, o produto dessas férteis iniciativas, especialmente as cartilhas, muitas das quais nas décadas seguintes têm ainda ampla repercussão entre os professores primários, com centenas de edições.

As disputas dos modernos entre si, embora fundadoras de uma nova tradição, tendem a se amenizar, com a Reforma Sampaio Dória – embora continue se apregoando a validade do método analítico – e quando problemas e urgências de outra ordem passam a ser priorizados e outros sujeitos começam a se destacar no cenário educacional, propondo outra forma de intervenção do Estado nas coisas da instrução e outros projetos, centrados em outras bases, para o ensino da leitura e escrita.

Seja como for, o momento abordado assume um caráter renovador, nada rotineiro, em que se busca incessante e veementemente definir o "novo" e "moderno" *contra* o "antigo" e "tradicional" – representado pela situação do ensino no Império –, mas *a partir* do passado recente – o momento anterior. A nova tradição fundada nesse segundo momento será, nas décadas seguintes, continuada e reajustada às novas urgências, não permitindo sínteses homogeneizadoras que buscam igualar esse momento ao seu passado, sob o rótulo de "tradicional" conferido por seus pósteros imediatos e cuja interpretação acaba por se tornar matricial para muitas das análises do período efetuadas por historiadores e sociólogos da educação, contemporâneos nossos.

NOTAS

1 Em 1901, é fundada a Associação Beneficente do Professorado Público Paulista, que, de 1902 a 1918, publica a *Revista de Ensino*, a qual se destaca, no momento em foco, como uma instância privilegiada de discussões e debates sobre a instrução pública. Tanto na Diretoria da Associação quanto na Comissão de Redação da *Revista* teve-se a participação de um grupo representativo de professores normalistas sempre próximo dos órgãos oficiais da instrução pública, como, por exemplo, Oscar Thompson, João Lourenço Rodrigues, João Chrysostomo Bueno dos Reis Filho, José Escobar, Mariano de Oliveira, Antonio R. Alves Pereira, João Pinto e Silva, Ramon Roca Dordal e Arnaldo de Oliveira Barreto. Com um discurso marcado pela necessidade tanto de sistematização e metodização do ensino quanto de intervenção dos professores nas decisões relativas à instrução, a *Revista* divulga documentos oficiais – contendo programas de ensino e lista de livros indicados para as escolas primárias –, conferências, críticas de livros didáticos, traduções de textos teóricos, relatos de experiências didático-pedagógicas ou científicas, entre outros, desempenhando importante papel, na instauração e divulgação das polêmicas sobre ensino da leitura. A respeito desse ensino, além dos citados neste capítulo, muitos outros textos foram veiculados, nas diversas seções da Revista, em consonância com seu projeto de organização corporativa e orientação didático-pedagógica do professorado, relacionadamente com as diferentes fases por que passou esse periódico. A respeito dessas fases, ver: CATANI, D. B. *Educadores à meia-luz*. São Paulo, 1989. Tese (Doutoramento) – Faculdade de Educação, Universidade de São Paulo.

2 Essas reflexões encontram-se em: MONARCHA, C. *Escola Normal da Praça*: o lado noturno das luzes. Campinas: Editora da Unicamp, 1999.

3 A esse respeito, ver, especialmente: HALLEWELL, L. *O livro no Brasil*: sua história. Trad. M. P. Villalobos e L. L. Oliveira. São Paulo: T. A. Queiroz, Edusp, 1985; ARROYO, L. *Literatura infantil brasileira*. São Paulo: Melhoramentos, 1968; e PFROMM NETO, S., ROSAMILHA, N., DIB, C. Z. *O livro na educação*. Rio de Janeiro: Primor, INL, 1974.

4 De acordo com Hallewell, a Livraria Francisco Alves é a primeira editora brasileira a "fazer disso o principal esteio de seu negócio" (op. cit., 1985, p.207).

5 Como exemplos, destaco alguns dos mais divulgados até então: *Primeiro livro de leitura*, de Abílio César Borges (Barão de Macaúbas); *Cartilha da infância*: ensino da leitura, de Thomas A. Galhardo; e *Cartilha nacional*: novo primeiro livro – ensino da leitura, de Hilário Ribeiro.

6 Essa revista circulou em São Paulo entre 1893 e 1897, sob a direção de Oscar Thompson, Joaquim de Sant'Anna e A. Rodrigues Pereira, com a participação de Benedito M. Tolosa. A esse respeito, ver, CATANI, D. B., op. cit., 1989.

7 Conforme se pode observar, nesse segundo momento, a preocupação com o ensino das primeiras letras – para cuja designação, a partir do final da década de 1910, vai gradativamente se consolidando o termo "alfabetização" – enfatiza o ensino da leitura, compreendida como instrumento de cultura, mediante a compreensão do pensamento expresso por outrem. Como auxiliar da leitura e dela decorrente, a escrita ainda é entendida como caligrafia e cópia, e seu ensino envolve discussões respaldadas em teorias sobre os movimentos musculares requeridos e o tipo de letra manuscrita a ser utilizado: inclinada ou vertical. Além das discussões a respeito desse ensino contidas indiretamente nas cartilhas ou diretamente em textos publicados na *Revista de Ensino*, o ensino de caligrafia mereceu atenção especial, nesse segundo momento, tendo sido objeto de "metodização" em uma variedade de "cadernos" elaborados para esse fim.

8 A título de exemplificação, veja-se a "seriação dos melhores livros didacticos approvados pelo governo, na ordem crescente de suas difficuldades e dos annos do curso escolar", apresentada, por Joaquim L. de Brito para o primeiro ano: "1) *Cartilha Moderna*, de Ramon Roca Dordal, ou *Cartilha das Mães*, de Arnaldo Barreto. 2) *Primeiro Livro de Leitura*, de João Köpke. 3) *Novo Segundo Livro de Leitura*, de Hilario Ribeiro. 4) *Historietas*, de João Pinto e Silva. 5) *Primeiro Livro de Leitura*, de D. Guilhermina de Andrade" (*Revista de Ensino*, n.2, p.108, 1902). Em Parecer de 27.2.1904, a comissão composta por João Lourenço Rodrigues, J. Luiz de Brito e Antonio R. Alves Pereira, após exame das obras didáticas aprovadas ou adotadas nas escolas públicas, apresenta também uma lista de livros e outros materiais de ensino que estão "em condições de ser adotados", para a 1ª série do 1º ano do Curso Preliminar: "1) *Cartilha das Mães*, Arnaldo Barreto; *Cartilha Moderna*, Ramon Roca; *Primeiro Livro de Leitura*, Maria G. Andrade. 2) *Cartilha da Infancia*, Thomaz Galhardo; *Arte da Leitura*, Luiz Cardoso Franco; *Cartilha Nacional*, Hilario Ribeiro. 3) *Cartilha Maternal*, João de Deus; *Primeiro Livro de Leitura*, Hilario Ribeiro" (*Revista de Ensino*, n.2, jun. 1904, p.257). No *Annuario do Ensino do Estado de São Paulo-1907/1908*, outra comissão, composta por Carlos Alberto Gomes Cardim, Theodoro de Moraes e Miguel Carneiro Junior, com mesmo fim, elabora a seguinte lista: "Primeiro grupo: *Primeiro Livro de Leitura*, D. Maria Guilhermina; *Cartilha das Mães*, Arnaldo Barreto; *Cartilha Moderna*, Ramon Roca. Segundo grupo: *Cartilha do Lar*, João Pinto e Silva; *Cartilha Maternal*, João de Deus; *Cartilha da Infancia*, Thomaz Galhardo. Terceiro grupo: *Livro*

dos principiantes, Nestor de Araujo; *Arte da leitura*, Luiz Cardoso Franco; *Cartilha nacional*, Hilario Ribeiro; *Cartilha infantil* – Arthur Thiré". (*Annuario do Ensino*, 1907-1908, p.391).

9 No número 2, jun. 1905, da *Revista de Ensino*, a *Cartilha das Mães* aparece em anúncio sobre livros didáticos; em 1963, é lançada a 84ª edição, também pela editora Francisco Alves.

10 Esse texto foi publicado, em parte, na *Revista de Ensino*, n.1, jun. 1909; na íntegra, pela Typ. Siqueira, Nagel & Cia. em 1913; e, nos números 45 e 47, jan. e jun. de 1945, na revista *Educação*.

11 Moraes refere-se a Sarah Louise Arnold, autora de *The Arnold Primer* (1901), "cartilha analítica" trazida por Oscar Thompson, quando de seu retorno dos Estados Unidos da América do Norte, em abril de 1904. A adaptação da cartilha ao idioma português, realizada por Manuel Soares de Ornellas e editada por Silver, Burdett and Company, é publicada no Brasil em 1907. Mesmo "estrangeira", antes de sua versão em português a *Cartilha de Arnold* parece ter tido relativa difusão e ter sobretudo influenciado grande parte dos escritores didáticos brasileiros da época. Arnold é autora de outro texto sobre ensino da leitura – *Learning to Read* –, também citado por Moraes.

12 A respeito da atuação profissional de Lourenço Filho nessa época, ver: LOURENÇO, L. M. S. O pensamento de Lourenço Filho em seus primeiros escritos pedagógicos e nas conferências da Associação Brasileira de Educação. In: MONARCHA, C. (Org.) *Centenário de Lourenço Filho (1897- 1997)*. Londrina: Editora da UEL, Marília: Curso de Pós-Graduação em Educação, 1997, p. 47-76.

13 As *Instrucções praticas...* foram também publicadas em opúsculo em 1915.

14 MONARCHA, C., op. cit., 1999.

15 ANTUNHA, H. C. G. *A instrução pública no Estado de São Paulo*: a reforma de 1920. São Paulo: FE–USP, 1976. (Estudos e Documentos, v.12). p.156.

16 ANTUNHA, H. C. G., op. cit.,1976, p.179.

FONTES DOCUMENTAIS

ALMEIDA JUNIOR, A. A Escola Normal e sua evolução. In: *Polianteia Comemorativa do 1º Centenário do Ensino Normal de São Paulo*. São Paulo: [s.n.], 1946, p.1-9.

ARNOLD, S. L. *Cartilha de Arnold*. Adaptação de Manuel S. Ornellas. New York: Silver, Burdet & Companhia, 1907.

_____. Learning to read. In: MORAES, T. J. A Leitura Analytica. *Revista de Ensino*, n.1, p.17-20, mar. 1909. (Seção "Questões geraes").

ARTE da Leitura. *Revista de Ensino*, n.3, p.573-4, ago. 1902. (Seção "Noticiario").
BARRETO, A. O. Ensino de leitura. *Revista de Ensino*, n.5, p.961-6, dez. 1902. (Seção "Crítica de trabalhos escolares").
_____. *Cartilha das mães*. 52.ed. Rio de Janeiro: Livraria Francisco Alves, 1941.
_____. *Cartilha analytica*. 27.ed. Rio de Janeiro: Livraria Francisco Alves, 1926.
_____. O ensino da leitura pelo methodo analytico (Entrevista com o sr. prof. Arnaldo de Oliveira Barreto). *O Commercio de São Paulo*. n.3673, p.1, 4.6.1916.
BELLEGARDE, J. Um bom livro. *Revista de Ensino*, n.1, p.75-9, abr. 1902. (Seção "Critica sobre trabalhos escolares").
BRITO, J. A Seriação dos livros de leitura. *Revista de Ensino*, n.2, p.180-3, jun. 1902. (Seção "Questões geraes").
_____. *Cartilha Moderna*. *Revista de Ensino*, n.2, p.321-5, jun. 1902. (Seção "Critica sobre trabalhos escolares).
CAETANO DE CAMPOS, A. (1890). In: RODRIGUES, J. L. *Um retrospecto:* alguns subsídios para a história pragmática do ensino público em São Paulo. São Paulo: Instituto D. Anna Rosa, 1930.
_____. *Relatório apresentado ao Governador do Estado em 10/03/1891*. 1891. In: *Annuario do Ensino do Estado de São Paulo*. São Paulo: Typ. Augusto Siqueira & Cia., 1908. p.109-10.
CARDIM, C. A. G., MORAES, T. J., CARNEIRO JR., M. Livros didacticos (parecer). In: *Annuario do Ensino do Estado de São Paulo*. São Paulo: Typ. Augusto Siqueira & Cia, 1908. p.391.
CARDOSO (Franco), L. "Arte de Leitura" e a critica. *Revista de Ensino*, n.4, p.766-71, out. 1902a. (Seção "Critica sobre trabalhos escolares").
_____. "Arte da Leitura" e a critica. *Revista de Ensino*, n.5, p.967-76, dez. 1902b. (Seção "Critica sobre trabalhos escolares").
D'ÁVILA, A. Oscar Thompson. In: *Poliantéia Comemorativa do 1º Centenário do Ensino Normal de São Paulo*. São Paulo: s.e., 1946, p.100-1.
DEMARTINI, Z. B., TENCA, S. C., TENCA, A. Os alunos e o ensino na República Velha através das memórias de velhos professores. Cadernos de Pesquisa, n.52, p.61-71, fev. 1985.
DIRECTORIA GERAL DA INSTRUCÇÃO PUBLICA. *Como ensinar leitura e linguagem nos diversos annos do curso preliminar.* (Pelos inspectores escolares Miguel Carneiro, J. Pinto e Silva, Mariano de Oliveira e Theodoro de Moraes). São Paulo: Siqueira, Nagel & Comp. 1911.

DIRECTORIA GERAL DA INSTRUCÇÃO PUBLICA. *Instrucções praticas para o ensino da leitura pelo methodo analytico – modelos de lições.* (Mariano de Oliveira, Ramon Doca Dordal, Arnaldo Barreto). In: *Revista de Ensino*, n.4, p.11-22, março 1914.

DORDAL, R. R. Methodos de leitura – *Cartilha Moderna* (aos mestres progressistas). *Revista de Ensino*, n.2, p.213-25, jun. 1902. (Seção "Pedagogia pratica").

FREITAS, A. R. A. *Cartilha*. 2.ed. Rio de Janeiro: Livraria Francisco Alves, 1922. (Série Oscar Thompson – Primeiro Livro).

FREITAS, C. O livro do dia. In: FREITAS, A. R. A. *Cartilha*. 2.ed. Rio de Janeiro: Livraria Francisco Alves, 1922.

KÖPKE, J. *A leitura analytica* (Conferência feita a 1º de março de 1896, no Instituto Pedagógico de São Paulo). São Paulo: Typ. a vapor de Hennies Irmãos, 1896.

_____. Ensino da leitura (Carta aos professores J. de Brito e R. Roca Dordal). *Revista de Ensino*, n.4, p.772-93, out. 1902. (Seção "Critica sobre trabalhos escolares").

_____. O ensino da leitura pelo methodo analytico. *Revista do Brasil*. v.2, n.5, p. 31-69, maio 1916. (Republicação: KÖPKE, J. O ensino da leitura pelo método analítico. *Educação*, v.XXXIII, n.46/47, p.115-52, jan.-jun.1945.)

_____. *O methodo analytico no ensino da leitura* (Carta Aberta aos professores A. O. Barreto, Carlos S. Gomes Cardim e Mariano de Oliveira). São Paulo: Secção de Obras de "O Estado", 1917.

LEITE, F. E. A. O ensino da leitura. *Educação*, n.12, p.182-95, 1930. (Ver também separata: LEITE, F. E. A. *Ensino da leitura pelo método analítico*. [s.l.]: [s.n.], 1931).

MAGALHÃES, B. *O estado de São Paulo*: o seu progresso na actualidade. (Notas historicas, estatisticas e criticas sobre organização politico-administrativa e os principaes factores da prosperidade, – material, intellectual e moral, – da terra e dos habitantes). Rio de Janeiro: Typ. do *Jornal do Commercio*, de Rodrigues & Comp., 1913.

MORAES, T. J. *A leitura analytica*. São Paulo: Typ. Siqueira, Nagel & Cia. 1913.

_____. O ensino da leitura pelo methodo analytico. (Entrevista com o sr. prof. Theodoro de Moraes). *O Commercio de São Paulo.* p.1, jun. 1916.

PFROMM NETO, S., ROSAMILHA, N., DIB, C. Z. *O livro na educação*. Rio de Janeiro: Primor, INL, 1974.

PROENÇA, A. F. *Cartilha Proença*. São Paulo: Comp. Melhoramentos, [s.d].

QUAGLIO, C. (1910) In: *Annuario do Ensino do Estado de São Paulo (1909-1910)*. São Paulo: Typographia do "Diario Official", 1910.

_____. *Qual o methodo de ensino da leitura que mais de perto acompanha a evolução mental da creança?* (Theses official do lo Congresso Brasileiro de Protecção á Infancia). São Paulo: Typ. do "Diario Official", 1920.

REIS, C., THOMPSON, O., LANE, H. Memorial. *Revista de Ensino*, n.6, p.547-62, fev. 1904. (Seção "Questões geraes").

RODRIGUES, J. L., BRITO, J. L., PEREIRA, A. R. A. Parecer a que o acto se refere. *Revista de Ensino*, n.2, p.254-7, jun. 1904. (Seção "Actos officiaes").

SAMPAIO DORIA, A. *Questões de ensino*. São Paulo: Monteiro Lobato & Cia. Editora, 1923. v.1.

_____. Contra o analphabetismo. (Carta aberta ao Dr. Oscar Thompson, em resposta ao seu officio sobre como resolver, nas condições actuaes, o problema do analphabetismo. 1918). In: *Annuario do Ensino do Estado de São Paulo*. São Paulo: Augusto Siqueira & C., 1918, p.58-65.

TOLOSA, B. M. O ensino da leitura. *Revista de Ensino*, n.2, p.67-70, set. 1911. (Seção "Em classe e para a classe").

_____. O ensino da leitura. *Revista de Ensino*, n.1, p.86-100, mar. 1912a. (Seção "Em classe e para a classe").

_____. O ensino da leitura. *Revista de Ensino*, n.1, p.75-82, jun. 1912b. (Seção "Em classe e para a classe").

THOMPSON, O. Chronica extrangeira. *Revista de Ensino*, n.1, p.586-89, abr. 1905.

_____. Relatório apresentado ao Exmo Snr. Dr. Secretario do Interior. In: *Annuario do Ensino do Estado de São Paulo: 1909-1910*. São Paulo: Typographia do "Diario Official", 1910.

_____. Relatório apresentado ao Exmo Snr. Dr. Secretario do Interior. In: *Annuario do Ensino do Estado de São Paulo:1917*. São Paulo: Augusto Siqueira & C., 1917.

_____ (1922). In: FREITAS, A. R. A. *Cartilha*. 2.ed. Rio de Janeiro: Livraria Francisco Alves, 1922.

CAPÍTULO 3
A ALFABETIZAÇÃO SOB MEDIDA

A EDUCAÇÃO RENOVADA

Depois da renovação do ensino em São Paulo, nos primeiros anos da República, os nossos professôres têm dormido sôbre os louros de então ... Assim, passamos a viver num "esplêndido isolamento", emparedados entre os conselhos da excelente *Miss* Márcia Brown, e o hieratismo, ainda hoje comovedor da maioria de seus discípulos.

...

– Como se depreende do que já ficou dito, há, em meu fraco entender, mais do que desvio orgânico no ensino paulista, um desvio funcional profundo: é a ausência de um claro espírito de finalidade social, o divórcio do que na escola se pensa e se faz e a vida do menino que a frequenta na sociedade de amanhã. Nossa educação não se anima ainda ao calor de um ideal superior da vida em comunidade, nem mesmo se agita à luz de um seguro critério democrático. Baseia-se ao contrário, num falso individualismo rousseauniano, necessário ao seu tempo como um degrau na escala do aperfeiçoamento didático, mas hoje de todo insustentável. Como consequência, prevalece ainda agora, em nossos estabelecimentos de ensino um culto de formas excessivo, uma visível preocupação normativa, um ritualismo asfixiante e sem outro fim visível que não seja o temor supersticioso de fugir à sua pequena mecânica. Para comprovação dêste asserto, bastam duas observações ao alcance de qualquer: o cavalo de batalha a respeito do chamado "método analítico de leitura"... e o recente estabelecimento de inspeção técnica especial de processos didáticos,... Não exagero, portanto, afirmando que da última escola rural à primeira escola normal paulista quase falece, por inteiro, desde muito tempo, o espírito de finalidade educativa moderna. Os "meios" tomaram o lugar dos "fins", o que tanto basta para assinalar que, sem uma clara visão finalista, o professor tinha que cair no empirismo e na rotina. A maioria dos nossos mestres – e os há verdadeiros, na dedicação imprescindível ao seu mister e no amor apaixonado à causa que servem, acabou sendo empolgada pela ideia de que em certos e determinados modos de combinar palavras; em dados recursos práticos, mais ou menos gerais, mas não infalíveis de atrair a atenção; como em pequenas receitas mnemo-técnicas, ou na fixação de um simples livro "standard" para o exame, estava todo o remate da obra educativa que lhes cabe... (Lourenço Filho, 1926).

O trecho acima foi extraído da resposta de Manoel Bergström Lourenço Filho ao inquérito sobre os problemas da instrução, promovido, em 1926, pelo jornal *O Estado de S. Paulo* e coordenado por Fernando de Azevedo. Nesse trecho, encontram-se sintetizadas as aspirações educacionais de uma época, no âmbito das quais vão também sendo produzidas as tematizações, normatizações e concretizações que caracterizam o momento histórico compreendido entre, aproximadamente, meados da década de 1920 e meados da década de 1970, como o terceiro momento crucial do ponto de vista da constituição da alfabetização como objeto de estudo.

Tornando-se Lourenço Filho uma das figuras de maior destaque no cenário educacional brasileiro, sua atuação representa a busca de concretização de uma das aspirações sociais e culturais típicas do início desse momento histórico, cujos efeitos tendem a se tornar "normais" e "rotineiros" nas décadas seguintes: a reforma da educação, diretamente relacionada à necessidade de renovação e inovação intelectuais e de uma reforma ampla em todos os setores da sociedade brasileira, iniciada com a revolução de 1930 e que pressupunha, dentre outros aspectos, difusão da instrução elementar e redefinição e aumento das escolas superiores, como forma de democratização da sociedade.[1] Visando a uma política nacional de educação, mediante a integração e generalização, em nível nacional, de iniciativas estaduais renovadoras, mas regionalmente localizadas, da década de 1920, e à organização sistêmica do ensino em seus diferentes graus – primário, secundário e superior – e modalidades – normal, rural e profissional –, essa aspiração encontra sua síntese nos princípios da "escola nova", tal como passam a ser interpretados, divulgados e institucionalizados pelos renovadores e inovadores da época – a partir, sobretudo, d'*O Manifesto dos pioneiros da educação nova* (1932) –, particularmente por aqueles que aliam atividades intelectuais e acadêmicas com atividades político-administrativas, como, por exemplo, Lourenço Filho, Fernando de Azevedo e Anísio Teixeira. Nesse *Manifesto*, lançam-se "as diretrizes de uma política escolar, inspirada em novos ideais pedagógicos e sociais e planejada para uma civilização urbana e industrial" (Azevedo,1963, p.666), com o objetivo de romper com a tradição e adaptar a educação à nova ordem política e social desejada.

> Seja qual fôr o ponto de vista em que nos coloquemos, para apreciar êsse documento e que nos poderá levar a combatê-lo ou a apoiá-lo, não se pode contestar que no manifesto de 1932, – "A reconstrução educacional no Brasil"–, se analisa o problema da educação nacional sob todos os seus aspectos, se definem os princípios e se traçam, pela primeira vez, as diretrizes de um programa geral de educação, cujas peças articuladas entre si, num plano sistemático, são subordinadas a finalidades precisas que atuam sôbre todo o conjunto. Já havia chegado certamente, – escrevíamos em 1932, na introdução a êsse documento público, – "o momento de definir, circunscrever e dominar o programa da nova política educacional por uma vista orgânica e sintética das modernas teorias da educação, na qual, extraída a essência das doutrinas, se estabelecesse o novo sistema de fins sobreposto

ao sistema de meios apropriados aos novos fins e necessários para realizá-los". (Azevedo, 1963, p.666-8).

Em relação ao *ensino* inicial da leitura e escrita, as discussões vão gradativamente enfatizando e "rotinizando" os aspectos psicológicos – em detrimentos dos linguísticos e pedagógicos – da *aprendizagem* tanto da leitura quanto da escrita, enfeixados os dois processos sob a designação mais ampla de "alfabetização", cujo caráter funcional e instrumental é destacado, relativamente ao ideário liberal de democratização da cultura e da participação social. Os novos fins passam a demandar soluções voltadas para a função socializadora e adaptadora da alfabetização no âmbito da educação popular, a ser realizada de maneira rápida, econômica e eficaz, a fim de integrar o elemento estrangeiro, fixar o homem no campo e nacionalizar a educação e a cultura, ou seja, visando a uma educação renovada, centrada na psicologia aplicada à organização escolar e adequada ao projeto político de planificação e racionalização em todos os setores da sociedade brasileira.

No âmbito das discussões relativas a esse ensino parece haver dois tipos predominantes de discurso, circulando em dois níveis distintos e ao mesmo tempo inter-relacionados: "pelo alto" – um discurso acadêmico-institucional, que incorpora tematizações, normatizações e algumas concretizações sobre as novas bases, as quais tentam se impor como legítimas para a nova ordem política e social; e "pelo baixo" – o do cotidiano escolar, que, mostrando-se, muitas vezes, continuísta em relação à tradição herdada e revelador da pluralidade que se quer neutralizar, incorpora, rotineiramente, grande parte das concretizações, mediatizadas pelos manuais de ensino e pelos livros didáticos e nem sempre conseguindo acompanhar o ritmo do movimento imposto pelo discurso institucional-acadêmico.

No entrecruzamento desses dois tipos de discurso, Lourenço Filho assume papel de vanguarda – colocando-se na posição de quem exerce influências, em vez de recebê-las – em relação a um projeto para o ensino da leitura e da escrita, diretamente articulado às urgências sociopolíticas de âmbito nacional. Em outras palavras, a ocupação de cargos estratégicos na administração educacional e o pioneirismo de suas formulações, sobretudo as contidas em *Testes ABC*, resultante de pesquisa experimental que integra outros professores-pesquisadores e ao mesmo tempo sintonizadas com as das grandes autoridades internacionais no assunto, conferem a esse educador um prestígio no Brasil e no exterior, o que, por sua vez, reforça o caráter inovador e catalisador de seu pensamento escolanovista em relação ao ensino da leitura e da escrita.

Se, por um lado, nesse momento é grande a influência do pensamento catalisador de Lourenço Filho, por outro, pode-se também considerar a ocorrência de uma certa dispersão de "bandeiras de luta" e uma certa amenização do espírito combativo característico do momento anterior. É certo que muitas contendas – orais e escritas – ainda ocorrem em torno dos métodos de ensino da leitura, que muitas cartilhas anteriores, inclusive as do século XIX, continuam a ser adotadas ao lado de outras produzidas no momento em questão e que a "tradição herdada" é organizada e sistematizada como interpretação do passado, em artigos, manuais de ensino tanto para o professor primário em exercício quanto para aqueles ainda estudantes dos cursos normais. No entanto, essas manifestações assumem características diferenciadas resultantes dos novos fins propostos para a educação.

Entrando em cena outros sujeitos, que se apresentam como "educadores profissionais" e propõem soluções "técnicas" para os problemas educacionais, diluem-se as bandeiras de luta relativas à alfabetização características dos dois momentos anteriores. Embora o método analítico continue a ser considerado o "melhor" e "mais científico", sua defesa apaixonada e ostensiva vai-se diluindo, à medida que se vai secundarizando a própria questão dos métodos de alfabetização, em favor dos novos fins, para a consecução dos quais, se respeitadas tanto a maturidade individual necessária na criança quanto a necessidade de rendimento e eficiência, podem ser utilizados outros métodos, em especial o método analítico-sintético – misto ou "eclético" –, e se obterem resultados satisfatórios.

No que diz respeito ao movimento de constituição da alfabetização como objeto de estudo, arrefecem-se, nesse terceiro momento, as polêmicas entre modernos e antigos ou dos modernos entre si, gradativamente conquistando hegemonia um outro tipo de discurso tendente ao controle e homogeneização da pluralidade de práticas e à sua consequente normalização e rotinização nas décadas seguintes: o discurso institucional-acadêmico, que focaliza a medida do nível de maturidade para o aprendizado da leitura e da escrita.

LOURENÇO FILHO E O APRENDIZADO DA LEITURA E ESCRITA

Diplomado pela Escola Normal Primária de Pirassununga, em 1914, e pela Escola Normal Secundária da Capital, em 1917, e Bacharel pela Faculdade de Direito de São Paulo, em 1929, Manoel Bergström Lourenço Filho (1897-1970) desempenha, até aposentar-se em 1957, diversas atividades didáticas, administrativas e intelectuais, em alguns estados da nação e no Distrito Federal.[2]

Foi também autor de mais de duas centenas de textos, dentre os quais destaco, para os objetivos deste capítulo, um ensaio e duas cartilhas eleitos, dado seu caráter de síntese e permanência no tempo, como representativos tanto do pensamento do autor em relação ao ensino da leitura e escrita quanto desse terceiro momento crucial. São eles: *Testes ABC* para verificação da maturidade necessária à aprendizagem da leitura e da escrita (1934), *Cartilha do povo* para ensinar a ler rapidamente (1928) e cartilha *Upa, Cavalinho!* (1957).

TESTES ABC[3]

O CONTEÚDO EXPRESSO E SEUS FUNDAMENTOS

Educação entendida como um conjunto de técnicas de adaptação das novas gerações às necessidades regionais e históricas; *escola*, como instituição social com função socializadora; *alfabetização*, como instrumento de aquisição individual de cultura e envolvendo, do ponto de vista funcional, aprendizagem simultânea da *leitura e escrita*; estas entendidas como comportamentos que integram o conjunto de técnicas de adaptação; *educação popular* e *alfabetização*, ambas como anseios da época, mas distintas entre si, dada a abrangência mais restrita desta em relação àquela: eis as premissas que sustentam o percurso argumentativo do ensaio.

> A cultura não é a escola de primeiras letras extensa: *mas, onde quer que uma escola popular esteja aberta, tradicional ou renovada, o problema da leitura e da escrita é daqueles que, ao mestre, se apresentam como fundamentais, tanto pelas exigências da organização do ensino graduado, como pelos reclamos sociais.* (Lourenço Filho, 1934, p.9)

Partindo da necessidade de enfrentar o problema do fracasso na aprendizagem da leitura e escrita, indicado pelas altas taxas de repetência no 1º grau (atual 1ª série) da escola primária, mesmo entre crianças com idade cronológica e mental adequadas – problema apontado tanto no Brasil como em outros países americanos e europeus – e visando à economia, eficiência e rendimento do sistema escolar, Lourenço Filho apresenta a hipótese, confirmada pelas pesquisas experimentais que realizou com alunos de 1º grau, da existência de um nível de maturidade – passível de medida – como requisito para a aprendizagem da leitura e escrita. Com suas pesquisas, aponta, ainda, a insuficiência dos resultados a que chegam pesquisadores sobretudo norte-americanos e europeus, que, nesse momento, preocupam-se com o problema, mas estudando-o apenas do ponto de vista da idade cronológica, escolar ou mental.

> Do ponto de vista da economia do aprendizado, e da organização de classes homogêneas para a leitura e escrita, consequência natural da moderna organização escolar, outro critério, pois, que não o da idade mental deve prevalecer. À luz das verificações dos mais eminentes pesquisadores, e da análise dos processos envolvidos no aprendizado, em termos funcionais, só uma hipótese restará de pé: a da *classificação* por níveis de maturidade. (Lourenço Filho, 1934, p.51-2)

Do ponto de vista da psicologia aplicada à educação e à organização escolar,[4] o problema desse fracasso do aluno é explicado não em termos de Quociente de Inteligência (QI) ou interesse, como propõem seus contemporâneos, mas como decorrente de diferenças individuais de nível de maturidade que, em classes heterogêneas de 1º grau, apresentam-se como velocidades variáveis de aprendizado, com as quais não se trabalha adequadamente. Em relação a um passado então recente e de acordo com os princípios escolanovistas formulados e defendidos pelo autor, a matéria-prima, "a criança real", "com suas mil diversidades individuais" (p.12) – e não o tipo médio e padrão criado pela escola – é que deve ser considerado, em detrimento das discussões sobre métodos e processos de ensino, característica da escola tradicional que, com "inocência psicológica", transforma o ensino em um ritual, com passos determinados, e o mestre, em um "autômato bem regulado".

A nova maneira de propor a questão se resume simplesmente nisto: *estudemos a matéria prima, antes do ajustamento das máquinas que a devem trabalhar.* É um postulado da escola nova, que diz respeito à organização estática das classes e das escolas ... Até aí, nada de novo. O que de novo apresentamos é o processo de seleção dos alunos iletrados, para o fim especial da aprendizagem inicial da leitura e da escrita, como demonstraremos no decorrer dêste ensaio. (Lourenço Filho, 1934, p.13-4)

Do conceito de maturação biofisiológica – passagem de um estádio de reação global, não discriminada, para estádios de conduta crescentemente discriminadas, tanto na ontogênese como na filogênese (p.33) – em que se baseia esse ponto de vista psicológico, depreende-se o conceito operatório de nível de maturidade enquanto "nível de comportamento, ou melhor, de disponibilidade de recursos", diretamente relacionados com a concepção de leitura e de escrita. Processos dinâmicos e conexos do ponto de vista funcional – embora a leitura possa ser aprendida independentemente da escrita –, ambas relacionam-se com as "condutas de pensamento" (p.47) e "se estruturam em comportamentos motores, em atividades de reação, por parte do aprendiz" (p.38), devendo a análise dessas condutas ser feita "segundo as grandes estruturas funcionais, do ponto de vista do comportamento global" (p.49).

O aprendizado simultâneo da leitura e da escrita, portanto, resulta em menor prazo, maior economia e segurança e envolve uma questão de maturidade específica, o que pode ser verificado pela análise das taxas de promoção, ao final do ano letivo, nas classes organizadas de acordo com os resultados da aplicação dos testes ABC. Assim colocado o problema, não é discutido o trabalho desenvolvido nessas classes nem os critérios para promoção, confirmando a secundarização do problema dos métodos de ensino,[5] embora, em nota de rodapé e pela voz de outrem – Simon, 1924 –, o autor apresente considerações sobre as vantagens do método analítico que, quando bem aplicado, vem "facilitar a *motivação* da aprendizagem" (p.12).

> Depois de cuidadoso estudo experimental, para verificação do processo global (ou analítico) e do processo de silabação, escreve SIMON, estas palavras, dignas de meditação: "De modo que, quando curiosidades indiscretas nos intimam a nos decidirmos por êste ou aquele processo, a nos pronunciarmos pelo método analítico ou pelo sintético, somos tentados a responder assim: a nosso ver a leitura não possue um método específico, seja de que natureza for. Para nós, há aí alguma coisa de artificial e grosseiro, talvez até de acessorio ..." *Pédagogie expérimentale*, Lib. A. Collin, Paris, 1924, pag. 157. Devemos acrescentar, porém, que a sentenciação como a palavração, quando bem aplicadas, vêm facilitar a *motivação* da aprendizagem, dando desde logo o propósito real da leitura, o que, pela silabação ou pela soletração, se torna dificílimo de fazer. (Lourenço Filho, 1934, p.12)

Dentre as formulações contidas no texto, merecem destaque as que se referem à síntese que faz Lourenço Filho das então "modernas" tendências dos estudos objetivos sobre leitura e escrita (com as respectivas influências que recebem) (p.43-4), as quais fundamentam diretamente os testes ABC e, assimiladas como um tácito substrato aos progressos científicos na área, logram permanência no tempo:

a) leitura e escrita são processos dinâmicos de "reação em face do texto ou material de leitura, mais do que impressão dêsse material simbólico sobre o leitor" – psicologia do comportamento (teorias dinâmicas da visão);

b) esses processos devem ser estudados "do ponto de vista de *estruturas, esquemas* ou *formas*, com abandono do ponto de vista do antigo associacionismo, que supunha a leitura como conexão de elementos estéticos, como fossem as impressões visuais, auditivas e motrizes" – teorias da estrutura e, em particular, da função de globalização na criança;

c) a aprendizagem deve atender às diferenças individuais, "o que importa numa adequação individual de processos, bem como do material de leitura, que deve ser adaptado às fases de desenvolvimento social da criança e evolução de seus interêsses" – psicologia diferencial e da concepção funcional da infância; e

d) "o processo de interpretação do texto, seja ideativa, seja emocional, não advem por acréscimo ou juxtaposição de um ato puro do espírito, mas resulta do próprio comportamento global do ato de ler, por condicionamento anterior, o que importa em afirmar que a interpretação só é possível, nos limites desse condicionamento" – teorias do condicionamento e dos estudos da função da linguagem, no adulto e na criança, em especial, os de Watson, Janet e Piaget.

Desse ponto de vista condutista, portanto, leitura não pode ser definida "como outrora, 'o processo ou habilidade de interpretar o pensamento, exposto num texto escrito ou impresso'" (p.44), uma vez que o pensamento é uma "reação individual, diversa em cada leitor" e as palavras, "*possíveis estímulos* da atividade do pensamento" – e não veículo de ideias – e de estruturas emocionais. Como processo global, a leitura não é condicionada pela inteligência, mas dá a esse comportamento "direção e tonalidade", apresentando-se a leitura e a escrita como

> instrumentos capazes de permitirem maior desenvolvimento intelectual, por isso que oferecem, além da possibilidade de maior extensão de experiência indireta (pela leitura de que outros fize-

ram ou observaram diretamente) mais perfeito controle do *próprio simbolismo da linguagem.* (Lourenço Filho, 1934, p.45)

A PRÁTICA LEGITIMADORA E SEUS MECANISMOS DE CONTROLE

Como proposta já então em curso de solução para o "novo problema" e de acordo com os princípios da educação renovada, os testes ABC se apresentam como uma fórmula simples e de fácil aplicação, com fins de diagnóstico ou de prognóstico, e como critério seletivo seguro, para definição do perfil das classes e sua organização homogênea, assim como dos perfis individuais dos alunos, permitindo atendimento e encaminhamento adequados.

Entendendo-se teste como "um simples *reativo*, com o emprego do qual se poderão obter *amostras de comportamento*, de um ponto de vista determinado" (p.59), as quais só se tornam significativas mediante tratamento estatístico, são apresentadas as oito provas que integram os testes ABC em sua relação com os pontos de análise pretendidos: coordenação visual-motora, resistência à inversão na cópia de figuras, memorização visual, coordenação auditivo-motora, capacidade de prolação, resistência à ecolalia, memorização auditiva, índice de fatigabilidade, índice de atenção dirigida, vocabulário e compreensão geral. Apresentam-se, também, minuciosas orientações práticas, sob o título de "observações gerais" e já tentando controlar as variáveis intervenientes e neutralizar as possíveis críticas às dificuldades de aplicação. Essas orientações referem-se a: forma de aplicação, duração do exame, o período ideal, no ano letivo, para a aplicação dos testes, local da prova, condições do examinando e do examinador, material de exame e notação; técnica do exame, enfocando o material e a fórmula verbal a serem utilizados em cada um dos oito testes; avaliação geral; organização das classes seletivas; perfil individual; e perfil da classe.

No âmbito do esforço controlador (e difusor) dessa prática legitimadora, ressaltam-se as observações do autor a respeito da facilidade de obtenção do material de aplicação, que "pode ser improvisado, pelo professor, ou adquirido por preço insignificante" (p.122), sendo indicados, em rodapé: "*Material completo para os Testes ABC*, Cia. Melhoramentos de São Paulo, editora; *Fórmulas individuais para os Testes ABC*, idem".

A ESTRUTURA DO LIVRO: A APRESENTAÇÃO

Como pode ser observado num dos exemplares da 1ª edição, a capa, mesclando diferentes tonalidades de azul, contém: nome do autor e sua filiação institucional – professor do Instituto de Educação de São Paulo e Diretor do Instituto de Educação do Rio de Janeiro –, título e subtítulo do livro, seguido do logotipo da editora-proprietária, sua denominação e locais – Comp. Melhoramentos de S. Paulo (Weisflog Irmãos Incorporada) São Paulo – Caieiras – Rio – todas essas informações contornadas por uma moldura com ornamentos em forma de folhas, em cuja base encontra-se a informação: "Bibliotéca de Educação – Vol. XX". Na página de rosto repetem-se as informações da capa, encimadas pelo nome da coleção e pela informação: "Organizada pelo Dr. Lourenço Filho", à qual se seguem o título, subtítulo e nome do autor; e, na quarta capa, encontra-se uma lista dos 20 volumes dessa coleção, seguida do endereço da editora.

A brochura de 152 páginas e pequeno formato (19,5 cm por 14 cm) contém, ainda: prefácio do próprio autor; uma introdução seguida de 4 capítulos; 120 notas de rodapé; 39 ilustrações – 8 quadros, 18 gráficos, 8 figuras e 5 reproduções de resultados de aplicação dos testes –; e, ao final, bibliografia – 66 títulos –, "trabalhos com referência especial aos *Testes ABC*" – 12 títulos –, "Tábua de nomes" – 123 nomes – e o Índice.

A ESTRUTURA DO LIVRO: O PREFÁCIO

Produzido no Rio de Janeiro, em novembro de 1933, assinado pelo autor e conduzido de maneira distanciada pelo sujeito do discurso, o prefácio está dividido em duas partes separadas por asteriscos. Na primeira, mediante emprego de verbos na 3ª pessoa – indicando ora sujeito gramatical passivo, ora indeterminação do sujeito – ou na 1ª pessoa do plural, encontram-se considerações sobre a influência da teoria e prática dos testes em todos os domínios da técnica e necessidade a que responde o livro: uma compreensão mais adequada dessa capacidade de medir, em particular, aplicada a uma determinada técnica escolar: leitura e escrita.

Apresentando os testes ABC como uma das soluções possíveis para o problema verificado, o autor enfatiza sua fundamentação teórico-experimental e explicita o endereçamento do livro a dois tipos de leitores – os "entendidos" e os aplicadores. Na segunda parte, mediante o emprego da expressão "o Autor", encontram-se agradecimentos aos colaboradores nas pesquisas de que derivam o livro e, indiretamente, uma divulgação da repercussão desses testes.

Preocupado em "recomendar" o livro, o autor adverte que, embora essa solução dos testes ABC não seja a única, estes devem ser considerados, "senão pela teoria que envolvem, ao menos pelos efeitos práticos de eficiência, decorrentes de sua aplicação (p.4). E, antecipando sobretudo duas possibilidades de leitura e utilização do livro, dessa preocupação decorre o endereçamento aos "entendidos" – certamente estudiosos e pesquisadores a quem interessam os fundamentos e condições gerais da medida, com ênfase na "questão particular dos testes ABC" –; e aos aplicadores – sobretudo professores primários –, destinatários privilegiados do "Guia de Exame", cuja "simples" leitura permite empregar as provas, "tal sua singeleza", "sem qualquer preparo especial", embora, perspicazmente, o autor não descarte a possibilidade de "qualquer mestre primario", após "experimentação, com uma centena de casos" (p.4), vir a aprender facilmente os fundamentos e observações teóricas, movido pela curiosidade para maiores e mais profundos estudos.

Do conteúdo e forma de organização desse prefácio, pode-se depreender sua principal e duradoura característica: o tipo de interlocução prevista e proposta. Diretamente relacionada com o empenho de Lourenço Filho em "seduzir" os diferentes segmentos envolvidos com o ensino da leitura e escrita e controlar a prática singular e legitimadora, antecipando as maneiras de ler e interpretar o texto, o que se diz no princípio vai-se produzindo como uma espécie de profecia autorrealizável ao longo da trajetória histórica do livro.

A ORGANIZAÇÃO INTERNA

Conduzida por um sujeito que, visando a uma interlocução ampla e duradoura, assume discursivamente a 1ª pessoa do plural, numa relação ambígua entre "plural de modéstia" e "plural majestático", a organização interna do texto evidencia uma trajetória, simultaneamente: do geral para o particular, em que a singularização do livro é função de seu pioneirismo; e da teoria para a prática, esta justificando e legitimando aquela e estabelecendo-se uma relação em que a ciência está a serviço da técnica.

Ao longo de 20 tópicos e 38 páginas e com uma remissão inicial, em nota de rodapé, à 3ª edição (1933) de *Introdução ao estudo da Escola Nova* (Lourenço Filho), a introdução contém: as premissas da pesquisa, envolvendo concepções de alfabetização, cultura, educação popular, leitura e escrita; o problema resultante das relações entre essas concepções e o caso brasileiro; "uma nova maneira de propor a questão" da aprendizagem da leitura e da escrita, a partir de um balanço crítico dos estudos e pesquisas experimentais a ela relacionados e do novo problema que apontam; e um histórico de suas pesquisas a respeito do "novo problema": a maturidade para a aprendizagem da leitura e da escrita.

Discutindo os fundamentos dos testes ABC, no capítulo I – "Os testes ABC – seus fundamentos" (10 tópicos e 19 páginas) –, aborda-se: a conexão, de um ponto de vista funcional, entre os conceitos de leitura e escrita; "notícia histórica das investigações científicas" e das modernas tendências do estudo dessas técnicas; a relação entre leitura, escrita, inteligência e maturidade; e uma justificativa das opções pelos tipos de testes escolhidos em relação aos pontos de análise demandados pelas pesquisas do autor.

No capítulo II – "Os testes ABC – Aferição" (14 tópicos e 30 páginas) –, abordam-se questões relativas: à avaliação numérico-estatística e à medida pelos testes; e à aferição dos testes ABC –

número de provas, técnica de exame, aferição de conjunto e definitiva, correlação com a idade cronológica, diferenças por sexo e cor e a segurança do prognóstico.

A utilização e os resultados dos testes ABC em diferentes estados brasileiros são discutidos no capítulo III – "Os testes ABC – sua utilização e resultados de aplicação" (18 tópicos e 25 páginas) –, enfatizando-se seu duplo objetivo – de diagnóstico e prognóstico – e os benefícios sociais por eles gerados.

Por fim, no capítulo IV – "Guia de Exame" (13 tópicos e 26 páginas) –, apresentam-se minuciosas orientações para aplicação desses testes.

Quanto às notas de rodapé, dividem-se em notas explicativas e bibliográficas – com predomínio deste segundo tipo – e distribuem-se da seguinte maneira: 59, na introdução; 17, no capítulo I; 31, no capítulo II; 13, no capítulo III; e 2, no capítulo IV. Os quadros e gráficos, por sua vez, encontram-se nos capítulos II e III, e as reproduções de resultados e exames, no capítulo IV. Dentre os dois tipos de notas de rodapé, vale ressaltar aquelas várias que remetem a outras obras e iniciativas de Lourenço Filho.

Na bibliografia, dentre os 66 títulos arrolados, três referem-se a produções brasileiras (Antipoff, 1931 e 1932; Fontenelle, 1933; Köpke,1916) e os restantes, a produções estrangeiras, sendo a maior parte em inglês e francês. Em "Trabalhos com referência especial aos testes ABC", encontram-se 10 títulos em português e 2 em francês. Na "Tábua de Nomes", por sua vez, encontram-se 20 nomes de brasileiros e os 103 restantes, de americanos, ingleses, franceses, alemães, espanhóis e latino-americanos. Vale ressaltar que, tanto nas notas de rodapé quanto na bibliografia, nos trabalhos e nomes apresentados ao final, com exceção de alguns dos títulos de estudos citados – de Arnold, 1899; Decroly, 1906; Vaney, 1908; Claparède, 1908; Köpke, 1916 –, todos os demais são datados de início da década de 1920 até 1933, ano em que Lourenço Filho encerra a redação do ensaio.

TESTES ABC E A CONSOLIDAÇÃO DE UMA CARREIRA DE PRESTÍGIO

Quando, em janeiro de 1934, é lançada a 1ª edição do livro, Manoel Bergström Lourenço Filho (1897-1970), ainda residindo na cidade de São Paulo, é já bastante conhecido e desfruta de significativo prestígio nos meios educacionais brasileiros.

> O grito da escola nova, ensino analítico, método ativo, soava aos meus ouvidos por toda a parte. No Estado de São Paulo, lia artigos pedagógicos de valor, assinados por Lourenço Filho.
>
> Um acaso feliz deparou-mo numa livraria, onde me disseram ser professor de Psicologia e Pedagogia na Escola Normal, ex--Diretor Geral de Instrução Pública do Estado do Ceará.
>
> Apresentei-me. É um pedagogista de verdade. Falamos tempo esquecido, num grande regalo espiritual, sobre as figuras culminantes na moderna e antiga pedagogia, sobre o ensino de alguns povos e especialmente do Brasil. Dando-me a conhecer coisas a que eu era absolutamente estranho ... E aquele perspicaz professor acabou por me oferecer a *Educação e Sociologia*, de Durkheim, *A Escola e a Psicologia Experimental*, de Claparède, e *Psicologia Experimental*, de Henri Piéron – livros de que é tradutor e prefaciador.
>
> Lourenço Filho é um dos mais cintilantes e bem apetrechados espíritos que no Campo pedagógico tenho logrado encontrar.
>
> Prometi-lhe assistir às suas aulas de Psicologia e Pedagogia na Escola Normal. (Figueirinhas, 1929, p.19)

Por essa época, além das atividades como professor, diretor e tradutor, Lourenço Filho já era conhecido também como autor: dos livros *Joaseiro do Padre Cícero* (1926) e *Introdução ao estudo da escola nova* (1930), tendo este último sido traduzido para o espanhol, em 1933, por Henrique de Leguina; da *Cartilha do povo* (1928); e de vários artigos, dentre os quais encontra-se "Estudo da atenção escolar", publicado na *Revista de Educação* (Piracicaba–SP), em 1925, e contendo os resultados das primeiras pesquisas experimentais de Lourenço Filho.

De acordo com informações contidas no capítulo III da 1ª edição de *Testes ABC*, as pesquisas de que derivam o livro iniciam--se, em 1925, na escola-modelo anexa à Escola Normal de Piracicaba, sendo retomadas na Escola Normal de São Paulo, com crianças do Jardim da Infância e da Escola-Modelo, e contando com a colaboração da professora Noemi Silveira, assistente do Laboratório de Psicologia Experimental dessa Escola Normal.

A partir de 1928, os resultados dessas pesquisas começam a ser divulgados, e os testes ABC passam a ser aplicados, institucionalmente, em São Paulo, Rio de Janeiro e Belo Horizonte, centros urbanos brasileiros mais desenvolvidos, por onde também registram passagem eminentes pesquisadores estrangeiros, como H. Piéron, E. Claparède, A. Binet e Th. Simon.

Por essa época, passam a circular também os primeiros resultados de aplicação e aferição dos testes ABC, em versões condensadas, sob a forma de artigos em periódicos e comunicações em eventos, nacionais e internacionais, relativos à educação e psicologia, conforme se verifica em "Trabalhos com referência especial aos testes ABC" (Lourenço Filho, 1934, p.147). Caracterizando-se como uma espécie de pré-história de *Testes ABC*, essa circulação dos primeiros resultados inicia um processo de divulgação institucional entre aplicadores desses testes e de divulgação acadêmico-científica, entre "entendidos", os quais geram uma série de apreciações elogiosas por parte de uns e outros. Essa divulgação, por sua vez, vai contribuindo para se formar e continuamente referendar uma opinião favorável a respeito do pioneirismo, rigor científico e aplicabilidade dos testes ABC e simultaneamente vai propiciando sua contínua divulgação no âmbito das escolas primárias, dos cursos de formação de professores e dos centros de investigação em psicologia escolar.

TESTES ABC E A "MONOMANIA DE ÉPOCA"[6]

Embora Lourenço Filho seja um de seus mais conhecidos defensores e propagadores, destacando-se pelo pioneirismo das formulações contidas em *Testes ABC*, a aspiração de tudo medir cientificamente não é exclusiva desse educador, mas uma espécie de moda de época, que busca elucidar a realidade sensível, medindo-a por meio de testes objetivos.

Decorrente da busca de explicação psicológica dos fatos sociais e individuais, em bases diferentes das propostas pela psicologia clássica – metafísicas e espiritualistas – a obsessão pela medida por meio dos *mental tests* acompanha a trajetória profissional de Lourenço Filho, desde seu ingresso no magistério, em Piracicaba. Na década de 1920, já residindo em São Paulo, reativa, com a denominação Laboratório de Psicologia Experimental, o antigo Gabinete de Antropologia Pedagógica e Psicologia Experimental da Escola Normal de São Paulo e propõe-lhe uma orientação nova em relação à anterior, considerada dissociada dos problemas sociais, porque era baseada nos estudos de estesiometria e cefalometria, sob a orientação de Clemente Quaglio e Ugo Pizzolli.

O desenvolvimento das pesquisas experimentais, por sua vez, faz com que Lourenço Filho passe a exercer um papel "integrador" em relação a professores e estudantes normalistas, elevados à condição de colaboradores, alguns dos quais irão se constituir brilhantes expoentes de uma geração de técnicos do ensino público paulista: Noemi M. Silveira, João Batista Damasco Penna, Branca Caldeira, Irene Muniz e Odalívia Toledo, entre outros.

Leitor assíduo e, por vezes tradutor, de eminentes pesquisadores em psicologia aplicada da época, como, entre muitos outros, E. Claparède, W. Gray, L. Walther e H. Piéron – este último tendo visitado o Laboratório, em 1925 e 1927 –, Lourenço Filho se dedica ao aperfeiçoamento das técnicas de diagnóstico e prognóstico em relação à aprendizagem escolar, nos moldes já então empregados pela psicotécnica em relação à orientação profissional.

TESTES ABC E A "BIBLIOTHECA DE EDUCAÇÃO"

Sob a forma de livro, a 1ª edição do ensaio – como quer o autor – ou relatório de pesquisa – como sugere a estrutura do livro – é apresentada como o volume XX da coleção "Bibliotheca de Educação", cuja "organisação está entregue a um especialista bastante conhecido" – Dr. Lourenço Filho. Baseando-se em modelos já praticados em "todos os paizes civilisados" e a fim de suprir a deficiência de livros que divulguem "as bases científicas da educação e seus processos racionaes", essa coleção destina-se a professores primários e secundários, normalistas, estudantes e pais (*O que é a Bibliotheca de Educação*, 1934, p.9).

Sintonizado com a inovação educacional, o projeto dessa coleção, pioneira no país e que parece ter tido grande aceitação na época, resume-se na "renovação e arejamento de idéas, pela livre exposição e critica, sem nenhum dogmatismo ou partido". (*O que é a Bibliotheca de Educação*, 1934, p.10-1). Seguindo essa orientação, nessa coleção publicam-se, após *Testes ABC*, outros dois títulos relativos ao ensino da leitura e escrita, prefaciados por Lourenço Filho: *Como ensinar linguagem* (1933), de F. Costa e *A escrita na escola primária* (1935), de O. I. Marques.

A TRAJETÓRIA DE *TESTES ABC*
E A PRODUÇÃO DE UM ATO FUNDADOR

Nas décadas seguintes ao lançamento de *Testes ABC*, além de várias e prestigiadas atividades burocrático-administrativas exercidas até sua aposentadoria, em 1957, Lourenço Filho continua se destacando nas atividades intelectuais, mediante sucessivas edições de algumas de suas obras – como *Cartilha do povo* (1928) constante, até 1995, do catálogo da Melhoramentos – e, entre muitas outras, a produção de livros sobre educação, de verbetes em dicionários e enciclopédias nacionais e estrangeiras e da *Série de Leitura Graduada Pedrinho*, em que se encontra a cartilha *Upa, Cavalinho!* (1957), a qual visa a concretizar as "exigências do nível de maturidade e de boa motivação" (Lourenço Filho, 1967, p.151).

A reafirmação continuada do nome e dos feitos desse educador bem como sua autoridade e influência relacionam-se, simultaneamente como causa e efeito, com a trajetória de continuada reafirmação de *Testes ABC*. Nesse movimento, podem-se apreender outros aspectos constitutivos de sua configuração textual, os quais contribuem para a produção de uma história do livro e de seu significado como ato fundador e referência obrigatória: as sucessivas edições que veiculam direta e ostensiva propaganda do livro (e de seu autor), na capa, orelhas, quarta capa desse e de outros livros e nos prefácios do autor, além dos catálogos da editora; aquela propaganda indireta, veiculada no interior das revisões e ampliações efetuadas por Lourenço Filho, relativas às referências nacionais e internacionais aos testes ABC; sua repercussão internacional; e o processo de autonomização do material para aplicação.

AS SUCESSIVAS EDIÇÕES

A 2ª edição (3.000 exemplares) de *Testes ABC* é lançada em junho de 1937, e a última de que se teve notícia, a 12ª (3.000 exemplares), em 1974, tendo alcançado, no conjunto das 12 edições, uma tiragem total de 62.000 exemplares.

A análise do percurso editorial do livro, ao longo dessas quatro décadas, revela uma trajetória ascendente, com gradativa diminuição do intervalo entre as edições e significativo aumento do número de exemplares por tiragem, sobretudo nas décadas de 1950 e 1960, coincidindo com o ápice da carreira de Lourenço Filho e a consolidação de seu prestígio, no Brasil e no exterior. O ponto mais alto nessa trajetória editorial verifica-se, em 1967 – dez anos após a aposentadoria do autor – com o lançamento de duas edições no mês de agosto (8ª, 6.000 exemplares, e 9ª, 8.000 exemplares) e com a maior tiragem – a da 10ª edição (dez. 1967, 10.000 exemplares) – alcançada dentre as 12 edições.[7]

Ao longo dessas quatro décadas, vai sendo atualizada a filiação institucional do autor, contida na página de rosto; o formato do livro torna-se maior; a capa vai-se "modernizando" graficamente, passando a ser ilustrada em cores com grafismos infantis alusivos aos testes ABC e a conter "orelhas"; o índice passa a anteceder o prefácio; e, na quarta capa das edições posteriores a 1959, o destaque conferido, nas edições das décadas de 1930 e 1940, à "Biblioteca de Educação", cede lugar àquele que se passa a conferir a esse educador, já então aposentado e ainda vivo, mediante divulgação de outro projeto editorial centrado na celebração de sua carreira: os títulos dos volumes já publicados e a publicar de suas "Obras Completas", apresentando-se *Testes ABC* como o volume III.

A PROPAGANDA OSTENSIVA

O resultado das novas aplicações dos testes ABC e as apreciações elogiosas vão sendo também divulgadas, a maioria delas incorporada às sucessivas edições da versão em livro de *Testes ABC*.

Exemplos dessa propaganda ostensiva e "formadora de opinião" podem ser encontrados: no opúsculo *O que é a Bibliotheca de Educação* (1934), sem indicação de autoria e distribuído gratuitamente pela editora a fim de apresentar a coleção:

> Dos **Testes ABC**, diz HENRI PIÉRON, o sabio professor da Universidade de Paris, no "Anné Psychologique", de 1931, que é uma innovação digna de ser considerada nas investigações escolares, tanto pelos seus fundamentos como pela feição rigorosamente technica com que foi apresentada. (*O que é a Bibliotheca de Educação*, 1934, p.67);

ou nas orelhas de edições posteriores, como é o caso das apreciações: de Lewis M. Terman (Stanford University, Califórnia), Rudolf Pintner (Teachers College, Columbia University, Nova York) e do *Bureau International D'Education*, que se encontram na 5ª edição (1954)

> Exprimo minha sincera admiração pela organização dos testes ABC. Êsses testes podem ser proveitosamente utilizados na medida da capacidade de aprendizagem para o primeiro grau das escolas primárias ... Os Testes ABC dão, sem dúvida, um melhor prognóstico que o da idade mental. (Terman. In: Lourenço Filho, 1954)

> As respostas recebidas indicam que, para resolver os problemas de classificação dos alunos, empregam-se os Testes ABC, de Lourenço Filho, na Argentina, Bolívia, República Dominicana, México, Peru e Uruguai. (*Bureau International D'Education* (1948). In: Lourenço Filho, 1954)

A AUTORREFERÊNCIA DOS PREFÁCIOS

Os prefácios do autor, por sua vez, são significativos do esforço de produção de uma história do livro marcada por ampla repercussão e duradoura atualidade, mediante, sobretudo, uma operação obsessiva de reiteração de seus fundamentos teórico-experimentais e de incorporação dos resultados das novas aplicações e dos estudos sobre os testes ABC. Buscando enfatizar a feliz conciliação entre modernidade e tradição, a utilização desses recursos tende a gerar no leitor uma incômoda impressão de que o tempo não passa, ou, talvez, de que a referência temporal do livro seja ele mesmo.

> Organizados com o fito especial de despertar nos mestres brasileiros maior interêsse pelas questões de psicologia aplicada, essas provas, a que se deu o nome de Testes ABC, passaram a ter, no entanto, grande difusão também no estrangeiro, e de tal modo que hoje são utilizadas como recurso de organização normal de organização escolar em numerosos países.
> ...
> O A. sente-se feliz em poder declarar que se, entre os primeiros resultados da aplicação e aferição dos Testes ABC, publicados em 1928, ou ainda os consignados na primeira edição dêste livro, e os que agora podem ser compulsados, enorme diferença há quanto ao número de casos, em que se baseiam, nenhuma discordância existe, no entanto, quanto aos propósitos da aplicação, ou quanto aos índices de fidelidade e validade. (Lourenço Filho, 1954, p.7-9)

A utilização desses recursos pode ser observada em todos os prefácios, os quais, nas últimas edições, quase que se repetem, não fosse o acréscimo dos novos estudos ou referências aos testes ABC.

> Essas são as conclusões a que se tem chegado com a aplicação sistemática dos Testes ABC, por mais de trinta anos, não só em escolas brasileiras, como nas de mais de duas dezenas de países da América e da Europa, conclusões que confirmam os fundamentos de sua organização e das técnicas que recomendam. Por outro lado,

têm êles suscitado investigações novas sôbre os fundamentos da leitura e da escrita e, consequentemente, sôbre a didática dessas matérias. (Lourenço Filho, 1969, p.10)

Paralelamente à reiterativa propaganda do livro, em que se sobressaem as constantes referências, diretas ou indiretas, ao caráter precursor do pensamento de Lourenço Filho, vai-se sedimentando uma outra faceta daquela ambiguidade entre "plural de modéstia" e "plural majestático", assumido pelo sujeito do discurso em *Testes ABC*. Também nada inocente, esta outra faceta pode ser depreendida dos "novos" prefácios a cada uma das edições, no qual, mediante a impessoalidade ostensiva do sujeito do discurso e, por vezes, a autodenominação "organizador", "o Autor" continua, paradoxalmente, assumindo a diluição da autoria dos testes ABC, em favor de sua institucionalização. Embora aparentemente indicativa de modéstia, essa estratégia de convencimento parece remeter ao aspecto controlador e homogeneizador do processo de normalização e rotinização do ato fundador, intimamente relacionado com o esforço de Lourenço Filho em conferir-lhe hegemonia e prescindir, assim, da disputa seja com a tradição herdada, seja com seus contemporâneos.

Quando êsses trabalhos se examinem, pode-se afirmar que os *Testes ABC*, como tema de estudo, já não pertencem apenas a seu organizador, mas a numerosos especialistas que, em diferentes meios e épocas, os têm analisado e nalguns pontos aperfeiçoado, destacando por vêzes novas consequências de sua aplicação. (Lourenço Filho, 1967, p.10)

REVISÕES E AMPLIAÇÕES ATUALIZADORAS

Embora a estrutura geral do livro mantenha-se inalterada e inabalável – assim como, surpreendentemente, a fundamentação teórica, as referências bibliográficas relativas a, entre outros, os estudos produzidos nas décadas de 1910 e 1920 e o material para aplicação –, alguns acréscimos e atualizações vão sendo introduzidas, nas sucessivas edições lançadas até 1974, em decorrência de sua repercussão e constante celebração.

O livro é revisto na 3ª edição (1947) e, a partir da 6ª edição (1957), aumentado em dois capítulos, um deles relativo ao "tratamento corretivo" e "exercícios emendativos" para os alunos considerados "imaturos", e outro, à relação entre os testes ABC, a observação clínica e as "crianças-problemas"; acrescentando-se, ao final, um "Índice de Assuntos", com 137 itens.

São também aumentados, comparativamente à 1ª edição, a Bibliografia Geral, os Trabalhos com Referência Especial aos Testes ABC e o Índice de Nomes. Tomando-se como exemplo a 11ª edição (1969), encontram-se na Bibliografia Geral 70 títulos e, no Índice de Nomes, 176. Quanto à Bibliografia Especial, indicando a extensa repercussão do livro no Brasil e no exterior, vão sendo acrescentados os novos "trabalhos com referência especial aos testes ABC", que passam para 121, e dentre os quais encontra-se uma grande maioria produzida por brasileiros e latino-americanos, além de alguns poucos produzidos por norte-americanos e europeus.

De acordo com avaliação do próprio autor, que vai produzindo, ao longo dos prefácios, a história do livro, esses trabalhos podem ser distribuídos em quatro categorias, sendo mais numerosos os das duas primeiras: os que apenas mencionam a utilidade dos testes ABC ou divulgam resultados de sua aplicação; os que consideram o problema dos alunos imaturos levantado com a aplicação dos testes e propõem ora exercícios corretivos, ora investigações das condições de saúde e higiene, perturbadoras da aprendizagem; os que consideram testes ABC como instrumento propedêutico de psicologia clínica; e os que analisam os fundamentos e o constructo fundamental dos testes ABC (Lourenço Filho, 1967, p.10-1).

A inclusão de certas notas de rodapé é também significativa do esforço de atualização. Em muitas delas encontram-se referências às atividades e publicações do próprio autor, ocorridas após *Testes ABC*.

A REPERCUSSÃO INTERNACIONAL

A repercussão internacional do livro é também matéria de ampla divulgação, sendo constantemente ressaltada e celebrada e não apenas nos prefácios, como ocorre, por exemplo, no texto produzido por Leda M. S. Lourenço – então Diretora do curso normal do Instituto de Educação de Belo Horizonte – o qual integra o *Livro Jubilar*, organizado em homenagem a Lourenço Filho, após sua aposentadoria, pela Associação Brasileira de Educação. De acordo com essa professora, *Testes ABC* é, "na produção propriamente psicológica, o trabalho de Lourenço Filho mais conhecido no estrangeiro, citado, transcrito e tema de investigações" (Lourenço, 1959, p.207). Em 1937, é publicada a primeira tradução de *Testes ABC*, realizada por J. D. Forgione e impressa em Buenos Aires, pela Editorial A. Kapelusz, encontrando-se, em 1960, na 6ª edição; em 1955, é publicada uma edição francesa, traduzida e adaptada pela professora Colette Cangrus, para aplicação nas escolas da França.

São ainda ressaltadas as inúmeras referências na bibliografia estrangeira, que "podem ser grupadas em duas categorias: a de trabalhos que expõem, comentam e analisam os fundamentos dos testes ABC; e a de outros [quase uma centena] que relatam sua adaptação e aplicação em duas dezenas de países" (Lourenço, 1959, p.208). Na primeira categoria, destacam-se, entre outras, as apreciações de: H. Piéron (Paris, 1931); H. Radecka (Copenhague, 1932); A. Ballesteros (Madrid, 1934); H. Ruiz (México, 1940); W. Gray (Paris, 1955); e E. Planchard (Coimbra, 1957). E, na segunda, os relatos de: A. Alanis (Argentina, 1941); E. C. Argento (Montevidéo, 1943); F. Olmo (Caracas, 1955). A essas devem-se acrescentar: as "recomendações para uso dos Testes ABC nas escolas primárias", presentes em "recomendações oficiais de vários países latino-americanos"; o verbete especial "Testes ABC" no *Diccionario Enciclopedico de la Psique* (Ed. Claridad, Buenos Aires, 1950); e a declaração do *Bureau International d'Éducation* de que "após inquérito feito por essa organização, ficou verificado que essas provas eram então as mais utilizadas nos países de língua latina, em igualdade com os testes Binet-Simon" (Lourenço, 1959, p.209).

AUTONOMIZAÇÃO DO MATERIAL PARA APLICAÇÃO

O material para aplicação acompanha todas as edições de *Testes ABC*: seja de maneira indireta, mediante recomendação do autor para a aquisição desse material; seja de maneira direta, acondicionado em um envelope e apresentado sob a forma de encarte do livro. Num e noutro caso, esse material contém uma advertência: "Para uso destes testes, vide o livro *Testes ABC*, pelo prof. M. B. Lourenço Filho" e é composto de: folhas impressas e cartaz com figuras, a serem apresentados ao examinando, e folhas em branco para registro gráfico de suas respostas; e fórmulas verbais e fichas para notação dos resultados e avaliação individual dos examinandos, a serem utilizadas pelo aplicador.

A circulação sob a forma de encarte do livro parece ter ocorrido a partir da 3ª ou 4ª edição. Circulando de maneira autônoma, no entanto, tem-se, desde março de 1930 (1ª edição – 1.300 exemplares – Melhoramentos), *Testes ABC*: caixa com 100 fórmulas individuais, cuja última edição de que se teve notícia é a 9ª, de 1963 (4.000 exemplares), tendo alcançado, no conjunto das nove edições, uma tiragem total de 21.300 exemplares. Com o título *Testes ABC*: material completo, por sua vez, encontram-se exemplares avulsos, apresentados em pastas ou envelopes, contendo uma quantidade variável de folhas. Embora não tenha sido possível precisar a data da 1ª edição, tem-se notícia de que, em 1957, é publicada sua 11ª edição, com 15.000 exemplares, e, em 1985, a 31ª edição, verificando-se, ao longo de meio século de publicação, a média de uma edição por ano.

Somando-se o número de exemplares: de *Testes ABC* em que se encontra como encarte esse material, das "caixas com 100 fórmulas individuais" e das pastas ou envelopes em que circula autonomamente; e acrescentando-se a esses o incontrolável e indefinido número de reproduções informais confeccionadas pelos professores primários e demais aplicadores, pode-se inferir que esse material – os testes ABC, propriamente ditos – tenha tido maior divulgação e repercussão do que o livro, tendendo à autonomização, não apenas do ponto de vista formal, mas sobretudo do ponto de vista de "tomarem o lugar" de *Testes ABC* – o livro completo.

De certa forma já antecipado pelo autor na 1ª edição do livro, mediante a explicitação da "singeleza das provas" e da facilidade de "improvisação" ou aquisição "por preço insignificante" do material para aplicação, pode-se entender esse processo de autonomização como "tendência natural", que acompanha a divulgação do livro, tanto no Brasil como em outros países em que circularam amplamente os testes ABC.[8]

Confirmando essa repercussão no caso brasileiro, relatos obtidos informalmente – os quais, a despeito de carecerem de rigor científico, permitem apreender mais fidedignamente o que de fato os sujeitos dizem e fazem, sugerindo a possibilidade de fecunda investigação a respeito da história oral de *Testes ABC* – junto a professores alfabetizadores de vários estados da nação, permitem inferir que, embora muitas vezes desconhecendo-se a autoria e o contexto histórico de criação e circulação do livro, o material para aplicação vai-se reproduzindo, oficial ou informalmente, e se popularizando de modo tal, que continua, ainda em nossos dias, a ser utilizado, com caráter diagnóstico e prognóstico, para fins de organização de classes de 1ª série do ensino fundamental de escolas públicas ou particulares. Essa utilização atual dos testes ABC, vale ressaltar, ocorre, em alguns casos de maneira direta; no geral, entretanto, trata-se de adaptações assimiladas a um certo senso comum pedagógico, num ecletismo que incorpora também as novas contribuições científicas, com base nas quais produzem-se, por um lado, um certo critério "construtivista" de classificação dos alfabetizandos: "pré-silábicos", "silábicos", "silábico-alfabéticos" e "alfabéticos"; e, por outro, um certo método eclético adequado à alfabetização das crianças assim classificadas.

TESTES ABC E OS TESTES ABC

A partir dessas considerações, verifica-se que, de acordo com a profecia contida no prefácio da 1ª edição, a circulação do livro se dá em dois níveis: "pelo alto", entre autoridades educacionais do Brasil e do exterior e pesquisadores sobre psicologia escolar e clínica que atuam junto a serviços de orientação técnico-pedagógica, circulando na íntegra; e "pelo baixo", entre professores primários e diretores de escola, com ênfase, por vezes, no "Guia de Exame", mas sobretudo no material para aplicação, secundarizando-se e mesmo supondo-se ter dispensado os fundamentos teórico-experimentais.

A larga e persistente disseminação do material para aplicação contribui, assim, para a diluição da noção de autoria no nível da prática autonomizada e institucionalizada, correspondendo à situação semelhante já apontada em relação ao tema de estudo. Explicita-se, por sua vez, com essa trajetória dos testes ABC, o mais duradouro aspecto do ato fundador: sua transformação em senso comum de que decorre um saber-fazer automatizado – no qual operam fundamentos teóricos "silenciados" –, cuja repetição, por sua vez, confere irreversibilidade ao "progresso científico" e permite ecoar como certo e definitivo aquele anúncio de Lourenço Filho, em 1934, de que nenhuma outra hipótese restaria de pé.

Desse modo, gradativamente o aspecto catalisador e integrador do pensamento do autor vai-se concentrando no material para aplicação, este sim, com maior força enquanto tradição, até porque, no nível das tematizações, o discurso *sobre* se policia constantemente para "limpar o terreno" dos resquícios do "tradicional", o mesmo não ocorrendo com a aplicação fundamentada no senso comum pedagógico que não questiona, habitualmente, o saber-fazer tornado hábito e incorporado como "técnica natural" e inquestionavelmente "científica", a qual está inevitavelmente condicionada ao substrato teórico que se pretende secundarizar e/ou dispensar.

TESTES ABC E A DISPUTA ENTRE MODERNOS E ANTIGOS

Aspirando, por um lado, a precisar os traços distintivos do presente, mas impossibilitado de efetuar total ruptura com o passado, e necessitando neutralizar a pluralidade inevitável do momento, mas impossibilitado de efetuar total controle das práticas arraigadas, Lourenço Filho acaba por produzir uma certa síntese homogeneizadora da tradição herdada relativamente ao ensino da leitura e da escrita, acusando sobretudo a rotina que se instala nas classes de alfabetização em decorrência da "inocência psicológica", com que os sujeitos do passado tratavam essas questões, embora se autodenominassem "modernos" e supusessem sintonia com os progressos científicos. Visando à exaltação dos traços distintivos da modernidade e sua capacidade de dar coesão às diferenças coexistentes entre os contemporâneos, essa tradição, assim reinventada, passa a ser divulgada, por esse educador além de muitos outros, em artigos e novos manuais de ensino – como os publicados na "Bibliotheca de Educação" –, tanto para o professor primário em exercício quanto para aqueles ainda estudantes dos cursos normais, nas instruções para uso das novas cartilhas e na prática nelas proposta e, especialmente, em *Testes ABC*.

> Melhor e mais rápida é uma lei do nosso tempo, em que a máquina aproxima as distâncias, centuplica a produção e faz viver mais intensamente. Se se der um balanço às tentativas para melhoria da aprendizagem mecânica da leitura, nos quinze anos mais chegados, verificar-se-á que o contingente brasileiro é notável, muito embora não possa ser comparado, em número e valor, ao dos especialistas americanos, por exemplo ... Do anacrônico aprendizado pela soletração e pela *Carta de Nomes*, ainda há vinte e cinco anos muito generalizado, ràpidamente passamos à palavração e à sentenciação, à leitura globalizada e inicialmente com sentido. A chamada "leitura analítica" em pouco tempo por aquí se disseminou. Salientemos, desde logo, que a sua influência tem sido enorme e, por certos aspectos, benéfica. Mas digamos também, de passagem, que nem sempre exposta em seus principios verdadeiros, a "leitura analítica" tem concorrido para complicar um problema por sua natureza difícil, mas não misterioso. À falta de uma teoria definida do processo em moda, criaram-na, posteriormente, os seus propagadores, no Brasil, e às mais das vezes com acentuada inocência psicológica. Tomado aos americanos, onde a leitura tem que ser ensinada quasi palavra por palavra, em virtude da grafia inglesa, êsse sistema tem concorrido para que desprezemos uma das facilidades de nossa língua: a escrita quasi que inteiramente silábica ... o esfôrço de nossos mestres tem sido *unilateral*. O problema, têm-se lhes afigurado como de dinâmica

do ensino, do processo de aprendizagem em abstrato. Os mestres brasileiros têm procurado uma panaceia, desejosos de ensinar a ler e escrever a todos, rápida e facilmente; e, nessa pesquisa, formaram partidos, em que o lado sentimental e, muitas vezes, o comercial, da venda de determinado tipo de cartilha, não tem sido o menos importante. É humano. Mas não interessa à técnica escolar. Pode-se ensinar a ler, e a ler bem, metòdicamente, levando a criança à finalidade exata e perfeita do aprendizado, sem prejuizo algum de seu desenvolvimento, por mil e um modos. A própria soletração pode ser empregada como ponto de partida, com tais artifícios, que dê êsse resultado. Mas não há uma máquina que ensine a ler, nem cremos que ela possa ser inventada. Há artistas que o fazem com maiores ou menores recursos de aplicação científica ou de intuição natural, isto sim.
...
Nesse debate de processos, a criança tem ficado esquecida. Falamos da criança real, da criança viva, com as suas mil diversidades individuais. (Lourenço Filho, 1934, p.10-2)

Fundamentado na distinção valorativa entre tradicional (velho e atrasado) e moderno (novo e avançado), a fim de se marcar o início de um processo de mudança modernizadora, esse discurso simultaneamente incorpora e produz um novo sentido para o termo "moderno", que se busca definir não *contra*, mas como *independente* em relação ao passado – embora a partir dele –, este tido como "inútil" e indiferente para a inovação.

Nesse sentido, a mentalidade moderna condensada em *Testes ABC*, por um lado, cumpre a função de diferenciar, arrogante mas elegantemente, esse discurso sobre alfabetização de tudo que o precedeu e, por outro, deixa entrever um paradoxal e também arrogante desejo de o livro se caracterizar como uma espécie de ato fundador e se tornar, para seus pósteros, passado "útil" e duradouramente indispensável.

CARTILHA DO POVO[9]

Primeira de uma série de obras didáticas do autor, *Cartilha do povo*: para ensinar a ler rapidamente tem sua primeira edição, pela Companhia Melhoramentos, em 1928, com uma tiragem de 1.080.000 exemplares. Durante muitas décadas publicada sem o nome do autor, essa *Cartilha* aparece muitas vezes nas listagens de obras indicadas pelos órgãos da administração escolar paulista, aparecendo, juntamente com *Introdução ao Estudo da Escola Nova*, até o ano de 1995 no catálogo da Editora Melhoramentos.

Como no caso de *Testes ABC*, também em relação à *Cartilha do povo* – publicada anteriormente àquele, mas concomitante às pesquisas que o originaram – observa-se o fenômeno da permanência, por mais de meio século. Esse fenômeno, por sua vez, pode ser observado em relação a várias cartilhas do século XIX; o que chama a atenção, no entanto, é o fato de a concorrência ter-se tornado maior, uma vez que, a partir da primeira década deste século, aumentou significativamente a quantidade de cartilhas disponíveis.

A data de edição imediatamente posterior à primeira, que foi possível localizar, é 1942, relativa à 276ª edição, com 300.000 exemplares, cifra que equivale à média das tiragens das milhares de edições sucessivas, as quais parecem ter sido de dezenas a cada ano. Embora a média de exemplares de cada tiragem vá diminuindo a partir da década de 1970, em 1986, data mais recente que foi possível localizar, a *Cartilha* encontra-se na 2.201ª edição, com uma tiragem de 5.000 exemplares.

Num dos exemplares da 916ª edição, de 1953, encontra-se: na capa, embaixo do título a chancela "Uso autorizado pelo Ministério da Educação e Saúde – Registro n. 933", seguindo-se uma ilustração, contendo uma professora a segurar um lápis e um livro aberto e cercada por quatro curiosos alunos, e nome do autor, ano e número da edição e nome e logotipo da editora; na quarta capa, propaganda a respeito da *Série de Leitura Graduada Pedrinho*; e na página de rosto, nome completo do autor – sem indicação de créditos profissionais –, título e subtítulo do livro, nome do ilustrador – Fernando Dias da Silva – e o logotipo e nome da editora.

À guisa de apresentação, o autor expõe, antes da 1ª lição, o plano "extremamente simples" da *Cartilha*, baseado na "feição silábica do idioma" e na "representação fonética que a escrita permite", evidenciando, ainda, a preocupação concretizada em algumas lições de oferecer subsídios para mais conveniente utilização, inclusive por leigos, da *Cartilha*, que, como todo livro didático, deve ser entendida como instrumento auxiliar de trabalho, apenas. Quanto ao método escolhido, dado que sua ênfase recai na aprendizagem do mecanismo da leitura e da escrita entendidas como instrumentos – e não em seu ensino, nem tomando-as como finalidades –, Lourenço Filho apresenta uma posição "relativista", semelhante à defendida em *Testes ABC*: a *Cartilha* pode servir para o ensino por meio tanto dos métodos sintéticos quanto do analítico.

> As lições tanto podem servir ao ensino pela *silabação* como pela *palavração*. Neste caso, o aprendizado deve ser iniciado na 4ª lição. Recomenda-se a quem se encarregue do ensino, professor ou leigo, que desde logo leve os alunos a escrever, no quadro negro ou no caderno, mediante cópia de modelos que para isso prepare, e depois, sob ditado. A escrita deve ser feita em letra manuscrita, sem que as sílabas se apresentem separadas, como aparecem nas primeiras lições do livro. Desde o início, se o ensino estiver sendo feito pela *silabação*, ou, quando julgado conveniente, se estiver sendo feito pela *palavração* aconselha-se que os alunos organizem uma coleção de pequenos cartões ou pedacinhos de papel, em que eles próprios escrevam as sílabas aprendidas. Com esse material, tão fácil de obter-se, terão as crianças elementos de um jogo que lhes despertará grande interesse, e que servirá tanto aos exercícios de verificação das palavras e sílabas aprendidas como aos de invenção para descoberta de novas palavras ou combinações destas em sentenças. O aluno mais ràpidamente compreenderá assim o mecanismo da leitura e logo chegará às historietas apresentadas nas últimas páginas, umas originais, outras adaptadas. (Lourenço Filho, 1953, p.2)

Como instrumento, a *Cartilha* tem um propósito já indicado pelo título: concorrer para a finalidade maior da educação popular – de crianças e adultos – e da integração nacional.

> Que a "*Cartilha do povo*", como seu próprio título indica, continue a concorrer para a educação de crianças e adultos, mesmo

os mais distanciados dos grandes centros, ensinando a ler e escrever a milhões de brasileiros, da forma mais simples. A educação popular não se resume, certamente, nesse aprendizado. A leitura e a escrita representam apenas um instrumento, não trazem em si mesmas uma finalidade. Educar o povo será dar-lhe também o civismo, a capacidade de produção, a saúde, o emprego sadio das horas de lazer. A leitura e a escrita estão subentendidas nesse largo programa mas são apenas elementos dele. Bem haja os que para a sua difusão cooperem, desde que não esqueçam o que restará ainda por fazer. (Lourenço Filho, 1953, p.2)

Contendo 40 lições, distribuídas ao longo de apenas 48 páginas, com formato variando, nas diferentes edições, entre 19 e 21 cm, ilustrações coloridas, uso de letra de imprensa de diferentes tipos e apenas dois casos de uso de letra manuscrita vertical, e, nas edições posteriores à década de 1960, aproximadamente, acompanhada de um mapa do Brasil, a *Cartilha* se inicia com a apresentação das cinco vogais, imediatamente seguidas de sua combinação em ditongos. A partir da 3ª lição, passam a ser introduzidas as consoantes, não em ordem alfabética, mas de acordo com uma "coordenação que tornasse possível o maior número de combinações representativas de palavras do vocábulo natural das crianças: *b, l, n, t, c*, etc." (p.2)

Até a 11ª lição, repete-se a mesma sequência: ilustração, vocábulo correspondente em tipo grande e com negrito, destaque das sílabas, novos vocábulos formados por diferentes combinações dessas sílabas e, por fim, frases numeradas formadas com os vocábulos aprendidos até então, apresentando-se, em todas as situações, as palavras divididas em sílabas com um hífen. Da 11ª à 24ª lição, mantêm-se os aspectos apontados, mas passa-se a alternar a sequência: das palavras para as frases e das frases para as palavras. A partir da 25ª lição, acrescentam-se as sílabas complexas, e as palavras das frases são apresentadas sem o hífen para divisão das sílabas. Da 35ª à 36ª lição, é apresentado o alfabeto, em letras maiúsculas e minúsculas, de imprensa e manuscrita, são destacados os dígrafos e reapresentados vocábulos que se iniciam com as letras do alfabeto e sempre divididos em sílabas. As quatro últimas lições apresentam historietas, com frases numeradas, duas delas com uma frase manuscrita à guisa de "moral da história", e as duas lições finais versam sobre temas cívico-nacionalistas: "A nossa bandeira" e "Minha terra". Encerrando a *Cartilha*, encontra-se, em tipo pequeno, a letra do Hino Nacional brasileiro.

UPA, CAVALINHO!

Quase trinta anos depois, portanto, de *Cartilha do povo* e já à época de sua aposentadoria e com uma larga experiência acumulada, Lourenço Filho publica a cartilha *Upa, Cavalinho!*, com a qual encerra a *Série Leitura Graduada Pedrinho*.

Desde seu lançamento, essa *Série* suscita elogios, sendo saudada como "esforço de renovação" e marco de uma nova fase na história do livro de leitura brasileiro, em meio a várias antigas séries do tipo, algumas delas sobrevivendo, com revisões ou apenas reimpressões, por mais de meio século.

Logo às primeiras páginas, detivemo-nos surpresos. Tratava-se de coisa nova para nós, para estes brasis, que já haviam aceito como ponto passivo a exploração do livro escolar feito de qualquer maneira, impresso até em papel jornal, mal encadernado, incidindo em atentados contra a estética e às vezes, mesmo ... mal escrito. Éramos um dos poucos países do mundo que não tinham do que se orgulhar em matéria de edições didáticas infantis. Uma lástima, uma penúria dolorosa, mais evidentes quando se cotejavam os nossos livros escolares com os das demais nações do Continente, as quais sempre puseram empenho em dotar as crianças com edições agradáveis, quer na forma, quer no fundo.

Felizmente, com *Pedrinho*, vai-se apagar essa fase, vai desaparecer o complexo de diminuição de que nos sentíamos tomados. Já temos um livro para o curso infantil, o primeiro – esta glória ninguém lhe tirará – que pode ser comparado aos melhores de qualquer país do mundo, seja na parte escrita, em que os mais preciosos requisitos pedagógicos foram atendidos, seja na parte gráfica, que é, em verdade, simplesmente primorosa. (Campos (1953), apud Pfromm Neto, Rosamilha, Dib, 1974, p.184)

Os elogios aos "esforços de renovação" da *Série*, como não poderia deixar de ser, estão relacionados à influência e prestígio de especialista de que goza seu autor, sobretudo pelo já apontado aspecto catalisador de seu pensamento e pela habilidade de conciliar a "tradição herdada" com as ideias renovadoras, sem criar antagonismos e contendas.

> Mas se os velhos padrões de livros de leitura persistem não faltam, por outro lado, os esforços de renovação. A mais importante iniciativa nesse sentido, no início da década de 50, é certamente a série *Pedrinho* ... As ilustrações em cores dos primeiros volumes, a apresentação gráfica cuidadosa e os cuidados que o autor tomou no planejamento do conteúdo fazem de Pedrinho um marco na história do livro de leitura brasileiro. Cada um dos livros tem objetivos bem definidos ... [que] representam uma das raras tentativas, no país, de especificação de alvos a serem atingidos pelo livro de leitura, em cada *Série* da escola primária.
> ...
> Além da marca do saber pedagógico e psicológico de Lourenço Filho e da preocupação deste com o desenvolvimento da criança, suas lições mostram quão bem o criador dos Testes ABC soube se valer da tradição iniciada por Abílio Cesar Borges e continuada por Hilário Ribeiro, Felisberto de Carvalho, Romão Puiggari, João Köpke, Olavo Bilac e muitos outros, aproveitando o que de melhor havia nesse passado e evitando seus defeitos e limitações. (Pfromm Neto, Rosamilha, Dib, 1974, p.182-4)

A cartilha *Upa, Cavalinho!* – curiosamente o último título da *Série Leitura Graduada Pedrinho* – tem sua 1ª edição publicada em janeiro de 1957, com uma tiragem de 1.000.000 de exemplares. Desde 1957 até 1970 – última data de edição que foi possível localizar – são publicadas 12 edições da cartilha, alcançando três edições no ano de 1960, com uma tiragem média de 100.000 exemplares até a 10ª edição, de 1965. Nessas duas últimas, a tiragem diminui para 50.000 e 20.000 exemplares, respectivamente.

O *Guia do Mestre* correspondente tem sua 1ª edição em dezembro de 1956, com 5.000 exemplares, tendo-se notícia de mais

3 edições no ano de 1957, com tiragens respectivamente de: 5.000, 10.000 e 10.000 exemplares. Após essa data, o *Guia* para a cartilha parece ter sido incorporado em um único título – *Guia do Mestre para o ensino da leitura*: para a *Série Pedrinho* – (2ª edição de 1969), em 2 volumes ilustrados, o primeiro "com aplicação pratica á cartilha e ao livro 1, e o segundo, aos livros 2, 3 e 4 da série". E, em fevereiro de 1964, é publicado também o *Livro do aluno* – para a cartilha *Upa, Cavalinho!*, com uma tiragem de 30.000 exemplares, não tendo sido possível localizar datas de outras edições. Pelo que se pode inferir, embora complementares entre si, esses três livros parecem contemplar possibilidades de circulação relativamente autônomas.

Além de lições ilustradas em cores por Oswaldo Storni, ao longo das 65 páginas de um dos exemplares da 2ª edição (1958) da cartilha, encontra-se, ainda: na capa, embaixo da ilustração de um menino sobre um cavalinho de pau, a chancela: "Uso autorizado pelo Ministério da Educação e Cultura" – Registro n. 2.596; na quarta capa uma ilustração de uma menina com uma boneca sentada sob uma árvore e o preço – Cr$ 12,00 –; e, anteriormente à página de rosto, uma advertência, remetendo o professor para as orientações contidas nas páginas finais.

AOS SRS. PROFESSÔRES

Nas últimas paginas desta cartilha encontram os Srs. Professôres indicações de ordem geral para o seu emprêgo. Haverá, no entanto, grande vantagem em que os Srs. Professôres tenham à mão o folheto GUIA DO MESTRE (Cartilha UPA, CAVALINHO!) no qual minuciosamente se explicam as modernas bases da aprendizagem da leitura e da escrita, dão-se numerosos tipos de exercício e formas de verificação do ensino. (Lourenço Filho, 1958)

Também com o título "Aos Srs. Professores", as orientações finais dividem-se em três partes, relativas, respectivamente, a: aspectos teóricos das condições para aprender a ler, modo de utilização da cartilha e "cuidados de ordem geral", acompanhados de um quadro no qual se apresenta cada um dos livros da *Série*, com a respectiva indicação da faixa de idade dos alunos prevista e lista de objetivos pretendidos em cada um deles, relativamente à fase de aprendizagem da leitura a que se destinam.

Três são as condições para a aprendizagem da leitura, por parte da criança, enumeradas pelo autor: maturidade, desejo de aprender e "utilização de material adequado que afirme esse desejo e facilite os exercícios de aquisição e fixação".

Remetendo, em nota de rodapé, a *Testes ABC,* Lourenço Filho apresenta as expressões do desejado nível de maturidade na criança e a conveniência de, com base no resultado obtido através dos testes, classificar os alunos em termos de maturidade e determinar o tipo de trabalho necessário a cada um deles.

Dependendo em parte do ambiente social, o desejo de aprender também depende da escola e, mais especificamente, do professor, que deve apresentar um ambiente que dê satisfação às crianças, encorajá-las com exercícios graduados, incutir-lhes sentimento de segurança e fazê-las perceber o sentido e a utilidade da aprendizagem, ao mesmo tempo fácil e agradável.

Enfatizando a complementaridade dos papéis do professor e da cartilha na direção da aprendizagem, aponta o que cabe a este e àquela, cada um responsável por "metade do ensino": à cartilha cabe ser atraente, para motivar a aprendizagem, e adequada aos seus fins, para permitir fácil aprendizagem; e ao professor, estar bem preparado, para desenvolver, dirigir ou criar o desejo de aprender e para utilizar adequadamente a cartilha.

Para esse fim, o autor expõe o plano da cartilha, que se desenvolve em cinco fases: de sentenças e palavras – oito primeiras lições –; de discriminação das sílabas com as consoantes dadas – oito lições seguintes –; de discriminação e recomposição imediata, em palavras já conhecidas e em novas – seis lições seguintes –; das consoantes ainda não estudadas; e de ensaio da leitura corrente – 16 lições finais da cartilha.

Quanto aos "cuidados de ordem geral", merecem destaque os seguintes: toda lição deve ser precedida de uma explicação oral, visando a motivar e dar sentido de realidade ao texto escrito; deve-se utilizar o quadro-negro e se escrever com letra de imprensa ou manuscrita; na primeira fase, não se devem indicar as sílabas nem escrevê-las separadamente, para que se adquira uma atitude correta na leitura; na 2ª, 3ª e 4ª fases, deve-se facilitar o reconhecimento das sílabas e a sistematização de seu conhecimento; na última fase, deve-se ler pausadamente cada lição, explicando as palavras novas no quadro-negro, para, depois, fazer os alunos lerem.

A última orientação para o "bom emprêgo" da cartilha é também propaganda do *Guia do Mestre*.

> Indicações minuciosas para o bom emprêgo desta cartilha, bem como sôbre os tipos variadíssimos de exercícios que permite (inclusive sôbre a introdução de palavras que não aparecem no Texto) são encontradas no folheto GUIA DO MESTRE PARA A CARTILHA "UPA, CAVALINHO!". Procure conhecer êsse folheto, no interêsse do aperfeiçoamento do seu próprio ensino, e da alegria que poderá proporcionar a seus alunos, levando-os a aprender ràpidamente e bem. (Lourenço Filho, 1958, p.64)

Por fim, no quadro no qual se apresentam os livros da *Série*, a cartilha é indicada para a idade de sete anos e pretende contemplar os seguintes aspectos da fase inicial da aprendizagem da leitura:

1. Percepção de pequenas frases como um todo.
2. Reconhecimento de elementos comuns, nessas frases.
3. Reconstrução de tais elementos em novas unidades.
4. Aquisição de conveniente atitude de compreensão do texto.
5. Reconhecimento das sílabas e letras e seu valor.
6. Leitura lenta e hesitante, mas correta. (Lourenço Filho, 1958)

Além dos contidos no plano transcrito, vale ressaltar alguns outros aspectos do conteúdo propriamente dito da cartilha: a busca de uma unidade lexical e semântica em todas as lições, marcada pela recorrência dos mesmos "personagens" em diferentes situações de seu cotidiano; a presença de historietas em prosa e verso – poesias com rimas pobres, parlendas – e de textos informativos de caráter metalinguístico, a respeito do alfabeto, das dificuldades silábicas; a repetição de temas cívicos e morais e de um texto já presentes na *Cartilha do povo* – "O menino preguiçoso" (p.49-50) –; a semelhança de assunto, vocabulário e estrutura sintática de algumas historietas em relação às *Instrucções practicas para o ensino da leitura pelo methodo analytico – Modelo de lições* [1914].

A partir da análise desse conjunto de dados referentes à cartilha, parece lícito inferir que alguns aspectos do pensamento do autor são revistos e outros permanecem inalterados. Os testes ABC continuam válidos e são propagandeados – juntamente com o restante da *Série* e sem pejo de identificação do autor – mas acrescenta-se a preocupação com as atividades de ensino a serem desenvolvidas pelo professor, a quem a cartilha busca orientar; é significativa a mudança de posição relativamente à *Cartilha do povo* nos seguintes aspectos: apresentação das palavras sem divisão em sílabas e destinação explícita – pelos temas, assuntos e personagens – à criança, distanciando-se da preocupação com a "educação popular".

De qualquer modo, tanto as duas cartilhas quanto *Testes ABC* têm público e divulgação garantidos, até pelo menos o momento em que a discussão sobre alfabetização toma outros rumos e se propõe uma "revolução conceitual" em relação ao ensino inicial da leitura e escrita.

A DIVERSIDADE DE INICIATIVAS

A atuação de Lourenço Filho se dá em meio a uma diversidade de outras iniciativas referentes ao ensino da leitura na fase inicial de escolarização de crianças, nesse terceiro momento crucial. Surgem outras revistas de ensino paulistas, com ou sem subvenção oficial – como, por exemplo, *Revista da Sociedade de Educação, Revista Escolar, Educação, Escola Nova, Revista do Professor* – que publicam reflexões e instruções sobre esse ensino do ponto de vista do método analítico ou do método analítico-sintético; pelo menos mais uma polêmica de repercussão é travada, a respeito do método analítico para o ensino da leitura, entre dois educadores de destaque: Renato Jardim e Sud Mennucci; passam a ser produzidos textos com finalidades acadêmicas, livros de divulgação e manuais para estudantes em cursos de formação de professores primários; muitas novas cartilhas, com propostas metodológicas diversificadas, passam a concorrer com as antigas, ainda em circulação nas escolas; amplia-se e organiza-se o sistema de inspeção escolar, a fim de garantir a uniformidade e conformidade do ensino; além do irrecuperavelmente perdido movimento das relações de ensino-aprendizagem efetivas, que certamente poderiam elucidar melhor as características do momento ou, talvez, dele proporcionar outra versão.[10]

AS REVISTAS DE ENSINO PAULISTAS

Até o final da década de 1910, três são as revistas paulistas que tematizam a educação e o ensino, subvencionadas oficialmente por certos períodos e circulando entre os professores do estado: *Eschola Publica* (1893 a 1897), *Revista do Jardim da Infancia* (1896 a 1897) e *Revista de Ensino* (1902 a 1918), tendo esta última conseguido grande penetração e se destacado como espaço privilegiado de divulgação do método analítico para o ensino da leitura, entre outras novidades educacionais da época.

Após a publicação do último número da *Revista de Ensino*, apenas em janeiro de 1925 aparece uma nova revista do gênero, publicada com o auxílio do governo do estado: a *Revista Escolar*, "órgão da Directoria Geral da Instrucção Publica", dirigida pelo professor João Pinto e Silva. Pretendendo reviver o programa de *Eschola Publica* e assumindo o papel de orientação e não de "ortodoxia pedagógica", essa nova revista, de periodicidade mensal, caracteriza-se pela divulgação de uma espécie de receituário pedagógico, nas seções "Lições praticas" e "Methodologia", apresentando modelos de lições estruturadas com base em perguntas e respostas, muitos deles versando sobre ensino de linguagem oral e escrita e enfatizando lições de composição, a partir de reproduções, descrições, cartas, entre outros. Tal encaminhamento provoca dissidências internas, que culminam, após 33 números até setembro de 1927, com uma aliança entre essa e uma outra revista, sem subvenção oficial, mantida pela Sociedade de Educação.

Fundada em São Paulo, em 1922, por Lourenço Filho, Fernando de Azevedo e Renato Jardim, contando em sua diretoria com renomadas figuras do magistério paulista – como A. Sampaio Dória, A. Almeida Junior e J. R. Escobar – e congregando profissionais representativos de diferentes áreas de atuação – médicos, advogados, normalistas –, a Sociedade de Educação tem como objetivo difundir ideias renovadoras para um público "selecto" e, ao mesmo tempo, estabelecer interlocução com o Estado, a fim de interferir nas políticas educacionais. Como um "repositório dos trabalhos apresentados nas reuniões" e também com o objetivo de "informar ao público sobre os altos objectivos culturaes da Sociedade" (Silveira, 1929, p.331), são publicados, de agosto de 1923 a dezembro de 1924, nove números bimestrais da *Revista da Sociedade de Educação*, editada por Monteiro Lobato & Cia. Além de artigos versando sobre temas educacionais e didático-pedagógicos, sobretudo ligados ao ensino da leitura, a *Revista* contém uma seção denominada "Sociedade de Educação", em que são transcritas as atas das reuniões dessa Sociedade, e outra, denominada "Revistas e jornaes", na qual são transcritos textos publicados em revistas e jornais, do Brasil e de outros países.

Pretendendo reviver essa revista, a Sociedade de Educação realiza a fusão com a *Revista Escolar*, surgindo, assim, em outubro de 1927, a revista *Educação*, "orientada por uma comissão mixta de tres membros da Directoria Geral e dois da Sociedade de Educação" (Silveira, 1929, p.327). Dessa fusão, resulta vitorioso o grupo de dissidentes, "modernistas extremados, que transformaram a revista em um órgão de cultura bastante elevado, o que desagradou o professorado primario" e gerou oposição à revista, determinando uma fase de baixas tiragens. Editada por Irmãos Ferraz, com periodicidade mensal e "Commissão de Redacção" composta, até 1930, por: Dr. Amadeu Mendes, Dr. Roldão de Barros, Prof. João Toledo, Dr. Carlos da Silveira, Prof. Lourenço Filho, Prof. Pinto e Silva, Dr. A. Sampaio Dória e Dr. Mário S. Lima, a revista apresenta inovações em relação às anteriores: publica artigos escritos por mulheres e por profissionais de diferentes áreas de atuação – professores, médicos, engenheiros, psicólogos –; e faz circularem textos assinados por autores de outros estados da nação, além de São Paulo.

De outubro de 1930 a dezembro de 1931, durante a gestão de Lourenço Filho na Diretoria Geral do Ensino de São Paulo, a revista passa a ser publicada com o título *Escola Nova*, voltando, após essa data, a se intitular *Educação* e, em alguns períodos, *Revista de Educação*, com interrupções, até 1961. Trata-se, na verdade, de diferentes orientações que resultam em diferentes revistas, cujo traço comum advém do fato de se apresentarem como "órgão" da Diretoria (Geral) do Ensino do Estado de São Paulo ou do Departamento de Educação.

De acordo com Silveira (1929), outras revistas de ensino, mantidas por iniciativa privada, são publicadas na capital e no interior do Estado de São Paulo, desde o início deste século até 1930,[11] tendo, no entanto, vida muito breve, em virtude de problemas financeiros. Após 1930, surgem outras revistas de ensino paulistas, como, por exemplo, a *Revista do Professor*, órgão do Centro do Professorado Paulista (CPP), fundado em 1930 e tendo, como um de seus organizadores, Sud Mennucci, também fundador da *Revista*. Outras, ainda, de iniciativa de órgãos públicos ou entidades privadas surgem em outros estados da nação e no Distrito Federal e ganham repercussão no Estado de São Paulo, como é o caso da *Revista Brasileira de Estudos Pedagógicos* – publicação do Instituto Nacional de Estudos e Pesquisas Educacionais (INEP) –, "lançada em 1944 pelo Ministro da Educação e Saúde, Gustavo Capanema, sendo diretor do INEP o Prof. Manoel Bergström Lourenço Filho" (Instituto Nacional de Estudos e Pesquisas Pedagógicas, 1986, p.5).

MAIS UMA POLÊMICA SOBRE O MÉTODO
PARA O ENSINO DA LEITURA

No Estado de São Paulo, em meados da década de 1920, tem início uma nova polêmica sobre o método para o ensino da leitura, cujas origens parecem se encontrar na exposição do trabalho "O chamado 'methodo analytico' no ensino da leitura", de Renato Jardim, durante a 9ª sessão ordinária da Sociedade de Educação, realizada, em fevereiro de 1924, no salão nobre do Jardim da Infância da Escola Normal da Praça da República. Publicado na *Revista da Sociedade de Educação* (n.5, abril de 1924) e também circulando sob a forma de folheto, esse trabalho suscita um debate que se estende em sucessivas sessões da Sociedade – nas quais se permite, "mediante inscripção previa, a intervenção de professores alheios ao quadro social" –, algumas das exposições tendo sido publicadas na revista.

Envolvendo inicialmente figuras tradicionais do magistério paulista – como A. O. Barreto, C. Quaglio, A. Sampaio Dória, B. Tolosa, Roldão L. Barros e C. Silveira –, com a extinção da revista, esse debate extrapola o âmbito mais restrito da Sociedade e centraliza-se na polêmica entre os professores Renato Jardim e Sud Mennucci, passando a ocupar, em 1929, as páginas dos jornais *O Estado de S. Paulo* e *O Diário de S. Paulo*. Os artigos, intitulados "A escola paulista" e numerados de I a V, são transcritos na seção "Através de revistas e jornais", da revista *Educação*, nos volumes X (n.2 e 3, de fevereiro e março de 1930) e XI (n.1, 2 e 3, de abril, maio e junho de 1930). Posteriormente, os textos assinados por Mennucci são reunidos no folheto *A escola paulista* (Copag, 1930).

Os dois professores envolvidos centralmente nessa polêmica destacam-se nesse terceiro momento, mediante ocupação de cargos na administração escolar, tendo sido, ambos, depoentes no Inquérito de 1926, organizado por F. Azevedo. Renato Jardim é diretor da Escola Normal da Praça de 1922 a 1924, quando se afasta para assumir o então recém-criado Tribunal de Contas de São Paulo, tornando-se, depois, Diretor Geral da Instrução Pública do Rio de Janeiro e ministro de Estado. Diplomado pela Escola Normal de Piracicaba, em 1908, e professor de escola rural e grupos escolares, além de redator de *O Estado de S. Paulo*, autor de livros sobre educação e fundador da *Revista do Professor* (CPP), Sud Mennucci ocupa cargos de: diretor de ginásio, delegado de ensino, e, posteriormente, Diretor Geral do Ensino de São Paulo, entre outros.

Em "O chamado 'methodo analytico' para o ensino da leitura", Renato Jardim expõe, "como simples suggestão para estudo" e afirmando não ter a intenção de combater esse processo de ensino da leitura, "duvidas pertinazes", decorrentes de objeções aos fundamentos do método analítico que também se fazem ouvir entre "provectos professores e mestres na sciencia pedagogica", embora o assunto pareça claro e inquestionável. As bases científicas do método, a legitimidade de sua mais comumente difundida fundamentação, as confusões de explanação teórica e preceitos que reduzem sua eficiência e a proscrição rigorosa de qualquer outro método decorrente da "verdade em que este assenta", esses são os pontos de dúvida. Para discuti-los, Jardim parte de um resumo calcado na exposição "Method in Education", de Euric Roark – "conceituado autor americano" –, cujos enunciados sugerem objeções à teoria do método, em particular do "methodo de sentenças", então mais em voga. Em seguida, referindo-se a autores de cartilhas brasileiras e a estudiosos americanos e franceses, passa a discutir: a finalidade do método, seus preceitos – palavra escrita, "o sentido das palavras pela vista", a sentença como unidade de pensamento e "a sentença dominada por um só golpe de vista" –, a classificação do método, sua gênese e oposição ao método fônico. Por fim, apresenta conjecturas relativas às vantagens e desvantagens do método analítico, para concluir com questionamentos nada favoráveis a seu emprego.

Ressalta a necessidade, por um lado, de se adequarem os processos dos "métodos particulares" de ensino com a matéria a ser ensinada e de se entenderem esses processos apenas como meio de instruir sobre essa matéria e, por outro, de se entender que os métodos de leitura só se aplicam à fase inicial desse ensino, cujo "objecto preciso é, em ultima analyse, *o habilitar o alumno para a interpretação de um systema de escrita*". E aponta a confusão reinante, nas explanações costumeiras, entre "a arte de interpretar a escripta" e a linguagem. Ensinar a ler é, portanto, "habilitar a *traduzir* os signaes convencionaes da escripta", ao "*conhecimento do valor phonetico dos symbolos graphicos*"; e o que distingue os vários métodos para o ensino da leitura é a processuação usada nessa fase.

Apontando a origem francesa do método analítico, sua gênese nas tentativas de Randovillers, N. Adams, Delauney e Chenier, no século XVIII, e na definição de "methodo de sentenças", de Jacotot, no início do século XIX, o autor enfoca sua adoção nos Estados Unidos. Devido às características da língua inglesa, em que os sons soam diferentemente da grafia empregada, o método analítico passa a ser utilizado, nesse país, como o mais adequado para resolver o grave problema do ensino da leitura, assumindo uma feição específica, a qual, por sua vez, passou-se a divulgar no Brasil.

Quanto aos "preceitos do methodo" difundidos particularmente no Estado de São Paulo, ressalta a confusão terminológica em relação a:

- "*palavra escripta*" – essa expressão é da linguagem figurada, usada em lugar de "representação graphica da palavra, uma vez que "palavra" significa "reunião de *sons* [atividades musculares do aparelho de fonação] articulados exprimindo uma idéa"; são, portanto, falsas as bases do método analítico que prevê a "conversão de um vocabulario auditivo em *vocabulario visual*";
- "*o sentido das palavras pela vista*" – dado que nossa escrita é alfabética, ao lermos, ou seja, ao interpretarmos os sinais dessa escrita como símbolos de sons, "proferimos as palavras ahi representadas, e estas evocam as idéas a que se acham associadas", de modo que "lêr pelos olhos" ou "vocabulario visual" só podem ter significação simbólica; é impraticável e só leva o aluno a decorar, portanto, a "directa associação do pensamento *á fórma graphica*", como apresentado por certos propugnadores do método analítico, dentre os quais E. White, F. Parker, B. Tolosa, M. Carneiro, J. Pinto e Silva, M. Oliveira e T. Moraes, signatários do documento *Como ensinar leitura e linguagem nos diversos anos do curso preliminar* (1911);
- "*a sentença, unidade de pensamento*" – dado que por "unidade" deve-se entender "*elemento primario, não composto de parte*", que a unidade de pensamento é a ideia – e não o juízo (sentença) – e que psicologistas e pedagogistas famosos, como A. Bain e M. Montessori, recomendam iniciar o ensino da leitura pelos "signaes representativos dos elementos da palavra", a palavra "todo", usada pelos propugnadores do método analítico – den-

tre eles, J. Köpke – resulta tanto em confusão, por evocar a ideia de generalidade e propor a ordem regressiva do método, vedando o conhecimento das partes, quanto em preceitos contraditórios aos princípios do método, como exposto em *Como ensinar leitura...*: "Pela ordem logica irá o ensino do *simples para o complexo*; pela ordem psychologica, *do todo para as partes*, do complexo para o simples";

- "*seja a sentença dominada por um só golpe de vista*" – dado que o mecanismo do aparelho ocular permite o exercício da vista apenas sobre um minúsculo campo, de acordo com o especialista E. Javal, no ato de leitura o leitor divide a linha escrita em seções correspondentes aos movimentos dos olhos; constitui, portanto, um "impossível physiologico" o preceito formulado por T. Moraes e outros, que pressupõe que o aluno, à vista da grafia de uma sentença, tenha uma "unidade de percepção", sem se deter sobre as partes componentes e sem saltar de uma palavra a outra; mas, mesmo se realizável, esse preceito seria destituído de interesse, pois implicaria regredir das vantagens de uma escrita alfabética para uma escrita "ultraideologica", em que cada símbolo representaria um inteiro pensamento;
- "*classificação do método*" – a) as denominações "analítico" ou "sintético" são desaconselháveis por gerarem confusões, conforme apontam pedagogistas como Bain, Compagne, Charboneau, Compayré, dentre outros, uma vez que as palavras "análise" e "síntese" devem ser entendidas em seu sentido lógico, anterior ao sentido químico que evocam; e b) é da ordem em que se conduzem as operações mentais que resulta o conhecimento do valor fonético dos elementos constitutivos da sentença e nada "abstratos", ou seja, a habilitação para ler; dados esses pressupostos, os propugnadores do método – dentre eles, Sampaio Dória e L. G. Fleury –, baseando-se na asserção de que a marcha do processo – das sentenças para as palavras, sílabas e letras – é que determina a denominação "metodo analítico" e que suas regras são as da indução, incorrem num "desacerto primario", do qual se originam outros: a) admitir-se que esse método é o que parte da síntese para a

análise, do complexo para o simples, do abstrato para o concreto, do geral para o particular, ordem contrária à indução; b) denominar-se "sintético" tanto o método da silabação quanto o da soletração, assimilando-se indevidamente na mesma categoria dois métodos divergentes;
- "*analytico versus phonico*" – a distinção entre método analítico (sentenciação ou palavração) e métodos fônicos (soletração e silabação) não envolve diferença fundamental de natureza, uma vez que nos dois tipos de método o objeto de ensino é sempre a relação entre grafia e som, e o método analítico é também fônico, embora diferenciem-se os processos – dedutivo, a partir de regras e enunciados gerais, na soletração, e intuitivo, indutivo e empírico, a partir da direta observação dos fatos, na silabação, na palavração e na sentenciação –; é, portanto, outro desacerto supor que no método analítico se deva afastar, por inconveniente e inútil, o conhecimento da significação fonética dos sinais gráficos – aspecto de que nem os americanos descuidam –, tornando-se, ainda, injustificável "o antagonismo que se criou entre tal processo e outros, por ogeriza ao phoneticismo".

A partir das dúvidas e objeções expostas, Jardim apresenta as seguintes conclusões relativas às vantagens e desvantagens da utilização do método analítico, como único processo para o ensino da leitura na língua portuguesa: a) tudo que embarace a descoberta da relação entre grafia e som dificulta e retarda o ensino da leitura; b) o êxito desse método fica comprometido com a despreocupação ou impedimento de se destacar essa relação; e c) a lentidão de seus resultados e a paciência que exige do professor (mormente no ensino simultâneo e quando se consideram as diferenças de capacidade intelectual dos alunos, decorrentes da idade, clima, estação, saúde, raça, gênero, alimentação etc.), aspectos apontados como qualidades recomendáveis do método por, entre outros, J. Köpke e F. Vianna, chocam-se, por um lado, com a relevância "da celeridade dos processos didacticos", decorrente da "ardorosa campanha contra o analfabetismo" e da "necessidade premente de obter o maior e mais rapido rendimento do apparelho escolar primario", e, por outro, com a falta de condições físicas e materiais das escolas e de capacidade do professor para aplicar esse método ou de liberdade para iniciativas que alterem os passos prescritos para sua processuação.

Além dessas objeções quanto aos preceitos do método, Jardim recorda o "intenso e prolongado esforço", durante quase meio século, em prol do método analítico, para concluir que os resultados não são satisfatórios, conforme indica a "linguagem dos factos": altas taxas de alunos que não conseguiram se alfabetizar evidenciadas nos dados estatísticos referentes aos anos de 1918 e 1921 e "idoneos testemunhos" de professores, diretores de grupos escolares e outras autoridades do ensino.

Se não erramos, vae para um quarto de seculo que se adoptou entre nós o methodo analytico no ensino da leitura, buscando-se desde então generalizal-o, até tornal-o – ha cerca de doze annos – obrigatorio nos grupos, e, em derradeiro, – pela ultima refórma, – obrigatorio em todas as escolas publicas do Estado. No decurso desse tempo, cuidou-se com empenho nas escolas normaes do preparo dos professores para o exacto manejo delle, levando-se em algumas dellas – como sóe acontecer nos apostolados – á mais severa intransigencia, a prégação em prol desse methodo e o combate a todo e qualquer outro, como imprestavel. Passou-se mesmo a considerar a applicação de outro processo como "um perigo para a mente de uma legião de alumnos". Desde então, cada anno, têm as escolas lançado ao magisterio centenas sobre centenas de professores imbuidos desse espirito e armados da aperfeiçoada technica do ensino da materia. Ao mesmo passo, confiava-se aos inspectores escolares e aos directores de grupo a tarefa de dirigir a applicação do methodo e de zelar a sua rigorosa processuação. Quaes os resultados colhidos desse intenso e prolongado esforço em prol do bom methodo no ensino da leitura? ... Dil-o o testemunho insuspeito das melhores auctoridades no assumpto. (Jardim, 1924, p.146-7)

Quanto ao insucesso da alfabetização evidenciado pelos dados estatísticos, questiona a causa apresentada no *Annuario do Ensino de 1918*: "fechamento dos grupos em outubro devido á epidemia de grippe" e "falta de unidade de criterio de promoção". Mesmo não havendo mais essa epidemia, as taxas de reprovação no 1º ano (atual 1ª série do ensino fundamental) continuam a crescer nos anos seguintes.

Infelizmente não temos ao alcance o material necessario para jogar com essa ordem de argumentos. As publicações officiaes não ministram esses dados senão de poucos annos a esta parte. Vejamos, contudo, o que esses poucos numeros estatisticos – constantes do Annuario de Ensino – parecem affirmar.

No anno de 1918, de 36.954 alumnos analphabetos matriculados nos grupos escolares, apenas 19.685 se alphabetizaram; 16.969, cerca de 47% não o conseguiram.

No anno immediato, de 43.380 alumnos, 22.587 não lograram alphabetização, isto é 51%. (E não interveio a epidemia de grippe).

Em 1921, tomados os dados referentes a todas as escolas, constata-se que dos analphabetos matriculados, apenas 39% conseguiram alphabetizar-se, o que vale dizer que 61% não o conseguiram. (Jardim, 1924, p.150)

Os testemunhos, por sua vez, sempre sem indicação dos nomes de seus autores, são representativos do discurso "pelo baixo", tendo sido ouvidos "na intimidade", por Jardim, quando ainda não oficialmente ligado ao ensino primário e movido "por interesse especulativo na pesquisa de dados sobre a eficiencia de methodos". Circulando pela primeira vez apadrinhados por autoridades educacionais que compõem o quadro da Sociedade de Educação e autorizados por seu registro em um veículo do porte da revista dessa Sociedade, esses testemunhos revelam uma situação diferente da apregoada pelo discurso hegemônico do momento anterior.

Conceituado professor, figura de destaque e de merecida estima no magisterio paulista, devotado paladino da causa da instrucção popular, de longa experiencia na cathedra e como inspector escolar, diz no prefacio da sua "Cartilha de Alfabetização", recentemente editada:

"Acomppanhando de perto as vicissitudes por que passou essa disciplina, desde o momento em que o *illustre e competentissimo educador Dr. Thompson introduziu em nossas escolas o processo de leitura analytica para principiantes*, tivemos occasião de avaliar as difficuldades que assoberbavam os distinctos collegas encarregados do 1º anno primario.

O numero de insuccessos *contrabalançava o numero de successos*, e as porcentagens de aproveitamento de *fórma alguma correspondiam á excellencia do methodo analytico* e ás necessidades prementes de alphabetização dos alumnos das nossas escolas". (Grifos do autor)

...

De uma conceituada professora, intelligente e espirituosa, recorda-nos o chiste com que explanava os meios por ella usados para burlar a vigilancia do director do grupo e conseguir uma das melhores porcentagens de alphabetização, empregando o processo syllabico sob a apparencia de rigoroso processo analytico. E justificava-se: 'Querem a promoção em massa! Só assim'..." (Jardim, 1924, p.148-9)

Em vista dos fatos apresentados, Jardim tece conjecturas a respeito da direta proporção que se verifica entre decréscimo das porcentagens anuais de alfabetização e aumento de divulgação do método analítico, bem como alargamento da obrigatoriedade de seu emprego. Parecendo indicar que a prática desmente a "excellencia theorica do methodo", essa coincidência merece, segundo o autor, "acurado estudo", não se resolvendo os problemas decorrentes do método analítico com novas cartilhas ou esforços no sentido de aperfeiçoá-lo.

Impressionados com esse desconcertante insucesso, redobram de vigilancia auctoridades de ensino para que em toda parte se *applique bem* o difficultoso methodo; enthusiastas partidarios delle aventam modalidades que o aperfeiçoem; novas cartilhas surgem que pretendem offerecer agora instrumento perfeito e seguro para a applicação delle. E o tempo corre. E a alphabetização espera...

Entretanto, não nos parece que sejam cartilhas o que nos falte. Temol-as, umas mais, outras menos perfeitas, mas capazes todas para o ensino, quaes sejam a Cartilha de Arnold, as de Theodoro de Moraes, Arnaldo Barreto, Francisco Vianna, Gomes Cardim, Mariano de Oliveira, Pinto e Silva e tantas outras... Caberia mesmo lembrar que o bom ensino pelo processo de sentenças é o que se executa sem a cartilha, pelo menos na sua parte inicial, a mais difficil, ou que Jacotot processava o ensino da leitura nas paginas do "Telemaque" de Fénelon...

Em pura perda, o respeitavel esforço de abnegados educadores como Köpke e Benedicto Tolosa em, dentro das mesmas idéas, aventarem aperfeiçoamentos, novas modalidades do processo, para applicação das mesmas desfavoraveis circunstancias. O mal é de se buscar e combater – pensamos – a outra parte. (Jardim, 1924, p.151)

Sintetizando a argumentação desenvolvida ao longo da exposição, catorze são as conclusões a que chega o autor. Destaco aqui a última delas, dada sua representatividade em relação à tendência de utilização do "metodo analítico-sintético", que se verifica a partir dessa época e em direta relação com as novas urgências sociais e políticas:

14ª – que, sobretudo, dado o vivo interesse actual da rapida alphabetização de consideravel massa de crianças em idade escolar, para as quaes não sobejam logares nas escolas existentes, e dadas nestas, frequentemente, condições desfavoraveis á applicação do chamado methodo analytico, já de si moroso, não é aconselhavel, como a experiencia eloquentemente affirma, a rigorosa proscripção nellas de todo e qualquer outro processo de ensinar a ler. (Jardim, 1924, p.153)

Em sessões seguintes, Sampaio Dória, Roldão de Barros, Tolosa, Barreto e Quaglio expõem sua posição sobre o assunto.[12] Os quatro primeiros defendem o método das objeções apresentadas por Jardim, destacando-se a defesa das bases psicofisiológicas e da identificação entre ensino de leitura e ensino da língua, em Barreto; e Quaglio opõe-se ao método analítico, defendendo o método "ideo-phonico".

Jardim ainda apresenta, a título de réplica, duas outras exposições reunidas em outro artigo publicado na *Revista da Sociedade de*

Educação com o título: "O chamado 'Methodo analytico' no ensino da leitura" (v.II, n.6, p.279-93, jun. 1924), no qual parece encerrar temporariamente o debate, declarando não terem sido, no entanto, esclarecidas suas dúvidas pelos defensores do método. Quanto a essa polêmica, é interessante apontar, ainda, dois aspectos: a presença, nessas sessões, de membros da Sociedade já famosos, como Fernando de Azevedo e J. R. Escobar, e do educador João Köpke, homenageado na sessão de 7.5.1924, este último citado por Jardim, embora não tivesse se envolvido no debate; e a publicação, na revista, de vários textos abordando o ensino da leitura e escrita, até os números de 1930, nos quais se encontra transcrito o citado debate entre Jardim e Mennucci.

Em 1929, Sud Mennucci publica, na revista *Educação*, o artigo "A escola paulista", no qual reafirma a "velha hegemonia" paulista, tanto em quantidade quanto em qualidade do ensino, evidenciada na III Conferência Nacional de Educação, realizada em São Paulo, de 7 a 15 de setembro de 1929. Em particular, essa hegemonia decorre do pioneirismo da aplicação dos métodos de um determinado tipo – econômico – de escola ativa, que muitos professores sempre aplicavam sem, muitas vezes, o saber, e cujo marco é a introdução, durante a administração de Oscar Thompson, do método que Mennucci denomina "analytico-synthetico" para o ensino da leitura. Enfatizando os resultados positivos do método, propõe sua propaganda e a extensão da "intuição analítica" às demais disciplinas, como queria Dória.

> São Paulo é uma confirmação dessa verdade. Desde 1911, quando se começou, sob a administração Oscar Thompson, a introduzir o chamado methodo analytico-synthetico para o ensino da leitura, o professorado aprendeu a valer-se das conclusões e resultados das experiencias e pesquisas que, na Europa, um grupo de psychologos, então desconhecidos, estavam realisando. E esses psychologos se chamavam Binet, Simon, Henri, Decroly...
> ...
> Confessemos que foi a introducção do methodo analytico para o ensino da leitura que operou o milagre. E que esse methodo, que saiu inteirinho das experiencias de Decroly e mlle. Degand, revelando a marcha real da acquisição dos conhecimentos nas crian-

ças, deu ao magisterio um admiravel instrumento de guia, pedra de toque, padrão de referencia, para o qual todos os verdadeiros mestres se voltam quando as duvidas o assaltam.

Com elle criaram os professores paulistas esse typo novo de qualidades: é rendoso, pois que as nossas crianças aprendem com facilidade e sem esforço; é interessante, porque os nossos filhos demonstram uma alegria ruidosa ao ir para a escola e não gostam de faltar às aulas; é original, porque não consta que o systema tenha sido adoptado de igual maneira em outros logares; e finalmente, é economico, porque permitte que se realize um ensino proveitoso em classes de quarenta e mais alumnos, medida que ampara e protege milhares de crianças que, de outra forma, não obteriam matricula. (Mennucci, 1929, p.271-2)

De acordo com as informações que foi possível localizar, esse artigo contém uma espécie de resumo de ideias expostas em um outro, provavelmente publicado em *O Estado de S. Paulo*, em resposta a uma palestra de Jardim, na qual este último reapresenta suas dúvidas e objeções ao método analítico, com argumentação semelhante à dos trabalhos publicados na revista *Educação*, em 1924 e 1928. A série de dez artigos – diários, pelo que se pôde inferir – enfeixados sob o título "A escola Paulista" I a V e transcritos nessa mesma revista, em 1930, corresponde a uma sucessão de réplicas e tréplicas, em que os contendores, em defesa de seus pontos de vista, expandem as argumentações dos artigos anteriores e aprofundam suas versões sobre a introdução do método em São Paulo, trocando acusações relativas a erros terminológico-conceituais e históricos e abusando tanto da experiência vivida quanto das citações de especialistas como discursos de autoridade.

Sobressai-se nessa polêmica a disputa não pela hegemonia de teorias e práticas, como ocorre no momento anterior, mas pela hegemonia de interpretações do passado recente, de que os dois contendores, por terem dele participado – cada um a sua maneira –, julgam-se herdeiros legítimos e com direito tanto a sua recuperação quanto à explicação e versão autorizadas das teorias e práticas hegemônicas nesse passado, com o objetivo seja de revisão – no caso de Jardim – seja de defesa e conservação da tradição herdada – no caso de Mennucci.

A ROTINIZAÇÃO DO "MÉTODO ECLÉTICO"

O tom da polêmica entre Jardim e Mennucci afina-se com a tendência, que se vai generalizando no conjunto das tematizações, normatizações e concretizações sobre alfabetização dessa época, com marcante orientação da psicologia: de não se descartar a validade do método analítico nem o progresso que representa na evolução do ensino da leitura; e de se utilizarem também as vantagens oferecidas por outros métodos e processos. A partir de então, uma espécie de assertiva torna-se consensual: em nome da eficiência, economia e rapidez do ensino, não deve ser proibido "analisar". Em decorrência, dissemina-se e rotiniza-se o "método eclético", cuja primeira feição – o método analítico--sintético ou misto – ganha rapidamente adeptos e se estende até nossos dias.

Essa tendência pode ser verificada nas tematizações posteriores a 1930, especialmente a partir da análise de alguns artigos de interesse para o estudo do assunto em questão, publicados ou republicados, após essa data, na revista *Educação* e em outros periódicos de circulação entre profissionais do ensino, com a ressalva da delimitação ao caso do Estado de São Paulo.[13]

Dentre esses textos, podem ser destacados, como amostra representativa das tendências que se vão configurando ao longo desse momento histórico, os de Grisi (1946) e Poppovic (1964a, 1964b).

Em "O ensino da leitura: o método e a cartilha" (1946), Grisi – à época, professor-chefe da Secção de Educação da Escola Normal Livre anexa ao Colégio Santa Inês, de São Paulo, e também professor universitário e autor da cartilha *Lalau, Lili e o lobo* – apresenta uma interessante síntese da discussão sobre os métodos de alfabetização, fundamentando cientificamente as diferentes posições e expondo seu ponto de vista a respeito do método mais adequado e científico e das características da boa cartilha.

> Equidistantes de uma e outra posição, os simpatizantes do método misto alegam em defesa deste:
> 1º – o ecletismo da solução intermediária, que ele representa, susceptível de reunir as vantagens e excluir os defeitos dos dois, o

que o torna recomendavel ao emprego urgente, ao menos a título provisório, enquanto se aguarda a solução final do conflito das orientações extremas;

2º – a concepção de que análise e síntese não são, na atividade mental, operações independentes e opostas, mas ao contrário, intimamente ligadas entre si e complementares, como dois aspectos de uma só realidade.

...

Numa época em que a Educação, deixando de ser obra de empirismo e de instinto, entrou para o domínio científico, a verdadeira "autonomia didática" é a ação esclarecida pelo conhecimento. Fora disso, há "licença", "arbitrariedade", não "autonomia". (Grisi, 1946, p.5, 52)

Os textos de Poppovic, por sua vez, refletem a preocupação crescente com a discussão das patologias e desvios, derivada sobretudo das bases comportamentalistas sintetizadas, inicialmente, nos estudos de Lourenço Filho. Ao longo desse terceiro momento, esse enfoque ganha espaço, traduzindo-se na "teoria da carência" que irá embasar, sistematicamente, as tematizações, normatizações e concretizações, a partir do final da década de 1950, culminando nos *Guias Curriculares propostos para as matérias do núcleo comum do ensino de 1º grau* (São Paulo), que decorrem da Lei n. 5.692/71.

LIVROS, MANUAIS DE ENSINO E TEXTOS ACADÊMICOS

Muitas das considerações a respeito da produção intelectual sobre educação e ensino em geral nesse momento histórico[14] podem ser aplicadas também à produção sobre ensino da leitura. No entanto, não se deve desconsiderar que nas duas primeiras décadas deste século é intensa e bastante significativa a produção de artigos sobre esse ensino, devido, sobretudo, ao papel desempenhado pela *Revista de Ensino* (1902-1918).

Esse fenômeno tem suas origens no final do século XIX, quando começam a circular entre o professorado paulista, ainda que de maneira restrita, traduções brasileiras de livros e manuais estrangeiros que, tematizando educação e ensino em geral, contêm capítulos sobre o ensino da leitura e escrita. Além dessas traduções, circulam também alguns poucos livros e manuais produzidos por paulistas ou fluminenses, nos quais se aborda o ensino da leitura e escrita. A prática de tradução de livros estrangeiros acentua-se após 1930, sobretudo dos de autores que tematizam as então modernas ideias da escola ativa, como, entre muitos outros, E. Claparède (1933) e A. M. Aguayo (1935a, 1935b), que contêm capítulos sobre o objeto em questão. Como fenômeno paralelo, as atividades dos tradutores e prefaciadores – como J. B. Damasco Penna e Lourenço Filho – vão ganhando prestígio como atividades de especialistas.

Essas traduções assim como a coleção que integram – *Atualidades Pedagógicas*, da Cia. Editora Nacional –, vale destacar, contemplam uma necessidade de atualização demandada pela circulação das novas ideias educacionais desde a década de 1920, como se pode observar, por exemplo, nos "conselhos" da redação da revista *Educação* sobre "boas obras de pedagogia" solicitadas por professores.

A diversos professores que consultaram sobre boas obras de pedagogia, aconselhamos as seguintes editadas pela "REVISTA DE PEDAGOGIA" de Madrid, sob a direção de Lourenzo Luzuriaga (Redacção e administração: Miguel Angel, 31 Apartado 6.002 – Madrid, 6)
...
LA PEDAGOGIA CONTEMPORANEA

I – *Dewey*. El niño y el programa escolar. 1 pta.
II – *Kerschensteiner*. El problema de la educación publica. 1. pta.
III – *Claparède*. La escuela y la psicologia experimental. 2 ptas.
IV – *Wyneken*. Las comunidades escolares libres. 1 pta.
V – *Decroly*. La función de globalización y la enseñanza. 1,50 ptas.
VI – *Stern*. La selección de los alumnos. 1 pta.
VII – *Montessori*. Ideas generales sobre mi método. 1,50 ptas.
VIII – *Krieck*. Bosquejo de la ciencia de educación. 2 ptas.
IX – *Lombardo-Radice*. Filosofia de la educación. 2 ptas.
X – *Ferrière*. La ley biogenética y la escuela activa. 1,50 ptas.

(*Educação*, 1929, p.345)

No entanto, acompanhando o anseio de nacionalização e o novo "clima cultural da década dos vinte", a novidade, a partir de 1930, é a sedimentação de uma produção mais sistemática e frequente de educadores brasileiros – e, dentre esses, paulistas –, que, abordando questões pedagógicas e, em particular, o aprendizado da leitura e escrita, passam a circular, entre o professorado paulista ao longo do momento em foco, sob a forma de: livros de divulgação, contendo ensaios, relatórios de pesquisas experimentais ou propostas de ensino originais; e manuais de ensino para uso especialmente em escolas normais e institutos de educação.

Sob a forma de livro de divulgação e produzida por autor brasileiro, de acordo com as informações localizadas, a primeira publicação em que se tematiza o ensino e aprendizado da leitura e escrita – fenômeno que também se verifica em relação tanto ao ensino da língua na escola secundária (Grisi, 1938) quanto de outras matérias escolares – é *Como ensinar linguagem*, de Firmino Costa, "Bibliotheca de Educação" (1933), o qual parece ter tido grande repercussão entre o professorado paulista. A esse, seguem-se, na mesma coleção: o já analisado *Testes ABC*, de Lourenço Filho (1934) e *A escrita na escola primária*, de Orminda I. Marques (1936). Estes dois últimos contêm relatórios de pesquisas experimentais, respectivamente, em psicologia e pedagogia e realizadas em São Paulo (Lourenço Filho) e no Distrito Federal (O. Marques).

Vale ressaltar, ainda, pelo menos dois aspectos relevantes dessas iniciativas pioneiras. Indicando sua permanência, na "Bibliotheca de Educação" é publicado, em 1971, *Problemas e Métodos no Ensino da Leitura*, de Berta Braslavsky, com tradução de A. Minicucci e prefácio de Lourenço Filho; e buscando em seu plano contemplar aquele anseio de "nacionalização" – a despeito de ser uma iniciativa "paulista" –, nessa coleção são ainda publicados trabalhos de autores de diferentes estados da federação, como é o caso de Firmino Costa, então diretor da Escola Normal de Belo Horizonte, e de Orminda Isabel Marques, então diretora da Escola Primária do Instituto de Educação–DF e assistente de Prática de Ensino na Escola de Educação do mesmo instituto.

Quanto aos manuais de ensino, trata-se de material produzido por autores brasileiros – sobretudo atuando em São Paulo e Rio de Janeiro – e especialmente destinados à utilização em cursos de formação de professores primários, conforme indicações expressas nos livros. De maneira geral, nesses manuais encontram-se: história dos métodos de ensino da leitura e escrita, suas bases psicológicas e pedagógicas e indicação do método a ser utilizado pelo futuro professor, sempre sob a forma de lições, subdivididas em pontos para estudo e exercícios de fixação.

Quanto aos manuais de ensino, ainda, é importante destacar outras produções desse tipo que, embora tratando de metodologia do ensino primário em geral, apresentam também capítulos sobre ensino de diferentes matérias, entre elas a leitura e a escrita.

Originando-se das experiências didáticas de seus autores, esses manuais permitem apreender a relação entre o surgimento desse tipo de produção sobre o objeto de estudo em questão e o relativamente recente processo de autonomização de Didática Especial ou Metodologia da Linguagem com matérias distintas de Didática Geral ou Metodologia Geral e constituindo cadeiras específicas nos cursos de formação de professores dos institutos de educação e escolas normais,[15] e consolidando-se, assim, tanto a disciplina Metodologia da Linguagem como ramo da Pedagogia e da Psicologia quanto concepções de leitura e escrita relacionadas com essas áreas de conhecimento. Em outras palavras, os sujeitos e o "lugar de onde" são produzidos os discursos sobre ensino de leitura e escrita, que passam a ser sistematizados e a integrar uma disciplina acadêmica, vão definindo os contornos de um objeto de estudo, método de abordagem e um quadro teórico com os respectivos conceitos básicos envolvidos.

Os textos acadêmicos sobre alfabetização, por sua vez, em razão das características do ensino superior no país, constituem, no âmbito desse terceiro momento, uma produção ainda incipiente, tendo sido localizado apenas um artigo – Grisi (1946) – sobre o tema produzido por professor universitário. Esse quadro sofrerá profundas alterações quantitativas a partir da década de 1970, com a implantação e a expansão dos cursos de pós-graduação no Brasil.

De acordo com pesquisa do tipo "estado da arte" realizada por Soares (1989) e abrangendo a produção acadêmica e científica brasileira sobre alfabetização entre 1954 e 1986, a mais antiga tese sobre o tema é a de Pavão (1961). Ainda de acordo com essa pesquisadora, outras três teses sobre alfabetização são produzidas até final da década de 1960: Almeida (1965); Micotti (1969); e Poppovic (1967).

Um rápido olhar sobre essa produção acadêmica permite algumas considerações:

a) o *locus* privilegiado para a pesquisa sobre a alfabetização são os institutos de psicologia e educação, confirmando-se a tendência de se assumir a função diretora da psicologia como fonte da pedagogia científica,[16] "tradição fundada" no Brasil especialmente com as pesquisas de Lourenço Filho;

b) o enfoque privilegiado é ainda ou derivado também das pesquisas de Lourenço Filho sobre nível de maturidade ou de sua derivação em patologias e desvios, ou, ainda, da antiga preocupação com a "aprendizagem com sentido", contida nas discussões sobre métodos de ensino da leitura; e

c) a quase totalidade dessas pesquisas é produzida em instituições paulistas.

CARTILHAS

Com indústria e mercado livreiros em franca expansão e o livro didático consolidado como instrumento privilegiado de ensino, mediador entre as tematizações, normatizações e concretizações pedagógicas, intensifica-se, de um lado, a necessidade de controle por parte dos órgãos oficiais que aprovam, autorizam e compram livros didáticos para distribuição entre os alunos pobres das escolas públicas e, de outro, a preocupação com os critérios de seleção, por parte dos professores, decorrente da garantia de "autonomia didática", assim como críticas à importância excessiva atribuída a esses instrumentos de ensino.

> O livro didactico primario entre nós vem se tornando, cada vez mais, um problema para o ensino, problema que está requerendo a cuidadosa attenção do poder publico e que apresenta varias faces distinctas pelas quaes póde ser apreciado.

...

Faz-se necessario regulamentar tudo: qual o criterio para julgamento das obras didacticas, cuidados com as edições subsequentes á primeira, pontos de vista sobre a parte intelectual e material dos livros – systema pelo qual se respeite rigorosamente a autonomia didactica do professor, e seja o professor compenetrado de que a tem, realmente. É necessario tambem que ao menos se saiba quaes os livros approvados desde que se exigiu em São Paulo a approvação. (Santos, 1935, p.28)

Da extensa variedade de livros approvados, são ás vezes adoptados os mais defeituosos. Influe na escolha, não raro, menos a qualidade do livro que a propaganda commercial dos interessados na venda. A escolha do inicio do anno lectivo é tardia e demora o fornecimento por parte do Almoxarifado. Ha, em alguns estabelecimentos, formação de "stocks" desnecessarios. Estudar esses e outros problemas sobre o assumpto, e propor o que convier. Tal foi a tarefa distribuida aos professores Francisco de Azevedo, delegado de Taubaté, Oscar Guelli, delegado de Casa Branca e Waldomiro Guerra Correa, delegado de Rio Claro, todos relatores do thema nº 5. As conclusões seguintes foram acceitas:

...

5) Conquanto desaconselhe o uso de cartilhas, a commissão julga que devem ser abolidos os livros de alphabetização em desaccordo com os methodos de ensino estabelecidos no programma vigente; (Directoria do Ensino, 1936, p.81-2)

Quando uma pessoa de boa vontade pensa em fazer bem ao Brasil, não é raro que se lembre da alfabetização nacional.

Quem não ouviu citar cifras tenebrosas sobre os nossos iletrados? E todos os males parecem decorrer desses milhões de pessoas que não aprenderam ainda a distinguir o **a** do **b**.

Quando a convicção chega a um ponto verdadeiramente empolgante, a pessoa de boa vontade pode adquirir todas as cartilhas de todos os autores que se encontram no mercado, e sair por aí afora distribuindo-as, com a sincera intenção de estar produzindo obra imortal.

...

A alfabetização é uma coisa muito séria porque dela costumam resultar imensos males. Males da alfabetização, e não do analfabetismo, como pensam os outros.

...
Mas, como entretenimento poético, os cadernos, tabuadas e cartilhas são muito úteis. O lápis perigoso. A goma e o barbante, recomendáveis e convenientes. Sem esquecer o pacote de balas. (Meireles, 1941)

Embora também sejam muitas as cartilhas produzidas por professores paulistas, sobretudo a partir de 1930, continuam a circular no Estado de São Paulo algumas das cartilhas produzidas no final do século passado e nas primeiras décadas deste século,[17] conforme se pode observar pelo número de suas edições, em listagens contidas em catálogos de editoras – ver mais adiante, neste capítulo –, nos *Annuarios do Ensino* ou em outros documentos oficiais.

Em carta datada de 29.9.1925 e dirigida ao Secretário do Interior, José Manoel Lobo, o então Director Geral da Instrucção Publica paulista, Pedro Voss, solicita autorização para aquisição de "obras didacticas, necessárias ao *stock* do Almoxarifado desta Directoria" (Voss, 1925) ao que tudo indica, para serem doadas aos alunos pobres das escolas públicas. Dessa lista constam, entre os de outras obras didáticas, título, nome do autor, quantidade solicitada e preço unitário das seguintes cartilhas: Pinto e Silva. *Cartilha do Lar*. (1000 ex., 1$440); e Moraes, T. *Meu Livro* – 1º anno. (8.000 ex., 2$000).

Em outra carta datada de 5.9.1926, Pedro Voss solicita autorização para a compra, por parte do diretor da Escola Normal de Pirassununga (SP), de "livros necessarios á bibliotheca didactica que está sendo organisada annexa ao Gabinete de Psychologia Experimental da Escola Normal de Pirassununga" (Voss, 1926). Dessa lista, por sua vez, constam, entre outros, título, nome do autor, editora e preço unitário das seguintes cartilhas e cadernos de caligrafia: Ribeiro, H. *Cartilha nacional*. F. Alves ($600); Borges, A. B. *Cartilha popular*. F. Alves (1$000); Garnier. *Caderno de Calligraphia*. Garnier (2$000); e Moraes, T. *Caderno de Calligraphia*. (1$800).

No *Annuario do Ensino* referente ao período de 1936-1937 e correspondente à gestão do professor Almeida Junior na Diretoria do

Ensino do Estado de São Paulo, é apresentada a relação organizada pela Seção Technica "dos livros approvados para uso nas escolas. Destes livros, os que mais interessam, porque postos diariamente nas mãos dos alumnos, são as Cartilhas e os livros de leitura corrente" (*Annuario do Ensino*, 1937, p.185). Dentre as aprovadas até 18.8.1937, encontram-se cartilhas produzidas antes de 1930.

Quanto às cartilhas produzidas a partir do final da década de 1930, o número parece ter aumentado significativamente, como se pode observar nas relações de livros autorizados, contidas em publicações oficiais e em outras fontes, como catálogos de editoras e acervos particulares.

Da análise dos títulos, podem-se tecer algumas considerações:

a) de acordo com as fontes consultadas, algumas cartilhas do século XIX continuam a circular também nessas décadas e muitos de seus autores comparecem, ainda nas relações de livros autorizados, com séries de livros de leitura, o mesmo acontecendo com muitos dos novos autores;

b) ao lado das cartilhas também continuam a circular livros-texto para o ensino primário com caráter de manual enciclopédico, como, por exemplo, *Manual do Ensino Primario*, de Miguel Milano, Livraria Francisco Alves, 1939;

c) começam a ser produzidos também pré-livros destinados à pré-escola ou ao período preparatório da 1ª série;

d) paralelamente ao aumento da produção de cartilhas, sua apresentação também vai sofrendo modificações: brochuras encadernadas e mais baratas passam a substituir as encadernações com capa dura das primeiras cartilhas; o formato grande passa a predominar; ilustrações de "anônimos", com qualidade inferior passam a substituir as de ilustradores famosos;

e) as já conhecidas instruções para o professor, que acompanham algumas cartilhas das décadas anteriores, vão-se tornando mais extensas e, em alguns casos, compõem um volume separado – o *Manual do Professor* ou *Guia do Mestre*;

f) algumas cartilhas são também acompanhadas de cadernos de exercícios para os alunos e jogos pedagógicos, como carimbos, fichas etc.;

g) vão surgindo cartilhas específicas para a alfabetização de adultos, as escolas rurais e o ensino noturno, com propostas diferenciadas das cartilhas para crianças e para escolas urbanas;

h) os títulos das cartilhas vão refletindo não mais a disputa pelos métodos, mas a preocupação com o caráter lúdico e ativo da alfabetização, baseado em uma concepção de criança advinda da psicologia e da pedagogia científicas e visando a motivar e despertar o interesse do aprendiz;

i) além das tradicionais no ramo, novas editoras começam a publicar cartilhas e livros didáticos, algumas criadas especialmente para esse fim;

j) aumenta significativamente o número de professoras que produzem cartilhas, passando a superar quantitativamente a produção masculina do gênero;

k) cartilhas produzidas por professores de outros estados também circulam entre os professores paulistas, assim como cartilhas produzidas por paulistas também continuam a circular em outros estados; e

l) permanece a prática de aprovação e adoção das cartilhas e livros didáticos por órgãos oficiais, ampliando-se, a partir de 1937, a abrangência dessas medidas, mediante sua inserção em políticas nacionais do livro didático;[18] continua sua distribuição gratuita entre alunos pobres, cujo número cresce vertiginosamente na proporção do aumento da população e da quantidade de escolas.

Além de *Cartilha do Povo* e *Upa, Cavalinho!* pelo menos duas outras dentre essas cartilhas merecem destaque pela influência que exerceram no trabalho de alfabetização no Estado de São Paulo, chegando, por vezes, a concorrerem entre si na predileção dos professores. São elas: *Cartilha Sodré* e *Caminho Suave*, esta última sendo utilizada até os dias atuais. Além de constar de memórias – recolhidas informalmente – de professores que alfabetizavam nas décadas de 1950 e 1960, essas cartilhas constam também da lista das dez mais utilizadas em grupos escolares do Estado de São Paulo, em meados da década de 1960, conforme pesquisa realizada pela Fundação do Livro Escolar (FLE) de São Paulo. (Azevedo, apud Pfromm Neto, Rosamilha, Dib, 1974, p.167)

CARTILHA SODRÉ, DE BENEDICTA STAHL SODRÉ

Diplomada pela Escola Normal de Piracicaba em 1919 e esposa do professor Abel Sodré, Benedicta Stahl Sodré (1900-1970) é a autora de *Cartilha Sodré* (Cia. Editora Nacional), publicada em 1940, posteriormente remodelada por sua filha, Isis Sodré Vergamini, tendo vendido, até o ano de 1996, 30 milhões de exemplares.[19] Integrando uma série de quatro livros de leitura, a *Cartilha* proporciona à autora uma premiação pela Câmara Brasileira do Livro, em novembro de 1964.

Em um dos exemplares da 254ª edição, de 1979, encontram-se os seguintes dados: "Livro de uso autorizado pelo Ministério da Educação e Cultura – Registro n. 1598", "Com orientação para o seu emprego" e "Como recursos audiovisuais recomenda-se o uso dos 'Carimbos Didáticos da *Cartilha Sodré*' e dos 'Cartazes da *Cartilha Sodré*'", com indicação da empresa que os fabrica e comercia.

Com 97 páginas em formato grande e ilustradas em cores, utilizando letra de imprensa e manuscrita e a cor vermelha para destacar as sílabas em estudo, as lições são antecedidas pela "Orientação para o professor", em que se encontra exposto o plano da Cartilha, "organizada de acordo com o **Processo de Alfabetização Rápida** ou **Processo Sodré** (de autoria de Abel de F. Sodré e Benedicta Stahl Sodré)".

O processo utilizado na *Cartilha* é, de certo modo, defendido em um dos artigos de Abel Sodré publicado, em 1934, na revista *Educação*. Considerando encerrada a polêmica então recente sobre os métodos de ensino da leitura e embora secundarizando o uso de cartilhas, Sodré expõe, nesse artigo, os resultados positivos do processo de alfabetização que adota como professor na cidade de São Carlos (SP) e que professoras também de outras escolas da região passam a adotar. Sua preocupação assemelha-se às já apresentadas por tantos outros educadores da época: busca de eficiência, economia e rendimento, nessa "obra de patriotismo" que é a alfabetização. E, para atingir seus objetivos, também aponta a relatividade dos métodos e processos de ensino da leitura, afirmando não se importar com a acusação de "rotineiro", então imputada aos "tradicionais".

É que a alfabetização que se faz pelo método analítico (se os pais ou o professor não intervierem com uma silabação providencial) apresenta-se, além de lenta, muitas vezes defeituosa pelo conhecimento imperfeito das sílabas.

Temos um bom número de anos de exercício de magistério. Exercemos já o cargo de diretor de grupo. Em escola rural e mesmo em grupo escolar, regemos classes de 1º grau. Falamos, portanto, pela nossa própria experiência e pela observação do trabalho de numerosos colegas. A alfabetização é atualmente muito morosa. As repetições de ano no 1º grau são mais numerosas do que deviam ser, levando-se em conta a capacidade didática do magistério paulista e a inteligência de nossa gente.

NECESSÁRIO É, POIS, QUE BUSQUEMOS REMÉDIO PARA UM MAL TÃO FÁCIL DE CURAR: TEMOS O BOM MESTRE E O BOM ALUNO. QUE NOS FALTA? VOLTAR UM POUQUINHO AO PASSADO. NEM TUDO O QUE LÁ DEIXAMOS É INFERIOR AOS GÊNEROS DE MAIS RECENTE IMPORTAÇÃO. TALVEZ QUE, LIMPADA COM ESMERO, A PRATA VELHA DE CASA POSSA SUBSTITUIR COM VANTAGEM A BAIXELA NOVA, MAS DE FALSO BRILHO.

Seremos acoimados de rotineiro? Isso pouco nos importa. Tinhamos um ideal: alcançar maior resultado com menor dispêndio de tempo. Já o atingimos, dizem os números que não mentem, e aqueles que têm acompanhado o trabalho nosso e o das colegas a quem orientámos neste ano letivo.

Não temos a pretenção de apresentar aos colegas um processo perfeito. Haverá algum que o seja?

Todos os métodos e processos são defensáveis. Têm todos, também, o seu ponto vulnerável, o seu "calcanhar de Aquiles". Só a prática e os resultados colhidos é que poderão, em última instância, sentenciar qual o que mais nos convém. (Sodré, 1934, p.105)

Baseando-se na silabação, mas utilizando o processo particular originado da experiência profissional desses dois professores – B. S. Sodré e A. Sodré –, a *Cartilha* é composta de sete partes, em que se enfocam, respectivamente: as sílabas formadas com a vogal *a*; as demais vogais; ditongos não nasalados e hiatos; o emprego das letras *s, r, m, n* e *l* no fim das sílabas; o emprego das letras *r* e *l* intercaladas; o emprego das letras *h* e *z* e os diversos sons do *x*; e o emprego das vogais e ditongos nasais.

Na "Orientação para o professor", são destacados alguns aspectos do processo a seguir: as quatro primeiras lições devem ser dadas pelo professor, no quadro-negro, e, só depois de dominadas, deve-se entregar a *Cartilha* aos alunos; a leitura e a escrita "deverão caminhar sempre paralelamente"; não se deve ensinar o nome das letras *s, r, m, n* e *l*, mas apenas o som que cada uma delas representa, quando acrescentadas a uma das sílabas ou palavras estudadas; é a diferença do "Processo Sodré", em relação ao método da silabação.

> Nunca se escreverá *ba, be, bi, bo, bu*, como no método da silabação, porque dessa forma o aprendizado continuará a trazer as mesmas dificuldades que apresentam outros métodos, pois obrigará a criança a dominar mais de 100 sílabas e não **apenas 20**, como no **Processo Sodré**. (Sodré, 1979)

É interessante salientar, ainda, que, embora não se objetive a composição de historietas, as sílabas são estudadas em sentenças reunidas, em cada lição, de maneira semelhante à proposta nas *Instrucções praticas...* [1914], como se pode observar no exemplo a seguir.

> A vaca é malhada.
> Malhada é da Zazá.
> Zazá dá palha à vaca. (Sodré, 1979, p.20)

CAMINHO SUAVE, DE BRANCA ALVES DE LIMA

Diplomada pela Escola Normal do Braz, em 1929, e com experiência de "quinze anos de trabalho em classe de 1º grau, com extraordinários resultados" (Lima, 1948, p.1), Branca Alves de Lima publica, em 1948, a cartilha *Caminho Suave*, desejando contribuir "para a extinção do analfabetismo em nossa Pátria" (Lima, 1948, p.1). Com edição própria, a autora empreende, entre professores, uma intensa propaganda de sua cartilha, apresentando, no folheto *Auxiliar de Alfabetização* (1948), o processo proposto e um resumo da cartilha, além de informações para sua aquisição.

> Um volume bem impresso, encadernado, com sugestiva capa colorida
> Preço Cr$ 8,00
> Envia-se para o interior com a máxima brevidade pelo serviço de reembolso postal, sem despesa alguma de porte ou embalagem.
>
> Pedidos a:
> BRANCA DE LIMA (Lima, 1948, p.1)

Inicia-se, assim, a exitosa carreira da cartilha, que acabou por originar a Editora "Caminho Suave" Limitada, com sede na cidade de São Paulo. Reformulada provavelmente em meados da década de 1970, época em que chegou a vender 1 milhão de exemplares por ano, a cartilha continua a ser editada até os dias atuais e distribuída às escolas públicas pelo Programa Nacional do Livro Didático. "Maior sucesso editorial do país", já foram vendidos 40 milhões de exemplares dessa cartilha, considerada por alguns "símbolo por excelência da alfabetização tradicional".[20]

Num dos exemplares da 8ª edição, de 1954, encontram-se as seguintes informações: "Aprovado pela Comissão Nacional do Livro Didático – Pareceres n. 398 e 431 de 1948"; e "Esta edição compõe-se de 100.000 volumes numerados de 160.001 a 260.000", dado que permite inferir a rápida penetração da cartilha, em aproximadamente seis anos de circulação.

Além do folheto *Auxiliar de Alfabetização*, que circula, a partir de 1948, de maneira autônoma, a edição acima mencionada contém uma apresentação dirigida aos professores e instruções para utilização.

Na apresentação integrante dessa edição, Lima caracteriza o processo utilizado – "Alfabetização pela Imagem" –, como baseado no método analítico-sintético e em conceitos de professor, aluno, método e ensino-aprendizagem da leitura e escrita extraídos das então modernas tendências em pedagogia derivadas dos princípios da Escola Nova, além da experiência pessoal. Essa apresentação, na verdade, parece consistir em um grande esforço de síntese e elaboração pessoal de uma "resposta" – "pelo baixo" – às discussões sobre métodos em alfabetização, que circulam até sua época.

AOS PROFESSÔRES

O ensino da leitura, como simples exercício monótono, não desenvolve a energia intelectual da criança, que então se limitará a acompanhar passivamente a professôra, sem estímulo, sem procurar vencer espontâneamente as dificuldades.

Compete ao mestre dar vida ao aprendizado, lançando mão de artifícios engenhosos e atraentes, que despertem o gôsto pela leitura.

A escolha do método é também de muita importância.

Tenho observado que a criança encontra dificuldade em formar sentenças completas à vista de uma gravura, mas diz espontâneamente: gato, cachorro, faca etc. ...

Por êsse motivo, baseei meu processo de "Alfabetização pela Imagem" no "Método Analítico-Sintético", mas partindo da palavra. Foram escolhidos vocábulos familiares e de fácil articulação.

Consiste, êsse processo, em relacionar a sílaba inicial de cada vocábulo com um "desenho chave". Quando a criança vê escrita determinada sílaba ou letra, imediatamente associa os sinais gráficos que a representam à imagem do desenho a que está ligada, acordando na ideia o som correspondente.

Cada desenho excita enèrgicamente o interêsse, é poderoso auxiliar de intuição e de análise, e oferece apôio à memória.

Assim, dentro de cada lição, o aluno pode praticar a palavração, a silabação e a soletração pois a sílaba, a letra e mesmo algumas palavras menos conhecidas deixam de ser abstrações para o espírito infantil.

A criança normal aprende por si mesma e a missão do mestre reduz-se a guiar e a estimular o trabalho do aluno. A retardada necessita da assistência direta do professor. Por meu processo, até esta memoriza com relativa presteza as diferentes sílabas.

Com a leitura sistemática dos "Quadros Mnemônicos" a criança adquirirá facilidade, segurança e rapidez. Essa repetição continuada poderá afigurar-se monótona, mas posso afiançar por experiência própria que os pequeninos sentem com isso indizível prazer e entusiasmo.

A cópia diária dos "Quadros para Cópia", apesar de não apresentar atrativos para certos alunos, é imprescindível para o aprendizado simultâneo da leitura e da escrita.

Diz Aguayo em sua "Didática da Escola Nova":

Não devem ser descuidados e menos ainda suprimidos os trabalhos e exercícios que, faltos embora de interêsse, são indispensáveis para adquirir facilidade e prática ou formar certos hábitos e atitudes mentais exigidos por todo o trabalho de bôa qualidade. (Lima, 1954, p.3)

Nas instruções para o professor (p.4-6), divididas em duas partes, a autora expõe as fases do processo, enfatizando alguns dos procedimentos consagrados e tradicionais: antes de entregar a cartilha aos alunos, o professor deve encaminhar palestra acerca das gravuras contidas nos quadros que a acompanham e escrever, no quadro-negro, as letras iniciais das palavras; leitura e escrita devem ser ensinadas simultaneamente, conforme "preceituando a pedagogia moderna"; não se deve passar a outra lição, "sem que os alunos saibam perfeitamente a anterior"; devem-se graduar as dificuldades, iniciando-se com as letras e sílabas simples.

Relacionando sempre o traçado da letra a ser ensinada com a forma da figura que representa a palavra-chave, a cartilha de 63 páginas e ilustrada em cores apresenta, desde a primeira lição, letras de imprensa e manuscrita, maiúsculas e minúsculas, sempre em ordem alfabética.

A sequência das lições é invariável: gravura, com destaque para o traçado da letra em estudo; a sílaba inicial da palavra-chave representada pela gravura; sentenças com as palavras-chave estudadas até então; lista de palavras contendo, em diferentes posições, as sílabas estudadas; sílaba em destaque na lição acompanhada das cinco vogais, em ordem alfabética, com letra de imprensa e manuscrita; e, finalmente, as letras iniciais dessa sílaba.

A partir da página 58, encontram-se pequenos conjuntos de frases de caráter metalinguístico a respeito da letra ou sílaba em estudo, com um exercício, à página 61, em que se devem completar com *m* ou *n* os espaços em branco nas palavras listadas. A cartilha termina com um pequeno texto intitulado "Crianças de hoje – homens de amanhã" (p.62), cujo tema é a entrega festiva do "Primeiro livro" e o elogio do estudo e esforço próprio como requisitos do bom brasileiro. E, na última página, é apresentado um quadro com todas as letras do alfabeto – exceto *k*, *y* e *w* – com letras de imprensa e manuscrita, maiúsculas e minúsculas, sendo as consoantes acompanhadas da escrita de sua pronúncia.

Também em algumas lições dessa cartilha, a reunião de sentenças – embora não configure propriamente uma "historieta" – evoca o nexo sintático proposto nas *Instrucções practicas...* [1914]

> O gato é de Bebê.
> Bebê dá água ao gato.
> O gato bebe água. (Lima, 1954, p.14)

Num dos exemplares da última edição localizada – 104ª de 1991 –, o qual integra um lote distribuído gratuitamente, por meio do Programa Nacional do Livro Didático, para uma determinada escola de Presidente Prudente (SP), encontra-se na primeira página um "diploma" com os seguintes dizeres:

> O (A) aluno (a) ... da Escola ... foi alfabetizado (a) pela cartilha "*Caminho Suave*" e está apto (a) a passar para o 1º livro. (Lima, 1991)

Na página de rosto, além do nome da autora, do título e subtítulo, encontra-se o seguinte destaque: "Renovada e ampliada". As modificações consistem sobretudo no acréscimo, ao longo de 33 páginas iniciais, de 103 exercícios correspondentes ao "período preparatório".

A cartilha é também acompanhada de um folheto ilustrado à semelhança das histórias em quadrinhos e contendo propaganda do "Material didático 'Caminho Suave'", a saber: série "Caminho Suave": 1º, 2º, 3º e 4º livros, todos "não consumíveis";

manuais do professor que "dão segurança profissional, delineiam estratégias para o trabalho do professor"; material complementar: cartazes, "em número de 65, tamanho 23 x 33, ricamente coloridos e plastificados", testes de "Alfabetização pela Imagem", 57 cartas de baralho, miniaturas dos cartazes, tendo no verso as sílabas isoladas e carimbos "em número de 63, reproduzem as ilustrações da cartilha vinculadas às "sílabas-chave"; e o "lançamento": cartilha "Caminho Suave", a respeito da qual um discurso ambíguo, dirigido simultaneamente ao professor e aos alunos, busca conciliar tradição e renovação:

> Esta é a cartilha "Caminho Suave" renovada e ampliada, apresentando:
> - o mesmo conteúdo didático;
> - testes que avaliam a "prontidão" para a leitura e a escrita;
> - identificação e reconhecimento do perfil dos símbolos gráficos da língua. (Lima, 1991)
>
> É a mesma cartilha, em tamanho menor que, em 35 anos, já alfabetizou milhões de crianças brasileiras.
>
> Apresenta as palavras geradoras ou chaves vinculadas a desenhos, que funcionam como incentivos visuais estimuladores e oferecem apoio à memória. (Lima, 1991)

Como uma das reformulações realizadas ainda na década de 1970, também as instruções são ampliadas, adaptadas aos então novos *Guias curriculares propostos para as matérias do núcleo comum do ensino do 1º grau* – Cerhupe/SP (1975) e autonomizadas sob a forma de *Manual do Professor* – para a cartilha *Caminho Suave*, Ed. Caminho Suave, com distribuição gratuita.

É interessante ressaltar algumas características do processo expostas nesse *Manual*, conforme se observa em um exemplar da 2ª edição, de 1977. Antecedendo as instruções propriamente ditas, encontram-se os subtítulos: "Apresentação", "Metodologia" e "Bibliografia", nos quais se destacam, dentre outros, os seguintes aspectos indicativos da preocupação da autora com a atualização da cartilha: o processo – "Alfabetização pela Imagem" – é mantido, mas o método passa a ser denominado "eclético";

"segundo o conceito atual", o ensino da leitura é proposto não apenas como processo de "reconhecimento de símbolos gráficos", mas também como "desenvolvimento da habilidade de compreensão e de interpretação do que [se] lê", e seu objetivo é levar a criança a ler e interpretar, "num treino intensivo de pensamento e linguagem"; o processo adotado procura atender às "diferenças individuais"; além dos cartazes e carimbos, a cartilha é acompanhada de "testes de Alfabetização pela Imagem" (baralho) e "diapositivos" que reproduzem os cartazes; deve ser enfatizado o período preparatório da alfabetização, realizado por etapas: "operações concretas", "semiconcretas" e "semiabstratas"; ressalta-se a busca de integração das diferentes áreas de estudo; na bibliografia, são listados títulos do final da década de 1960 e início da década de 1970, versando sobre ensino de leitura, ciências, matemática e educação moral e cívica, além de programas oficiais de ensino e revistas pedagógicas.

Por fim, evidenciando a penetração da cartilha, é importante observar que a Editora Caminho Suave conta com distribuidores em 14 estados e no Distrito Federal, além de quatro, no Estado de São Paulo.

A FUNDAÇÃO DE UMA (NOVA) TRADIÇÃO

Diferentemente dos dois momentos anteriores, cujos marcos iniciais e finais são mais facilmente delimitáveis, esse terceiro momento crucial se caracteriza, sobretudo, pelo que denominei "dispersão" das bandeiras de luta anteriores e simultaneamente pela rotinização do método eclético, mediante o processo de hegemonização das bases psicológicas do processo de alfabetização.

Meados da década de 1920 é o marco inicial, difuso. Quanto ao marco final, este se relaciona com a promulgação da Lei n. 5.692/71 e a elaboração dos *Guias Curriculares para o ensino das matérias do núcleo comum – 1º Grau* Cerhupe (SP), 1975. Nesses *Guias* são sintetizadas as então novíssimas ideias sobre educação e ensino, as quais, por sua vez, em razão da estreita relação com o regime político implantado no país a partir de 1964, acabam, já no final da década de 1970, por suscitar sérias e rigorosas denúncias públicas e por demandar explícita e programaticamente a busca de outras soluções para o problema da alfabetização.

Tanto o sucesso das cartilhas baseadas no método misto quanto a permanência das que utilizam os métodos sintéticos ou o método analítico parecem ser outros índices da tendência à rotinização dessa opção eclética, como alternativa aos impasses gerados pela adoção exclusiva de um método. No âmbito dessa tendência, as novas cartilhas vão sendo aprimoradas graficamente, muitas "novidades" – como os exercícios relativos ao período preparatório e os "guias do mestre" que as acompanham – vão sendo introduzidas, mas algumas características da tradição herdada das primeiras cartilhas brasileiras vão-se consagrando como modelos e se repetindo até o presente, como é o caso das ilustrações que antecedem as lições, dos conjuntos de frases relacionadas entre si mediante nexos sintáticos, da silabação disfarçada em sentenciação, ou do controle da recorrência e diversidade de vocábulos apresentados em cada lição.

A formação de professores primários (e alfabetizadores), por sua vez, embora continue a ocorrer em instituições especializadas – escolas normais e institutos de educação – passa a ser também alvo de uma produção editorial sistemática relativa a livros de divulgação das novas e modernas bases da educação.

No entanto, é sobretudo na atuação de Lourenço Filho e no livro *Testes ABC* que se pode buscar a característica que melhor identifica esse momento.

A perspicácia de Lourenço Filho em buscar a interlocução – num tom objetivo e "técnico" que não pretende polêmicas, mas superação da tradição herdada e homogeneização controladora da pluralidade do presente –, tanto com os "entendidos" quanto com os "aplicadores"; sua sintonia com as ideias renovadoras e os anseios políticos, sociais e culturais brasileiros desse momento histórico; a autoridade catalisadora e o prestígio de uma trajetória profissional de administrador, intelectual e professor, que se apresenta como exercendo influências, mas não passível de recebê-las; a argumentação cerrada e rigorosamente fundamentada que confere pioneirismo e cientificidade a *Testes ABC*; a recorrente e autorreferenciada propaganda que contribui para a rápida disseminação do livro e que demanda a incorporação de acréscimos atualizadores, que só fazem ressaltar e referendar seu substrato inabalável; a autonomização do material para aplicação; enfim, esse conjunto de aspectos é indicador do esforço e empenho em se conferir a *Testes ABC* o sentido hegemônico de ato fundador de um discurso científico e de uma prática racionalizadora relativamente ao ensino e aprendizado da leitura e escrita.

Melhor dizendo, trata-se de um exitoso processo de construção, por parte de Lourenço Filho e de seus adeptos/divulgadores, de uma autoimagem centrada na perspectiva, intencional ou não, da fundação do novo, que é preservada do esquecimento, ao ser constantemente reiterada pelas gerações seguintes, seja como parâmetro a ser seguido, seja como legado incômodo a ser exorcizado pelo combate ou pelo silêncio. Sem pretender, redundantemente, tomar partido na disputa entre o novo e o velho, a análise desse conjunto de aspectos constitutivos do significado do livro autoriza a atribuir-lhe o sentido de fundador de uma tradição, que se pode ser sintetizada na expressão "alfabetização sob medida"[21] e cuja condição de permanência específica, em cada um dos níveis, é interpretada nas considerações abaixo.

a) No nível das tematizações características do discurso acadêmico-científico, de onde se depreende mais explicitamente o movimento de constituição da alfabetização como objeto de estudo, *Testes ABC* é apresentado como hegemônico e constantemente referenciado como a primeira pesquisa sistematizada produzida por um brasileiro, com repercussão internacional, em que se ressalta, como inovação para a época, o rigor característico do trabalho de investigação científica de um determinado fenômeno no âmbito da educação. Abordando-se a alfabetização como fenômeno verificável e diretamente dependente de um nível de maturidade passível de medida, dessas tematizações emerge um discurso de autoridade – "acadêmico" e científico –, decorrente da definição: de um objeto de estudo – a alfabetização, entendida como aprendizagem da leitura e escrita –; de um método científico de abordagem – método clínico-experimental –; de um ponto de vista hegemônico para abordagem do objeto – psicológico-condutista –; e de um sujeito autorizado do discurso investigativo – o especialista em alfabetização.

b) No nível das normatizações, encontra-se um discurso mediador entre: o discurso acadêmico-científico, no qual se fundamenta e com o qual muitas vezes se confunde, dado o exercício simultâneo ou alternado, por parte dos educadores envolvidos, de atividades burocrático-administrativas e intelectuais; e as concretizações no cotidiano escolar, as quais se pretende diferenciar, controlar e homogeneizar. Nesse nível, produz-se um discurso institucional que, visando a normatizar o ensino da leitura e da escrita, empreende um processo de institucionalização, normalização e rotinização dos fundamentos teóricos e da prática de diagnóstico e prognóstico proposta em *Testes ABC*, e, em decorrência, do método eclético, como síntese do tipo de ensino mais adequado ao princípio da "alfabetização sob medida".

c) No nível das concretizações – sempre resistentes às tentativas de controle e homogeneização impostas pelas tematizações e normatizações, mas sensíveis ao apelo de facilitação veiculado pelo discurso institucional como "progresso evolutivo da ciência" –, vai-se produzindo uma síntese da tradição herdada em que se juntam a técnica "natural" de diagnóstico e prognóstico dos testes ABC e um método eclético de alfabetização. Desse modo, a hipótese e endereçamento iniciais de *Testes ABC* vão-se produzindo, devido sobretudo ao percurso histórico do material para aplicação, como tese verificável, inquestionável e hegemônica, o que, por um lado, garante sua incorporação, nesse nível, como senso comum pedagógico e, por outro, assegura a indireta e insistente permanência de seus fundamentos teóricos, mesmo quando as finalidades pedagógico-político-sociais de economia, eficiência e rendimento no processo de alfabetização e na organização escolar, assim como os "métodos tradicionais" passam a ser programaticamente combatidos.

Conferindo, institucionalmente, à alfabetização o estatuto acadêmico-científico de objeto de estudo – embora não completamente autônomo dada sua vinculação à psicologia – e subordinando seu ensino às condições individuais de aprendizagem, esse livro de Lourenço Filho contribui decisivamente para a fundação de uma tradição: "nova" para o momento em que se a engendra e em relação à "antiga" tradição que esse momento herda; no entanto, "velha" e "tradicional" para seus herdeiros atuais que, sobretudo a partir da década de 1980, no nível das tematizações e normatizações, buscam insistentemente superar essa tradição herdada e teimosamente operante.

NOTAS

1 A respeito desse momento da cultura brasileira, Antonio Candido apresenta as seguintes considerações: "Quem viveu nos anos 30 sabe qual foi a atmosfera de fervor que os caracterizou no plano da cultura, sem falar nos outros. O movimento de outubro não foi um começo absoluto nem uma causa primeira e mecânica, porque na História não há dessas coisas. Mas foi um eixo e um catalisador: um eixo em torno do qual girou de certo modo a cultura brasileira, catalisando elementos dispersos para dispô-los numa configuração nova. Nesse sentido foi um marco histórico, daqueles que fazem sentir vivamente que houve um 'antes' e um 'depois' ... O caso do ensino é significativo. Não foi o movimento revolucionário de 30 que começou as reformas; mas ele propiciou a sua extensão por todo o país ... Todas elas visavam à renovação pedagógica consubstanciada na designação 'escola nova' que representava posição avançada no liberalismo educacional, e que por isso foi combatida às vezes violentamente pela Igreja, então muito aferrada não apenas ao ensino religioso, mas a métodos tradicionais. Ora, a escola pública leiga pretendia formar mais o 'cidadão' do que o 'fiel', com base num aprendizado pela experiência e a observação que descartava o dogmatismo ... Tratava-se de ampliar e 'melhorar' o recrutamento da massa votante, e de enriquecer a composição da elite votada. Portanto, não era uma revolução educacional, mas uma reforma ampla, pois no que concerne ao grosso da população a situação pouco se alterou." (CANDIDO, A. A revolução de 1930 e a cultura. In: _____. *A educação pela noite & outros ensaios*. São Paulo: Ática, 1987, p.181-8).

2 Dentre tantas atividades desenvolvidas pelo educador, destaco as seguintes:
a) professor de Psicologia e Pedagogia na Escola Normal de Piracicaba (SP)

(1921-1924) e na Escola Normal de São Paulo (1925-1930), professor de Psicologia Educacional na Escola de Educação, da Universidade do Distrito Federal (1925-1939) e na Faculdade Nacional de Filosofia da Universidade do Brasil (1939-1957), professor visitante na Universidade de Buenos Aires e na Universidade de La Plata (1936) e em cursos nas Universidades de Lima (Peru) e Santiago do Chile (1943); b) reorganizador da instrução pública do Estado do Ceará (1922-1923), organizador e diretor da Escola Primária Experimental Rio Branco (SP) (1927), Diretor Geral do Ensino do Estado de São Paulo (1930-1931), organizador e diretor do Instituto de Educação, do Distrito Federal (1932), diretor da Escola de Educação, da Universidade do Distrito Federal (1935) e do Instituto de Pesquisas Educacionais do Distrito Federal (1936), membro do Conselho Nacional de Educação (1937), Diretor Geral do Departamento Nacional de Educação (1937 e 1947-1951), organizador e diretor do Instituto Nacional de Estudos Pedagógicos (1938-1946), organizador da Campanha Nacional de Educação de Adultos (1947), presidente da Comissão Executiva do Centro de Formação de Pessoal para Educação Fundamental na América Latina (México) (1951) e presidente do Instituto Brasileiro de Educação, Ciência e Cultura (1952); c) organizador da Bibliotheca de Educação, da Editora Melhoramentos (1928), membro da Academia Paulista de Letras (eleito em 1929), fundador da *Revista Brasileira de Estudos Pedagógicos* (1944), presidente da Associação Brasileira de Educação (fundada em 1924); e d) autor de vários escritos sobre diferentes temas de educação em geral e psicologia; de artigos relativos à leitura e seu ensino e de prefácios e orientações a autores de livros para crianças assim como seus próprios livros para crianças e livros didáticos de aritmética e de leitura com os correspondentes *Guias do Mestre*, todos esses livros publicados pela Editora Melhoramentos e, conforme dados disponíveis, com relativa permanência. A respeito da atuação desse educador, ver, especialmente: LOURENÇO FILHO, R. *Cronologia e biobibliografia do professor M. B. Lourenço Filho.* Rio de Janeiro: ABE, Cesgranrio, 1996 e MONARCHA, C. (Org.) *Lourenço Filho:* outros aspectos, mesma obra. Campinas: Mercado de Letras, Marília: Pós--Graduação em Educação, UNESP, 1997a; e _____. (Org.) *Centenário de Lourenço Filho (1887-1997).* Londrina: Editora da UEL, Marília: UNESP, Rio de Janeiro: ABE, 1997b.

3 Ao longo deste capítulo, estarei utilizando: *Testes ABC* – com inicial maiúscula e itálico –, quando se tratar de referência ao livro; e testes ABC – com inicial minúscula e sem itálico –, quando se tratar de referência ao material de aplicação.

4 A respeito da contribuição de Lourenço Filho para a psicologia escolar no Brasil, como campo de conhecimento então emergente, ver: PENNA, A. G. Lourenço Filho e a história da psicologia no Brasil. In: MONARCHA, C., op. cit., 1997a.

5 Essa posição relativista quanto ao papel do método de ensino da leitura é também defendida por outros teorizadores do escolanovismo divulgados no

Brasil, como, por exemplo, A. M. Aguayo, que, após sintetizar a história dos métodos de ensino da leitura, conclui: "Com relação à leitura, a tendência atual é incorporar esta disciplina a um ensino global que corresponda ao mundo da experiência infantil e, utilizando as atividades lúdicas, despertar o interêsse da criança e converter a aprendizagem numa experiência vital ... São recomendáveis, para êsse fim, os métodos concordes com os resultados obtidos pela psicologia da aprendizagem. A nova didática não tem preferência por êste ou aquêle método, quando não são aplicados de modo inteligente e não provocam o interêsse dos alunos, não têm senão valor muito relativo. Aplicados por uma professôra competente e entusiasta, o método de orações, o de palavras e o de análise fônica podem ser tão interessantes como o de contos" (AGUAYO, 1935a, p.304). Extraída de *A Didática da Escola Nova*, a citação acima é entremeada por uma nota dos tradutores, informando a respeito de tentativas de "ensino da leitura em aulas globalizadas": "Em algumas escolas do Estado de São Paulo tem-se tentado o ensino da leitura em aulas globalizadas, com resultados muito satisfatórios. Ver *Revista de Educação*, órgão da Diretoria Geral do Ensino do Estado de São Paulo, v.4, n.4, dezembro de 1933, o trabalho de Odalívia de TOLEDO, 'Escola Nova'". (Penna e D'Ávila. In: AGUAYO, A. M. *Didática da Escola Nova*. Tradução e notas de J. B. Damasco Penna e Antonio D'Ávila. São Paulo: Cia. Editora Nacional, 1935, p.304) (*Atualidades Pedagógicas*, v.13).

6 A expressão "monomania de época" assim como muitas das informações contidas neste tópico foram extraídas de: MONARCHA, C. *Escola Normal da Praça*: o lado noturno das luzes. Campinas: Editora da Unicamp, 1999.

7 As considerações a respeito da trajetória editorial de *Testes ABC* assim como as que serão apresentadas relativamente ao material para aplicação e às duas cartilhas de Lourenço Filho baseiam-se em dados obtidos na Companhia Melhoramentos de São Paulo.

8 Constatações a respeito dessa situação podem ser observadas, por exemplo, às páginas 153-6, da tradução brasileira (1968) – também prefaciada por Lourenço Filho – de *Problemas e métodos no ensino da leitura*, de Berta Braslavsky, cuja 1ª edição argentina é de 1962: BRASLAVSKY, B. *Problemas e métodos no ensino da leitura*. Trad. A. Miniccuci. São Paulo: Melhoramentos, 1968 (Biblioteca de Educação – Série Iniciação e Debate). Ou, ainda, em referências das pesquisadoras Emilia Ferreiro e Ana Teberosky, cujas pesquisas em relação à aprendizagem da *lecto-escritura* se apresentam como revolucionárias em relação à tradicional e infrutífera "querela dos métodos" de alfabetização e, especialmente, à perspectiva condutista disseminada pelos testes ABC: "Não se tratou, pois, de aplicar nenhum teste, porque os testes estão baseados numa suposição sobre o processo de aprendizagem ... Se tomamos, por exemplo, um dos testes de maior difusão na América Latina, o ABC de Lourenzo Filho, encontramos que para decidir se um criança pode começar sua aprendizagem sistemática é necessário que possua um mínimo de 'maturidade' na coordenação viso-

-motora e auditivo-motora, além de um bom quociente intelectual e de um mínimo de linguagem (Filho (*sic.*), 1960)". (FERREIRO, E., TEBEROSKY, A. *Psicogênese da língua escrita*. Trad. D. M. Lichtenstein et al. 3.ed. Porto Alegre: Artes Médicas, 1985, p.33).

9 Minucioso estudo sobre *Cartilha do povo* e *Upa, cavalinho!* encontra-se em: BERTOLLETTI, E. N. M. *Cartilha do povo e Upa, cavalinho!*: o projeto de alfabetização de Lourenço Filho. Marília, 1997. Dissertação (Mestrado) – Faculdade de Filosofia e Ciências, Universidade Estadual Paulista, trabalho desenvolvido sob minha orientação e integrante do Grupo de Pesquisa: História do Ensino de Língua e Literatura no Brasil.

10 Embora a pesquisa de que se origina este livro tenha sido delimitada ao ensino da leitura e escrita na fase inicial de escolarização de crianças, é impossível deixar de pelo menos mencionar, no âmbito das diversificadas tematizações desse terceiro momento, a importância do nome e dos feitos do educador Paulo Freire (1921-1997) em relação à educação popular e à alfabetização de adultos. Mesmo que passado o contexto histórico em que se engendra o "método Paulo Freire", a influência do pensamento e das iniciativas desse educador ainda são perceptíveis em discursos e práticas sobre alfabetização, no Brasil. Ver, dentre tantos outros, GADOTTI, M. (Org.) *Paulo Freire*: uma biobibliografia. São Paulo: Cortez, 1998.

11 São elas: *Revista de Educação*, dirigida pelo professor Cyridião Buarque e publicada de maio de 1902 a dezembro de 1903; *Revista dos Educadores*, dirigida por Ernesto Sampaio e Affonso Porto, iniciada em 1911 e extinta meses depois; *O Estudo*, fundada, em 1912, por um grupo de professores da Escola Normal Secundária de São Carlos (SP) e extinta, no mesmo ano, após a publicação de apenas três números; *Revista da Escola Normal de São Carlos*, organizada por professores dessa escola, publicada de 1916 a 1923; *Revista de Educação*, órgão da Escola Normal de Piracicaba (SP) e anexas, publicada em maio de 1921 e desaparecendo alguns números depois; *Archivo Pedagogico*, do Centro Educativo Cesario Motta de Guaratinguetá (SP), com catorze números publicados de 1918 a 1919; e *Revista Nacional*, publicada pela Companhia Melhoramentos de São Paulo, de outubro de 1921 a dezembro de 1922, e de "grande interesse para as classes ensinantes, onde se encontravam quasi todos os leitores" da *Revista*, embora pretendesse ser uma revista de cultura geral e não de ensino" (SILVEIRA, C. Apontamentos para a história do ensino em São Paulo – revistas de ensino. *Educação*, v.VII, n.3, p.323-32, jun. 1929).

12 Dessas exposições derivam as seguintes publicações na revista: BARRETO, A. O. O methodo analytico, v.II, n.6, p.237-47, jun. 1924; SAMPAIO DÓRIA, A. O ensino da leitura, v.II, n.6, p.248-78, jun. 1924 e v.III, n.7, p.14-54, ago. 1924; e TOLOSA, B. [...]. v.III, n. 8, out. 1924.

13 Nas décadas de 1950, 1960 e 1970, outros periódicos, como, por exemplo, a *Revista Brasileira de Estudos Pedagógicos* (DF), *Revista do Arquivo Municipal* (SP), *Amae Educando* (MG), *Revista de Psicologia Normal e Patológica* (SP),

Revista Brasileira de Psicotécnica (RJ), *Revista do Ensino* (RS), também publicaram artigos sobre alfabetização, nos quais se pode observar a secundarização do problema do método e a priorização dos problemas de maturidade, prontidão e dos relativos às "patologias" que interferem na alfabetização.

14 Refiro-me, especialmente, a NAGLE, J. *Educação e sociedade na Primeira República.* São Paulo: EPU, Edusp, 1974. Estudando as relações entre educação e sociedade na Primeira República, Nagle aponta a escassez de obras sobre educação até 1920 e a "grande transformação" sofrida, a partir dessa década, pela literatura educacional brasileira, refletindo "a confluência de dois importantes acontecimentos: a inquietação social e o entusiasmo pela educação" e definindo "outro aspecto do clima cultural da década dos vinte em parte intensificado pelo aparecimento dos 'especialistas' ou 'técnicos' em assuntos educacionais", além da diversificação e especialização do programa editorial da época, com a criação de séries especializadas e produção sistemática de obras sobre educação e ensino. Ainda segundo Nagle, três são as orientações dessa literatura: 1) conserva-se o padrão do período inicial da República, com um desnível doutrinário, e a literatura educacional deixa de fazer parte da documentação especial do Congresso para integrar "planos editoriais privados", estendendo-se para uma "camada mais ampla de leitores"; 2) disseminam-se publicações que, embora conservem "boa parte da problemática anterior", "situam as questões educacionais em diversos quadros de análise, nos quais se vai notar uma preocupação cada vez maior com os assuntos de natureza especificamente educacional e pedagógica", ou seja, "com a análise da escolarização como domínio especializado e autônomo da realidade social, bem como o de temas de natureza intraescolar", enfatizando-se a atenção sobre finalidades, currículos e métodos de ensino; e 3) aparecem os primeiros trabalhos sobre o escolanovismo, no âmbito dos quais: "O 'concreto' vai ganhar sentido pelo uso de um esquema doutrinário que, de modo geral, reforça a ideia de que a escolarização é um processo autônomo, que só pode ser adequadamente compreendido por meio de 'leis' que lhe são inerentes, e especialmente as leis de natureza psicológica. É esta parte da literatura educacional que se torna mais especializada e proporciona maior prestígio aos educadores. Falar em nova concepção da infância, em etapas do desenvolvimento do educando, em centros de interesses ou em projetos – enfim, falar com as palavras e nos temas da 'nova pedagogia' – era uma das principais condições para que uma pessoa se transformasse em educador de méritos, num momento em que o termo educador significava, antes de tudo, o novo teorizador da escolarização" (p. 262-3).

15 A esse respeito, ver, especialmente, GARCIA, M. M. *A didática no ensino superior.* Campinas: Papirus, 1995.

16 A esse respeito, ver: MONARCHA, C. As três fontes da pedagogia científica: a psicologia, a sociologia e a biologia. *Didática (São Paulo),* n.28, p.41-9, 1992.

17 É o caso, por exemplo, de antigas cartilhas que se encontram, ao lado de outras mais recentes, nos catálogos da Livraria Francisco Alves, em 1959 e 1960, indicando sua provável adoção, ainda nessa época: *Cartilha Nacional*, de H. Ribeiro; os livros de leitura de Felisberto de Carvalho, Olavo Bilac, João Köpke e Francisco Vianna; *Cartilha da Infancia* e *Na escola* e *No lar*, de Thomaz Galhardo; e *Cartilha das Mães* e *Cartilha analytica*, de Arnaldo O. Barreto, entre outros. (PFROMM NETO, S., ROSAMILHA, N., DIB, C. Z. *O livro na educação*. Rio de Janeiro: Primor, INL, 1974.)
18 FREITAG, B., MOTTA, V. R., COSTA, W. F. *O livro didático em questão*. 2.ed. São Paulo: Cortez, 1993.
19 Essas informações foram extraídas de: FIORAVANTI, C. A. A cartilha se adapta aos novos tempos. *Nova Escola*, n.97, p.8-15, out. 1996.
20 FIORAVANTI, C. A., op. cit., p.8.
21 Essa expressão é tomada de empréstimo ao título do livro de Edouard Claparède, *L'École sur Mesure*. Neuchâteul, Suisse: Delachaux & Niestlé S. A.

FONTES DOCUMENTAIS

AGUAYO, A. M. *Didática da Escola Nova*. Trad. e notas de J. B. Damasco Penna e Antonio D'Ávila. São Paulo: Cia. Editora Nacional, 1935a. (*Atualidades Pedagógicas*, v.13).

_____. *Pedagogia Científica*: Psicologia e direção da aprendizagem. Tradução e notas de J. B. Damasco Penna. S. Paulo: Cia. Editora Nacional, [1935b]. (*Atualidades Pedagógicas*, v.18).

ALMEIDA, R. M. *Lateralidade, maturidade para leitura e escrita e rendimento escolar de canhotos e destros*. São Paulo, 1965. Tese (Doutorado) – Instituto de Psicologia, Universidade de São Paulo

ANNUARIO do Ensino do Estado São Paulo (1936-1937). Organizado pelo prof. A. Almeida Junior, director do ensino, e abrangendo o ensino primario e pre-primario estadual, municipal e particular e o ensino normal, estadual e livre. São Paulo: Typ. Siqueira, 1937.

AZAVEDO, F. de. *A cultura brasileira*: introdução ao estudo da cultura no Brasil. 4.ed. rev. ampl. Brasília: Editora da Universidade de Basília, 1963.

CAMPOS, Moacyr. (1953). Apud: PFROMM NETO, S., ROSAMILHA, N., DIB, C. Z. *O livro na educação*. Rio de Janeiro: Primor, INL, 1974, p.184.

CLAPARÈDE, E. *A Educação Funcional*. Trad. de Jaime Grabois. São Paulo: Cia. Editora Nacional, 1933. (*Atualidades Pedagógicas*, v.4).

COSTA, F. *Como ensinar linguagem*. São Paulo: Melhoramentos, 1933 (prefácio de Lourenço Filho) (*Bibliotheca de Educação* – v.XVII).

DIRECTORIA DO ENSINO. *Revista de Educação*. v.XV e XVI, n.15 e 16, p.78-89, set.-dez. 1936. (Reunião dos delegados regionaes, para o estudo de questões technicas e administrativas. Themas relatados pelas Comissões. Conclusões approvadas em plenario.).

FIGUEIRINHAS, A. *Impressões sobre a instrução no Rio de Janeiro e em São Paulo*. Porto: Casa Editora de A. Figueirinhas, 1929.

GRISI, R. *O ensino do vernáculo na escola secundária*. São Paulo: Impressora Commercial José Magalhães, 1938. (Monografia apresentada ao concurso para Livre-docente da 7ª cadeira – Metodologia do Ensino Secundário – do Instituto de Educação, da Universidade de São Paulo.).

_____. *O ensino da leitura*: o método e a cartilha. São Paulo: Imprensa Oficial do Estado, 1946. (Separata da revista *Educação*, v.XXXII, p.36-90, 1946.).

INSTITUTO NACIONAL DE ESTUDOS E PESQUISAS PEDAGÓGICAS. *Índice da Revista Brasileira de Estudos Pedagógicos: 1944-1984*. Brasília: INEP, 1986.

JARDIM, R. O chamado "Methodo analytico" no ensino da leitura. *Revista da Sociedade de Educação*, v.II, n.5, p.115-53, abril 1924.

LIMA, B. A. de. *Caminho Suave*: Alfabetização pela imagem. 8.ed. São Paulo: Edição da Autora, 1954.

_____. *Caminho Suave*: Alfabetização pela imagem (renovada e ampliada). 104.ed. São Paulo: Caminho Suave, 1991.

_____. *Auxiliar de Alfabetização*. São Paulo: Edição da Autora, 1948.

_____. *Manual do Professor para a cartilha "Caminho Suave"*. 2.ed. São Paulo: Caminho Suave, 1977.

LOURENÇO FILHO, M. B. *Testes ABC* – para verificação da maturidade necessária à aprendizagem da leitura e escrita. São Paulo: Melhoramentos, 1934 (*Bibliotheca de Educação*, v.XX).

_____. *Testes ABC* – para verificação da maturidade necessária à aprendizagem da leitura e escrita. 5.ed. (com material de aplicação) São Paulo: Melhoramentos, 1954 (*Biblioteca de Educação* – v.XX).

_____. *Testes ABC* – para verificação da maturidade necessária à aprendizagem da leitura e escrita. 9.ed. (revista e com material de aplicação) São Paulo: Melhoramentos, 1967. (*Biblioteca de Educação*) (Obras Completas de Lourenço Filho, v.III).

LOURENÇO FILHO, M. B. *Testes ABC* – para verificação da maturidade necessária à aprendizagem da leitura e escrita. 11.ed. (com material de aplicação). São Paulo: Melhoramentos, 1969. (*Biblioteca de Educação*) (Obras Completas de Lourenço Filho, v.III).

_____. *Cartilha do povo* para ensinar a ler rapidamente. 916.ed. São Paulo: Melhoramentos, 1953.

_____. *Upa, Cavalinho!* – cartilha. 2.ed. São Paulo: Melhoramentos, 1958.

_____. A resposta de Lourenço Filho. (1926) In: AZEVEDO, F. *A educação na encruzilhada*: problemas e discussões. 2.ed. São Paulo: Melhoramentos, [1957], p.97-109.

LOURENÇO, L. M. da S. Lourenço Filho na bibliografia estrangeira. In: ASSOCIAÇÃO BRASILEIRA DE EDUCAÇÃO (Org.) *Um educador brasileiro*: Lourenço Filho (*Livro Jubilar*). São Paulo: Melhoramentos, 1959, p.204-15. (Obras completas de Lourenço Filho, volume preliminar.).

MARQUES, O. *A escrita na escola primária*. São Paulo: Melhoramentos, 1936 (prefácio de Lourenço Filho) (*Bibliotheca de Educação*, v.XXVI).

MEIRELES, C. Alfabetização. (*A manhã*. 1º.11.1941). In: *Educação em Revista*, n.12, p.54-5, dez. 1990.

MENNUCCI, S. A escola paulista. *Educação*. v.IX, n.2, p.270-3, nov. 1929.

MICOTTI, M. C. O. *Métodos de alfabetização e o processo de compreensão*. São Paulo: Faculdade de Educação da USP, 1969. 141p. Tese (Doutorado).

O que é a Bibliotheca de Educação. São Paulo: Melhoramentos, 1934.

PAVÃO, Z. M. *Contribuição estatística ao estudo da maturidade necessária à aprendizagem da leitura e escrita*. Curitiba, 1961. 59p. Tese (Cátedra) – Faculdade de Filosofia da UFPR.

PFROMM NETO, S., ROSAMILHA, N., DIB, C. Z. *O livro na educação*. Rio de Janeiro: Primor, INL, 1974.

POPPOVIC, A. M. Considerações sobre a dislexia específica: estudo de dois casos. *Revista de Psicologia Normal e Patológica*. v.10, n.3 e 4, p.381-9, jul.-dez. 1964a.

_____.Uma experiência com um teste coletivo de prontidão para a aprendizagem da leitura. *Revista de Psicologia Normal e Patológica*. v.10, n.3 e 4, p.325-31, jul.-dez. 1964b.

_____. *Disfunções psiconeurológicas da aprendizagem da leitura e da escrita*. São Paulo: Departamento de Psicologia da PUC-SP, 1967. 223p. Tese (Doutorado).

RESPOSTAS a consultas. *Educação*, v.VII, n.3, p.345, jun. 1929.

SANTOS, M. M. Livros didacticos. *Revista de Educação*, v.XI e XII, n.11 e 12, p.25-9, 1935.

SILVEIRA, C. Apontamentos para a historia do ensino em São Paulo – revistas de ensino. *Educação*, v.VII, n.3, p.323-32, jun. 1929.

SOARES, M. B. *Alfabetização no Brasil:* o estado do conhecimento. Brasília: INEP, REDUC, 1989.

SODRÉ, B. S. *Cartilha Sodré.* (remodelada por Isis Sodré Vergamini). 254.ed. São Paulo: Ed. Nacional, 1979.

SODRÉ, A. F. Alfabetização rapida. *Revista de Educação*, v.V, n.5, p.101-6, 1934.

VOSS, P. Carta ao Doutor José Manuel Lobo, Secretário do Interior. São Paulo, 29.9.1925. (Manuscrito).

_____. Carta ao Doutor José Manuel Lobo, Secretario do Interior. São Paulo, 5.9.1926. (Manuscrito).

Á CONGREGAÇÃO DA
ESCOLA NORMAL
E EPECIALMENTE AOS SRS. DRS. GODOFREDO
J. FURTADO
e J. E. CORRÊA DE SÁ E BENEVIDES

Ao Sr. Dr. Herculano M. Inglez de Souza, o deputado que propoz a lei creadora da Escola Normal.

Ao Sr. Dr. R. Pestana; ao Sr. Dr. J. Höpke e ao Sr. A. Gomes.

Professores da Escola Primaria Neutralidade

Aos Professores Normalistas, e especialmente aos Srs. Adelio B. de Castro, Benedicto B. Vieira, A. Cesar A. Castanho, e as Exmas. Sras. Professoras D. Izabel M. da C. Rebouças e D. A. M. Sene e Souza

Ao Professorado leigo da Provincia, e em especial, ao Sr.

Sebastião Hümel

Aos meus discipulos do 1.º, 2.º e 3.º anno da ESCOLA NORMAL,

e aos meus ex-alumnos da

AULA ANNEXA

Folha de rosto do livro *A Reforma do Ensino da Língua Materna*, de Antonio da Silva Jardim (1884). Fonte: FBN.

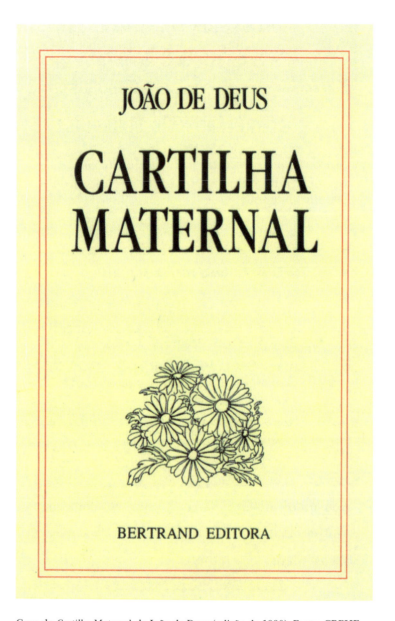

Capa da *Cartilha Maternal*, de João de Deus (edição de 1990). Fonte: CRPHE.

OS SENTIDOS DA ALFABETIZAÇÃO   227

Capa da *Cartilha da Infância*, de Thomaz Galhardo (141.ed., 1939). Fonte: BCPP – AHSM.

— 11 —

2.ª Lição

V (labial sibilante)

Esta classificação e as seguintes são do diagrama que se lê á pag. 9, da Gramática Portuguesa do erudito filólogo Júlio Ribeiro

va	ve	vi	vo	vu
ve	va	vo	vu	vi
vo	vi	va	ve	vu
	vai	viu	vou	

VOCABULOS

vo-vó   a-ve   a-vô   o-vo
vi-va   vo-vô   ou-ve   u-va
ui-va   vi-vi-a   vi-ú-va

EXERCICIO

vo-vó viu a a-ve
a a-ve vi-ve e vô-a
eu vi a vi-ú-va
vi-va a vo-vó
vo-vô vê o o-vo
a a-ve vo-a-va

Página da *Cartilha da Infância*, de Thomaz Galhardo (141.ed., 1939). Fonte: BCPP – AHSM.

Prova de caligrafia de Thomaz Augusto Ribeiro de Lima, candidato a uma cadeira de professor na Escola Normal de São Paulo (1886). Fonte: AESP.

Capa do opúsculo *A Leitura Analytica*, de João Köpke (1896).
Fonte: BPB – EESPGCC.

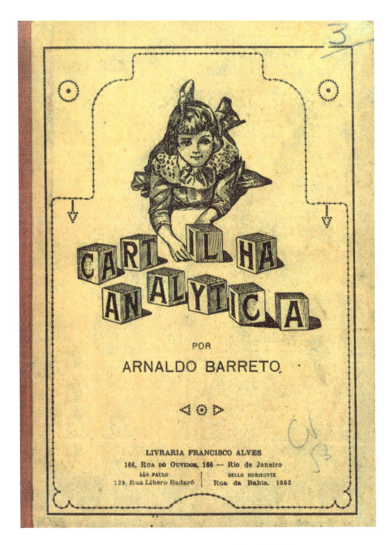

Capa da *Cartilha Analytica*, de Arnaldo Barreto (27.ed., 1926).
Fonte: BCPP – AHSM.

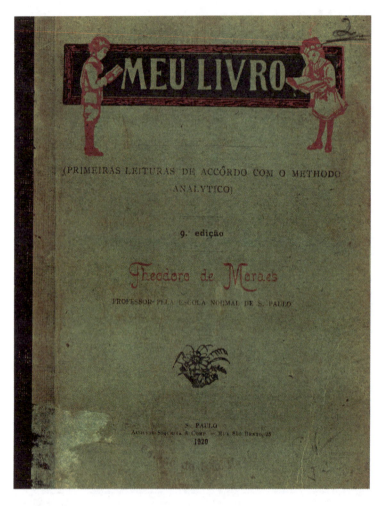

Capa da cartilha *Meu Livro*, de Theodoro de Moraes (9.ed., 1920). Fonte: BCPP – AHSM.

OS SENTIDOS DA ALFABETIZAÇÃO 233

Página da cartilha *Meu Livro*, de Theodoro de Moraes (9.ed., 1920). Fonte: BCPP – AHSM.

Directoria Geral da Instrucção Publica

INSTRUCÇÕES PRATICAS
PARA
O ENSINO DA LEITURA PELO METHODO ANALYTICO

MODELO DE LIÇÕES

SÃO PAULO
Typographia do "Diario Official"
1915

Capa das *Instrucções Praticas para o Ensino da Leitura pelo Methodo Analytico*, expedidas pela Directoria Geral da Instrucção Publica do Estado de São Paulo (1915).
Fonte: BCPP – AHSM.

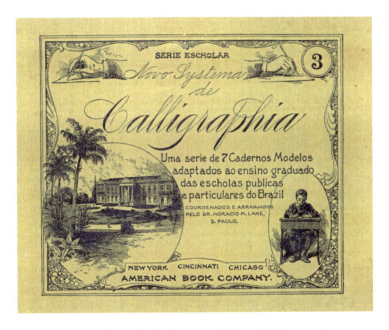

Capa de um dos cadernos do *Novo Systema de Calligraphia Vertical*, coordenado por Horacio Lane (1894). Fonte: AESP.

Páginas do caderno de linguagem de Romeu Gullo, aluno do 2º ano da Escola-Modelo "Caetano de Campos" (SP) (1895). Fonte: AESP.

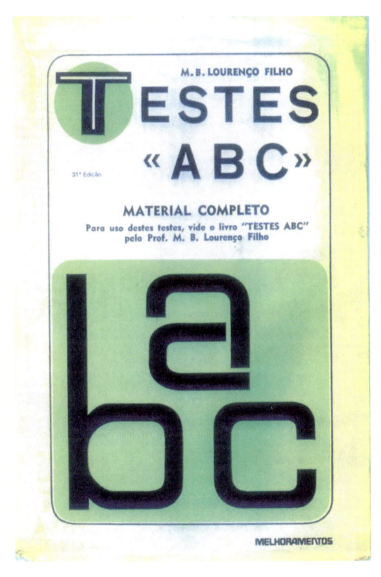

Capa do envelope contendo material completo de *Testes ABC*, de Lourenço Filho (31.ed., 1985). Fonte: CRPHE.

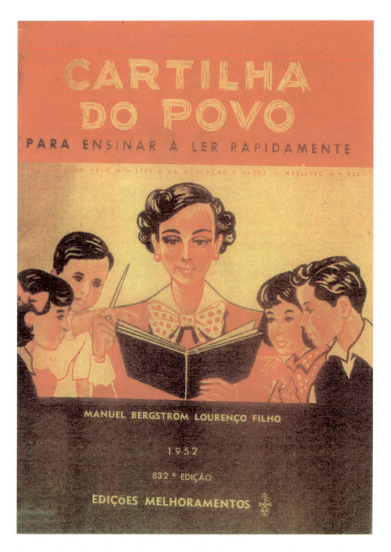

Capa de *Cartilha do Povo*, de Lourenço Filho (832.ed., 1952). Fonte: CRPHE.

OS SENTIDOS DA ALFABETIZAÇÃO 239

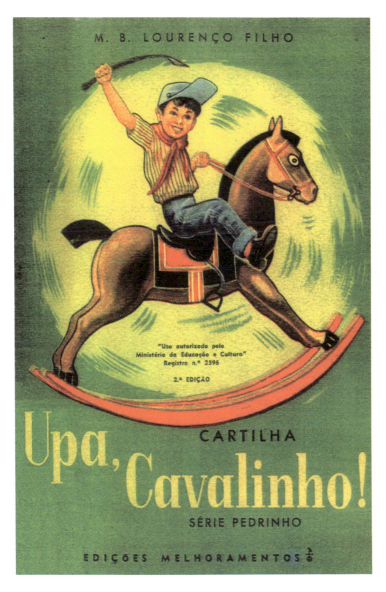

Capa de *Upa, Cavalinho!*, de Lourenço Filho (2.ed., 1958). Fonte: CRPHE.

Capa de *Cartilha Sodré*, de Benedicta Stahl Sodré (254.ed., 1979). Fonte: CRPHE.

Página da *Cartilha Sodré*, de Benedicta Stahl Sodré (1.ed., década de 1940). Fonte: CRPHE.

Capa da cartilha *Caminho Suave*, de Branca Alves de Lima (8.ed., 1954). Fonte: CRPHE.

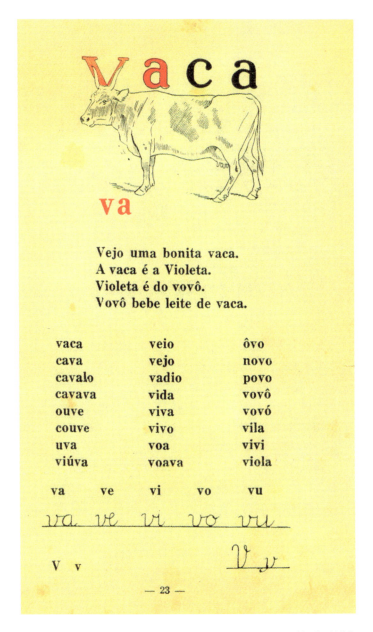

Página da cartilha *Caminho Suave*, de Branca Alves de Lima (8.ed., 1954).
Fonte: CRPHE.

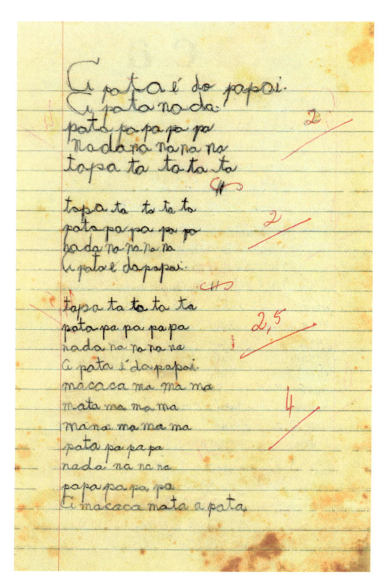

Página do caderno de Maria do Rosário Longo Mortatti, aluna do 1º ano do Grupo Escolar "Pedro José Neto" (Araraquara–SP) (1961). Fonte: CRPHE.

Capa da coletânea *Isto se aprende com o Ciclo Básico*, publicada pela CENP/SE/SP (1985). Fonte: CRPHE.

Capa do livro *Psicogênese da língua escrita*, de Emilia Ferreiro e Ana Teberosky (1985). Fonte: CRPHE.

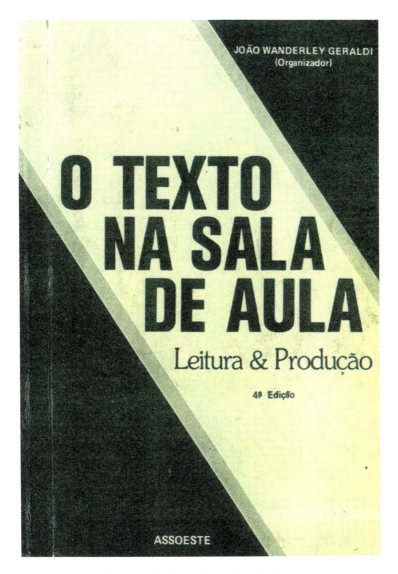

Capa da coletânea *O texto na sala de aula*: leitura & produção, organizada por João Wanderley Geraldi (4.ed., 1985). Fonte: CRPHE.

Capa da publicação *Alfabetização no Brasil: o estado do conhecimento*, de Magda Becker Soares (1989). Fonte: CRPHE.

Capa da cartilha *Pipoca*, de Paulo Nunes de Almeida (23.ed., 1989). Fonte: CRPHE.

> Leia e copie
>
> O pato
>
> O pato nada no lago.
>
> O lago fica no sítio da vovó.
>
> Paulo pega o pato e leva para a vovó.
>
> Vovó dá pipoca ao pato.
>
> O pato
> O pato nada na lago
> O lago fica no sitio da vo
> vó.
> Paulo pega o pato e leva para a vovó.
> Vovó dá pipoca ao pato

Página do caderno de Natacha Millena D. Macarini, aluna do Ciclo Básico I em escola estadual de Araçatuba (SP) (1994). Fonte: CRPHE.

CAPÍTULO 4
ALFABETIZAÇÃO:
CONSTRUTIVISMO E DESMETODIZAÇÃO

"VELHOS TEMAS", "NOVAS PERSPECTIVAS"

Enfrentando o grande desafio da alfabetização, sentimos a importância de construirmos juntos uma nova proposta curricular para o Ciclo Básico. Para tanto, estamos propondo – através do PROJETO IPÊ – um curso sobre alfabetização baseado nos mais recentes estudos e discussões de pesquisadores de diversas partes do mundo preocupados com a questão do fracasso escolar nos anos iniciais de escolarização, bem como em experiências vivenciadas na rede de ensino. Nosso objetivo centra-se na compreensão de como a criança aprende a ler e a escrever e por que para algumas isso é fácil e para outras é tão difícil que as deixa no meio do caminho.

Isso não significa negar a prática e o saber existentes, mas reorganizar esse saber e equacioná-lo num quadro mais abrangente:

– retomando o conceito de prontidão e período preparatório;
– questionando o valor, a função e a natureza da escrita, objeto sociocultural;

- revendo os pressupostos sobre os quais se baseiam os diferentes métodos e procedimentos utilizados na alfabetização;

- levantando questões e sugerindo formas de trabalho que auxiliem a superação das dificuldades encontradas por diferentes alunos em sala de aula.

...

De nosso ponto de vista, algumas mudanças serão necessárias para trabalharmos sob novas bases a alfabetização. É importante enfatizar que não serão apenas mudanças de método e técnicas, porque o método não cria conhecimento, e novas técnicas, apenas, não resolvem problemas, transformando-se em receitas que não garantem a melhoria do ensino e dos seus resultados.

Um aspecto importante a ser levado em conta nessas preocupações refere-se à concepção que as crianças têm e formam sobre a escrita. Daí sentirmos urgência em recolocar a discussão sobre alfabetização sob novos ângulos. Do mesmo modo, é preciso rever formas tradicionais de trabalho em classe e o tratamento que tem marcado a relação professor/aluno, de forma a aumentar as oportunidades de a criança ser bem-sucedida na escola.

Nesse contexto, o trabalho de Emilia Ferreiro ... é uma das mais valiosas e recentes contribuições no sentido de considerar a escrita como a representação da linguagem e não como um código de transcrição gráfica de unidades sonoras. Por outro lado ela considera a criança, que aprende, como um sujeito ativo que interage de modo produtivo com a alfabetização.

...

Do nosso ponto de vista, o problema de evasão e repetência nas primeiras séries do 1º grau nos remete à questão da democratização do ensino, à questão do acesso e permanência da criança na escola. As medidas tomadas em relação ao Ciclo Básico até agora estiveram ligadas a aspectos mais diretamente relacionados ao funcionamento da escola, que dizem respeito não apenas a um fator isoladamente mas a um conjunto deles, que associados contribuem para o melhor ou pior desempenho da escola.

O propósito deste curso é ampliar a discussão sobre velhos temas a partir de novas perspectivas, no sentido de levar o conjunto de professores a assumir um compromisso com a alfabetização. Mais elementos de reflexão levam a um posicionamento crítico, autônomo e consciente frente ao trabalho, tornando a escola mais competente ao ensinar aqueles que dependem quase que exclusivamente dela para a aquisição dos conhecimentos sistemáticos e das habilidades valorizadas pela sociedade. (São Paulo, 1985, p.7-9)

O trecho acima, extraído de um texto publicado pela Coordenadoria de Estudos e Normas Pedagógicas (CENP), é representativo de um fenômeno característico do quarto momento crucial, que se configura a partir do final da década de 1970, no movimento de constituição da alfabetização como objeto de estudo. Trata-se da função catalisadora do discurso oficial, representado pelos órgãos da Secretaria da Educação do Estado de São Paulo,[1] em relação: tanto ao discurso "pelo alto" – produzido, nas universidades públicas e em centros de pesquisa, por sujeitos que se apresentam como acadêmicos e especialistas –; quanto ao discurso "pelo baixo" – (re)produzido no âmbito das escolas, Delegacias de Ensino e Divisões Regionais de Ensino, por sujeitos que se apresentam como profissionais do magistério e mediante a intermediação dos documentos oficiais e das cartilhas.

Visando à disputa pela hegemonia do novo, esse fenômeno encontra-se diretamente relacionado com a apropriação e incorporação do discurso acadêmico pelo discurso oficial. O principal efeito dessa função catalisadora pode ser depreendido de uma quase total coincidência entre tematizações e normatizações sobre alfabetização. Mediante a busca de respostas didático-pedagógicas coerentes com a necessidade formulada de superação dos problemas sócio-político-educacionais da época, essa coincidência encontra sua síntese no discurso sobre a "revolução conceitual", representada pelo postulado da construção do conhecimento linguístico pela criança, em decorrência do quê, o eixo da discussão é deslocado para o processo de aprendizagem do sujeito cognoscente e ativo, em detrimento dos métodos de alfabetização e da relevância do papel da escola e do professor nesse processo.

Mesmo não sendo a maioria dos professores universitários e pesquisadores que ocupam cargos na administração do ensino paulista, essa coincidência reflete um novo tipo de relação entre universidade e escola básica – entre produção e aplicação do saber –, concretizado na prática de assessoria oficial prestada, por esses profissionais, a órgãos da Secretaria de Educação deste e de outros estados. Essas assessorias integram o movimento de reorganização do ensino com base nas mais modernas teorias, de acordo com as quais se reconhece a importância estratégica da alfabetização na consecução dos ideais democráticos almejados e a necessidade de uma política de formação de professores em serviço que permita convencimento democrático e não imposição do novo.

Ainda que devessem, para serem coerentes com a "nova" verdade científica, coincidir com tematizações e normatizações, as concretizações, por sua vez, encontram-se bastante diversificadas, seja pela ênfase no discurso da "autonomia didática" seja pela própria natureza das novas teorias em educação e alfabetização que impelem à rejeição da perspectiva tecnicista e das "receitas" didático-pedagógicas e demandam investimentos na formação básica regular do professor assim como em sua atualização, capacitação e reciclagem em serviço, relativamente ao conhecimento dos processos de aprendizagem das crianças, visando à conciliação entre competência técnica e compromisso político necessários para a construção da qualidade de ensino na escola democrática.

Passam então a ser estimulados os relatos de experiências bem-sucedidas, como forma de se oferecerem modelos possíveis de aplicação e de se demonstrar a viabilidade das novas propostas envolvidas nas tematizações e normatizações. A cartilha e os métodos tradicionais de ensino, no entanto, continuam a ser amplamente utilizados, explícita ou disfarçadamente, nas classes de alfabetização da rede pública de ensino paulista, distanciando-se do discurso oficial-acadêmico, dele, porém, utilizando-se os escritores didáticos para justificarem as propostas didáticas contidas em suas cartilhas.

Assumindo um tom cada vez mais enfático e rotineiro, mas buscando constantemente atualizar-se e desvencilhar-se do traço inicial combativo e de denúncia, o discurso paulista sobre alfabetização vai-se configurando como um "discurso de ponta",[2] que, simultaneamente, tenta incorporar, transformando, as práticas e saberes tradicionais característicos da história profissional dos alfabetizadores e as contribuições das pesquisas e estudos de diferentes áreas de conhecimento envolvidas. Dessa incorporação resulta um discurso oficial-acadêmico (este subsumido naquele) que aborda a alfabetização como o momento inicial de aprendizagem escolar da língua escrita e se apresenta sempre como "proposta", distinguindo-se das "diretrizes" anteriores – que ainda circulam em alguns poucos documentos oficiais –, em razão das novas bases teórico-metodológicas, advindas da:

- sociologia, filosofia e história (da educação) – em uma certa vertente dialético-marxista, que enfoca as contradições da escola democrática e sua desejada função transformadora, de fundamental importância para a emancipação das camadas subalternas da sociedade;

- psicologia – na vertente cognitivista piagetiana de base construtivista desenvolvida por Emilia Ferreiro e colaboradores, os quais enfocam os processos de aprendizagem da criança a partir das pesquisas sobre a psicogêncse da língua escrita; e

- linguística – sobretudo nas vertentes: psicolinguística de base estruturalista-chomskyana, que investiga as relações entre fatores inatos, maturacionais e experienciais e entre ontogênese e filogênese envolvidos na aquisição e processamento da língua escrita (*lecto-escritura*) entendida como sistema de representação; sociolinguística, que explica as diferenças dialetais como constitutivas da natureza sócio-histórica da língua; e da Análise do Discurso e Teoria da Enunciação, que explicam a linguagem como forma de interação mediadora e constitutiva das relações sociais e do conhecimento.

A ocorrência desse fenômeno se deve – ao mesmo tempo em que impulsiona – sobretudo à sedimentação da alfabetização como objeto de estudo e pesquisa acadêmicos, processo que acompanha a expansão, no final da década de 1970 no Estado de São Paulo, tanto dos centros de pesquisa quanto dos cursos de pós-graduação em educação (mestrado, doutorado e especialização) – os quais se tornam responsáveis pela formação de quadros de várias universidades deste e de outros estados, além de muitos professores do então 1º e 2º graus de ensino deste Estado –; e à gradativa organização dos serviços de extensão universitária, visando à aplicação e justificativa social da pesquisa nas áreas de educação e psicologia, inicialmente, e na de letras (linguística e literatura) em meados da década de 1980.

No âmbito dessas áreas de conhecimento, em que se sobressaem os estudos e pesquisas desenvolvidos em instituições paulistas, a temática da alfabetização vai sendo abordada por intelectuais acadêmicos, propiciando uma crescente produção de teses, dissertações e artigos, além de se constituir como disciplina curricular – com a denominação aproximada de "Metodologia da Alfabetização", nos cursos de Habilitação Específica para o Magistério – 2º grau (HEM), nos de Pedagogia e, em alguns casos mais recentes e de maneira informal, nos de Letras.

Paralelamente a esses estudos de caráter acadêmico, pesquisadores ligados às universidades paulistas passam a produzir textos de síntese e divulgação das novas ideias sobre alfabetização, seja sob a forma de artigos publicados em coletâneas oficiais – pela CENP ou Fundação para o Desenvolvimento da Educação (FDE) –, seja sob a forma de artigos em revistas especializadas, seja ainda sob a forma de livros em coleções de iniciação ou destinadas explicitamente a cursos de formação de professores, substituindo os antigos manuais de ensino. A prática de tradução de livros e artigos que contêm resultados de estudos e pesquisas "de ponta" também dissemina-se rapidamente, sobretudo os de Emilia Ferreiro e colaboradores, fenômeno acompanhado do lançamento de coleções específicas, por editoras que se especializam no ramo, e do surgimento de várias revistas especializadas em educação, ensino e leitura – além de números e cadernos especiais dessas revistas dedicados à problemática da alfabetização – que divulgam, além de estudos e pesquisas, muitos relatos de experiências bem-sucedidas e baseadas nas novas teorias. E, por fim, as cartilhas, que, mesmo não sendo "politicamente corretas", continuam a ser distribuídas para as escolas e Oficinas Pedagógicas das Delegacias de Ensino, pelo Programa Nacional do Livro Didático (MEC-FAE), e a funcionar como instrumento de trabalho do professor, ainda quando este afirma não utilizá-las diretamente com os alunos. De qualquer modo, no momento em questão, algumas das cartilhas "tradicionais" continuam a ser utilizadas e muitas novas cartilhas são produzidas, as mais recentes denominadas "construtivistas" ou "socioconstrutivistas" ou "construtivistas-interacionistas". Ressalta-se, ainda, o relevante papel atribuído aos livros de literatura infantil, aos textos extraídos de jornal, de bulas de remédio, receitas culinárias, *out-doors*, entre outros "portadores de textos do cotidiano", como material impresso, "não ideológico" e "real" para a leitura, no caso de se buscarem alternativas para substituir a cartilha, com o objetivo de se evitarem os males denunciados como consequência de seu emprego.

A ESCOLA DEMOCRÁTICA E A ALFABETIZAÇÃO

Objetivando responder às novas urgências sociais e políticas decorrentes das pressões pela "abertura política" e pela reorganização democrática das instituições e relações sociais, a partir do final dos anos 70, a sociedade civil busca rapidamente se reorganizar, com destaque para o papel desempenhado, nesse processo, pelos intelectuais de "esquerda".

No que diz respeito aos profissionais envolvidos com educação, estes (re)começam a se organizar em torno de associações de caráter sindical ou educacional, algumas delas (re)tomadas, como a Associação dos Professores do Estado de São Paulo (APEOESP), e outras então emergentes, como o Centro de Estudos de Educação e Sociedade (CEDES), Associação Nacional de Educação (ANDE), Associação Nacional de Pesquisa e Pós-Graduação em Educação (ANPED) e Centro de Estudos de Cultura Contemporânea (CEDEC), estas últimas responsáveis pela promoção da I Conferência Brasileira de Educação, em 1980. Essas associações também lançaram revistas veiculando as novas ideias sobre educação.[3]

As discussões e análises dos problemas educacionais brasileiros passam, por sua vez, a abranger programaticamente largo conjunto de aspectos – políticos, econômicos, sociais e pedagógicos – e a se orientar explícita e predominantemente por uma teoria sociológica dialético-marxista, divulgada e/ou formulada por intelectuais acadêmicos brasileiros de diferentes áreas de conhecimento – sociologia, filosofia, história e educação, especialmente.

Por outro lado, articuladamente à aplicação desse referencial teórico predominante, passa a ser enfatizada, como forma de síntese e superação tanto da "consciência ingênua" – relacionada à concepção de "escola redentora" – quanto da consciência crítica reprodutivista – relacionada à concepção de "escola reprodutora" –, a relação dialética e contraditória entre educação e sociedade, esta determinante e ao mesmo tempo determinada por aquela. Destacam-se, assim, as finalidades sociais e políticas da escola não como autoexplicáveis, mas como produzidas historicamente e sujeitas a revisões ideológicas. Em relação a essas finalidades, os meios são questionados como um conjunto de normas e procedimentos técnicos e neutros a orientarem a ação, num posicionamento crítico explícito contra o tecnicismo herdado do ideário escolanovista, sistematizado e oficializado na Lei n. 5.692/71 e identificado com o autoritarismo ditatorial do regime político imposto no país com o golpe militar de 1964.

> nós poderíamos dizer que a Pedagogia Tradicional, assim como a Pedagogia Nova e a Pedagogia Tecnicista são não críticas: são reprodutivistas, no sentido em que chegam invariavelmente à conclusão de que a educação tem a função de reproduzir as relações sociais vigentes. Sendo assim, essa concepção crítico-reprodutivista não apresenta proposta pedagógica, além de combater qualquer uma que se apresente. Assim, dada uma sociedade

capitalista, sua Educação reproduz os interesses do capital. Esta concepção serviu para municiar a denúncia da pedagogia oficial dominante e, no período entre 1975 e 1978, era confundida com o conceito dialético.

Um marco da situação acima indicada foi o Seminário de Educação Brasileira, organizado em Campinas, em 1978, no qual prevalece a crítica à pedagogia oficial, tendo ficado em segundo plano a questão relativa aos rumos que se deveria imprimir à Educação. No entanto, de modo especial a partir da segunda metade da década de 70, vai se generalizando entre os professores a expectativa em torno da busca de alternativas. (Saviani, 1989, p.25)

Do ponto de vista desse referencial teórico, os diagnósticos e denúncias dos problemas educacionais, que passam a ser a tônica de congressos e seminários e a congregar intelectuais em entidades, encontram sua síntese na constatação do fracasso escolar das camadas populares, especialmente verificado na passagem da 1ª para a 2ª série do então 1º grau e resultantes de uma política educacional engendrada durante o regime ditatorial pós-64. Questionando-se a validade científica e ideológica tanto das carências cognitivas, alimentares, culturais e sociais das crianças das classes subalternas quanto da "educação compensatória", até então apresentadas respectivamente como causas e solução desse fracasso (Soares, 1986), o problema passa a ser explicado como determinado por uma organização social fundada na desigualdade e na ideologia da classe dominante. Com base nessa ideologia, por sua vez, buscando-se constantemente a conservação do *status quo*, marginalizam-se os diferentes e neutralizam-se as diferenças, convertendo-as em desvios e deficiências a serem corrigidas e ajustadas pelos aparelhos ideológicos do Estado, dentre os quais se destaca a escola.

Dada essa função prevista para a escola no contexto de uma sociedade capitalista, a luta pela democratização das oportunidades sociais não pode prescindir dessa instituição, desde que se a entenda não como espaço de reprodução, mas de resistência à alienação imposta, mediante um processo de instrumentalização das classes dominadas. Encontrando-se esse processo diretamente relacionado com a relevância social dos conteúdos de ensino e com a formação da cidadania, enfatiza-se a contribuição da escola para a emancipação das classes populares e superação da ordem social injusta.

Os altos índices de repetência e evasão na 1ª série passam, desse modo, a ser entendidos como "produzidos pela escola reprodutora", caracterizando-se como indicadores da marginalização e/ou expulsão dos diferentes, ou seja, dos que não se ajustam às normas impostas pela ideologia dominante reproduzida e salvaguardada por essa instituição. Do ponto de vista de uma escola que se queira democrática, no entanto, o fracasso não deve ser imputado ao aluno mas à própria escola, que não consegue oferecer condições de permanência digna nem ensino de qualidade àqueles a quem oferece a oportunidade de nela entrar.

> para que esses conhecimentos venham a transformar, realmente, o ensino da língua, é fundamental que a escola e os professores compreendam que ensinar *por meio da língua* e, principalmente, ensinar *a língua* são tarefas não só técnicas, mas também *políticas*. Quando teorias sobre as relações entre linguagem e classe social são escolhidas para fundamentar e orientar a prática pedagógica, a opção que se está fazendo não é, apenas, uma opção *técnica*, em busca de uma competência que lute contra o fracasso *na* escola, que, na verdade, é o fracasso *da* escola, mas é, sobretudo, uma opção *política*, que expressa um compromisso com a luta contra as discriminações e as desigualdades sociais. (Soares, 1986, p.79)

Engendrada com base nessas novas perspectivas de análise, torna-se recorrentemente divulgada uma versão do passado recente da educação no Brasil, o qual passa a ser responsabilizado pelos problemas atuais, a serem enfrentados concretamente a fim de se construírem novos modelos.

> No momento em que as conquistas políticas conduzem à concretização da democracia, a escola democrática precisa tornar-se realidade passando da fase de diagnósticos e discursos para a fase das propostas concretas de ação que definem essa escola.
> Para a efetivação do projeto educacional da escola democrática são necessárias medidas concretas de suporte e infraestrutura, bem

como a opção por uma teoria e prática educacionais que postulem de forma clara e precisa o modelo de educação, ensino e escola.

As muitas desconversas quanto à educação e sua prática na escola; as lutas travadas no campo do poder e da ideologia; a falta de exigências no cumprimento das tarefas multiplicadas e multifacetadas pela complexidade e inadequação das linguagens conceituais; a minimização progressiva da figura do educador; a mitologia dos falsos problemas e antagonismos como a contraposição entre quantidade e qualidade, metodologia e conteúdo, carências socioculturais e capacidade para aprender, ensino público e educação popular, formação e informação, competência técnica e compromisso político, além de outros; o desprezo pelo papel dos conteúdos do conhecimento na educação escolar acabaram por criar um quadro deplorável no ensino de 1º e 2º graus da escola pública.

Contribui para isso o ideário escolanovista que começou a se configurar no Brasil na década de 30 e foi utilizado pelas escolas de elite e em algumas experiências educacionais do ensino oficial do Estado, tendo-se consubstanciado na Lei nº 5.692/71. Se para essas poucas escolas a contribuição foi no sentido de superar vícios na aplicação da pedagogia tradicional, o mesmo não ocorreu na rede de escolas públicas, onde não se contou com a efetivação das condições organizacionais para a aplicação de seus preceitos. Tendo se tornado senso comum entre os educadores, esse ideário teve o papel de desestabilizar seus valores e a confiança no uso dos métodos tradicionais para os quais estavam preparados. A falta de condições organizacionais e a crítica exacerbada aos métodos da escola tradicional, gerando inseguranças aos educadores, tiveram como saldo na rede do ensino público o relaxamento da disciplina de trabalho e o aligeiramento e empobrecimento do conteúdo do ensino das camadas populares. Isso fez com que a escola pública perdesse a sua dimensão de instituição de ensino e, como tal, de mediadora da prática social e política.

...

A democratização da escola só será realidade quando for superada a seletividade do ensino, que marginaliza as camadas mais pobres da população. A alteração da pirâmide educacional implica o desencadear de muitas medidas pelos responsáveis pela educação do país, em todos os níveis de trabalho, que vão desde o provimento de recursos até a opção por uma teoria educacional.

Algumas dessas medidas – concepção, metodologia, tempo e espaço – se delineiam e se concretizam na proposta do Ciclo Básico, que está sendo implantada pela Secretaria de Educação do Estado de São Paulo, num esforço de alfabetização de importância vital para a democratização do ensino. (Palma Filho, 1985, p.4)

A RESPOSTA DO CICLO BÁSICO

Visando a superar os problemas denunciados, durante a gestão de Franco Montoro,[4] a Secretaria de Estado dos Negócios da Educação do Estado de São Paulo, com base no Decreto n. 2.183, publicado em dezembro de 1983, passa, pela CENP, a implementar, dentre outras "propostas concretas de ação", o projeto do Ciclo Básico, como desencadeado por e desencadeador de uma série de mudanças estruturais, administrativas e didático-pedagógicas, na rede pública de ensino paulista.

Essa clareza teórica orientou, no início dos anos 80, a gestação do CBA, em São Paulo. No entanto, além de ser uma proposta pedagógica, esta era também de natureza política, visto propor grande participação dos diferentes setores envolvidos no processo educativo na elaboração das diretrizes a serem tomadas. Este processo – decorrência da redemocratização das relações com o poder central – originara-se no movimento por eleições diretas e derrubada da ditadura militar que se instalara no país desde 1964.
...
O Ciclo Básico de Alfabetização (CB) foi a principal medida de um elemento de projetos pedagógicos voltados para a melhoria da qualidade do ensino, ampliação das oportunidades de acesso e permanência na escola pública e busca de maior aproveitamento da comunidade escolar (pais, professores e alunos) no sistema educacional. Concebido e implantado num cenário sombrio, vinha, todavia, iluminado por grandes esperanças de transformação da realidade escolar brasileira. Pretendia-se, por intermédio dele e à luz das novas concepções a respeito do processo de ensino aprendizagem, vencer a barreira da repetência logo no início da escolarização, promovendo uma profunda, ainda que gradual, mudança no mundo de atuar na escola. (Silva, Davis, 1993, p.9-12)

Além da reorganização da estrutura curricular em um ciclo de alfabetização, compreendendo os dois primeiros anos de escolarização, da sistemática de avaliação, prevendo remanejamento de alunos e acompanhamento contínuo de seu rendimento e dificuldades, e do aumento da carga horária para alfabetização, mediante a posterior criação da Jornada Única de 6 horas-aulas diárias (Decreto n. 28.170, de 21.1.1988), a proposta do Ciclo Básico incorpora uma "nova" teoria como base para as opções didático-pedagógicas: o construtivismo.

> A reorganização do Ensino de 1º grau é uma necessidade que vem sendo enfatizada e discutida em todos os níveis da sociedade brasileira. Em São Paulo, o primeiro passo dado nessa direção foi a implantação do Ciclo Básico que, iniciada em 1984, trouxe uma proposta cuja concretização nas escolas deve ser analisada, criticada e aperfeiçoada.
> ...
> O Projeto de Implantação do Ciclo Básico constitui o ponto de partida de uma tarefa conjunta de reorganização gradativa da escola pública de 1º grau. Essa reorganização, mais do que uma medida administrativa, deve ser uma diretriz pedagógica assumida por todos os agentes de educação, no sentido de se encontrar um tratamento adequado às necessidades de aprendizagem da clientela e diminuir a distância existente entre o desempenho dos alunos das diferentes camadas da população, garantindo a todos o direito à escolarização. (São Paulo, 1987, p.14-21)
>
> Nossa proposta inicial foi eminentemente política, com algumas medidas de mudança estrutural, para o conjunto da rede educacional. É preciso levar em conta que, de alguma maneira havia um clima favorável na rede educacional para essa discussão pedagógica, porque se sentia a necessidade de uma mudança, e porque se estimava que uma medida exclusivamente política não seria suficiente para modificar a prática. Estávamos procurando alguma coisa e, nesse momento, a produção teórica da Emilia veio preencher o vazio na proposta política do Ciclo Básico. (Alves, 1990)

A TEORIA CONSTRUTIVISTA DE EMILIA FERREIRO

A partir de pesquisas desenvolvidas na Argentina e no México por Emilia Ferreiro – doutora pela Universidade de Genebra e orientanda e colaboradora de Jean Piaget – com a colaboração especialmente de Ana Teberosky, essa nova teoria busca explicar, de uma perspectiva psicolinguística pioneira, resultante do entrecruzamento de dois marcos conceituais – a teoria da linguagem de N. Chomsky e a teoria da inteligência de J. Piaget –, a aquisição da língua escrita pela criança como um processo psicogenético, que se inicia antes da escolarização e que "segue uma linha de evolução surpreendentemente regular, através de diversos meios culturais, de diversas situações educativas e de diversas línguas" (Ferreiro, 1985, p.19), numa relação direta entre ontogênese e filogênese.

> Dificilmente, a escola teria podido assumir esse "saber linguístico" da criança antes que a psicolinguística o tivesse colocado em evidência; mas podemos agora ignorar esses fatos? Podemos continuar atuando como se a criança nada soubesse a respeito de sua própria língua? Podemos continuar atuando de tal maneira que a obriguemos a *ignorar* tudo que ela sabe sobre a língua para ensinar-lhe, precisamente, a transcrever esta mesma língua em código gráfico?
>
> Não somos nós os primeiros a assinalar a necessidade de proceder a uma revisão completa de nossas ideias sobre a aprendizagem da língua escrita, a partir das descobertas da psicolinguística contemporânea. Em 1971 tem lugar nos Estados Unidos uma conferência sobre a "relação entre a fala e a aprendizagem da leitura", que se constitui no primeiro intento global nesse sentido (J. Kavanagh e I. Mattingly, 1972). Desde então, autores como Kenneth Goodman, Frank Smith, Charles Read e Carol Chomsky produziram vários trabalhos importantes sobre esse problema.
>
> Nossa originalidade reside em sermos, provavelmente, os primeiros a fazê-lo em língua espanhola e, principalmente, os primeiros a vincular essa perspectiva com o desenvolvimento cognitivo, tal como é visto na teoria da inteligência de Piaget. (Ferreiro, 1985, p.25)

Marcada por conflitos cognitivos e "erros construtivos", que vão desestabilizando progressivamente as hipóteses sobre as características, o valor e a função da escrita, essa linha evolutiva se divide em "três grandes períodos, no interior dos quais cabem múltiplas subdivisões":

- distinção entre o modo de representação icônico e o não icônico;
- a construção de formas de diferenciação (controle progressivo das variações sobre os eixos qualitativo e quantitativo);
- a fonetização da escrita (que se inicia com um período silábico e culmina no período alfabético). (Ferreiro, 1985, p.19)

Embasando-se nos dados obtidos mediante utilização do método clínico de investigação, "no decorrer de dois anos [1974-1976] de trabalho experimental com crianças entre quatro e seis anos", as investigadoras advertem não pretenderem "propor nem uma nova metodologia da aprendizagem nem uma nova classificação dos transtornos da aprendizagem" (Ferreiro, Teberosky, 1985, p.15). Ou seja, utilizando-se de um outro referencial interpretativo, os resultados dessas pesquisas pretendem uma ruptura com o pensamento e as práticas tradicionais de alfabetização, que podem ser agrupadas em dois tipos de trabalho: os que, de uma perspectiva pedagógica, dedicam-se a "difundir tal ou qual metodologia como sendo a solução para todos os problemas"; e os que, de uma perspectiva psicológica condutista e associacionista, dedicam-se "a estabelecer a lista das capacidades e aptidões necessárias envolvidas na aprendizagem" (Ferreiro, Teberosky, 1985, p.25), incluindo-se neste último grupo os trabalhos que discutem o problema da "maturidade" para a leitura e a escrita, especialmente os de Lourenço Filho.

Tradicionalmente, conforme uma perspectiva pedagógica, o problema da aprendizagem da leitura e da escrita tem sido exposto como uma questão de métodos. A preocupação dos educadores tem-se voltado para a busca do "melhor" ou "mais eficaz" deles, levantando-se, assim, uma polêmica em torno de dois tipos fundamentais: métodos *sintéticos*, que partem de elementos menores que a palavra, e métodos *analíticos*, que partem da palavra ou de unidades maiores. Em defesa das respectivas virtudes de um e de outro, originou-se uma discussão registrada em extensa literatura;

literatura que tanto faz referência ao aspecto metodológico em si, como aos processos psicológicos subjacentes.

...

Como vimos, são muitos os aspectos em discrepância entre ambos os métodos, porém os desacordos referem-se, sobretudo, ao tipo de estratégia perceptiva em jogo: auditiva para uns, visual para outros. A assim chamada "querela dos métodos" (B. Braslavsky, 1973) está delineada em termos de quais são as estratégias perceptivas em jogo no ato da leitura. Porém, inevitavelmente, ambos se apoiam em concepções diferentes do funcionamento psicológico do sujeito e em diferentes teorias da aprendizagem. Por essa razão, o problema tampouco se resolve com a proposta de métodos "mistos", que participariam das benevolências de um e de outro.

...

Este novo enfoque exigia um método adequado. Nem os testes de prontidão sobre a "maturidade" para a aprendizagem da *lecto-escrita*, nem as provas de avaliação do "rendimento escolar" serviam ao nosso propósito, pois tanto um como o outro se referem a uma problemática diferente da nossa ... Se tomarmos, por exemplo, um dos testes de maior difusão na América Latina, o ABC de Lourenço Filho, encontramos que para decidir se uma criança pode começar sua aprendizagem sistemática, é necessário que possua um mínimo de "maturidade" na coordenação viso-motora e auditivo-motora, além de um bom quociente intelectual e de um mínimo de linguagem (Filho, 1960). Já desde o nosso ponto de vista, não se trata de partir do conceito de "maturação" (suficientemente amplo e ambíguo para abarcar todos os aspectos não explicados), nem de estabelecer uma lista de aptidões ou habilidades. Fundamentalmente, porém, não se trata de definir as respostas da criança em termos do "que lhe falta" para receber um ensino. Ao contrário, procuramos colocar em evidência os aspectos positivos do conhecimento. (Ferreiro, Teberosky, 1985, p.18-33)

As conclusões resultantes das investigações sobre o conhecimento da evolução psicogenética da aquisição da língua escrita se apresentam, portanto, como uma "revolução conceitual" em relação às concepções tradicionais sobre alfabetização, passando a demandar, por um lado, conceber-se: a *língua escrita* como um *sistema de representação* e objeto cultural, resultado do esforço coletivo da humanidade e não como código de transcrição de unidades sonoras nem como objeto escolar; sua *aprendizagem* como *conceitual* e não como aquisição de uma técnica, ou seja, como um processo interno e individual de compreensão do modo de construção desse sistema, sem separação entre leitura e escrita e mediante a interação do sujeito com o objeto de conhecimento; e a *criança que aprende* como um *sujeito cognoscente, ativo* e com *competência linguística*, que constrói seu conhecimento na interação com o objeto de conhecimento e de acordo com uma sequência psicogeneticamente ordenada. Por outro lado, demanda abandonar-se a visão adultocêntrica do processo e a falsa ideia de que é o método de ensino que alfabetiza e cria conhecimento e que o professor é o único informante autorizado.

> Do que foi dito fica claro, do nosso ponto de vista, que as mudanças necessárias para enfrentar sobre novas bases a alfabetização inicial **não** se resolvem com um novo método de ensino, **nem** com novos testes de prontidão **nem** com novos materiais didáticos (particularmente novos livros de leitura).
> É preciso mudar os pontos por onde nós fazemos passar o eixo central das nossas discussões.
> ...
> Em alguns momentos da história faz falta uma revolução conceitual. Acreditamos ter chegado o momento de fazê-la a respeito da alfabetização. (Ferreiro, 1985, p.40-1)
>
> É preciso denunciar muito claramente e tantas vezes quantas forem necessárias, até criar uma consciência pública de que não é possível alcançar os objetivos educativos colocados para o final do século XX se não se modificar rapidamente *a própria concepção de alfabetização*. É aqui onde há muito a ser dito com respeito ao desenvolvimento teórico relativo aos processos de alfabetização. (Ferreiro, 1990, p.60)

A INSTITUCIONALIZAÇÃO DO CONSTRUTIVISMO NO ESTADO DE SÃO PAULO

Apropriada pelo discurso oficial da Secretaria de Educação de São Paulo, essa teoria passa a ser divulgada no âmbito das estratégias de capacitação docente – seja nos cursos de formação básica regular seja nos de formação em serviço –, desenvolvidas pela CENP, a partir de 1984, especialmente por intermédio dos fascículos e programas televisivos do Projeto IPÊ e, posteriormente, pela Fundação para o Desenvolvimento da Educação (FDE), por intermédio de cursos, seminários, palestras, publicações e demais ações desenvolvidas pelo projeto *Alfabetização: Teoria e Prática*.

Objetivando o esclarecimento e o convencimento dos professores, que se mostravam resistentes em razão tanto da brusca implantação do CB quanto da nova e difícil teoria que o embasa, esses projetos demandam ainda: indiretamente, a implementação de um novo modelo de curso de formação de professores para as séries iniciais do então 1º grau, consolidado, a partir de 1988, nos Centros de Formação e Aperfeiçoamento do Magistério (CEFAMs); e mais diretamente, a criação de funções e instituições auxiliares, no âmbito das escolas ou das Delegacias de Ensino – como a de Monitor de Ensino, Assistente Pedagógico, Coordenador do Ciclo Básico, Oficina Pedagógica, entre outras –, e envolvem não somente professores alfabetizadores mas também especialistas em educação que atuam na rede pública de ensino.

> Ao longo de 11 anos de atuação no magistério público do Estado de São Paulo, exercendo cargos de diretora de escola e supervisora de ensino, tive a chance de acompanhar algumas tentativas de introdução, pela Secretaria de Estado da Educação, de ideias que se propunham inovadoras, bem como de tentativas de reorganização da escola paulista.
> ...
> O construtivismo, enquanto fundamento teórico para a alfabetização, é assumido oficialmente pelo Estado de São Paulo. Com base na teoria construtivista são oferecidos inúmeros cursos de capacitação aos docentes da rede estadual. Textos são impressos e distribuídos. Livros, veiculando a teoria construtivista, bem como suas diferentes apropriações, chegam a todas as escolas e Delegacias de Ensino. Até os sistemas de multimeios são utilizados para divulgação das novas ideias. Toda uma estrutura é criada para dar

conta da sedimentação do pensamento construtivista – criação do Ciclo Básico, instituição de jornada única docente e discente, criação da função de Coordenador do Ciclo Básico para todas as escolas, instalação de Oficinas Pedagógicas em todas as Delegacias de Ensino, criação da função de Assistente Pedagógico exclusivo para o Ciclo Básico. A ênfase maior do movimento de resgate da escola incide sobre as classes de alfabetização.

Neste esforço de divulgação do novo ideário, os especialistas da rede também foram mobilizados. Enquanto diretora de escola no período de 84 a 87, participei de vários Projetos de Capacitação de Docentes, que buscavam a efetiva implantação do pensamento construtivista nas escolas estaduais. A partir de 1983 tais projetos já contavam com a orientação e apoio de um elemento, que atuando junto à Delegacia de ensino, tinha como objetivo de ação oferecer suporte técnico-pedagógico aos projetos de capacitação, cujo alvo principal era o professor alfabetizador. Nesse momento esse elemento recebeu o nome de Monitor de Língua Portuguesa.

A partir de 1985 a Secretaria Estadual de Educação do Estado de São Paulo dá início a um projeto de capacitação de professores e especialistas, através de multimeios. O pensamento construtivista chegava através da televisão e de fascículos impressos pela CENP, a todas as escolas do Estado. Este projeto recebeu o nome de Projeto Ipê. Várias versões dele foram editadas até o ano de 1990. Em todas essas capacitações atuei como monitora. Nesta época foram inúmeros os cursos oferecidos em nível central pela CENP. Para sua realização eram chamados os especialistas de todo o estado.

Já nesse momento a nossa angústia acerca de determinadas questões se explicitava. Sentíamos que a nova teoria se colocava como avançada, como revolucionária até, na busca de uma alfabetização efetiva e emancipadora. No entanto, apesar de suspeitarmos da inadequação das práticas alfabetizadoras até então utilizadas na escola, não sabíamos como proceder para viabilizar uma alfabetização nos moldes propostos pelo pensamento construtivista.

Algumas questões eram levantadas:
– O que ensinar?
– Como trabalhar sem um método de ensino?
– Qual o papel do professor dentro desta nova proposta?
– Que material pode substituir a cartilha?

– Como trabalhar com outros suportes de leitura e escrita?

A partir de 1987, assumindo a função de supervisora de ensino, passei a ocupar-me, entre outros assuntos, da área de alfabetização. Pude então testemunhar o envio sistemático de farto material impresso, livros, fascículos e periódicos, ligados à linha de pensamento construtivista, por parte dos órgãos centrais e normatizadores, às escolas e Delegacias de Ensino.

Paralelamente ao envio da literatura construtivista, enfaticamente voltada para a alfabetização, a Secretaria de Educação dá início a um ciclo de palestras, trazendo para a rede as falas de expoentes do pensamento construtivista – Emilia Ferreiro, Ana Teberosky, Telma Weisz, Beatriz Cardoso, Madalena Freire, Lúcia Browne Rego, Terezinha Nunes Carraher, Esther Pilar Grossi, entre outros.

A partir de 1988, a Secretaria da Educação, através da fundação para o Desenvolvimento da Educação (FDE), passa a promover grandes seminários, e neles o tema recorrente é a alfabetização em uma visão construtivista. Para a realização de tais seminários eram convidados supervisores de ensino de todo o estado que se vinculassem ao problema da alfabetização. A produção obtida desses seminários era condensada em fitas de vídeo e em fascículos da série Ideias, posteriormente distribuídos para toda a rede estadual de ensino. (Hernandez, 1995, p.3-5)

A partir da década de 1980, aumenta significativamente o número de documentos produzidos por órgãos da SE/SP e sua divulgação entre os professores e especialistas em educação, no âmbito desses projetos da CENP e FDE. Dentre esses, destacam-se aqueles relativos à alfabetização no Ciclo Básico e que vêm sendo constantemente reeditados e bastante citados, seja nos documentos da própria Secretaria da Educação seja por autores de artigos, livros e cartilhas.

A leitura desses documentos propõe considerações relativas à busca de compreensão daquela coincidência, já apontada, entre tematizações e normatizações, com subsunção do discurso acadêmico ao discurso oficial, decorrente da necessidade de justificativa social para a pesquisa em educação, psicologia e linguística:

a) na quase totalidade dos casos, a entrada na ficha catalográfica se dá pela instituição – Secretaria da Educação – ou pelo título da publicação, sem menção aos nomes dos autores dos textos das coletâneas, os quais, muitas vezes, sequer são citados no sumário;

b) na maioria dos casos, destacam-se, na folha de rosto, os nomes dos membros das equipes técnicas responsáveis pela publicação e sua condição de organizadores, coordenadores e/ou colaboradores;

c) esses nomes são recorrentes não apenas na indicação das condições de participação acima apontadas mas também nas apresentações e prefácios, evidenciando sua permanência em funções responsáveis pelas normatizações e seu deslocamento da CENP para a FDE, a qual, no início da década de 1990, passa a assumir a coordenação das ações capacitadoras em alfabetização, por meio do projeto *Alfabetização*: Teoria e Prática, em substituição à CENP e ao projeto IPÊ, ainda que os documentos publicados neste projeto continuem a circular;

d) em todas as publicações podem ser encontrados, com maior ou menor destaque, os nomes do Governador do Estado e do Secretário da Educação, em cujas gestões foi publicado o texto;

e) como síntese, na maioria dos casos, de eventos promovidos pela CENP ou FDE, essas publicações são complementadas ou complementam fitas de vídeo, umas e outras sempre distribuídas gratuitamente às escolas ou às Oficinas Pedagógicas das Delegacias de Ensino e aos atualmente extintos Centros de Aperfeiçoamento de Recursos Humanos (CARH), sediados nas também atualmente extintas Divisões Regionais de Ensino;

f) ilustrando o objetivo de esclarecimento e convencimento imputado às ações de capacitação docente desenvolvidas por esses órgãos, alguns autores são recorrentes nas coletâneas ou nas referências bibliográficas, contidas nos documentos oficiais publicados ao longo desses anos, enquanto outros – como E. P. Grossi – vão perdendo o destaque inicial, em razão das críticas de "continuidade" em relação ao "ensino tradicional";

g) a fim de se oferecer modelos de atuação prática, decorrentes da necessidade de se resolver o impasse gerado pela não proposição de um método no âmbito da teoria construtivista, muitos são os relatos de experiência e os depoimentos contidos nessas publicações, os quais transformam professores e alunos em autores, figurando ao lado de pesquisadores e estudiosos de renome, que, por sua vez, vão-se consolidando como especialistas de prestígio, assim como as instituições "de onde falam", como é o caso de: T. Weisz – Escola da Vila; L. C. Cagliari – IEL/Unicamp; e L. Macedo – IP/USP, dentre tantos outros;

h) as publicações mais recentes, ainda que não tenham sido abandonados a temática e os princípios defendidos na "fase heroica" de implantação do Ciclo Básico, passam a apresentar, sem alarde, textos e autores que vão gradativamente acrescentando à perspectiva construtivista considerações decorrentes da introdução, no final da década de 1980, da perspectiva denominada "interacionista" – contraposta em alguns aspectos fundamentais à teoria construtivista piagetiana e baseada na psicologia soviética, sobretudo nos estudos de L. S. Vygotsky e A. Luria traduzidos no Brasil, na década de 1980 –, entendida como possibilidade de preencher a lacuna em relação ao "social", pouco enfatizado no "construtivismo"; e

i) ao longo desses anos e sobretudo pela intervenção da FDE, as publicações oficiais vão perdendo o aspecto inicial de "apostila" mimeografada e ganhando qualidade gráfica, evidenciando um processo de profissionalização e de captação de recursos externos, além do significativo investimento financeiro, por parte dessa Fundação, nas ações de capacitação docente, embora permaneçam e tenham mesmo se agudizado as precárias condições de trabalho dos profissionais do ensino.

A despeito dessa aparente organicidade e coesão do discurso oficial, no entanto, continuam sendo distribuídos às escolas outros documentos, publicados por outros órgãos da Secretaria da Educação de São Paulo e que apresentam uma abordagem "tradicional" em relação à alfabetização, como, dentre outros, aqueles produzidos pela Equipe Técnica – Higiene Mental, da

Divisão de Estudos, Normas e Programas em Assistência Médica do Departamento de Assistência ao Escolar (DAE).

TEMATIZAÇÕES ACADÊMICO-CIENTÍFICAS SOBRE ALFABETIZAÇÃO

Com a expansão da pós-graduação e com a ampliação do público leitor constituído por professores e educadores – cuja atualização e reciclagem (capacitação) se tornam objeto privilegiado de preocupações dos administradores do ensino e das instituições de pesquisa, estas, por sua vez, interessadas em estender serviços à comunidade –, a produção acadêmico-científica sobre educação, ensino da língua e, em particular, sobre alfabetização, expande-se consideravelmente, a partir da década de 1980. Acompanhando esse fenômeno, começam a se esboçar balanços críticos da produção sobre alfabetização, indicando-se novas perspectivas de análise e novos temas, assim como certos títulos e autores passam a ser constantemente citados e disseminados nos meios educacionais e acadêmicos.

O "ESTADO DO CONHECIMENTO" EM ALFABETIZAÇÃO

Representativo dessa necessidade de balanço crítico é o artigo "As muitas facetas da alfabetização", de Magda B. Soares, publicado em 1985, em *Cadernos de Pesquisa*,[5] recorrentemente citado até o presente. Nesse artigo, pioneiramente, a autora propõe uma visão multidisciplinar a respeito da alfabetização e mapeia os diferentes conceitos e perspectivas teóricas até então predominantes nos estudos sobre o tema, ressaltando, no entanto, sua proposta de abordagem centrada na sociolinguística e as implicações pedagógicas dela decorrentes, a fim de se enfrentar o problema do fracasso escolar.

Essas reflexões são de certo modo complementadas em livros posteriores da autora, como *Linguagem e escola*: uma perspectiva social (1986) e *Alfabetização no Brasil*: o estado do conhecimento (1989). No primeiro encontram-se exposição e discussão das explicações fornecidas por diferentes teorias – consideradas pela autora como "ideologias" – para o fracasso *da* escola em ensinar a língua sobretudo às crianças das classes subalternas da sociedade, em contraposição às quais Soares apresenta a proposta do "bidialetalismo para a transformação". No segundo livro, têm-se os resultados da pesquisa sobre o "estado do conhecimento" em alfabetização, coordenada pela autora, na qual se encontram inventário e classificação categorizada de teses, dissertações e artigos que tratam exclusiva e diretamente sobre o tema, produzidos entre 1954 e 1986, no Brasil.

Outro estudo que segue essa tendência, ainda que restrito à produção veiculada em um único periódico, é o de Esposito (1992), que faz um balanço crítico dos estudos e ensaios sobre alfabetização, publicados em *Cadernos de Pesquisa*.

Embora essas pesquisas estejam bastante delimitadas e sempre se lamente o escasso número de artigos, teses e dissertações sobre o tema produzidos até então, se comparada à do momento anterior, a produção inventariada por Soares e Espósito assim como a necessidade de balanço crítico que engendra essas pesquisas são significativas e simultaneamente indicativas da tendência que se verifica até os dias atuais de crescimento do interesse de pesquisadores pelo tema e de gradativa mudança de perspectiva na produção acadêmica sobre alfabetização: dos estudos centrados na psicologia de base associacionista e comportamentalista e na pedagogia que privilegia o método, para os estudos centrados na psicolinguística, na sociolinguística e na linguística.

Dentre o grande número de teses e dissertações, várias são publicadas sob a forma de livro ou resumidas em artigos publicados em revistas especializadas ou em coletâneas oficiais, fenômeno que, acompanhado das muitas traduções de textos "de ponta", propicia a emergência e solidificação de editoras que se tornam referência na área e de revistas também tornadas referência obrigatória e cuja periodicidade consegue se manter por muitos anos.[6]

Quanto à produção veiculada sob a forma de livros, também há um significativo crescimento, sobressaindo-se aqueles produzidos, organizados ou traduzidos por brasileiros, sobretudo paulistas, em que tende a se diluir a fronteira entre textos de divulgação e manuais de ensino e que circulam entre professores e especialistas envolvidos com a alfabetização, assim como entre estudantes de cursos de Habilitação Específica para o Magistério (2º grau), especialmente os CEFAMs, e de Pedagogia e Letras, além de serem indicados em bibliografias de concursos de ingresso no magistério público. Dentre esses, ainda, encontram-se alguns constantemente citados nas publicações oficiais, na produção acadêmica e nas cartilhas e que vêm tendo sucessivas edições, além da circulação informal por meio de cópias xerox, outro fenômeno característico das últimas décadas.

No âmbito dessa produção sobre alfabetização, pode-se observar a recorrência de temas e abordagens, predominantemente voltados para a necessidade de urgente mudança em relação à alfabetização e para a expansão de aspectos relativos à aquisição da escrita, de acordo com as novas perspectivas, complementares entre si ou com pequenas discordâncias de fundo teórico-epistemológico.

A PERSPECTIVA INTERACIONISTA

Dentre essas tematizações, a de Smolka (1989) apresenta um discurso "mais novo" e, em certos aspectos, destoante da teoria construtivista. Fundamentando-se na relação entre pensamento e linguagem de acordo com as teorias de L. S. Vygotsky, M. Bakhtin e M. Pêcheux, e propondo um "confronto" pedagógico-epistemológico com os resultados das pesquisas de Ferreiro, Smolka aborda a alfabetização como processo discursivo, enfocando as relações de ensino como fundamentais nesse processo e deslocando a discussão de *como* para *por quê* e *para quê* ensinar e aprender a língua escrita na fase inicial de escolarização de crianças.

> As concepções da relação pensamento/linguagem em cada um dos esquemas teóricos vão resultar, também, em diferentes posições no que diz respeito às relações de ensino. Ao falarem da construção individual do conhecimento, Piaget e Ferreiro enfatizam o ponto de vista da criança que aprende. Ao falar da "internalização

das formas culturais de comportamento" (papéis e funções sociais), Vygotsky enfatiza o papel do adulto como "regulador" na relação com a criança. As implicações pedagógicas se distinguem e se esclarecem quando Piaget nos diz, por exemplo, que quando se ensina alguma coisa à criança, a impedimos de realizar uma descoberta por si mesma, enquanto Vygotsky, elaborando o conceito de "zona potencial de desenvolvimento", afirma que a criança fará amanhã, sozinha, o que hoje faz em cooperação.

Esse "confronto" pedagógico-epistemológico traz, novamente, de volta a discussão: que papéis, que funções, que posições os indivíduos – adultos ou crianças – assumem na relação de ensino, dentro da escola? Por quê? Para quê?
...
Nesse sentido, as análises epistemológicas de Ferreiro, Teberosky e Palácio não podem dar conta, em termos político-pedagógicos, do fracasso da alfabetização escolar. Porque, se bem que elas apontem para o significado e a importância das interações, elas investigam e procuram explicar o processo individual do desenvolvimento das noções infantis sobre a escrita, independentemente das relações sociais e das situações de ensino (formais ou informais). Elas mostram mais um fator que precisa ser conhecido e observado no processo de alfabetização, mas não resolvem – nem pretendem resolver – o problema. (Smolka, 1989, p.58-9)

A abordagem proposta por Smolka contribui, mediante sua disseminação a partir do final da década de 1980, para o delineamento de uma tendência verificada nas tematizações, normatizações e concretizações relativas à alfabetização: o gradativo deslocamento para o "discurso interacionista", decorrente de certo esgotamento e questionamento do "discurso construtivista" – sem, no entanto, que se o desconsidere e sem que se abandone a abordagem psicolinguística –, processo do qual acaba por resultar um outro tipo de ecletismo, sintetizado nas expressões "socioconstrutivismo" ou "construtivismo-interacionista".

A AUSÊNCIA PRESENTE DO DISCURSO

No âmbito da perspectiva interacionista, merecem destaque as tematizações de João Wanderley Geraldi, que, anteriormente a Smolka e de forma pioneira, produz e divulga, a partir do início da década de 1980, reflexões e propostas para o ensino da língua. Mesmo não tratando muitas vezes explicitamente da alfabetização e não sendo citadas diretamente nos textos oficiais ou acadêmicos que dela tratam, as tematizações de Geraldi podem ser consideradas emblemáticas em relação ao ensino da língua, nesse âmbito incluindo-se o ensino inicial da leitura e escrita e sua abordagem do ponto de vista do interacionismo linguístico.

Quando ainda professor no Rio Grande do Sul, seu Estado de origem, Geraldi publica "Subsídios metodológicos para o ensino de língua portuguesa" (*Cadernos da FIDENE*, n.18, 1981), texto do qual se originam: "Possíveis alternativas para o ensino da língua portuguesa" (*Revista ANDE*, 1982) e "Concepções de linguagem e ensino de português", "Unidades básicas do ensino de português" e "Prática da leitura de textos na escola", estes três últimos publicados na coletânea *O texto na sala de aula*: leitura & produção, organizada por Geraldi, e que contém, ainda, um outro texto de sua autoria: "Escrita, uso da escrita e avaliação"; e um texto de que é coautor: "O circuito do livro e a escola". Após esses, complementando e expandindo aspectos dessas primeiras reflexões, Geraldi publica o livro *Portos de passagem* (1991) e outros artigos – na maioria resultantes da participação em eventos sobre ensino da língua e alfabetização –, muitos deles reunidos na coletânea *Linguagem e ensino*: exercícios de militância e divulgação (1996).

Em seus escritos, observa-se o questionamento das bases teóricas "tradicionalmente" subjacentes às discussões sobre o ensino da língua no Brasil e a proposta de abordagem desse ensino do ponto de vista interacionista, valendo-se das contribuições da Análise do Discurso, da Teoria da Enunciação e da Sociolinguística. Dessa abordagem resultam o deslocamento do eixo das discussões de *como* para *por quê* e *para quê* se ensina e se aprende a língua, a necessidade de conciliação entre pressupostos teóricos e procedimentos metodológicos e a ênfase na opção política do professor.

Os principais conceitos em que se assenta essa proposta, contidos especialmente nos artigos de *O texto na sala de aula* e nos livros *Portos de passagem* e *Linguagem e ensino*, são sintetizados e, por vezes, parafraseados a seguir.

Entendendo *linguagem* como uma forma de *interação* humana e elegendo-a como posto de observação para a compreensão das questões do ensino da língua, Geraldi focaliza a *interlocução* – lugar de produção da linguagem e de constituição dos sujeitos – como espaço privilegiado para se pensar esse ensino. Enfatizando a natureza histórica e social da *língua*, dos *sujeitos* e das *interações verbais*, torna-se fundamental compreender o *trabalho linguístico* dos sujeitos como *atividade constitutiva*, em que se entrecruzam produção histórica e social de *sistemas de referências* e de *operações discursivas*. Nesse âmbito, por sua vez, pode-se dizer que há ações que se fazem *com* a linguagem e *sobre* a linguagem, assim como há ações *da* linguagem sobre os sujeitos, tratando-se, assim, de distinguir, nesses níveis de ação, os diferentes níveis de reflexão: *atividades linguísticas, epilinguísticas* e *metalinguísticas*. E nesse trabalho linguístico, que ocorre sempre em uma dada situação histórico-social – espaço de relações interlocutivas –, produzem-se *discursos* necessariamente significativos. Com base nesses pressupostos: a especificidade do ensino da língua encontra-se no *trabalho com o texto*, compreendido sempre como uma atividade de *produção de sentidos*; o *professor* passa a ser entendido como um *interlocutor* ou *mediador* entre o texto – objeto de ensino – e a aprendizagem, e o *aluno*, como *sujeito leitor* e *autor* de seus textos.

E se, inicialmente, as reflexões incidem diretamente sobre o ensino da língua no nível de 5ª a 8ª séries do então 1º grau, os textos seguintes, assim como a atuação de Geraldi, vão revelando possibilidades e necessidades de se expandirem os mesmos pressupostos para todos os níveis de ensino. Desse ponto de vista, uma das maiores contribuições de Geraldi para a alfabetização consiste justamente em discutir esse processo como integrante do ensino da língua e subordinado aos pressupostos advindos do interacionismo linguístico.

No vazio de respostas educacionais coerentes com as novas urgências político-sociais, as ideias e propostas de Geraldi rapidamente se disseminam em vários estados brasileiros, nos quais esse professor passa a coordenar e desenvolver[7] o Projeto "Unidades Básicas para o Ensino de Português", ou "Projeto do Wanderley" ou "Projeto das Três Práticas", como ficou conhecido entre professores. A partir de então, Geraldi é constantemente convidado a ministrar cursos para professores, a proferir palestras e conferências em congressos, seminários e eventos similares, a assessorar projetos de reformulação do ensino da língua, no âmbito de secretarias municipais e estaduais da educação e também, em 1985, do Ministério da Educação.[8]

Suas ideias e seus escritos vão-se impondo como leituras obrigatórias para os que se debruçam sobre o tema, como se depreende do número de edições de seus livros e da ampla circulação de seus artigos.[9]

As intensas atividades de "militância e divulgação" de Geraldi, assim como a circulação de seus textos, vão contribuindo para a disseminação das novas ideias e simultaneamente para a gradativa diluição da noção da autoria, o que resulta em sua constante apropriação, com referências explícitas ou não, e em um "jargão" delas decorrente. É o caso, por exemplo, de termos e expressões amplamente utilizados por professores alfabetizadores e de Português, ao se referirem à "nova proposta": "trabalho com textos", "atividades linguísticas, epilinguísticas e metalinguísticas", "produção de textos", "as três práticas", "interação", entre outros, e dos muitos equívocos de compreensão, como, por exemplo: "*fazer* produção de textos", "*dar aula* de interação" e tantos outros.

Embora emblemáticas e a despeito da inegável influência exercida, se comparadas com as dos demais autores citados anteriormente, as tematizações de Geraldi parecem sintomaticamente ausentes da bibliografia e, por vezes, das próprias tematizações e normatizações sobre alfabetização, especialmente no caso paulista. Menos do que uma disputa por prestígio intelectual de uns ou outros, a constatação dessa ausência – sob a qual parece se esconder uma forte e incômoda presença – pode ser interpretada como indicativa de uma outra paradoxal ausência, de fato: a do *texto* como objeto de ensino e aprendizagem no processo de alfabetização. Mais paradoxal ainda, por se tratar de um momento histórico em que, pelo menos discursivamente, o "politicamente correto" é "trabalhar com textos" e o *discurso* é apontado como questão central do ensino da língua, em substituição aos anteriores modelos e propostas baseados em concepções de linguagem como expressão e comunicação em que o texto aparecia apenas como pretexto ou instrumento para se aprender a ler e a escrever.

CONCRETIZAÇÕES PROPOSTAS NAS CARTILHAS

Apesar de todo o empenho de esclarecimento e convencimento e da euforia que caracterizam as normatizações e tematizações e da intensa divulgação de experiências bem-sucedidas, o trabalho de sala de aula parece não ter-lhes acompanhado o ritmo e o tom. As causas recorrentemente apontadas para esse descompasso apresentam-se como diretamente relacionadas às dificuldades inerentes à teoria construtivista, uma vez que as pesquisas sobre a psicogênese da língua escrita não pretendem resultar em um método de alfabetização, chegando mesmo a negar a validade dos existentes para os novos fins. Tampouco é coerente, dessa perspectiva, utilizar-se a cartilha, seja ela de que tipo for, uma vez que a sequência ordenada de passos de ensino e aprendizagem choca-se com a necessidade de construção do conhecimento pela criança.

Na busca de solução para esse impasse, as concretizações vão-se configurando como um entrecruzamento da internalização do discurso de época sobre o novo e da elaboração pessoal dos alfabetizadores, valendo-se de sua história profissional. Desse modo, as expectativas geradas pelos anúncios iniciais de ter-se descoberto a chave para a solução do problema do fracasso das crianças pobres em alfabetização, vão, ao longo deste quarto momento, tornando-se frustradas, ao mesmo tempo em que propõem questionamentos e encaminham concretizações de caráter eclético.

Se, inicialmente, a divulgação da proposta do GEEMPA ou de experiências menos sistematizadas parecia responder à busca de organização de uma proposta didática coerente com os resultados das pesquisas de Ferreiro, à medida que a discussão vai-se aprofundando e se rotinizando, essas propostas vão também se mostrando frágeis, seja porque repetem velhas fórmulas com roupagem "construtivista" – como muitos passam a considerar as "didáticas dos níveis" propostas por Grossi – seja porque não conseguem extrapolar o âmbito restrito de iniciativas pessoais e episódicas – no caso de experiências bem-sucedidas e sucintamente relatadas.

Mesmo participando da grande maioria das capacitações ligadas à alfabetização, que foram oferecidas pelos órgãos centrais, aquelas indagações que nos acometiam no início persistiam e a elas foram acrescentadas outras. Entre elas a seguinte – Como é que uma teoria que efetivamente representava uma evolução conceitual em termos de alfabetização, não lograva obter avanços significativos em termos de prática pedagógica dentro da sala de aula?

...

Apesar de todas as ações desencadeadas pelos órgãos centrais, os avanços foram pouco significativos em nível de estado. Apenas em alguns poucos lugares, como por exemplo a Delegacia de Ensino de Garça, esse avanço se verificou, muito mais pelo empenho pessoal do grupo de alfabetizadores que ali atuava, do que propriamente em decorrência das ações oficiais. Na maioria das escolas a apropriação do pensamento construtivista limitou-se à incorporação de algumas atividades pedagógicas que, apesar de uma nova roupagem, explicitavam a retomada de práticas de características escolanovistas e tradicionais. (Hernandes, 1995, p.6)

É importante ressaltar, ainda, que, na década de 1980, começam a se disseminar pesquisas e estudos que podem ser classificados em dois grandes tipos: a) os que ou oferecem subsídios para uma seleção criteriosa do livro didático ou denunciam seu caráter ideológico, preconceituoso e conservador, desenvolvidos junto aos programas de pós-graduação em Educação, especialmente, e que resultam em teses, dissertações e artigos, ou por órgãos governamentais;[10] e b) os que se propõem a realizar o "estado da arte", desenvolvidos em centros de pesquisa e universidades, com financiamento do Instituto Nacional de Estudos e Pesquisas Educacionais (INEP) e Rede Latino-Americana de Informação e Documentação em Educação (REDUC).[11] Paralelamente a esses estudos e pesquisas, dentre outras medidas que objetivavam o "resgate da qualidade do ensino", mediante uma revolução conceitual que incide inicialmente na alfabetização, durante a gestão de José Sarney na Presidência da República e de Hugo Napoleão no Ministério da Educação, é instituído o Programa Nacional do Livro Didático (PNLD) – MEC/FAE, que objetiva a distribuição gratuita de livros didáticos a todos os alunos, após escolha, "com autonomia e liberdade", por parte dos professores e com base na listagem oferecida pelo Programa, e após processo de concorrência entre editoras.

> O Programa Nacional do Livro Didático (PNLD), instituído em 1985 pelo Presidente José Sarney, é mais uma demonstração de como o Governo encara o social como prioritário.
>
> Distribuindo livros para todos os alunos do 1º grau das escolas públicas do País, o Ministério da Educação, através da Fundação de Assistência ao Estudante (FAE), cumpre a determinação governamental e põe à disposição dos estudantes brasileiros um valioso instrumento no binômio ensino/aprendizagem.
>
> No momento em que este livro chega à escola e, consequentemente, às mãos do aluno matriculado na rede pública de 1º grau, é importante destacar que ele foi escolhido pelo professor – com autonomia e liberdade para fazê-lo – e que este volume deverá durar, pelo menos, três anos.
>
> Daí porque conclamo você, caro amigo estudante brasileiro, a usar e preservar este livro para que não apenas ele lhe seja útil durante este período letivo, mas também para que, no próximo ano, ele possa servir a outro jovem, igual a você, cidadão do futuro deste país. (Napoleão, 1985)

Buscando ocupar o vazio metodológico, aceder ao sedutor "convite" governamental e, ao mesmo tempo, incorporar as críticas e problemas apontados nos estudos sobre o livro didático, os autores de cartilhas e as editoras passam a reorganizar e revitalizar esse instrumento de ensino, conferindo-lhe atualização, mediante a adequação ao novo discurso e ao novo clima de "democratização". Nos manuais distribuídos pelo PNLD para orientar a escolha por parte dos professores, passam a constar títulos de cartilhas que buscam se adequar ao "construtivismo" ao lado dos de outras "tradicionais".[12]

A análise da listagem de cartilhas indicadas nesses manuais permite considerações sobre as características dessas concretizações em relação às tematizações e normatizações deste quarto momento, configurando o novo tipo de ecletismo em relação aos métodos e processos de alfabetização:

a) nas cartilhas produzidas a partir do final da década de 1980, a tendência é acrescentar-se, mesmo sem significativas modificações estruturais e de conteúdo em relação à "tradição", a rubrica "construtivista" e/ou "interacionista", também presentes nas orientações para uso dessas cartilhas, com destaque para a apresentação de bibliografia, que contribui para a seriedade e cientificidade que seus autores lhes querem conferir, sobretudo quando arrolam títulos de estudos e autores contemporâneos representativos das modernas teorias em alfabetização;

b) quando se trata de cartilhas baseadas em "métodos tradicionais", os autores não se sentem constrangidos em defendê--los, até porque essas cartilhas continuam a ser escolhidas, tendo público e circulação garantidos, entre outros fatores, pela chancela oficial conferida pelo selo MEC/FAE/PNLD, em algumas constando carta assinada pelo Ministro da Educação à época de distribuição das cartilhas;

c) em várias dessas cartilhas, destaca-se também a apresentação profissional dos autores e sua titulação acadêmica, enfatizando-se a experiência em alfabetização, da qual resulta, na grande maioria dos casos, o trabalho proposto na cartilha;

d) é significativa a presença de professoras-autoras de cartilhas e do processo de coautoria;

e) muitas novas editoras situadas neste e em outros estados do país vão surgindo e ganhando concorrência junto ao PNLD, algumas delas se tornando "tradicionais" no ramo de livros didáticos;

f) o exemplar do professor contém, na maior parte das vezes, encartes com orientações para o professor, além de apresentarem respostas aos exercícios de preenchimento de espaços em branco;

g) as cartilhas baseadas em "métodos tradicionais" trazem exercícios relativos ao período preparatório; e

h) o formato grande e retangular no sentido vertical e as fartas ilustrações coloridas predominam, assim como a encadernação em brochura, algumas poucas impressas em papel jornal.

A ALFABETIZAÇÃO NO FINAL DO SÉCULO XX

A despeito das vantagens práticas que possam proporcionar, a proximidade temporal e o envolvimento da investigadora são dois dos fatores que, na verdade, mais dificultam a reflexão a respeito deste quarto momento crucial no movimento de constituição de alfabetização como objeto de estudo. De qualquer modo, num esforço de objetividade demandado pela reflexão sobre um presente ainda presente – e consciente das inevitáveis armadilhas decorrentes da interlocução direta com discursos e sujeitos cuja contemporaneidade expõe as fontes primárias selecionadas e a versão dos fatos aqui apresentados a objeções e controvérsias imediatas –, ousei apresentar, sob a forma de arriscadas notas, considerações a respeito deste momento, a fim de entendê-lo em sua historicidade e, nessa condição, acolhê-lo como tema no diálogo com os contemporâneos.

Pelo exposto até aqui, mais agudamente do que nos anteriores, em relação a este quarto momento evidencia-se a dificuldade em precisar o momento histórico ao longo do qual conquistam hegemonia as tematizações, normatizações e concretizações relativas ao construtivismo em alfabetização. No entanto, de acordo com o procedimento metodológico adotado, que demanda a delimitação temática de cada um desses momentos cruciais a partir de características internas ao próprio objeto, foi possível definir aproximadamente os anos finais da década de 1970 como marco inicial e o ano de 1994 como recorte necessário, apenas.

A definição do marco inicial resulta da confluência de pelo menos três fatores: denúncias a respeito da insustentável situação de fracasso escolar e altas taxas de analfabetismo sobretudo entre crianças pobres brasileiras, denúncias essas que se tornam possíveis em virtude das pressões da sociedade civil pelo fim da censura imposta pela ditadura pós-64 e nas quais a política educacional levada a efeito pelos sucessivos governos ditatoriais é culpabilizada pelo engendramento dos graves problemas da educação, entre tantos outros; assunção do referencial teórico dialético-marxista para análise desses problemas educacionais; e divulgação informal dos primeiros resultados das pesquisas, sobre a psicogênese da língua escrita, realizadas por E. Ferreiro e colaboradores e motivadas também pelos mesmos diagnósticos sobre analfabetismo e/ou fracasso na alfabetização.

Quanto ao recorte necessário no ano de 1994, este resulta da necessidade de cumprimento do prazo previsto para o encerramento da pesquisa de que resultou este livro, além de referir-se também ao início de mandato de outro governador do Estado de São Paulo,[13] o qual apresenta, por intermédio da Secretaria da Educação, uma série de modificações no ensino público paulista, que, evidentemente, não serão objeto de análise neste capítulo. Seja como for, esse marco não se refere ao final do quarto momento nem ao esgotamento da temática que o caracteriza nem a uma nova proposta de ruptura.

O movimento que, neste quarto momento, vai-se configurando em relação à alfabetização é marcado pela hegemonia do construtivismo como base teórica adequada à perspectiva política que determina a implantação do Ciclo Básico, no Estado de São Paulo, fenômeno que, por sua vez, também se observa em outros estados brasileiros. Ao longo deste momento, no entanto, a fase heroica e programática desse discurso vai cedendo espaço a uma contestação "pelo alto" – inicialmente branda e velada e diferente da contestação "pelo baixo" por parte dos professores considerados "resistentes ao novo" –, estreitamente relacionada, não à frustração decorrente da persistência dos índices de fracasso em alfabetização em relação aos anúncios iniciais, mas à introdução de um novo referencial teórico – o interacionismo. Mesmo que diferentes do ponto de vista epistemológico, esses dois referenciais teóricos vão sendo incorporados e apresentados, pelo discurso oficial, como complementares entre si, sobretudo em virtude da abordagem psicolinguística, comum a ambos. Como decorrência do referencial teórico construtivista e de sua posição contrária à utilização de cartilhas e métodos de alfabetização, disseminou-se, no discurso "pelo baixo", um método eclético de novo tipo. Resultando da combinação dos métodos tradicionais com as implicações pedagógicas das pesquisas de Ferreiro, esse "método" baseia-se no diagnóstico e posterior classificação "construtivista" dos alfabetizandos em "pré-silábicos", "silábicos" e "alfabéticos", a partir dos quais o professor deve desenvolver um "trabalho" que respeite a realidade da criança e seu ritmo de construção do conhecimento, de preferência *com textos* e *por meio* deles.

E, como decorrência da operante complementaridade entre construtivismo e interacionismo, tende a se disseminar, também no discurso "pelo alto", um certo ecletismo teórico. Dessa complementaridade, resultam rubricas "novas" – "socioconstrutivismo" ou "construtivismo-interacionista" –, que vão rapidamente se disseminando e que remetem ao engendramento de uma certa disputa entre "mais modernos" e "modernos", a fim de superar a "tradição herdada" e preparar o futuro desejado.

Sem a pretensão de prognósticos ou previsões, no âmbito do movimento que com o recorte necessário no ano de 1994 não pretendo dar por encerrado, a tendência parece ser a de se estender, ainda por largo espaço de tempo – como ocorre com o momento anterior –, a hegemonia do pensamento construtivista em alfabetização. Dentre os fatores que estão a contribuir para essa tendência, destacam-se aqueles de ordem teórica e política: os resultados das pesquisas de Ferreiro não foram ainda contestados em sua base teórica,[14] permanecendo atuantes, portanto, sua validade científica e sua condição de fundadora de uma nova tradição no que diz respeito à aprendizagem da língua escrita na fase inicial de escolarização de crianças; e a assunção oficial das novas teorias não comporta retrocessos e ainda está a demandar reiteradas versões positivas, dada a ênfase na ideia de "revolução" e no investimento político e financeiro, por parte de grupos que ainda se mantêm no poder, ocupando cargos no governo estadual.

No finalzinho de 1983, a rede pública de ensino paulista foi sacudida por um decreto implantando, já a partir do ano seguinte, o Ciclo Básico. Essa medida eliminou a reprovação entre as antigas 1ª e 2ª séries, permitindo às crianças um processo contínuo de aprendizagem, sem interrupção, durante dois anos. Com essa medida, o governo do Estado – o primeiro eleito e de oposição, após quase duas décadas de regime autoritário – pretendia estancar a grave questão da repetência e evasão, que atingia, logo no primeiro ano de estudos, 41,16% das crianças paulistas; e garantir o direito à escolarização para essa parcela da população infantil oriunda, principalmente, das camadas pobres. Paralelamente, procurava-se promover nas escolas uma ampla discussão sobre alfabetização e iniciar uma gradativa reorganização do ensino fundamental.
...
Onze anos depois, os ganhos em aprovação de alunos, embora não atinjam ainda os patamares ideais, são significativos.
...
Apesar de todas as dificuldades e da descontinuidade política verificada nesses onze anos (nove secretários da Educação), o Ciclo Básico está consolidado, na opinião da pesquisadora Elba Sá Barreto: "O CB não é mais questionado. Dificilmente se voltará ao regime seriado". (Sao Paulo, 1995, p.4-9)

Não se trata ... de primeiro alfabetizar-se e depois aprender a ler o mundo. Linguagem e realidade estão dinamicamente entrelaçadas.

A proposta curricular de Língua Portuguesa da Secretaria de Estado da Educação incorpora em seus princípios as contribuições do sócio-construtivismo. Isto não significa, entretanto, condenar e desvalorizar experiências pedagógicas consideradas "não-construtivistas". Afinal, construtivismo não é método, nem proposta didática, mas uma teoria sobre aquisição do conhecimento. As escolas e professores têm plena autonomia para criar projetos embasados em diferentes fundamentos teóricos, desde que promovam a aprendizagem e progresso de seus alunos. (*Escola Agora*, 1995, p.3)

Em síntese, neste quarto momento, o ensino-aprendizagem da leitura e escrita vem-se sedimentando como um objeto de estudo e pesquisa acadêmicos integrado a um campo de conhecimento específico – ensino da língua –, no qual entrecruzam-se as contribuições apontadas. Todavia, o interesse crescente que os problemas relativos a esse processo de ensino-aprendizagem tem despertado em pesquisadores de outras áreas – como história, antropologia, sociologia – indica uma tendência de a alfabetização se constituir um campo de conhecimento superespecializado, autônomo e, simultaneamente, interdisciplinar.

Esse processo, tal como se configura até o presente, propicia o surgimento: de um sujeito e de um discurso acadêmicos e especializados sobre alfabetização, em substituição ao "técnico" sobre o assunto e ao discurso pragmático, característicos do momento anterior; e de um ponto de vista interdisciplinar para sua abordagem, que, a despeito de anunciado como "revolução conceitual" que objetiva a ruptura em relação ao ponto de vista "tradicional" – sobretudo o fundado no passado recente –, dele herda e conserva, em outras bases, o enfoque predominantemente psicológico – transfigurado em psicolinguístico – da alfabetização, com ênfase na *aprendizagem* da leitura e da escrita na fase inicial de escolarização de crianças.

Pode-se, então, depreender novos sentidos para os termos "antigo"/"tradicional" e "moderno"/"novo", os quais se busca definir como *contra* o passado (recente e remoto), a fim de iniciar uma nova era. No entanto, na configuração do processo de mudança possível, algumas questões centrais ainda permanecem pendentes. Dentre elas, a que ocupa professores e intelectuais brasileiros desde, pelo menos, o final do século XIX: a busca do *todo*, onde se encontra o *sentido* do que se lê e se escreve, onde se encontra o *sentido* do ensino-aprendizagem da leitura e escrita na fase inicial de escolarização de crianças.

NOTAS

1 Nesse processo estão envolvidas também secretarias municipais de educação, como as das cidades de São Paulo e de Campinas, ambas com marcante atuação nesse momento histórico.

2 A influência desse "discurso de ponta" pode ser observada especialmente em propostas curriculares elaboradas por equipes técnicas de secretarias de educação de outros estados da nação.

3 É o caso, por exemplo, da revista *Educação & Sociedade*, do CEDES e da revista *ANDE*.

4 Candidato vitorioso no Estado de São Paulo, pelo Partido do Movimento Democrático Brasileiro (PMDB), nas primeiras eleições diretas para governador, após o período ditatorial.

5 Trata-se do n.52 da revista, todo ele dedicado ao tema da alfabetização, contendo artigos de pesquisadores de destaque, como é o caso de Emilia Ferreiro.

6 A título de exemplificação, atente-se para os casos da Editora Cortez, em São Paulo, e da Editora Artes Médicas, em Porto Alegre, e das revistas *Educação & Sociedade*, do Centro de Estudos de Educação e Sociedade (CEDES), com sede na FE/Unicamp, *Cadernos de Pesquisa*, da Fundação Carlos Chagas (SP) e *Leitura: teoria & prática*, da Associação de Leitura do Brasil (ALB), com sede na FE/Unicamp, além da revista *Nova Escola*, da Editora Abril, distribuída às escolas de ensino fundamental e médio.

7 Participavam do desenvolvimento desse projeto as professoras Raquel Salek Fiad (IEL/Unicamp), Lílian Lopes Martins Silva (FE/Unicamp) e Denise Bértoli Braga (IEL/Unicamp). A respeito das atividades desenvolvidas por esse grupo de professores, ver: SILVA, L. L. M. *Mudar o ensino de língua portuguesa*: uma promessa que não venceu nem se cumpriu mas que merece ser interpretada. Campinas, 1994. Tese (Doutorado em Educação) – Faculdade de Educação, Universidade de Campinas.

8 Como exemplos dessa intensa atuação de Geraldi, pode-se citar sua participação: como assessor do Departamento de Planejamento (DEPLAN), da Secretaria da Educação do município de São Paulo, que elaborou diretrizes para o ensino de português, em 1985; como membro da equipe de notáveis, convidados pelo então ministro da Educação, Marco Maciel, a elaborar as Diretrizes para o Aperfeiçoamento do Ensino/Aprendizagem da Língua Portuguesa, 1986; como assessor do projeto *Alfabetização*: Teoria e Prática, da FDE, entre 1992 e 1993; como consultor do projeto Telecurso 2000, da Fundação Roberto Marinho, por volta de 1994; como debatedor, na Teleconferência Latino-americana sobre Alfabetização, promovida pelo MEC/INEP, em 1988(?), de que E. Ferreiro, dentre outros, participava como expositora; como expositor, juntamente com E. Ferreiro e J. Hébrard, em mesa-redonda, no Seminário Internacional de Alfabetização, promovido pela FDE, em

1994; como expositor no Seminário Internacional sobre Leitura e Escrita na Sociedade e na Escola, ocorrido em Brasília, em 1994; como expositor e/ou debatedor em várias edições do Congresso de Leitura (COLE), em Campinas.

9 Além, evidentemente, das inúmeras reproduções xerocopiadas, seus livros alcançaram um número significativo de edições: *O texto na sala de aula*, 1.ed. em 1984 e 8.ed. em 1991, pela ASSOESTE, com tiragens entre 2.000 e 5.000 exemplares e 1.ed. pela Ática, em 1996, 5.000 exemplares e 2.ed. em 1999; *Portos de passagem*, 1.ed. em 1991, 4.ed. em 1997. Representativa da ampla circulação dos artigos é a popularização do texto "o menino pionhento", citado e analisado em "Escrita, uso da escrita e avaliação", que integra *O texto na sala na aula.*

10 É o caso da atualmente extinta Fundação do Livro Escolar (FLE) — SE/SP, que patrocinou pesquisas sobre o livro didático e a cartilha, resultantes, em 1984, da publicação, sob a forma de jornal, *O livro nosso de cada dia* (Equipe Técnico-Pedagógica — Livro Didático I), sob a coordenação da professora Drª Suzi F. Sperber.

11 Como exemplos, ver, especialmente: UNIVERSIDADE ESTADUAL DE CAMPINAS. Biblioteca Central. Serviço de Informação sobre o Livro Didático. *O que sabemos sobre o livro didático*: catálogo analítico. Campinas: Editora da Unicamp, 1989; e FREITAG, B., MOTTA, V. R., COSTA, W. F. *O livro didático em questão*. São Paulo: Cortez, 1993.

12 No *Manual para a indicação dos livros didáticos e módulos paradidáticos* — PNLD 95/96, encontram-se três cartilhas já abordadas nos capítulos anteriores deste livro: *Cartilha do povo* (1928), (Cartilha) *Ensino-rápido da leitura* [década de 1920] e *Caminho suave* (1948).

13 Com as eleições de 1994, Luiz A. Fleury Filho (PMDB) é substituído, no governo do Estado de São Paulo, por Mário Covas (PSDB).

14 Como se viu neste capítulo, a contestação se dá em relação ao ponto de vista epistemológico que a sustenta, especialmente mediante a apresentação de uma outra proposta de reflexão e atuação — o interacionismo —, que, do ponto de vista de outra epistemologia, propõe "apenas" explicar mais e melhor o problema do reiterado fracasso da escola em alfabetizar. No entanto, as pesquisas de Ferreiro não tiveram refutada sua validade mediante o desenvolvimento de outras pesquisas similares às dessa pesquisadora, que sustentam cientificamente os resultados apresentados e sua aplicação prática.

FONTES DOCUMENTAIS

ALVES, M. L. (1990). In: FERREIRO, E. (Org.) *Os filhos do analfabetismo*: propostas para a alfabetização escolar na América Latina. 3.ed. Trad. M. L M. Abaurre. Porto Alegre: Artes Médicas, 1990.

ESCOLA AGORA. São Paulo: SE, FAE, 1995.

ESPOSITO, Y. L. Alfabetização em revista: uma leitura. *Cadernos de Pesquisa*, n.80, p.21-7, fev. 1992.

FERREIRO, E. *Reflexões sobre alfabetização*. Trad. Horácio Gonzales et al. São Paulo: Cortez, 1985.

_____. (Org.) *Os filhos do analfabetismo*: propostas para a alfabetização escolar na América Latina. Trad. M. L. M. Abaurre. 3.ed. Porto Alegre: Artes Médicas, 1990.

FERREIRO, E., TEBEROSKY, A. *Psicogênese da língua escrita*. Trad. D. M. Lichtenstein et al. Porto Alegre: Artes Médicas, 1985.

GERALDI, J. W. (Org.) *O texto na sala de aula*: leitura & produção. Cascavel: Assoeste, 1984.

_____. *Portos de Passagem*. São Paulo: Martins Fontes, 1992.

_____. *Linguagem e ensino*: exercícios de militância e divulgação. Campinas: ALB, Mercado de Letras, 1996.

HERNANDES, E. D. K. *Depoimento*. Outubro de 1995. (Mimeogr.).

NAPOLEÃO, H. (1985). In: SANTOS, M. G. M., ASSAD, R. F. *Eu gosto de aprender*. 4ª série. São Paulo: Editora do Brasil, 1985.

PALMA FILHO, J. C. Apresentação. In: SÃO PAULO (Estado). Secretaria da Educação. Coordenadoria de Estudos e Normas Pedagógicas. *Fundamentos da educação e realidade brasileira como preparação para o planejamento escolar*. São Paulo: SE, CENP, p.3-5, 1985.

SÃO PAULO (Estado) Secretaria da Educação. Coordenadoria de Estudos e Normas Pedagógicas. *Revendo a proposta de alfabetização*. São Paulo: SE, CENP, 1985.

_____. *Ciclo Básico*. SE, CENP, 1987.

SÃO PAULO (Estado) Secretaria da Educação. Fundação para o Desenvolvimento da Educação. *Alfabetização*: teoria e prática – Ciclo Básico em discussão. São Paulo: SE, FDE, 1995.

SAVIANI, D. A pedagogia histórico-crítica e a educação escolar. In: BERNARDO, M. V. C. *Pensando a educação*: ensaios sobre a formação do professor e a política educacional. São Paulo: Editora UNESP, 1989. p.23-33.

SILVA, R. N., DAVIS, C. É proibido repetir. *Estudos em Avaliação Educacional*, n.7, p.5-44, jan.- jun. 1993.

SMOLKA, A. L. B. *A criança na fase inicial da escrita*: alfabetização como processo discursivo. 2.ed. São Paulo: Cortez, Campinas: Editora da Unicamp, 1989.

SOARES, M. B. As muitas facetas da alfabetização. *Cadernos de Pesquisa*, n.52, p.19-24, fev. 1985.

_____. *Linguagem e escola*: uma perspectiva social. São Paulo: Ática, 1986.

_____. *Alfabetização no Brasil: o estado do conhecimento*. Brasília: INEP, REDUC, 1989.

ALFABETIZAÇÃO E MODERNIDADE NO BRASIL (À GUISA DE CONCLUSÃO)

SOBRE O CONCEITO DE MODERNIDADE

Moderno enquanto conceito, *modernidade* é um termo antigo enquanto possibilidade. No entanto, embora antigo como possibilidade, apenas recentemente o termo passa a designar um conceito e suas implicações, sendo utilizado em referência a todos os níveis e aspectos da vida humana.[1]

Como resultado do acúmulo de reflexões e tematizações sobre o conceito e suas implicações, efetuadas, desde seu aparecimento, por intelectuais e artistas, pode-se contemporaneamente apontar como suas principais e recorrentes características: ruptura consciente e desejada com o passado; ambivalência relacionada com a convivência de uma atitude de busca de identidade do presente/construção do novo com a negação/destruição desse novo, velho por princípio (revolução como morte anunciada); culto do novo como doutrina; pós-modernidade como atitude crítica constitutiva; crise como condição existencial; tradição de destruir a tradição; busca de racionalização; interpenetração das esferas públicas e privadas da vida humana. Enfim, nesse conceito encontram-se sintetizadas as relações ambíguas e contraditórias entre: solidão/multidão, racionalidade/turbilhão, monotonalidade/pluritonalidade.[2]

Tais características, por um lado, estão relacionadas, contemporaneamente, com – ao mesmo tempo em que o influenciam – certo modo arrogante (e ingênuo?) de pensar, sentir, querer e agir no que concerne à modernidade, fazendo que se interpretem suas implicações como signos apocalípticos do fim da evolução e, de modo simultâneo, fazendo que se cultue, programática e doutrinariamente, o moderno. Por outro, em que pese o processo de globalização e mundialização que, neste final de milênio de que somos contemporâneos, acompanha *pari passu* o pensamento e o sentimento da modernidade e sua crítica – a pós-modernidade –, bases materiais e condições culturais diversificadas impedem que se homogeneízem as diferentes feições que o conceito e suas implicações assumem em suas diferentes manifestações, seja na inter-relação de diferentes sociedades seja na inter-relação dos diferentes aspectos da vida humana e cultural no interior de uma determinada sociedade.

O conceito parece, portanto, indicar menos um *gran finale* do que uma lacuna entre passado e futuro,[3] revelada pela consciência (que o presente enseja) da história, lacuna essa que se deseja obstinadamente preencher e que demanda constantes revisões nos conceitos operantes de *moderno* e *antigo* e sua inter-relação. Talvez o melhor, portanto, seja pensar em modernidades (e pós-modernidades), buscando marcar a heterogeneidade, tanto do ponto de vista diacrônico quanto do ponto de vista sincrônico, de sentidos que esse conceito comporta.[4]

UM PROJETO MODERNO DE EDUCAÇÃO

Uma das utopias da modernidade por excelência, a educação escolar pode ser compreendida, contemporaneamente, como um aspecto da vida humana e social em que essa condição plural e contraditória da modernidade – representada, encenada ou desejada – se manifesta.

Toda a reflexão sobre o conceito de educação, em qualquer tempo, tem sido, repetidamente, uma prerrogativa sustentada na tradição. Se incluirmos nisto a institucionalização promovida pela Escola, tomada aí como modelo formador de consciências, compreenderemos que são processos que se constituem como passado. Portanto, são reflexões envolvendo a ideia de tempo histórico, tradição cultural e valores.[5]

Entendida educação como inelutável transmissão da tradição de que são portadores os adultos e, simultaneamente, busca de inserção dos "recém-chegados" – as crianças – no novo (para as crianças) mundo público (velho/preexistente) da cultura[6] e nas instâncias públicas de uso da linguagem,[7] no âmbito dessas contradições básicas do projeto moderno de educação, certa modernidade e cultura da crise, sobretudo no nível das "superestruturas", assumem caráter doutrinário (o modernismo), objetivando ações modernizadoras da sociedade, por intermédio da escola.

Discutindo a crise educacional americana, Arendt aponta como decisivo para o significado da educação o desenvolvimento conceitual e político, a partir do século XIX, do "entusiasmo pelo que é novo" – "*pathos* do novo" –, resultando presumivelmente,

> em uma atenção maior e em maior importância dadas aos recém-
> -chegados por nascimento, isto é, as crianças, as quais, ao terem
> ultrapassado a infância e estarem prontas para ingressar na comunidade dos adultos como pessoas jovens, eram o que os gregos chamavam simplesmente *ói neói*, os novos ... Derivou-se dessa fonte, a princípio, um ideal educacional, impregnado de Rousseau e de fato diretamente influenciado por Rousseau, no qual a educação tornou-se um instrumento da política, e a própria atividade política foi concebida como uma forma de educação.[8]

E na medida em que "na política lidamos com aqueles que já estão educados", a criação de uma nova ordem política, por meio da educação, demanda a intervenção ditatorial do adulto na formação daqueles que "são por nascimento e natureza novos". Tal atitude, no entanto, encoraja apenas a "ilusão de que um mundo novo está sendo construído mediante a educação das crianças", uma vez que:

> mesmo às crianças que se quer educar para que sejam cidadãos de um amanhã utópico é negado, de fato, seu próprio papel futuro no organismo político, pois, do ponto de vista dos mais novos, o que quer que o mundo adulto possa propor de novo é necessariamente mais velho do que eles mesmos. Pertence à própria natureza da condição humana o fato de que cada geração se transforma em um mundo antigo, de tal modo que preparar uma nova geração para um mundo novo só pode significar o desejo de arrancar das mãos dos recém-chegados a sua própria oportunidade face ao novo.[9]

À contradição de base desse ideal de educação vem juntar-se – sobretudo em se tratando de um país de terceiro mundo – uma outra, derivada da associação problemática entre escola e alfabetização. Crença do século XIX europeu e argumento central de debates políticos sobre a universalização da instrução elementar, essa associação nos é legada, principalmente, por um modelo republicano efetivado, na França, com as leis escolares de 1880: obrigatoriedade, gratuidade e laicização dos programas e pessoal docente, as quais "parecem realizar, de maneira coerente, as aspirações que se vinham progressivamente afirmando desde havia um século".[10]

> *Si les républicains du XIXe siècle se battent pour l'instruction élémentaire et pour l'école publique avec tant d'acharnement, c'est qu'ils entendent défendre ce qui constitue à leurs yeux un des héritages fondamentaux de la Révolution: l'émancipation du peuple par l'éducation.*[11]

Ainda que atuando nos restritos limites do didático-pedagógico, a escola se consolida como lugar institucionalizado para o preparo das novas gerações, a fim de atender a um projeto político do Estado republicano – e não mais da Igreja –, pautado pela necessidade de instauração de uma nova ordem política e social. A universalização da escola assume importante papel como instrumento de modernização e progresso do Estado-Nação. Prometendo acesso de todos à cultura letrada, a instituição escolar "*nous apparaisse comme un lieu indispensable d'une pédagogie capable de faire accéder l'humanité à un comportement rationnel*";[12] aparece-nos, portanto, como agente de esclarecimento das "massas" iletradas e fator de civilização. Na busca de emancipação social e individual, saber e poder se equivalem.

No âmbito desse projeto, a alfabetização é vista como um instrumento privilegiado de aquisição de saber/esclarecimento e imperativo da modernização e desenvolvimento social. Ler e escrever se tornam, a partir de então, fundamento da escola obrigatória, leiga e gratuita e, "definitivamente", objeto de ensino e aprendizagem escolarizados, ou seja, submetidos à organização sistemática, tecnicamente ensinável e demandando preparação de profissionais especializados.

Do ponto de vista dessa concepção social, que indica passagem do sentido religioso ao moderno e da alfabetização restrita à alfabetização das "massas", leitura e escrita se apresentam como um momento de mudança, como indicativo e anúncio de um outro ritual de passagem para um mundo novo – para o Estado e para o cidadão: o mundo público da cultura letrada, que instaura novas formas de relação dos sujeitos entre si, com a natureza, com a história e com o próprio Estado. Um mundo novo que instaura, enfim, novos modos e conteúdos de pensar, sentir, querer e agir.

No entanto, as evidências que sustentam originariamente a moderna associação entre escola e alfabetização vêm, cada vez mais, sendo questionadas, a partir da ambiguidade dos efeitos pretendidos e das novas ilusões daí decorrentes, as quais vêm sendo objeto de denúncia, particularmente nas últimas décadas e não apenas em nosso país.

> *Si, pourtant, cette liaison centrale a été si souvent admise comme allant d'elle-même et si même elle a constitué le fondement implicite commun à tant de luttes du XIXe du XXe siècles, c'est que les Français, a travers elle, partageaient une interprétation de leur histoire, caractérisée par ce que Marx appelle, dans* La Sainte Famille, *"l'illusion du politique": la conviction que tout changement dépend de la volonté et de l'action*

consciente des hommes et, en conséquence, que les destinées humaines sont entre les mains des pédagogues et des législateurs; on comprend alors que l'école, investie par cette croyance volontariste, ait été constituée en lieu stratégique de la formation des espirits, en enjeu central des luttes politiques.[13]

SOB O SIGNO DA MODERNIDADE: MODERNIDADES BRASILEIRAS EM ALFABETIZAÇÃO

No âmbito desse projeto liberal-democrático, a alfabetização se apresenta como o signo mais evidente e complexo da relação problemática entre educação e modernidade. Enquanto suposto e prometido resultado da ação da escola sobre o indivíduo e enquanto rito de iniciação na passagem do mundo privado para o mundo público da cultura e da linguagem, o ensino-aprendizagem da língua escrita na fase inicial de escolarização de crianças se torna índice de medida e testagem da eficiência da ação modernizadora da educação contra a barbárie.

No caso brasileiro, decorridos mais de cem anos desde a implantação do modelo republicano de escola, temos ainda hoje (embora não somente aqui), como ponto consensual de debates e denúncias, o fracasso da escola em alfabetizar aqueles a quem acena com esse efeito. Explicada como problema ora do método de ensino, ora do sistema escolar, ora do aluno, ora do professor,[14] a recorrência desse fracasso vem consolidando um outro tipo de ilusão e contradição, constitutivas da busca incessante daquele sentido moderno da escola e da educação.

A discussão sobre a incapacidade da escola em dar conta de sua tarefa histórica fundamental e, portanto, de responder às urgências sociais e políticas que lhe dão sustentação, não é, no entanto, exclusiva de nossa época. Ainda que de outros pontos de vista e por outras formulações, o que hoje denominamos "fracasso escolar" vem-se apresentando como problema estratégico a demandar soluções urgentes e mobilizando administradores públicos, legisladores do ensino, intelectuais de diferentes áreas de conhecimento, educadores e professores, desde, pelo menos, o final do século XIX brasileiro.

Nos capítulos anteriores, enfocou-se a questão dos métodos de alfabetização, na província/Estado de São Paulo, entre 1876 e 1994, abordando-se os quatro momentos cruciais no movimento de constituição da alfabetização como objeto de estudo e apresentando-se, mediante análise e interpretação de fontes primárias e secundárias, as versões dos sujeitos que, em cada um desses momentos, produziram tematizações, normatizações e concretizações, propondo e impondo soluções para os problemas relacionados ao ensino inicial da leitura e escrita.

Nessas versões, por sua vez, pôde-se observar a recorrência discursiva da mudança, marcada pela tensão constante entre modernos e antigos – ou entre mais modernos e modernos –, no âmbito de disputas pela hegemonia de projetos políticos, educacionais e pedagógicos. Para esses sujeitos, a mudança exige uma operação de diferenciação qualitativa, mediante a reconstituição sintética de seu passado (e, em particular, do passado recente, sentido como presente, porque operante no nível das concretizações), a fim de homogeneizá-lo e esvaziá-lo de qualidades e diferenças, identificando-o como portador do antigo – indesejável, decadente e obstáculo ao progresso –, buscando-se definir o novo – melhor e mais desejável – ora *contra*, ora *independente* em relação ao antigo, mas sempre *a partir* dele.

Para viabilizar a mudança, torna-se, assim, necessário produzir uma versão do passado, e desqualificá-lo, como se se tratasse de uma herança incômoda, que impõe resistências à fundação do novo, especialmente quando a filiação decorrente (embora, muitas vezes, não assumida) da tradição atuante no presente ameaça fazer voltarem à cena os mesmos personagens do passado, que seus herdeiros desejam esquecer, rever ou aprimorar.

> A oposição antigo/moderno, que é um dos conflitos através dos quais as sociedades vivem suas relações contraditórias com o passado, agudiza-se sempre que se trata de lutar contra um passado recente, um presente sentido como passado, ou quando a querela dos antigos e modernos assume as proporções de um ajuste de contas entre pais e filhos.[15]

Nessas lutas revolucionárias pela hegemonia de verdades científicas e definitivas, das quais emerge certa querela entre modernos e antigos, o termo *moderno* conduz o par e o *antigo* não tem "direito à voz", a não ser no nível das concretizações, em que o novo encontra resistências resultantes da tradição herdada e perpetuada, as quais, por sua vez, "obrigam" esse novo a se tornar programático e doutrinário.

No entanto, evitando-se aderir às estratégias de convencimento previstas nessas versões e considerando-se a impossibilidade (humana) de total ruptura com o passado, procurou-se mostrar a tensão existente em cada momento crucial.

Na insistência em marcar e tematizar a diferença, nesses quatro momentos cruciais podem-se encontrar também, entre os que propõem a descontinuidade, semelhanças indicadoras da continuidade. Uma dessas semelhanças está contida na questão dos métodos. Mesmo que postulando a mudança dos métodos de alfabetização, no âmbito dessas polêmicas os sujeitos se movimentam em torno de um mesmo eixo: a eficácia da alfabetização é uma questão de métodos, e a base teórica para a discussão vai--se impondo como derivada da psicologia (da infância). Ou, ainda, mesmo que se proponha o deslocamento do eixo das discussões dos métodos para o nível de maturidade ou o processo de aprendizagem do sujeito cognoscente, justificado por outras tendências em psicologia – como é o caso das pesquisas de Lourenço Filho e daquelas contemporâneas baseadas na psicologia genética piagetiana –, o objetivo permanece: busca de eficiência na alfabetização, partindo da base teórica fornecida pela psicologia.

Poderíamos pensar, ainda, nas semelhanças e filiações entre as várias tendências em psicologia que se apresentam como diferentes entre si, mas assentam-se em uma base epistemológica comum – o Estruturalismo, no caso da psicologia genética, da psicologia funcionalista e da Gestalt, entre outras. Ou, talvez, na semelhança e continuidade, no tempo, do projeto de educação como esclarecimento: fim não atingido, que permanece inalterado como parâmetro primeiro a demandar ajustes e meios cada vez mais eficazes. Ou, ainda, na disputa de poder sobre "os novos", pois, como sugere Arendt:

A fim de evitar mal-entendidos: parece-me que o conservadorismo, no sentido de conservação, faz parte da essência da atividade educacional, cuja tarefa é sempre abrigar e proteger alguma coisa – a criança contra o mundo, o mundo contra a criança, o novo contra o velho, o velho contra o novo. Mesmo a responsabilidade ampla pelo mundo que é aí assumida implica, é claro, uma atitude conservadora.

...

Exatamente em benefício daquilo que é novo e revolucionário em cada criança é que a educação precisa ser conservadora: ela deve preservar essa novidade e introduzir como algo novo em um mundo velho, que, por mais revolucionário que possa ser em suas ações, é sempre obsoleto e rente à destruição.[16]

No interior dessas disputas e em decorrência delas, vai-se consolidando o interesse pela alfabetização como área estratégica e cada vez mais autônoma para a objetivação dos projetos modernizantes; e, simultaneamente, vão-se produzindo reflexões e saberes que configuram o movimento de constituição do ensino da leitura e escrita (alfabetização) como objeto de estudo.

É possível, então, pensar que o ritmo desse movimento histórico é dado por uma querela sobre métodos, em que a desejada ruptura com a tradição permanece, muitas vezes, no interior de um quadro de referências tradicional e no nível das "superestruturas" apenas. É possível, enfim, pensar que, sob o signo *da modernidade*, ou seja, do tempo histórico ao longo do qual se observa, no caso brasileiro, o movimento apontado, coexistem *diferentes modernidades*, no que se refere à alfabetização, de acordo com o modo como, em cada um dos momentos, produziu-se o sentimento e a consciência do tempo então presente, buscou-se preencher, com uma verdade científica e definitiva, a lacuna entre seu passado e futuro, com a arrogância/ingenuidade(?) de quem julga ter-se libertado "duma só vez/das teorias-avós que bebeu"[17] e não teme a inelutável destruição pelos pósteros imediatos.

O QUE FOI *O FAZER*

Serão a modernidade em alfabetização e sua consciência crítica características apenas de nosso presente histórico? Será legítimo acusar de tradicionais aqueles que se queriam modernos? De qualquer modo, mantendo-se colado aos fatos como dados e à lógica das interpretações que para esses fatos produziram sujeitos do passado, não restam muitas alternativas para o investigador – apenas impasses trágicos –, sobretudo quando não se objetiva julgar a verdade ou falsidade ideológica dos projetos em questão, nem com eles disputar juízos de valor. Preferi, por isso, ao longo deste texto, pensar e produzir o objeto do ponto de vista de seu movimento heterogêneo de constituição, buscando atribuir sentido aos momentos cruciais desse processo, e abordando-os não como transição ou culminância de uma evolução histórica, mas como presente em sua "agoridade". E isso se aplica inclusive ao presente de que é contemporânea esta pesquisadora.

O que não se pode é fazer ideologia, ao invés de história, tomando partido acintoso, como quem ainda prolonga a polêmica deles até nossos dias. Chegamos depois que a cena se esvaziou, com o encerramento dos papéis de cada um. Falando dos artesãos ingleses no início da Revolução Industrial, que também viveram tempos de agudos distúrbios sociais, pode escrever Thompson ... : "Suas aspirações eram válidas em termos de sua própria experiência, e, se, foram acidentes da história, permanecem, condenados em suas próprias vidas, como acidentes. Nosso único critério de julgamento não deveria ser se as ações de um homem são ou não justificadas à luz da evolução subsequente. Afinal, nós mesmos não estamos no fim da evolução social".[18]

Em decorrência disso, interessou partilhar com o leitor as reflexões e os documentos em que se baseiam, a fim de buscar compreender "como o que se passou foi aprendido pelos homens de sua época"[19] e por seus pósteros e por que foram esses os discursos que ficaram, ou seja, foram preservados do esquecimento, podendo ser localizados em acervos e instituições, a despeito mesmo da precariedade de suas condições e da falta de hábito, entre nós, de registro e conservação da memória.

Em outras palavras, considerando que o conhecimento de outrem é mediatizado pela linguagem e pela experiência que temos de nós mesmos e de nossa sociedade,[20] a opção foi, parafraseando Foucault, buscar explicações não no *feito*, mas no que foi *o fazer*, em cada momento, o objeto tal como se nos parece possível produzi-lo, hoje, mediante a compreensão do significado *desse fazer* para o presente que o produziu.

Tratou-se, desse modo, não de buscar "revelar o real", nem de capturar a chave da interpretação na evolução do objeto, mas de situá-lo em determinados momentos de constituição, "de fazer aparecerem as práticas discursivas em sua complexidade e em sua espessura", de buscar mostrar que "uma mudança na ordem do discurso não supõe 'ideias novas', um pouco de invenção e de criatividade, uma mentalidade diferente, mas transformações em uma prática...",[21] como atualização dos possíveis em disputa. Tratou-se, portanto, de buscar narrar, em relação à alfabetização no Estado de São Paulo, a "história do que os homens chamaram as verdades e de suas lutas por essas verdades".[22]

Evidentemente, com o que até aqui foi exposto, não pretendi estabelecer leis gerais, nem "decretar" a culminância, no ano de 1994, do movimento apontado, nem esgotar a discussão nem tampouco defender uma espécie de relativismo epistemológico e político. Envolvendo uma operação de caráter metacognitivo, uma vez que o objeto de estudo e seus sentidos, os quais se buscou produzir ao longo deste texto, é o próprio movimento de constituição da alfabetização como objeto de estudo, também a abordagem aqui proposta deve ser entendida em sua historicidade e imersa na problemática relação entre "julgamentos de valor propriamente ditos e julgamento de valor narrados".[23]

A despeito dos problemas e limitações, penso que, propiciando o conhecimento de opções e valores historicamente produzidos, estas reflexões possam ser úteis tanto para o desenvolvimento de pesquisas correlatas quanto para a tomada de decisões na busca de sentidos para a alfabetização, especialmente aquelas que contribuam para amenizar a ilusão do *"pathos* do novo" em relação aos recém-chegados que, no caso brasileiro, são obrigados a fazer parte da "comunidade dos adultos" antes mesmo de viverem a infância e a juventude. Refiro-me àqueles que, embora sofrendo diretamente os efeitos históricos e sociais do "fracasso escolar" e vendo frustrada a promessa de conquista de um mundo novo,[24] continuam a buscar o aprendizado da leitura e da escrita como um direito de participação na produção da cultura e da linguagem, como um direito, enfim, de produção de sentidos para o presente e o futuro.

NOTAS

1 Embora conflitos (ocidentais) entre antigos e modernos tivessem existido desde a Antiguidade, o adjetivo *moderno* — de que deriva o substantivo abstrato *modernidade* — nasce no século V, com a queda do Império Romano, vindo a aparecer como o neologismo *modernus* (modo) no século VI, constituindo-se "um dos últimos legados da língua latina ao mundo moderno" (Curtius, 1996, p.320). A primeira grande polêmica entre antigos e modernos viria a ocorrer, em relação à poesia latina, no século XII; a segunda, entre românticos e clássicos, entre fins do século XVII e início do século XVIII. Já existente no século XII, o termo *modernidade* (*modernitas*) só aparecerá como conceito, na segunda metade do século XIX, com Charles Baudelaire em *Le peintre de la vie moderne* (1863) e inicialmente restrito aos ambientes literários e artísticos ocidentais. A larga difusão do conceito, para além do Ocidente, ocorre neste século, após a Segunda Guerra Mundial, expraindo-se para a análise de todos os níveis e aspectos da vida humana, e dentre eles a educação e a escola. A respeito das relações entre antigo/moderno e da etimologia e história do conceito de modernidade, ver, especialmente: CURTIUS, E. R. "Idade Média latina" e "Classicismo". In: _____. *Literatura europeia e Idade Média latina*. Trad. T. Cabral e P. Rónai. São Paulo: Hucitec; Edusp, 1996. p.49-70 e 313-40.; LÉFÈBVRE, H. *Introdução à modernidade*: prelúdios. Trad. Jehovanira C. de Souza. Rio de Janeiro: Paz e Terra, 1969; LE GOFF, J. Antigo/Moderno. In: *Enciclopédia Einaudi – 1. Memória-História*. Trad. Irene Ferreira. Lisboa: Imprensa Nacional, Casa da Moeda, 1984. p.370-92.
2 As características do conceito de *modernidade* aqui sintetizadas foram extraídas, especialmente, de: ARENDT, H. *Entre o passado e o futuro*. Trad. Mauro W. B. Almeida. 2.ed. São Paulo: Perspectiva, 1979; BERMAN, M. *Tudo que é*

sólido desmancha no ar: a aventura da modernidade. Trad. C. F. Moisés e A. M. L. Ioratti. São Paulo: Companhia das Letras, 1986; LÉFÈBVRE, H., op. cit., 1969; LE GOFF, J., op. cit., 1984; ROUANET, S. P. Do pós-moderno ao neomoderno. *Tempo Brasileiro*, n.84, p.86-98, jan.-mar. 1986; SUBIRATIS, E. *Da vanguarda ao pós-moderno*. Trad. L. C. Daher, A. B. Meneses e B. A. Cannabrava. 3.ed. ampl. São Paulo: Nobel, 1987; WITTE, B., ROUANET, S. P. Por que o moderno envelhece tão rápido? *Revista USP/ Dossiê Walter Benjamin*, n.15, p.102-17, set.-nov. 1992.

3 ARENDT, H. A crise na educação. In: op. cit., 1979. p.221-47.

4 Sobre o caráter plural da modernidade, Portella propõe, de um ponto de vista diacrônico, uma reflexão sobre as prováveis "mudanças no corpo e alma da Modernidade", a saber: primeira modernidade: normativa e consensual; segunda: vanguardista, transgressora e *non sens* (ual); terceira, "psicanalítica" e sensual; quarta, pós-modernidade que se proclama dissensual. PORTELLA, E. As modernidades. *Tempo Brasileiro*, n.84, p.5-9, jan.-mar. 1986.

5 SEPÚLVEDA, C. Escola, utopia e hipermoralidade. *Tempo Brasileiro*, n.84, p.61-8 (p.61), jan.-mar. 1986.

6 ARENDT, H., op. cit., 1979.

7 GERALDI, J. W. *Portos de passagem*. São Paulo: Martins Fontes, 1991.

8 ARENDT, H., op. cit., 1979, p.224-5.

9 ARENDT, H., op. cit., 1979, p.226.

10 DEBESSE, M., MIALARET, G. *Tratado das ciências pedagógicas*. Trad. J. B. Damasco Penna e L. D. Penna. São Paulo: Nacional, Edusp, 1974. v.2, p.348.

11 FURET, F., OZOUF, J. *Lire et écrire*: l'alphabétisation des français de Calvin à Jules Ferry. Paris: Minuit, 1977. v.1, p.9.

12 FURET, F., OZOUF, J., op. cit., 1977, p.11.

13 FURET, F., OZOUF, J., op. cit., 1977, p.349.

14 PATTO, M. H. S. *A produção do fracasso escolar*: histórias de submissão e rebeldia. São Paulo: T. A. Queiroz, 1990; SOARES, M. *Linguagem e escola*: uma perspectiva social. São Paulo: Ática, 1986.

15 LE GOFF, J. Antigo/Moderno. Trad. I. Ferreira. In: *Enciclopédia Einaudi: 1. Memória-História*. Lisboa: Imprensa Nacional, Casa da Moeda, 1984. p.370-92.

16 ARENDT, H., op. cit., 1979, p.242-3.

17 ANDRADE, M. Pauliceia desvairada. In: _____. *Poesias completas*. 3.ed. São Paulo: Martins, Brasília: INL, MEC, 1972. p.14.

18 MORAES FILHO, E. Introdução. In: _____. *O socialismo brasileiro*. Brasília: Editora da UnB, 1979. p.63.

19 FURET, F. *A oficina da história*. Trad. Adriano D. Rodrigues. Lisboa: Gradiva, s.d., p.23.

20 VEYNE, P. *Como se escreve a história*. Foucault revoluciona a história. Trad. A. Batar e M. Auxiliadora Kneipp. Brasília: Editora da UnB, 1982. p.91-2.

21 FOUCAULT, M. *A arqueologia do saber*. Trad. Luiz F. B. Neves. Petrópolis: Vozes, Lisboa: Centro do Livro Brasileiro, 1972. p.253.

22 VEYNE, P., op. cit, 1982, p.172.

23 VEYNE, P., op. cit., 1982, p.95.
24 OSAKABE, H. Considerações em torno do acesso ao mundo da escrita. In: ZILBERMAN, R. (Org.) *Leitura em crise na escola*: as alternativas do professor. Porto Alegre: Mercado Aberto, 1982. p.151.

BIBLIOGRAFIA

LEITURA / ESCRITA / ALFABETIZAÇÃO

ABREU, M. (Org.) *Leituras no Brasil*. Campinas: ALB, Mercado de Letras, 1995.

CAGLIARI, L. C. *Alfabetização e linguística*. São Paulo: Scipione, 1989.

CHARTIER, A.-M., HÉBRARD, J. *Discursos sobre a leitura: 1880-1980*. Trad. O. Biato e S. Bath. São Paulo: Ática, 1995.

COOK-GUMPERZ, J. *A construção social da alfabetização*. Porto Alegre: Artes Médicas, 1991.

DIETZCH, M. J. M. *Alfabetização*: propostas e problemas para uma análise de seu discurso. São Paulo. 1979. Dissertação (Mestrado) –Instituto de Pedagogia, Universidade de São Paulo.

_____. Cartilhas: um mundo de personagens sem texto e sem história. *Cadernos de Pesquisa*, n.75, p.35-44, nov. 1990.

ESPÓSITO, Y. L. O texto não é pretexto. In: ZILBERMAN, R. (Org.) *Leitura em crise na escola*: as alternativas do professor. Porto Alegre: Mercado Aberto, 1982. p.51-62.

_____. Alfabetização em revista: uma leitura. *Cadernos de Pesquisa*, n.80, p.21-7, 1992.

FERNANDEZ, R. *Os caminhos do ABC*: sociedade portuguesa e ensino de primeiras letras (do Pombalismo a 1820). Porto: Porto Editora, 1994.

FERREIRO, E. *Reflexões sobre alfabetização*. Trad. Horácio Gonzales et al. São Paulo: Cortez, Campinas: Autores Associados, 1985.

_____. *Com todas as letras*. Trad. M. Z. C. Lopes. São Paulo: Cortez, 1993.

_____. (Org.) *Os filhos do analfabetismo*: propostas para a alfabetização escolar na América Latina. Trad. M. L. M. Abaurre. 3.ed. Porto Alegre: Artes Médicas, 1990.

FERREIRO, E., TEBEROSKY, A. *Psicogênese da língua escrita*. Trad. Diana L. Lichtenstein et al. Porto Alegre: Artes Médicas, 1985.

FOUCAMBERT, J. *A leitura em questão*. Trad. Bruno C. Magne. Porto Alegre: Mercado Aberto, 1994.

FRAGO, A. V. *Alfabetização na sociedade e na história*: vozes, palavras e textos. Trad. T. T. Silva et al. Porto Alegre: Artes Médicas, 1993.

FURET, F., OZOUF, J. (Org.) *Lire et écrire*: l'alphabétisation des français de Calvin a Jules Ferry. Paris: Minuit, 1977. 2v.

GERALDI, J. W. (Org.) *O texto na sala de aula*: leitura & produção. Cascavel: ASSOESTE, 1984.

_____. *Portos de passagem*. São Paulo: Martins Fontes, 1991.

_____. *Linguagem e ensino*: exercícios de militância e divulgação. Campinas: Mercado de Letras, ALB, 1996.

GRAFF, H. J. *Os labirintos da alfabetização*: reflexões sobre o passado e o presente da alfabetização. Trad. T. M. Garcia. Porto Alegre: Artes Médicas, 1994.

GROSSI, E. P. *Didática da alfabetização*. Rio de Janeiro: Paz e Terra, 1990. 3v.

KATO, M. *No mundo da escrita*. Uma perspectiva psicolinguística. São Paulo: Ática, 1986.

KRAMER, S. *Por entre as pedras*: arma e sonho na escola. São Paulo: Ática, 1993.

LAJOLO, M. *Usos e abusos da literatura na escola*. Porto Alegre: Globo, 1982.

LINS, O. *Do ideal e da glória*: problemas inculturais brasileiros. São Paulo: Summus, 1977.

MAGALHÃES, J. Linhas de investigação em história da alfabetização em Portugal: um domínio do conhecimento em renovação. *Revista Brasileira de Educação*, n.2, p.42-60, maio-ago. 1996.

MAGNANI, M. R. M. *Leitura, literatura e escola*: sobre a formação do gosto. São Paulo: Martins Fontes, 1989.

MAGNANI, M. R. M. Notas sobre trabalho interdisciplinar na escola de 1º e 2º graus. *Leitura*: teoria & prática, n.3, p.3-6, dez. 1991.

_____. Sobre ensino da leitura. *Leitura: teoria & prática*, n.25, p.29-41, jun. 1995.

MARTINS, M. H. (Org.) *Questões de linguagem*. 3.ed. São Paulo: Contexto, 1993.

NUNES, T. Construtivismo e alfabetização: um balanço crítico. *Educação em Revista*, n.12, p.21-3, 1990.

OSAKABE, H. Considerações em torno do acesso ao mundo da escrita. In: ZILBERMAN, R. (Org.) *Leitura em crise na escola*: as alternativas do professor. Porto Alegre: Mercado Aberto, 1982. p.147-52.

PERROTTI, E. *Confinamento cultural, infância e leitura*. São Paulo: Summus, 1990.

SMOLKA, A. L. B. *A criança na fase inicial da escrita*: alfabetização como processo discursivo. Campinas: Editora da Unicamp, São Paulo: Cortez, 1989.

SOARES, M. B. As muitas facetas da alfabetização. *Cadernos de Pesquisa*, n. 52, p.19-24, 1985.

_____. *Linguagem e escola*: uma perspectiva social. São Paulo: Ática, 1986.

_____. Alfabetização: em busca de um método? *Educação em Revista*, n.12, p.44-50, dez. 1990.

TEBEROSKY, A. *Psicopedagogia da linguagem escrita*. Trad. Beatriz Cardoso. São Paulo: Trajetória Cultural; Campinas: Editora da Unicamp, 1990.

ZILBERMAN, R. *A literatura infantil na escola*. São Paulo: Global, 1981.

_____. *A leitura e o ensino da literatura*. São Paulo: Contexto, 1988.

ZILBERMAN, R., SILVA, E. T. (Org.) *Leitura*: perspectivas interdisciplinares. São Paulo: Ática, 1988.

LINGUAGEM / LÍNGUA

ARNAULD E LANCELOT. *Gramática de Port-Royal*. Trad. Bruno F. Basseto e Henrique G. Murachco. São Paulo: Martins Fontes, 1992.

BENVENISTE, É. *Problemas de linguística geral I*. Trad. M. G. Novak e M. L. Neri. 2.ed. Campinas: Editora da Unicamp, 1988.

BENVENISTE, É. *Problemas de linguística geral II.* Trad. E. Guimarães et al. Campinas: Editora da Unicamp, 1989.

CHEVALIER, J.-C. A língua: linguística e história. In: LE GOFF, J., NORA, P. *História*: novos objetos. Trad. T. Marinho. 3.ed. Rio de Janeiro: Francisco Alves, 1988.

GNERRE, M. *Linguagem, escrita e poder.* São Paulo: Martins Fontes, 1985.

MAINGUENAU, D. *Novas tendências em Análise do Discurso.* Trad. F. Indursky. Campinas: Pontes, Editora da Unicamp, 1989.

PÊCHEUX, M. *Semântica e discurso*: uma crítica à afirmação do óbvio. Trad. E. P. Orlandi et al. Campinas: Editora da Unicamp, 1988.

_____. *O discurso*: estrutura ou acontecimento. Trad. E. P. Orlandi. Campinas: Pontes, 1990.

RAMANZINI, H. *Introdução à linguística moderna.* São Paulo: Ícone, 1990.

ROSSI-LANDI, F. *A linguagem como trabalho e como mercado*: uma teoria da produção e alienação linguística. Trad. A. Bernardini. São Paulo: Difel, 1985.

SAUSSURE, F. *Curso de linguística geral.* Trad. A. Chelini et al. 6.ed. São Paulo: Cultrix, 1974.

SCLIAR-CABRAL, L. *Introdução à psicolinguística.* São Paulo: Ática, 1991.

EDUCAÇÃO / PEDAGOGIA

ADORNO, T. *Educação e emancipação.* Trad. W. L. Maar. Rio de Janeiro: Paz e Terra, 1995.

ALMEIDA, J. S. Currículo da Escola Normal Paulista (1846-1920): revendo uma trajetória. *Revista Brasileira de Estudos Pedagógicos*, v.76, n.84, p.665-89, set.-dez. 1995.

ANTUNHA, H. C. G. *A instrução pública no estado de São Paulo*: a reforma de 1920. São Paulo: FE–USP, 1976. (Estudos e Documentos, v.12).

BAUAB, M. A. R. *O ensino normal na província de São Paulo.* São José do Rio Preto: FFCL de S. J. Rio Preto, 1972. 2v. Tese (Doutorado em Educação).

CARVALHO, L. R. A educação e seus métodos. In: BUARQUE DE HOLLANDA, S. (Dir.) *História geral da civilização brasileira.* São Paulo: Difel, 1968. t.I, v.2, p.76-87.

CHARTIER, R. Educação. In: LE GOFF, J., CHARTIER, R., REVELS, J. *A nova história*. Trad. M. H. Arinto e R. Esteves. Coimbra: Almedina, 1990. p.169-71.

CHAUÍ, M. A reforma do ensino. *Discurso*, n.8, p.148-59, 1978.

CHERVEL, A. História das disciplinas escolares: reflexões sobre um campo de pesquisa. *Teoria & Educação*, n.2, p.177-229, 1990.

COMÊNIO, J. A. *Didactica Magna*. Trad. J. F. Gomes. 3.ed. Lisboa: Fundação Calouste Gulbenkian, 1985.

CUNHA, L. A. *Educação e desenvolvimento social no Brasil*. 5.ed. Rio de Janeiro: Francisco Alves, 1980.

DEBESSE, M., MIALARET, G. *Tratado das ciências pedagógicas*. Trad. J. B. Damasco Penna e L. D. Penna. 3v. São Paulo: Nacional, Edusp, 1974.

FOURQUIN, J.-C. Saberes escolares, imperativos didáticos e dinâmicas sociais. *Teoria & Educação*, n.5, p.28-48, 1992.

FREIRE, A. M. A. *Analfabetismo no Brasil*: da ideologia da interdição do corpo à ideologia nacionalista, ou de como deixar sem ler e escrever desde as Catarinas (Paraguaçu), Filipas, Madalenas, Anas, Genebras, Apolônias e Grácias até Severinos. São Paulo: Cortez, Brasília: INEP, 1989.

GANDINI, R. *Intelectuais, Estado e educação*: Revista Brasileira de Estudos Pedagógicos 1944-1952. Campinas: Editora da Unicamp, 1995.

GARCIA, M. M. *A didática no ensino superior*. Campinas: Papirus, 1995.

GARCIA, W. E. (Org.) *Educação brasileira contemporânea*: organização e funcionamento. São Paulo: McGraw-Hill do Brasil, Rio de Janeiro: Fundação Nacional do Material Escolar, 1978.

_____. (Org.) *Inovação educacional no Brasil*: problemas e perspectivas. São Paulo: Cortez, Campinas: Autores Associados, 1980.

GHIRALDELLI JR., P. *História da Educação*. São Paulo: Cortez, 1990.

_____. *Pedagogia e luta de classes no Brasil (1930-1937)*. Ibitinga: Humanidades, 1991.

_____. (Org.) *Infância, escola e modernidade*. São Paulo: Cortez, Curitiba: Editora da UFPR, 1997.

HÉBRARD, J. A escolarização dos saberes elementares na época moderna. *Teoria & Educação*, n.2, p.65-110, 1990.

HILSDORF, M. L. S. *Francisco Rangel Pestana*: jornalista, político, educador. São Paulo, 1986. Tese (Doutoramento) – Faculdade de Educação, Universidade de São Paulo.

JULIA, D. La culture scolaire comme objet historique. *Pedagogica Historica* (International Journal of the History of Education). Supplementary series, v.I, p.353-82, 1995.

KANT, E. *Sobre a pedagogia*. Trad. Francisco C. Fontanella. Piracicaba: Ed. UNIMEP, 1996.

MAGNANI, M. R. M. *Em sobressaltos*: formação de professora. Campinas: Editora da Unicamp, 1993.

_____. Formação de professores: currículo como forma de representação de um projeto. In: TOZZI, D. (Coord.) *Currículo, conhecimento e sociedade*. São Paulo: FDE, 1995. p.161-72.

MONARCHA, C. *A reinvenção da cidade e da multidão*: dimensões da modernidade – a Escola Nova. São Paulo: Cortez, Autores Associados, 1989.

_____. (Org). *Lourenço Filho*: outros aspectos, mesma obra. Campinas: Mercado de Letras, Marília: Curso de Pós-Graduação em Educação – UNESP, 1997.

_____. (Org.) *Centenário de Lourenço Filho* (1897-1997). Londrina: Editora da UEL; Marília: Curso de Pós-Graduação em Educação – UNESP, Rio de Janeiro: ABE, 1997.

_____. *Escola Normal da Praça*: o lado noturno das luzes. Campinas: Editora da Unicamp, 1999.

NAGLE, J. *Educação e sociedade na Primeira República*. São Paulo: EPU, 1974.

_____. (Org.) *Educação e linguagem*. São Paulo: Edart, 1976.

NÓVOA, A. (Org.) *Vidas de professores*. 2.ed. Porto: Porto Editora, 1995.

NUNES, C. (Org.) *O passado sempre presente*. São Paulo: Cortez, 1992. (Questões da nossa época).

PAIVA, V. *Educação popular e educação de adultos*. São Paulo: Loyola, 1987.

PATTO, M. H. S. *A produção do fracasso escolar*: histórias de submissão e rebeldia. São Paulo: T. A. Queiroz, 1990.

PETITAT, A. *Produção da escola/produção da sociedade*: análise sócio-histórica de alguns momentos decisivos da evolução escolar ocidental. Trad. E. Gruman. Porto Alegre: Artes Médicas, 1994.

REIS FILHO, C. *A educação e a ilusão liberal*. São Paulo: Cortez, 1981.

SANTOS, L. L. de C. P. História das disciplinas escolares: perspectivas de análise. *Teoria & Educação*, n.2, p.21-9, 1990.

SOUZA, S. J., KRAMER, S. O debate Piaget/Vygotsky e as políticas educacionais. *Cadernos de Pesquisa*, n.77, p.69-80, maio 1991.

TANURI, L. M. *O ensino normal no estado de São Paulo, 1890-1930.* São Paulo: FE-USP, 1979. (Estudos e Documentos, v.16)

VASCONCELOS, M. S. *A difusão das ideias de Piaget no Brasil.* São Paulo: Casa do Psicólogo, 1996.

VIEIRA, E. A. Por uma história da educação que esteja presente no trabalho educativo. *Educação & Sociedade*, n.12, 1982.

WEREBE, M. J. G. *Grandezas e misérias no ensino no Brasil.* São Paulo: Difel, 1968.

PSICOLOGIA

BLANCK, G. (Ed.) *Vygotski*: memoria y vigencia. Buenos Aires: C&C Ediciones, 1984.

LEITE, L. B.(Org.), MEDEIROS, A. A. (Col.) *Piaget e a Escola de Genebra.* São Paulo: Cortez, 1987.

LURIA, A. R. *Desenvolvimento cognitivo.* Trad. L. M. Barreto et al. São Paulo: Ícone, 1990.

PATTO, M. H. S. (Org.) *Introdução à psicologia escolar.* 2.ed. rev. São Paulo: T. A. Queiroz, 1981.

PIAGET, J. *Psicologia e pedagogia.* Trad. D. A. Lindoso. 4.ed. Rio de Janeiro: Forense Universitária, 1976.

_____. *A linguagem e o pensamento da criança.* Trad. M. Campos. 4.ed. rev. São Paulo: Martins Fontes, 1986.

SIGUÁN, M. (Coord.) *Actualidad de Lev. S. Vigotski.* Barcelona: Editorial Anthropos, 1987.

SCRIBNER, S. Vygotski's uses of history. In: WERTSCH, J. V. *Culture, communication and cognition*: vygotskian perspectives. Cambridge: Cambridge University Press, 1985.

VYGOTSKY, L. S. *Pensamento e linguagem.* Trad. Jefferson L. Camargo. São Paulo: Martins Fontes, 1987.

_____. *A formação social da mente.* Trad. J. Cippola Neto et al. São Paulo: Martins Fontes, 1989.

VYGOTSKY, L. S., LURIA, A. R., LEONTIEV, A. N. *Linguagem, desenvolvimento e aprendizagem.* Trad. M. P. Villalobos. São Paulo: Ícone, Edusp, 1988.

EPISTEMOLOGIA

DESCARTES, R. *Discurso do método.* Trad. J. Cruz Costa. Rio de Janeiro: José Olympio, 1960.

FOUCAULT, M. *A arqueologia do saber.* Trad. L. F. Baeta. Petrópolis: Vozes, Lisboa: Centro do Livro Brasileiro, 1972.

LÉFÈBVRE, H. *Lógica formal. Lógica dialética.* Trad. C. N. Coutinho. Rio de Janeiro: Civilização Brasileira, 1975.

LÉFÈBVRE, H. et al. *Debate sobre o estruturalismo.* São Paulo: Documentos, 1968.

PIAGET, J. *Psicologia e epistemologia*: por uma teoria do conhecimento. Trad. A. Cretella. Rio de Janeiro: Forense, s.d.

_____. *O estruturalismo.* Trad. M. R. Amorim. 3.ed. São Paulo: Difel, 1979.

HISTÓRIA E CULTURA

ADORNO, T. W., HORKHEIMER, M. *Dialética do esclarecimento.* Trad. G. A. Almeida. Rio de Janeiro: Jorge Zahar, 1985.

ARENDT, H. *Entre o passado e o futuro.* 2.ed. Trad. M. W. B. Almeida. São Paulo: Perspectiva, 1979.

ARIÈS, P. *História social da criança e da família.* Trad. D. Flaksman. 2.ed. Rio de Janeiro: Zahar, 1981.

_____. *O tempo da história.* Trad. R. L. Ferreira. Rio de Janeiro: Francisco Alves, 1989.

AZEVEDO, F. *A cultura brasileira*: introdução ao estudo da cultura no Brasil. 4.ed. Brasília: Editora da UnB, 1963.

BAUDELAIRE, C. *Sobre a modernidade*: o pintor da vida moderna. Rio de Janeiro: Paz e Terra, 1996.

BENJAMIN, W. *Magia e técnica. Arte e política*: ensaios sobre literatura e história da cultura. Trad. S. P. Rouanet. São Paulo: Brasiliense, 1985. (Obras Escolhidas, v.1).

BERMAN, M. *Tudo que é sólido desmancha no ar*: a aventura da modernidade. Trad. C. F. Moisés e A. M. L. Ioratti. São Paulo: Companhia das Letras, 1986.

BLOCH, E. *Introdução à história.* Trad. M. Manuel e R. Grácio. 5.ed. s.l. Europa-América, [1987].

BOSI, E. *Memória e sociedade*: lembranças de velhos. São Paulo: T. A. Queiroz, 1979.

BURKE, P. (Org.) *A escrita da história*: novas perspectivas. Trad. M. Lopes. São Paulo: Editora UNESP, 1992.

CANDIDO, A. *Formação da literatura brasileira*: momentos decisivos. Belo Horizonte: Itatiaia, 1957. 2v.

_____. A revolução de 30 e a cultura. In: _____. *A educação pela noite & outros ensaios*. São Paulo: Ática, 1987. p.181-8.

CARDOSO, C. F. *Uma introdução à história*. São Paulo: Brasiliense, 1981.

CARVALHO, J. M. *Os bestializados*: o Rio de Janeiro e a República que não foi. São Paulo: Companhia das Letras, 1987.

_____. *A formação das almas*: o imaginário da República no Brasil. São Paulo: Companhia das Letras, 1990.

CATANI, D. B. *Educadores à meia-luz*. São Paulo, 1989. Tese (Doutoramento) – Faculdade de Educação, Universidade de São Paulo.

CERTEAU, M. A operação histórica. In: LE GOFF, J., NORA, P. (Dir.) *História*: novos problemas. Trad. T. Santiago. 3.ed. Rio de Janeiro: Francisco Alves, 1988. p.132-43.

CHARTIER, R. *A história cultural*: entre práticas e representações. Trad. M. M. Galhardo. Lisboa: Difel; Rio de Janeiro: Bertrand Brasil, 1990.

_____. As práticas da escrita. In: ARIÈS, Ph., DUBY, J. (Org.). *História da vida privada*: da Renascença ao Século das Luzes. v.3. Trad. H. Feist. São Paulo: Companhia das Letras, 1991a. p.113-61.

_____. O mundo como representação. *Estudos Avançados*, n.5, p.173-91, abr. 1991b.

CHARTIER, R. *A ordem dos livros*: leitores, autores e bibliotecas na Europa entre os séculos XIV e XVIII. Trad. M. del Priore. Brasília: Editora UnB, 1994.

CHAUÍ, M. S. *Cultura e democracia*: o discurso competente e outras falas. São Paulo: Moderna, 1980.

CURTIUS, E. *Literatura europeia e Idade Média latina*. Trad. T. Cabral e P. Rónai. São Paulo: Hucitec, Edusp, 1996.

DEMARTINI, Z. B., TENCA, S. C., TENCA, A. Os alunos e o ensino na República Velha através das memórias de velhos professores. *Cadernos de Pesquisa*, n.52, p.61-7, fev. 1985.

DUBY, G. *A história continua*. Trad. Clóvis Marques. Rio de Janeiro: Zahar, Editora da UFRJ, 1993.

DUBY, G., ARIÉS, Ph., LE GOFF, J., LA DURIE, E. L. *História e nova história*. Trad. C. V. Ferreira. Lisboa: Teorema, 1988.

FOUCAULT, M. *As palavras e as coisas*: uma arqueologia das ciências humanas. Trad. Salma T. Muchae. 2.ed. São Paulo: Martins Fontes, 1981.

FRANCO, M. S. C. Sobre o conceito de tradição. *Cadernos do Centro de Estudos Rurais e Urbanos*, n.5, p.9-40, 1972.

FURET, F. *A oficina da história*. Trad. A. D. Rodrigues. Lisboa: Gradiva, s.d.

GADAMER, H. G. et al. *História e historicidade*. Trad. A. I. Buescu. Lisboa: Gradiva, 1988.

GAGNEBIN, J. M. *História e narração em W. Benjamin*. São Paulo: Perspectiva, Fapesp; Campinas: Editora da Unicamp, 1994.

HOBSBAWM, E., RANGER T. (Org.) *A invenção das tradições*. Trad. C. C. Cavalcante. Rio de Janeiro: Paz e Terra, 1984.

LÉFÈBVRE, H. *Introdução à modernidade*: prelúdios. Trad. J. de Souza. Rio de Janeiro: Paz e Terra, 1969.

LE GOFF, J. Documento/Monumento. Trad. S. F. Borges. In: *Enciclopédia Einaudi – 1. Memória-História*. Lisboa: Imprensa Nacional, Casa da Moeda, 1984. p.95-106.

_____. Antigo/Moderno. Trad. L. Ferreira. In: *Enciclopédia Einaudi – 1. Memória-História* Lisboa: Imprensa Nacional, Casa da Moeda, 1984. p.370-92.

_____. Passado/Presente. Trad. I. Ferreira. In: *Enciclopédia Einaudi – 1. Memória-História*. Lisboa: Imprensa Nacional, Casa da Moeda, 1984. p.293-310.

LE GOFF, J. *Reflexões sobre a história*. Trad. A. J. P. Ribeiro. Lisboa: Edições 70, s.d.

LIMONGI, F. Mentores e clientelas da Universidade de São Paulo. In: MICELLI, S. (Org.) *História das ciências sociais no Brasil*. v.1. São Paulo: Vértice, Editora Revista dos Tribunais; IDESP, 1989. p.11-87.

MAYER, A. J. *A força da tradição*: a persistência do Antigo Regime, 1848-1914. Trad. D. Bottman. São Paulo: Companhia das Letras, 1987.

MICELLI, S. *Intelectuais e classe dirigente no Brasil* (1920-1945). São Paulo: Difel, 1979.

PORTELLA, E. As modernidades. *Tempo Brasileiro*, n.84, p.5-9, jan.-mar. 1986.

RICOEUR, P. *Tempo e narrativa*. Trad. Constança M. Cesar. Campinas: Papirus, 1994. t.I.

ROUANET, S. P. Do pós-moderno ao neomoderno. *Tempo Brasileiro*, n.84, p.86-98, jan.-mar. 1986.

SEPÚLVEDA, C. Escola, utopia e hipermoralidade. *Tempo Brasileiro*, n.84, p.61-8, jan.-mar. 1986.

SILVA, M. A. (Org.) *República em migalhas*: história regional e local. São Paulo: Marco Zero, ANPUH, 1990.

SILVA, M. B. *Cultura no Brasil colônia*. Petrópolis: Vozes, 1981.

SCHORSKE, C. E. *Viena fin de siècle*: política e cultura. Trad. D. Bottman. Campinas: Editora da Unicamp, São Paulo: Companhia das Letras, 1988.

SODRÉ, N. W. *Síntese de história da cultura brasileira*. 15.ed. Rio de Janeiro: Bertrand Brasil, 1988.

STAROBISNKY, J. A literatura: o texto e seu intérprete. In: LE GOFF, J., NORA, P. (Dir.) *História*: novas abordagens. Trad. H. Mesquita. Rio de Janeiro: Francisco Alves, 1988. p.132-43.

SUBIRATIS, E. *Da vanguarda ao pós-moderno*. Trad. L. C. Daher, A. B. Meneses e B. A. Cannabrava. 3.ed. ampl. São Paulo: Nobel, 1987.

VEYNE, P. *Como se escreve a história*. Foucault revoluciona a história. Trad. Alda Balar e M. Auxiliadora Kneipp. Brasília: Editora da UnB, 1982.

_____. *O inventário das diferenças*: história e sociologia. São Paulo: Brasiliense, 1983.

VILLALTA, L. O que se fala e o que se lê: língua, instrução e leitura. In: SOUZA, L. M. *História e vida privada no Brasil*: cotidiano e vida privada na América Portuguesa. São Paulo: Companhia das Letras, 1997. p.331-85.

WITTE, B., ROUANET, S. P. Por que o moderno envelhece tão rápido? *Revista USP – Dossiê Walter Benjamin*, n.15, p.102-17, set.-nov. 1992.

OBRAS DE REFERÊNCIA

ALFABETIZAÇÃO: resumos analíticos em educação. Brasília: INEP, 1990, 1991. 2v.

ALMEIDA, J. R. P. *História da instrução pública*. Brasília: INEP, São Paulo: EDUC, 1989.

ARQUIVOS *Brasileiros de Psicologia Aplicada*, v.23, n.3, jul.-set. 1971. (Número dedicado à memória de Lourenço Filho).

ARROYO, L. *Literatura infantil brasileira*: ensaio de preliminares para a sua história e as suas fontes. São Paulo: Melhoramentos, 1968.

ASSOCIAÇÃO Brasileira de Educação (Org.) *Um educador brasileiro*: Lourenço Filho (Livro Jubilar). São Paulo: Melhoramentos, 1959.

BARBOSA, J. (Coord.) *Alfabetização*: catálogo da base de dados. São Paulo: FDE, 1990. 2v.

BIBLIOGRAFIA *Brasileira de Educação*. Brasília: Instituto Nacional de Estudos e Pesquisas Educacionais. 1953-1999.

BOVET, P. *La obra del Instituto Jean-Jacques Rousseau*. Madrid: Livraria España-Calpe, 1931.

BRASLAVSKY, B. *Problemas e métodos no ensino da leitura*. Trad. A. Minnicucci. São Paulo: Melhoramentos, 1968. (Biblioteca de Educação − Série Iniciação e Debate).

BUARQUE DE HOLANDA, S., FAUSTO, B. (Dir.) *História geral da civilização brasileira*. São Paulo: Difel, 11v.

BUSCH, R. K. *O ensino normal em São Paulo*. São Paulo: Livraria Record Editora, 1935.

CABRAL, A. C. M. A psicologia no Brasil. *Psicologia*, n.3, 1950. (Boletim da Faculdade de Filosofia, Ciências e Letras da Universidade de São Paulo).

CÂMARA JÚNIOR, J. M. *História da linguística*. Petrópolis: Vozes, 1975.

CAMPOS, M. R., CARVALHO, M. A. *A educação nas constituições brasileiras*. Campinas: Pontes, 1991.

CHAPLIN, J. P. *Dicionário de psicologia*. Trad. A. L. M. Matias et al. Lisboa: Dom Quixote, 1981.

CHÂTEAU, J. *Os grandes pedagogistas*. Trad. L. D. Penna e J. B. D. Penna. São Paulo: Nacional, Edusp, 1978.

CRYSTAL, D. *Dicionário de linguística e fonética*. Trad. e adapt. M. C. P. Dias. Rio de Janeiro: Zahar, 1988.

DONATO, H. *100 anos da Melhoramentos: 1890-1990*. São Paulo: Melhoramentos, 1990.

DOSSE, F. *História do estruturalismo − I. O campo do signo, 1945/1966*. Trad. A. Cabral. São Paulo: Ensaio, Campinas: Editora da Unicamp, 1993.

DUCROT, O., TODOROV, T. *Dicionário enciclopédico das ciências da linguagem.* Trad. A. K. Myashiro et. al. São Paulo: Perspectiva, 1988.

EBY, F. *História da educação moderna*: teorias, organização e prática educacionais. Trad. M. A. V. Almeida et al. Porto Alegre: Globo, 1962.

ESPÓSITO, Y. L. Alfabetização em revista: uma leitura. *Cadernos de Pesquisa*, n.80, p.21-7, 1992.

FEBVRE, L., MARTIN, H.-J. *O aparecimento do livro.* Trad. F. M. L. Monteiro e G. M. Machado. São Paulo: Editora UNESP, 1992.

FERREIRA, T. L. *História da educação luso-brasileira.* São Paulo: Saraiva, 1966.

FOULQUIÉ, P. *Dicionário da língua pedagógica.* Lisboa: Livros Horizonte, [s.d.]

_____. *A psicologia contemporânea.* Trad. L. Damasco Penna. São Paulo: Nacional, 1969.

FREITAG, B., MOTTA, V. R., COSTA, W. F. *O livro didático em questão.* 2.ed. São Paulo: Cortez, 1993.

FREYRE, G. *Ordem e progresso.* 2.ed. Rio de Janeiro: José Olympio, 1962. v.1.

HALLEWELL, L. *O livro no Brasil*: sua história. Trad. M. P. Villalobos e L. L. Oliveira. São Paulo: T. A. Queiroz, Edusp, 1985.

HEIDBREDER, E. *Psicologías del siglo XX.* Trad. L. N. Acevedo. Buenos Aires: Editorial Paidos, 1964.

INSTITUTO NACIONAL DE ESTUDOS E PESQUISAS PEDAGÓGICAS. *Índice da Revista Brasileira de Estudos Pedagógicos: 1944-1984.* Brasília: INEP, 1986.

KRISTEVA, J. *História da linguagem.* Trad. M. M. Barahona. Lisboa: Edições 70, 1988.

LALANDE, A. *Vocabulário técnico e crítico da filosofia.* Porto: Rés Editora Ltda. s.d. 2v.

LINS, I. *História do positivismo no Brasil.* São Paulo: Nacional, 1967.

LEROY, M. *As grandes correntes da linguística moderna.* Trad. I. Blinkstein e J. P. Paes. São Paulo: Cultrix, Edusp, 1971.

LOURENÇO FILHO, M. B. A psicologia no Brasil. In: AZEVEDO, F. *As ciências no Brasil.* São Paulo: Melhoramentos, 1955.

LÜDKE, M., ANDRÉ, M. *Pesquisa em educação*: abordagens qualitativas. São Paulo: EPU, 1986.

LUZURIAGA, L. *Diccionário de pedagogía*. Buenos Aires: Editorial Losada, s.d.

_____. *História da educação e da pedagogia*. Trad. L. D. Penna e J. B. D. Penna. 11.ed. São Paulo: Nacional, 1979.

MANACORDA, M. A. *História da educação*: da Antiguidade aos nossos dias. Trad. G. L. Monaco. São Paulo: Cortez, Autores Associados, 1989.

MARTINS, W. *História da inteligência brasileira*. São Paulo: Cultrix, Edusp, 1977. 6v.

MELO, L. C. *Dicionário de autores paulistas*. São Paulo: IBGE, 1954.

MENEZES, R. *Dicionário literário brasileiro*. 2.ed. Rio de Janeiro: Livros Técnicos e Científicos, 1978.

MESSER, A. *História de la pedagogía*. Barcelona: Editorial Labor, 1929.

MORA, J. F. *Dicionário de filosofia*. Lisboa: Publicações Dom Quixote, 1982.

NOSSO *século*. São Paulo: Abril Cultural, 1980. 6v.

PENNA, A. G. *História das ideias psicológicas*. Rio de Janeiro: Imago, 1991.

PINHO, P. M. Homenagem a Lourenço Filho: 2. Levantamento bibliográfico. *Revista Brasileira de Estudos Pedagógicos*, v.54, n.119, p.101-23, jul.-set. 1970.

PFROMM NETO, S., ROSAMILHA, N., DIB, C. Z. Comunicação e expressão. In: _____. *O livro na educação*. Rio de Janeiro: Primor, INL, 1974. p.151-221.

PLANCHARD, E. *A pedagogia contemporânea*. Coimbra: Coimbra Editora, 1982.

POLIANTÉIA *Comemorativa do 1º centenário do Ensino Normal de São Paulo*. São Paulo: [s.n.], 1946.

RIBEIRO, M. L. S. *História da educação brasileira*: a organização escolar. 2.ed. São Paulo: Cortez & Moraes, 1979.

ROMANELLI, O. *História da educação no Brasil (1930/1973)*. 11.ed. Petrópolis: Vozes, 1989.

ROSENFELD, A. *O pensamento psicológico*. São Paulo: Perspectiva, 1984.

SACRAMENTO BLAKE, A. V. A. S. *Dicionário bibliográfico brasileiro*. Rio de Janeiro: 1883-1902, [s.n.], [s.d.].

SOARES, M. *Alfabetização no Brasil*: o estado do conhecimento. Brasília: INEP, REDUC, 1989.

TESES *em Educação*. Rio de Janeiro: ANPED, Brasília: INEP, 1985-1988.

VIEIRA, E. A. *A república brasileira – 1964 a 1984*. São Paulo: Moderna, 1985.

VIEIRA, M. P. A., PEIXOTO, M. R. C., KHOURY, Y. M. A. *A pesquisa em história*. São Paulo: Ática, 1991.

INSTITUIÇÕES E ACERVOS CONSULTADOS

ARARAQUARA–SP
   Biblioteca Pública Municipal "Mário de Andrade" – Seção de Obras Raras. (BPMMA-AR)

MARÍLIA–SP
   Serviço de Biblioteca da Faculdade de Filosofia e Ciências da Universidade Estadual Paulista – Campus de Marília. (SBFFC)
   Centro de Referência para a Pesquisa Histórica em Educação – UNESP – Campus de Marília. (CRPHE)

PRESIDENTE PRUDENTE–SP
   Biblioteca da Faculdade de Ciências e Tecnologia da Universidade Estadual Paulista – Campus de Presidente Prudente. (SBFCT)

RIO DE JANEIRO
   Fundação Biblioteca Nacional. (FBN)
   Acervo "Ruy Lourenço Filho". (ARLF)

SÃO PAULO
   Acervo do Arquivo do Estado de São Paulo – Seção Biblioteca e Hemeroteca e Seção Manuscritos. (AESP)

Acervos "Paulo Bourroul" e "Almirante José Macedo Soares" – Faculdade de Educação da Universidade de São Paulo. (APB/AJMS)

Arquivo do jornal *O Estado de S. Paulo.* (AOESP)

Biblioteca Central da Escola Politécnica da Universidade de São Paulo. (BCEP)

Biblioteca Central da Faculdade de Direito da Universidade de São Paulo. (BCFD)

Biblioteca Central da Faculdade de Educação da Universidade de São Paulo. (BCFE)

Biblioteca do Centro do Professorado Paulista – Arquivo Histórico "Sud Mennucci". (BCPP-AHSM)

Biblioteca do Colégio "Rio Branco". (BCRB)

Biblioteca "Paulo Bourroul" – Escola Estadual de Primeiro e Segundo Grau "Caetano de Campos". (BPB-EEPSGCC)

Biblioteca Pública Municipal "Mário de Andrade" – Acervo Geral e Seção de Obras Raras. (BPMMA-SP)

ANEXOS

ANEXO 1
CADERNOS DE CALIGRAFIA
EM CIRCULAÇÃO NO 2º MOMENTO
(VER CAPÍTULO 2)

CADERNOS 1º e 2º (letra vertical). (Série Paulista)

CADERNOS Garnier. Com sete cadernos, contendo debuxos para colorir e papel transferência para cópia, apresentando a seguinte sequência: pauzinhos, elementos de letras, letras, palavras, sílabas, frases.

FREIRE, O. *Cadernos de Calligraphia.*

LANE, H. (Coord.) *Novo Systema de Calligrafia.* New York: American Book Company, 1894. Sete cadernos.

MORAES, T. J. *Cadernos de Calligraphia.*

VIANNA, F. *Novo Methodo de Calligraphia Vertical.* Sete cadernos.

_____. *Caderno de Escrita.*

_____. *Novo Methodo de Calligraphia Americana*: inclinada. Seis cadernos.

ANEXO 2
TEXTOS RELACIONADOS COM O ENSINO DA LEITURA PUBLICADOS NA *REVISTA DE ENSINO*, ALÉM DOS CITADOS NO CAPÍTULO 2

LEGOUVÉ, E. Pequeno Tratado de Leitura em Voz Alta: para uso das escolas primarias e de todos aquelles que têm de lêr ou de falar em publico. Traduzido por Abílio Cesar Borges. *Revista de Ensino*, n.1, abr. 1904; n.2, jun. 1904; n.3, ago. 1904; n.4, out. 1904; n.5, dez. 1904; n.6, fev. 1905; n.1, abr. 1905.

ESCOBAR, C. Conferência. *Revista de Ensino*, n.3, ago. 1904; n.4, out. 1904; n.5, dez. 1904; n.6, fev. 1905.

_____. A leitura analytica. *Revista de Ensino*, n.2, set. 1911.

CARRABAJAL FILHO, G. O conceito de leitura. Traduzido por T. M. *Revista de Ensino*, n.3, dez. 1911.

ACAYABA, A. A proposito da leitura analytica. *Revista de Ensino*, n.1, mar. 1912.

BRAGA, C. O ensino da lingua materna. *Revista de Ensino*, n.4, mar. 1913.

QUAGLIO, C. A psicologia da infancia. *Revista de Ensino*, n.3, jun. 1907.

_____. Pequena experiencia sobre a psicologia infantil. *Revista de Ensino*, n.2, jun. 1908.

_____. O ensino da leitura aconselhado pela Pedagogia Scientifica. *Revista de Ensino*, n.1, mar. 1912.

_____. A educação ambidextra. *Revista de Ensino*, n.2, set. 1915.

ANEXO 3
OUTROS TEXTOS REPRESENTATIVOS DA "MONOMANIA DOS TESTES" (VER CAPÍTULO 3)

ALVES, I. *Os testes e a reorganização escolar*. Bahia: A Nova Graphica, 1930.

DIRECTORIA GERAL DA INSTRUÇÃO PUBLICA. *Testes de intelligencia nas escolas*. Rio de Janeiro (DF), s.d.

MEDEIROS E ALBUQUERQUE. *Tests*: introdução aos meios científicos de julgar a intelligencia e a applicação dos alumnos. 4.ed. Rio de Janeiro: Francisco Alves, 1925.

PENTEADO JUNIOR, O. Os testes ABC como meio de seleção de classes. *Educação*, n.1, p.185-94, 1933.

ROCHA, C. de F., ANDRADE, B. *Tests*: como medir a intelligencia dos escolares. Rio de Janeiro: Erbas de Almeida [1931].

SIMON, T. Testes e intelligencia. *Escola Nova*, n.3/4, mar.-abr. 1931. (Conferência realizada na Escola de Aperfeiçoamento de Belo Horizonte).

ANEXO 4
TEXTOS RELACIONADOS COM A LEITURA E A ESCRITA, PRODUZIDOS, ORIENTADOS OU PREFACIADOS POR LOURENÇO FILHO (VER CAPÍTULO 3)

A) ARTIGOS

LOURENÇO FILHO, M. B. O que a criança lê. *Jornal do Commercio*, São Paulo, 1920.

_____. A crise na escola. *Revista de Educação (Piracicaba)*, n.2, ago. 1921.

_____. Um inquerito sobre o que os moços lêem. *Educação (São Paulo)*, v.1, n.1, p.30-9, out. 1927. (Publicado também em separata pela Graphica Irmãos Ferraz,1928, 12p.).

_____. Os 'testes'. *Escola Nova*, v.2, n.3/4, p.253-9, 1931.

_____. O problema da maturidade para a leitura e escrita. *Boletim da Educação Publica*, v.2, n.3/4, p.276-90, dez. 1932. (Também na *Revista de Educação*, v.3, n.3, p.91-101, set. 1933.)

_____. Como aperfeiçoar a literatura infantil. *Revista Brasileira*, v.3, n.7, p.146-69, set. 1943.

_____. Biblioteca e ensino. *Formação*, v.6, n.73, p.4-21, ago. 1944.

_____. Ensino e biblioteca. *RBEP*, v.6, n.16, p.5-24, out. 1945.

_____. O valor das bibliotecas infantis. *EBSA*, v.1, n.12, p.66-8, out. 1948. (Palestra por ocasião da Exposição do Livro Infantil).

_____. A criança na literatura brasileira. *Revista da Academia Paulista de Letras*, v.11, n.44, p. 84-117, jun. 1948.

_____. Estudo e avaliação dos níveis de maturação. *Anais da USP*, v.1, n.1, p.9-32, dez. 1950. (Também publicado no *Boletim do Instituto de Psicologia*, Universidade do Brasil, Rio de Janeiro, v.2, n.11/12, p.6-25, 1952.)

_____. Inquérito sobre livros para crianças. *Leitores e Livros*, v.9, n.35, p.172-9, jan.-mar. 1959.

_____. Livros para crianças. *RBEP*, v.33, n.77, p.215-21, jan.-mar. 1960.

LOURENÇO FILHO, M. B. Como tornar cada criança e cada adolescente um bom consumidor de leitura. *Educação*, n.87/93, p.7-13, set. 1966. (Conferência pronunciada na abertura do I Simpósio de Leitura).

B) PREFÁCIOS E ORIENTAÇÕES A AUTORES DE OBRAS INFANTIS

ANDRADE, M. L. N. *Vamos recitar*: poesia e teatro infantil. Prefácio de Lourenço Filho. Rio de Janeiro: Conquista, 1959.

AULNOY, M. C. J. B. *A veadinha cor de neve, O rei orgulhoso*. Adapt. A. O. Barreto. Orientação de Lourenço Filho. 8.ed. São Paulo: Melhoramentos, 1951. (Biblioteca Infantil, v.25).

BRASIL: paisagens e costumes. Introdução de Lourenço Filho. São Paulo: Melhoramentos, 1962.

FERREIRA, M. A. B. *A conquista da cidade sagrada*. Adapt. para a infância da obra "Jerusalém libertada", de Torquato Tasso. Orientação de Lourenço Filho. 5.ed. São Paulo: Melhoramentos, 1951.

FLEURY, L. G. C. *O cisne dourado*. Orientação de Lourenço Filho. 2.ed. São Paulo: Melhoramentos, 1951. (Biblioteca Infantil, v.90).

FLEURY, R. S. *Série Pátria Brasileira*: leitura V. Orientação de Lourenço Filho. São Paulo: Melhoramentos, 1953.

FONTES, O. *Novas histórias de Esopo*. Orientação de Lourenço Filho. São Paulo: Melhoramentos, 1956. (Biblioteca Infantil, v.97).

SCHNEIDER, O. *A história do príncipe feio e da princesa bonita. A história do rei que mandou construir dois palácios. O rei Alexandre e o príncipe andrajoso. O rei Salomão e a sabedoria do porco-espinho*. Orientação de Lourenço Filho. São Paulo: Melhoramentos, 1958.

C) LIVROS PARA CRIANÇAS

LOURENÇO FILHO, M. B. *Histórias do Tio Damião*. 12v. Primeiras edições nas décadas de 1940 e 1950, tiragens entre 5.000 e 20.000 exemplares e 5 edições em média para cada volume da série.

SÉRIE LEITURA GRADUADA PEDRINHO:

_____. *Pedrinho*: livro 1. (1ª edição de 1953, com tiragens variando entre 30.000 (1ª) e 120.000 (7ª, 8ª e 12ª) exemplares, e 15.000, na última edição localizada: 18ª, 1970).

_____. *Pedrinho e seus amigos*: livro 2. (1ª edição de 1954, com tiragens variando entre 13.000 (17ª), 1970, última edição localizada, e 120.000 (6ª) exemplares).

_____. *Aventuras de Pedrinho*: livro 3. (1ª edição de 1955, com tiragens variando entre 2.376 (12ª) e 100.000 (4ª), e, na última edição localizada (14ª, 1970), 6.000).

_____. *Leituras de Pedrinho e Maria Clara*: livro 4. (1ª edição de 1956, com tiragens variando entre 6.000 (14ª e última edição localizada, 1970) e 60.000 exemplares (2ª)).

_____. *Pedrinho e o mundo*: livro 5. (1ª edição anunciada para 1957, mas não foram localizadas informações sobre tiragens e número de edições).

_____. *Guia do Mestre*: para o ensino de leitura. v.1. (1ª edição de 1953, com 8 edições até 1969 e tiragens variando entre l.000 e l0.000 exemplares).

_____. *Guia do Mestre*: para o ensino da leitura. v.2. (1ª edição de 1954, com 8 edições até 1969 e tiragens variando entre 1.500 e 15.000 exemplares).

_____. *Guia do Mestre*: aventuras de Pedrinho. (1ª edição de 1955 e 2ª de 1956, ambas com tiragens de 5.000 exemplares).

_____. *Livro do aluno*: para a cartilha *Upa, Cavalinho!*, 1964.

ANEXO 5
OUTROS TEXTOS SOBRE ENSINO DE LEITURA E ESCRITA PUBLICADOS NA REVISTA *EDUCAÇÃO*, ATÉ 1930
(VER CAPÍTULO 3)

JARDIM, R. As denominações "methodo analytico" e "methodo synthetico", em Pedagogia. *Educação*, v.II, n.2, p.209-26, jan.-mar. 1928.

LEITE, F. E. A. O ensino da leitura – em defesa do método analítico. *Educação*, v.VI, n.3, p.248, maio 1929.

O ensino da leitura: boletim da União Pan-Americana, folheto n.23, v.VII, abr.-jun. 1929, contendo, entre outros: GRAY, W. "Principaes reformas modernas no ensino da leitura", p.272-4; SHIPLEY, G. "A leitura no primeiro grau", p.274-6; HARDY, M. "A leitura de livros no primeiro grau", p.276-82.

MENNUCCI, S. A escola paulista. *Educação*, v.IX, n.2, p.270-3, nov. 1929.

FLEURY, L. G. Noções sobre a pedagogia de Decroly. *Educação*, v.X, n.1, p.11-21, jan. 1930.

JARDIM, R. Um novo processo de ensinar a leitura. *Educação*, v.X, n.1, p.29-38, jan. 1930.

PROENÇA, A. F. Ensino primario: orientação e planos de aula. *Educação*, v.X, n.1, p.59-70, jan. 1930.

JARDIM, R. A escola paulista – I. *Educação*, v.X, n.2, p.209-11, fev. 1930. (Transcrição).

MENNUCCI, S. A escola paulista – I. *Educação*, v.X, p.211-2, n.2, fev. 1930. (Transcrição).

FLEURY, L. G. Sobre o ensino da leitura. *Educação*, v.X, n.3, p.278-84, mar. 1930.

JARDIM, R. A escola paulista – II. *Educação*, v.X, n.3, p.320-3, mar. 1930. (Transcrição).

MENNUCCI, S. A escola paulista – II. *Educação*, v.X, n.3, p.323-5, mar. 1930. (Transcrição).

LEITE, F. E. A. O ensino da leitura – methodos. *Educação*, v.XI, n.1, p.31-44, abr. 1930.

SACHS, A. V. Ensino primario: calligraphia muscular. *Educação*, v.XI, n.3, p.359-61, abr. 1930.

JARDIM, R. A escola paulista – III. *Educação*, v.XI, n.1, p.99-102, abr. 1930. (Transcrição).

MENNUCCI, S. A escola paulista – III. *Educação*, v.XI, n.1, p.103-5, abr. 1930. (Transcrição).

JARDIM. R. A escola paulista – IV. *Educação*, v.XI, n.2, p.238-42, maio 1930. (Transcrição).

MENNUCCI, S. A escola paulista – IV. *Educação*, v.XI, n.2, p.242-4, maio 1930. (Transcrição).

TOLOSA, B. M. Como ensinar a lêr? *Educação*, v.XI, n.3, p.288-316, jun. 1930. (Transcrição).

LEITE, A. E. O ensino da leitura: o "methodo analytico" e a "analyse espontanea". *Educação*, v.XI, n.3, p.325-36, jun. 1930.

JARDIM, R. A escola paulista – V. *Educação*, v.XI, n.3, p.384-7, jun. 1930. (Transcrição).

MENNUCCI, S. A escola paulista – V. *Educação*, v.XI, n.3, p.387-90, jun. 1930. (Transcrição).

LEITE, F. E. A. O ensino da leitura. *Educação*, v.XII, n.2, p.182, ago. 1930.

ANEXO 6
TEXTOS SOBRE ENSINO DA LEITURA E ESCRITA PUBLICADOS OU REPUBLICADOS NA REVISTA *EDUCAÇÃO*, APÓS 1930 (VER CAPÍTULO 3)

SODRÉ, A. F. Alfabetização rapida. *Educação*, v.VIII, n.6/7, p.33-9, jun.-jul. 1932.

_____. Alfabetização rápida. *Revista de Educação*, v.V, n.5, p.101-6, mar. 1934.

BUSC, L. S. O ensino da linguagem escriptalanos e sugestões. *Revista de Educação*. v.XI-XII, n.11/12, p.58-66, set.-dez. 1935.

VOLLET, B. As classes selectivas do 1º grau e os Testes ABC. *Revista de Educação*, v.IX-X, n.9/10, p.84-92, mar.-jun. 1935.

LEITE, F. A. Alfabetização rápida. *Revista de Educação*, v.XI-XII, n.11/12, p.3-8, set.-dez. 1935.

RICHETTI, H. (Inspector escolar). A escripta na escola primaria: synthese do livro da professora Orminda I. Marques. *Revista de Educação*. v.XV-XVI, n.15/16, p.17-31, set.-dez. 1936.

FERRAZ, A. N., BOLLIGER, O. (Adjunctas do G. E. de Rebouças). Organização de classes seleccionadas e applicação dos tests ABC. *Revista de Educação*, v.XV-XVI, n.15/16, p.52-5, set.-dez. 1936.

FLEURY, L. G. (Chefe do Serviço de Educação Primária da Directoria do Ensino). Suggestões para aulas de leitura. *Revista de Educação*, v.XV-XVI, n.15/16, p.56-8, set.-dez. 1936.

MENNUCCI, S. Método analítico. *Educação*, n.9, p.90-5, 1944.

PASTOR, R. (Técnico de Ensino Primário com funções de diretor de Grupo Escolar). Como ensinar a ler pelo método analítico. *Educação*, v.XXXII, n.46/47, p.94-105, jan.-jun. 1945.

PEIXOTO, V. (Inspetor escolar). O ensino da linguagem na escola primária. *Educação*, v.XXXIII, n.46/47, p.94-105, jan.-jun.1945.

KÖPKE, J. O ensino da leitura pelo método analítico. *Educação*, v.XXXIII, n.46/47, p.115-52, jan.-jun. 1945. (Original de 1916).

MORAES, T. J. A leitura analítica. *Educação*, v.XXXIII, n.46/47, p.174-200, jan.-jun. 1945. (Original de 1909).

ANEXO 7
EXEMPLOS DE ARTIGOS SOBRE ENSINO DE LEITURA E ESCRITA PUBLICADOS EM OUTROS PERIÓDICOS, NAS DÉCADAS DE 1940 A 1970 (VER CAPÍTULO 3)

STREHLNEEK, O. (1ª assistente do Laboratório de Psicologia da Fac. de Filosofia, Ciências e Letras da Universidade de São Paulo). Estudo comparativo de seis cartilhas em uso nas escolas paulistas. *Revista do Arquivo Municipal (São Paulo)*, v.74, p.83-216, fev.-mar. 1941.

ALBUQUERQUE, I. Leitura e maturidade. *Revista do Ensino (Porto Alegre)*, v.3, n.20, p.13-7, 1954.

KATZENSTEIN, B. Dois casos de dificuldades na leitura. *Arquivos Brasileiros de Psicotécnica (Rio de Janeiro)*, v.6, n.3, p.7-10, 1954.

ANGELINI, A. L. Análise psicológica de três cartilhas em uso nas nossas escolas. *Revista de Pedagogia*, v.1, n.1, p.101-9, jan.-jun. 1955.

CARDOSO, O. B. Ensino de leitura e escrita em séries de adaptação. *Revista do Ensino (Porto Alegre)*, v.4, n.32, p.52-5, 1955.

_____. Maturidade, problemas relacionados à maturidade e o Teste ABC de Lourenço Filho. *Revista do Ensino (Porto Alegre)*, v.4, n.28, p.6-9; n.29, p.11-3 e 40, 1955.

_____. Processos corretivos de deficiência. *Revista do Ensino (Porto Alegre)*, v.4, n.31, p.27-8, 1955.

COSTA, D. P. Pedagogia. *Revista do Ensino (Porto Alegre)*, v.4, n.30, p.54-5, 1955.

MARINHO, H., SILVEIRA, J. Classes de adaptação à 1ª série. *Revista do Ensino (Porto Alegre)*, v.4, n.30, p.12-5, 1955.

CASASSANTA, L. M. Qual o melhor método para o ensino da leitura? *Revista do Ensino (Porto Alegre)*, v.6, n.41, p.34-8, 1956.

WEREBE, M. J. G. O ensino da leitura no distrito da capital. *Revista de Pedagogia*, v.2, n.4, p.143-62, 1956.

MARINHO, H., FERREIRA M. B. C. Métodos de ensino da leitura: estudos experimentais. *Revista Brasileira de Estudos Pedagógicos (Rio de Janeiro)*, v.28, n.68, p.130-50, out.-dez. 1957.

ABI-SÁBER, N. F. A importância do período preparatório na aprendizagem da leitura. *Revista do Ensino (Porto Alegre)*, n.75-77, 1961.

VIEIRA, G. Aprende-se a ler e escrever em 40 dias. *Revista do Ensino (Porto Alegre)*, v.12, n.90, p.10-5, mar. 1963.

POPPOVIC, A. M. Considerações sobre a dislexia específica: estudo de dois casos. *Revista de Psicologia Normal e Patológica (São Paulo)*, v.10, n.3/4, p.381-9, jul.-dez. 1964.

_____. Influência da aprendizagem pré-primária sobre o grau de maturidade e prontidão para a alfabetização. *Revista de Psicologia Normal e Patológica (São Paulo)*, v.10, n.3/4, p.189-93, jul.-dez. 1964.

_____. Uma experiência com um teste coletivo de prontidão para a aprendizagem da leitura. *Revista de Psicologia Normal e Patológica (São Paulo)*, v.10, n.3/4, p.325-31, jul.-dez. 1964.

SANTOS, A. , MARINHO, H., FUCE, M. C. A escrita na escola primária. *Revista Brasileira de Estudos Pedagógicos (Rio de Janeiro)*, v.14, n.100, 1965.

ARAÚJO, M. Y. A. Diagnóstico da leitura. *Criança e escola (Belo Horizonte)*, v.3, n.10, p.33-6, mar. 1966.

PINHEIRO, L. M., PINHEIRO, M. C. Iniciação à leitura. *Revista Brasileira de Estudos Pedagógicos (Rio de Janeiro)*, v.49, n.110, p.285-310, abr.-jun.1968.

MARINHO, H. Como a criança aprende a ler brincando. *Revista Brasileira de Estudos Pedagógicos (Rio de Janeiro)*, v.56, n.124, p.366-79, out.-dez. 1971.

SILVA, I. D. Análise fonética e a aprendizagem da língua. *Criança e Escola (Belo Horizonte)*, n.31, p.5-8, fev.-mar. 1972.

WITTER, G. P. et al. Um programa de diagnóstico e treino para a prontidão para a leitura e a escrita. *Sesi Escola (São Paulo)*, v.8, n.29, p.11-5, 1973.

BISOL, L. Fonética e fonologia na alfabetização. *Letras de Hoje (Porto Alegre)*, n.17, p.32-9, set. 1974.

IZIQUE, T. J. P. Avaliação/prontidão para a leitura e a escrita. *Sesi Escola (São Paulo)*, v.9, n.33, p.22-4, jan.-abr. 1974.

POPPOVIC, A. M. Programa Alfa: um currículo de orientação cognitiva para as primeiras séries do 1º grau inclusive crianças culturalmente marginalizadas visando ao processo ensino-aprendizagem. *Cadernos de Pesquisa (São Paulo)*, n.21, p.41-6, jun. 1977.

GIANNERINI, M. F. S. A aprendizagem da leitura. *Amae Educando (Belo Horizonte)*, v.11, n.107, p.28-30, set. 1978.

RIBEIRO, L. C., BRAGA, V. G. Técnicas de aprendizagem da escrita. *Amae Educando (Belo Horizonte)*, v.11, n.103, p.35-40, abr. 1978.

TEIXEIRA, M. A. S. K., MESSEDER, M. J. M. A educação sensorial. *Amae Educando (Belo Horizonte)*, v.11, n.104, p.2-16, maio 1978.

COSTA, Z. G. Metodologia para a alfabetização infantil pela televisão. *Tecnologia Educacional (Rio de Janeiro)*, n.29, p.24-8, jul.-ago. 1979.

VALE, J. M. F. Considerações a respeito do aluno de aproveitamento insuficiente no início da escolarização básica. *Didática (São Paulo)*, n.15, p.59-79, 1979.

FONTE: SOARES, M. B. *Alfabetização no Brasil*: o estado do conhecimento (1989) e acervo pessoal.

ANEXO 8
LIVROS E MANUAIS DE ENSINO CONTENDO
CAPÍTULOS SOBRE ENSINO DA LEITURA E ESCRITA,
QUE CIRCULARAM ENTRE PROFESSORES PAULISTAS
DESDE O FINAL DO SÉCULO XIX ATÉ A DÉCADA DE 1920
(VER CAPÍTULO 3)

CALKINS, A. N. *Primeiras lições de coisas*: manual de ensino elementar para uso de paes e professores. "Vertido da quadragesima edição e adaptado as condições do nosso idioma e paizes que o falam pelo Conselheiro Ruy Barbosa". Rio de Janeiro: Imprensa Nacional, 1886. ("Obra unanimemente approvada pelo Conselho Superior da Instrucção publica da Bahia, pelo Conselho Director da Côrte, e adoptada pelo Governo Imperial").

PARKER, F. *Palestras sobre ensino*. Campinas: Typ. Livro Azul, 1909. (Bibliotheca Pedagogica. Organizada por A. O. Barreto e J. Stott).

WHITE, E. *A arte de ensinar*: um manual para mestres, alumnos e para todos que se interessam pelo verdadeiro ensino da mocidade. "Vertido do inglez por Carlos Escobar, a convite do Exmo. Snr. Doutor Oscar Thompson, Director Geral do Ensino, em S. Paulo, (Brasil)." São Paulo: Siqueira, Nagel & Comp., 1911. In: BONFIM, M. *Lições de pedagogia*: theoria e pratica da educação. Rio de Janeiro: Francisco Alves, 1915.

DÓRIA, A. S. *Como se aprende a língua*. 2.ed. da "ANALYSE LOGICA". São Paulo: Monteiro Lobato & Cia, 1922. ("Approvado pela directoria Geral de Instrucção Publica de S. Paulo, em 7 de dezembro de 1921").

_____. *Questões de ensino: a Reforma de 1920, em São Paulo.* São Paulo: Monteiro Lobato & Cia, 1923. v.1.

PEIXOTO, A. *Ensinar a ensinar:* ensaios de Pedagogia aplicada à Educação nacional. Rio de Janeiro: Francisco Alves, 1923.

ANEXO 9
MANUAIS DE ENSINO, QUE TRATAM DIRETA OU INDIRETAMENTE DO ENSINO DA LEITURA E ESCRITA, PRODUZIDOS POR BRASILEIROS NO 3º MOMENTO
(VER CAPÍTULO 3)

BUDIN, J. (Professor catedrático do Instituto de Educação do Distrito Federal). *Metodologia da linguagem:* para uso das escolas normais e institutos de educação. São Paulo: Companhia Editora Nacional, 1949.

CARNEIRO, O. L. (Professor catedrático de Metodologia da Linguagem no Instituto de Educação–DF, ex-Chefe de Distrito Educacional do DF e professor de Pedagogia na Universidade Católica). *Metodologia da linguagem.* Prefácio de T. M. dos Santos. 2.ed. rev. e melh. Rio de Janeiro: Agir, 1955. (Biblioteca de Cultura Pedagógica, v.I).

SILVEIRA, J. (Professora catedrática de Metodologia da Linguagem e Leitura, no Instituto de Educaçao do Distrito Federal e diretora do Departamento de Educação Primária da Secretaria Geral de Educação e Cultura, da Prefeitura do Distrito Federal). *Leitura na escola primária:* Série II, Livro de Texto. Rio de Janeiro: Centro Brasileiro de Pesquisas Educacionais, 1960.

D'ÁVILA, A. (Prof. de Educação da Escola Normal anexa ao Ginásio Ipiranga). O ensino da leitura (cap. XII e XIII, 1ª e 2ª partes); O ensino da linguagem oral (cap. XIV); O ensino da linguagem escrita (cap. XV); O ensino da escrita (cap. XVI). In: _____. *Práticas escolares:* de acordo com o programa de Prática de Ensino do Curso Normal e com a orientação do ensino primário. 2.ed. São Paulo: Saraiva & Cia, 1942. (Coleção de Ensino Normal. Direção de A. Parker).

MOREIRA, J. R. (Professor catedrático e diretor de escola normal e de instituto de educação, no Paraná e em Santa Catarina e Técnico de Educação do Ministério da Educação e Cultura). O ensino da linguagem na escola primária. In: _____. *Teoria e prática da escola elementar*: introdução ao estudo social do ensino primário. Rio de Janeiro: Centro Brasileiro de Pesquisas Educacionais, INEP, MEC, 1960. cap. 5. (Série Livros-Fonte, v.4).

FONTOURA, A. A. (Prof. da Pontifícia Universidade Católica do Rio de Janeiro, da Universidade do Estado do Rio, da Faculdade de Serviço Social do DF, Chefe do Departamento de Sociologia da Faculdade de Ciências Sociais, Técnico de Educação). Metodologia da Leitura (cap.1), A escrita (cap.2). In: _____. *Metodologia do Ensino Primário*: contendo a matéria dos 2º e 3º anos do Curso Normal. 7.ed. Rio de Janeiro: Gráfica Ed. Aurora, 1961. (Biblioteca Didática Brasileira. Série I, A escola viva. Direção de A. Fontoura, v.5).

SANTOS, T. M. (Catedrático de Filosofia da Educação do Instituto de Educação do Rio de Janeiro). Metodologia da leitura; Metodologia da escrita; Metodologia da linguagem oral. In: _____. *Noções de metodologia do ensino primário*: de acordo com os programas dos Institutos de Educação e das Escolas Normais. 11.ed. São Paulo: Companhia Editora Nacional, 1967. (Curso de Psicologia e Pedagogia, v.10).

ANEXO 10
CARTILHAS PRODUZIDAS ANTES DE 1930
E CONSTANTES NO *ANNUARIO DE ENSINO DE 1937*
(DE ACORDO COM ORDEM DE CLASSIFICAÇÃO)
(VER CAPÍTULO 3)

VIANNA, F. M. F. *Cartilha*: leituras infantis, 1910.

_____. *Primeiros Passos*: leituras infantis, 1912.

OLIVEIRA, M. *Nova Cartilha Analytico-Synthetica*, 1915.

_____. *Cartilha Ensino-Rapido da Leitura*, 1921.

FREITAS, A. R. *Cartilha*, 1920.

BARRETO, A. O. *Cartilha Analytica*, 1910.

_____. *Cartilha das Mães*, 1900.

CARDIM, C. A. G. *Cartilha Infantil*, 1908.

MORAES, T. *Meu Livro*: methodo analytico-primeiras leituras, 1909.

ROCCA, R *Cartilha Moderna*, 1902.

PROENÇA, A. F. *Cartilha Proença*, 1925.

PINTO E SILVA, J. *Cartilha do Lar*. [data da aprovação: 1913]

TOLOSA, B. M. *Cartilha de alphabetização*, 1923.

ANEXO 11
CARTILHAS PUBLICADAS EM SÃO PAULO A PARTIR DA DÉCADA DE 1930 (EM ORDEM DE CLASSIFICAÇÃO APRESENTADA EM DOCUMENTOS OFICIAIS)[1]
(VER CAPÍTULO 3)

SAMPAIO, R. A. *Minha cartilha*, 1930.

FARIA E SOUZA. *Cartilha intuitiva*, 1933.

CALAZANS, M. de L. *Cartilha supplemento do jogo da leitura*, 1936.

SCARAMELLI, J. *Cartilha dos pequeninos*, 1930.

ORLANDI, J. O. *Pasta de leitura*, 1934.

PAIVA, E. de L. *Cartilha brasileira de Alphabetização*, 1934.

OFELIA e NARBAL. *Cartilha de brinquedo*: methodo activo, 1934.

BARROS, C. *Cartilha facil*, 1932. (Colleção Caetano de Campos).

FLEURY, R. S. *Na Roça*, 1935. (Cartilha rural de alphabetização).

LOURENÇO FILHO, M. B. *Cartilha do povo*. São Paulo: Melhoramentos, 1928.

PRADA, E., PRADA, L. *A cartilha de Cecilia*: intuitivo-dynamico, 1935.

---

1 A citação de apenas algumas das cartilhas produzidas nas décadas de 1940, 1950 e 1960 não significa decréscimo da produção do gênero; pelo contrário, a grande quantidade de cartilhas produzidas nessas décadas aliada às escassas informações e registros disponíveis sobre o livro didático no Brasil dificultam a eleição de critérios de seleção mais precisos. Em decorrência, a opção aqui foi por citar pelo menos uma de cada década, dentre as mais conhecidas no Estado de São Paulo.

MARTINEZ, C. *Cartilha analytica*, 1930. (Série Vida Escolar).

ORLANDI, J. O. *Minhas licções*, 1935. (Colleção Caetano de Campos).

PANTOJA, J. M. *Cartilha Bandeirante*, 1935.

BORELLI, O. *Minha Cartilha*, 1927.

NOVAES, C. G. *Cartilha das creanças*, 1935.

MORAES, A. P. M. de. *Cartilha pratica*, 1933. (Série Orlando Mendes de Moraes).

CARVALHO, S. B. de. *O amigo da infancia*, 1932.

CALDAS, W. A. *Meu amigo*, 1933. (Cartilha Analytico-Synthetica).

FERREIRA, J. L. *O alphabetisador 1º*, 1932.

CARVALHO, S. T. *Brincando tambem se aprende*, 1932.

SOUZA, S. L. G. *Cartilha suave*, 1930.

ROCHA, S. de O. *Cartilha activa*, 1933.

MORAES, O. M. *Cartilha Auri-Verde*, 1937.

PACHECO, M. de L. *Meu livrinho: cartilha*, 1937.

NOGUEIRA, J. *Cartilha Bandeirante*, 1937.

PANTOJA, J. de M. *Cartilha rapida*, s.d.

ANDRADE, T. *Ler brincando*, s.d.

LINO, N. M. *Cartilha bonita – Quero Ler*, s.d.

FLEURY, R. S. *Vamos ler: cartilha*.

_____. *Brincar de ler*, s.d.

FAGUNDES, S. A. *Caderno de alfabetização, ou Cartilha do Tatu*, s.d.

PEIXOTO, V. *Coração infantil: cartilha*, s.d.

NOGUEIRA. J. *O pequeno brasileiro*, s.d.

FLEURY, L. G. *Meninice: cartilha*, s.d.

SILVEIRA, J. *Ler e brincar*, s.d.

OLIVEIRA, A. L. *Mimi fugiu*, s.d.

MARTINEZ, C. *Cartilha popular: para ensinar a ler em pouco tempo; para escolas rurais e cursos noturnos*. [1932].

SODRÉ, B. S. *Cartilha Sodré*. [Final da década de 1930].

LIMA, B. A. *Caminho suave: alfabetização pela imagem*. [1948].

GRISI, R. *Lalau, Lili e o Lobo*. [Meados da década de 1950].

AMOROSO, C. B. *Onde está o patinho?*, 1955.

LOURENÇO FILHO, M. B. *Upa, Cavalinho!*, 1957.
BRÉSCIA, D. *Brasília*. [1964].
ALMEIDA, D. P. F. *No reino da alegria*. 1974.

Fonte: *Annuario do Ensino do Estado de São Paulo (1936-1937)*, Comunicado do Diretor Geral do Departamento de Educação do Estado de São Paulo, de 09/02/1944 (apud Pfromm Neto, Rosamilha, Dib, 1974, p.164), além de catálogos de editoras e acervo pessoal.

ANEXO 12
DOCUMENTOS RELATIVOS À ALFABETIZAÇÃO NO CICLO BÁSICO, PRODUZIDOS POR ÓRGÃOS DA SE/SP, A PARTIR DA DÉCADA DE 1980 E RECORRENTEMENTE CITADOS
(VER CAPÍTULO 4)

SÃO PAULO (Estado). Secretaria da Educação. Coordenadoria de Estudos e Normas Pedagógicas. *Ciclo Básico*: uma proposta de reformulação da escola de 1º grau. São Paulo: SE/CENP, 1984. 15p. (Equipe responsável: Divisão de Currículo e Serviço de Ensino de 1º grau).

SÃO PAULO (Estado). Secretaria da Educação. Coordenadoria de Estudos e Normas Pedagógicas. *Ciclo Básico e a reorganização do ensino de 1º grau*: sistemática de avaliação. São Paulo: SE/CENP, 1986. 60p. (Projeto Reorganização do Ensino de 1º grau) (Org. Elba Siqueira de Sá Barreto e Marília Claret Geraes Duran; col. equipe responsável pelo Ciclo Básico)

Neste documento, após a apresentação assinada por Maria Leila Alves, encontram-se os seguintes textos:

SE/SP, ATPCE/CENP. Reorganização do ensino de 1º grau: Ciclo Básico.
Documentos legais – Sistemática da avaliação no Ciclo Básico.
BARRETO, E. S. S., ROCHA, M. C. C. N., DURAN, M. C. G. Explicando as alterações introduzidas na sistemática de avaliação no Ciclo Básico.

BECHARA, L. Aspectos da construção da proposta para o ensino de língua portuguesa ou de como ler além das letras.

EQUIPE DE MATEMÁTICA. Refletindo sobre o ensino da matemática nas séries iniciais.

BARRETO, E. S. S. Fundamentação dos parâmetros para a avaliação do aluno, no final do Ciclo Básico.

EQUIPE DE LÍNGUA PORTUGUESA. Considerações sobre a avaliação da aquisição da leitura e da escrita no Ciclo Básico.

LAMPARELLI, L. Considerações sobre a avaliação da aprendizagem matemática no Ciclo Básico.

ROSA, Z. P. Subsídios para o preenchimento da ficha descritiva do rendimento do aluno no Ciclo Básico.

SÃO PAULO (Estado). Secretaria da Educação. Coordenadoria de Estudos e Normas Pedagógicas. *Revendo a proposta de alfabetização*. São Paulo: SE/CENP, 1985. 93p. (Projeto IPÊ – Ciclo Básico) (Org. Elba Siqueira de Sá Barreto e Marília Claret Geraes Duran; col. equipe responsável pelo Ciclo Básico). (OBS: Este e o anterior passam, a partir de 1987, a ser publicados em um único volume com o título *Ciclo Básico*.)

Trata-se de uma coletânea de textos produzidos por diferentes autores e abordando temas correlatos à alfabetização, a saber:

PATTO, M. H. S. A criança da escola pública: deficiente, diferente ou mal trabalhada?

WEISZ, T. Como se aprende a ler e a escrever ou prontidão um problema mal colocado. (Texto organizado e elaborado a partir da obra de Emilia Ferreiro).

CAGLIARI, L. C. Caminhos e descaminhos da fala, da leitura e da escrita na escola.

BARRETO, E. S. S., DURAN, M. C. G., COLAÇO, N. L., FELIPE, S. E. Revendo algumas práticas de alfabetização.

BARRETO, E. S. S., ROCHA, M. C. C. N., DURAN, M. C. G. Algumas considerações sobre formas de trabalho na escola.

SÃO PAULO (Estado). Secretaria da Educação. Coordenadoria de Estudos e Normas Pedagógicas. *Alfabetização em classes populares*: didática do nível pré-silábico. São Paulo: SE/CENP, 1985. 30p. (Ciclo

Básico e a reorganização do ensino de 1º grau) (I Encontro Estadual de Alfabetizadores) (Autora: Esther Pillar Grossi).

Trata-se de uma síntese de "sete anos de experimentação e reflexão, da equipe de pesquisa do Grupo de Estudos sobre Educação – Metodologia de Pesquisa e Ação (GEEMPA), sobre alfabetização de crianças de classes populares", conforme dados contidos na apresentação, assinada por N. Marzola, A. D. Pillar, M. C. M. Koch, M. J. B. Canibal e R. M. A. Parenza.

SÃO PAULO (Estado). Secretaria da Educação. Coordenadoria de Estudos e Normas Pedagógicas. *Retomando a proposta de alfabetização.* 2.ed. São Paulo: SE/CENP, 1986. 112p. (Alfabetização, 1, 2) ("Com esta obra está encadernada, do mesmo autor: Didática do nível pré-silábico") (Org. Grupo do Ciclo Básico).

Após a apresentação assinada por M. C. G. Duran, encontra-se uma 1ª parte: Alfabetização em classes populares, de E. P. Grossi, contendo "Didática do nível silábico", além de dois textos já publicados pela CENP em 1985 – "Didática do nível pré-silábico" e "Fichas didáticas para o nível pré-silábico"; e uma 2ª parte: "O trabalho nas oficinas pedagógicas", "resultado de estudos e pesquisas do Grupo do Ciclo Básico da CENP junto a firmas especializadas em Brinquedos Educativos"; e, ao final, uma bibliografia, da qual constam: B. Bettelheim, *Cadernos de Pesquisa*, E. Ferreiro e documentos da CENP.

SÃO PAULO (Estado) Secretaria da Educação. Coordenadoria de Estudos e Normas Pedagógicas. *Isto se aprende com o Ciclo Básico.* São Paulo: SE/CENP, 1986, 157p. (Coord. M. Leila Alves; elab., org. e assessoria: M. C. C. N. Rocha e M. C. G. Duran; execução e supervisão: Equipe do Ciclo Básico). (Projeto IPÊ).

Trata-se de uma coletânea de textos, dividida em 6 temas, seguida de bibliografia com 39 títulos e apresentada por M. L. Alves como "um Curso que pretende ocupar parte desse espaço, trazendo para o debate a contribuição de educadores comprometidos com a democratização do ensino e com a transformação da sociedade brasileira" (p.6), a saber:

Tema I:
DURAN, M. C. G. Pré-escola e Ciclo Básico: reflexões e perspectivas.

REGO, L. M. L. B. A prontidão para a alfabetização no contexto das pesquisas atuais.

FREIRE, M. Refletindo, praticando, vivendo com as crianças da Vila Helena.

Tema II: Alfabetização: uma nova didática

Equipe do Ciclo Básico. Depoimentos de professores

WEISZ, T. E na prática, a teoria é outra?

REGO, L. L. B. Repensando a prática pedagógica na alfabetização.

Tema III: Literatura Infantil

FELIPE, S. E., SOUBHIA, A. E. S., COUTINHO, C. S. C. A(s) leitura(s) da literatura.

NERY, A. Leitura na escola: direito e prazer.

GUERRA, E. E. B. O poema em sala de aula: relato de uma experiência.

BERALDO, A. T. Por que poesia na escola (e fora dela)?

Tema IV:

VARLOTTA, Y. M. C. L. Ortografia e escola: o que é escrever?

CAGLIARI, L. C. A ortografia na escola e na vida.

CARRAHER, T. N. Explorações sobre o desenvolvimento da ortografia em português.

Tema V:

ROCHA, M. C. C. N. Ciências nas séries iniciais: dos contextos culturais à aprendizagem sistematizada.

CARRAHER, T. N., CARRAHER, W. Ensinando Ciências e Estudos Sociais nas séries iniciais.

Tema VI: Discutindo preconceitos e discriminações na escola

PIEROSSI, Z. D. Formação e atribuição de classes.

CIPEL, S. Reflexões sobre alguns aspectos neurológicos do aprendizado escolar. Uma entrevista com Sara Pain.

SÃO PAULO (Estado). Secretaria da Educação. Coordenadoria de Estudos e Normas Pedagógicas. *Ciclo Básico em jornada única*: uma nova concepção de trabalho pedagógico. São Paulo: FDE, 1988. v.1, Recursos didáticos: sua utilização. 128p. (Org. C. C. Araújo, I. M. P. Augusto, M. A. Karouze, M. Z. C. Lopes, M. C. C. N. Rocha, M. C. G. Duran e N. P. Bahia).

Trata-se de uma coletânea de textos, com apresentação de M. L. Alves, dividida em 2 partes e contendo um anexo com materiais pedagógicos e livros de literatura infantil.

ALFABETIZAÇÃO: NOVOS CAMINHOS

DURAN, M. C. G. Proposta preliminar de alfabetização no Ciclo Básico (col. M. Z. C. Lopes)

WEISZ, T. As contribuições da psicogênese da língua escrita e algumas reflexões sobre a prática educativa da alfabetização.

LIMA, E. S. O papel do jogo na construção do pensamento da criança.

O ENRIQUECIMENTO CURRICULAR NO CICLO BÁSICO

TANI, G. Educação Física nas séries iniciais do 1º grau.

Equipe Técnica de Educação Física – CENP. Educação Física no Ciclo Básico.

BARBOSA, A. M. A Educação Artística no Ciclo Básico.

MARTINS, M. C. F. D. Arte no Ciclo Básico: o papel do especialista.

Equipe Técnica de Educação Artística – CENP. Educação Artística no Ciclo Básico: considerações sobre módulo.

BELINKY, T. O livro na escola.

CARVALHO, L. I., MARINHO, J. M. A leitura e a literatura.

IVAMOTO, R. M. E. F. Equipe Técnica de Língua Portuguesa – CENP. A leitura na escola.

Equipe Técnica da Gerência de Livros e Bibliotecas da FDE. Sobre o acervo do Ciclo Básico.

LOPES, M. Z. C., MATTOS, M. G., BAHIA, N. P., MAGNUSSON JUNIOR, M. Jogos e brinquedos educativos.

Equipe Técnica de História da CENP (Col.) Brinquedos de construção, encaixe e/ou superposição de peças (Permitem a montagem de cidades, aldeias, etc.).

SÃO PAULO (Estado). Secretaria da Educação. Coordenadoria de Estudos e Normas Pedagógicas. *Ciclo Básico em jornada única*: uma nova concepção de trabalho pedagógico. São Paulo: SE/CENP, 1990. v.2. O encontro da teoria e da prática. 168p. (Elaboração: M. Z. C. Lopes, M. C. G. Duran (Coord.), M. G. Mattos, N. P. Bahia; colab. T. Weisz)

Trata-se de uma coletânea, contendo apresentação de E. M. Maia e, além da introdução, dois textos assinados, uma série de outros, não assinados, contendo sugestões de atividades e depoimentos e relatos de experiências de professores alfabetizadores e, ao final, referências bibliográficas, com 16 títulos, e bibliografia, com 22 títulos.

ALVES, M. L. Alfabetização na rede pública paulista.
DURAN, M. C. G. Ciclo Básico em jornada única: uma nova concepção de alfabetização.

ALFABETIZAÇÃO: EM BUSCA DE UMA NOVA PRÁXIS
Professores apontam caminhos: relatórios.
Em busca de coerência.
A criança como agente capacitador.
Algumas produções infantis.
O que significa essa mudança?
A história dos meus alunos (Prof[a] Elvira).
Uma experiência de capacitação.

DISCUTINDO ALGUMAS ATIVIDADES
Reescrita de contos de fadas.
Jornal CBJ-I.
Propaganda.
Caixa econômica.
Hipótese fantástica.
Ditado de palavras.
Reescrita de uma quadrinha.
Considerações sobre a distinção entre "Alfabetização" e "Ortografização"

UM REPÓRTER EM SALA DE AULA

SÃO PAULO (Estado). Secretaria da Educação. *Jornada Única.* São Paulo: Fundação para o Desenvolvimento da Educação, 1988. 40p.

Trata-se de um texto de caráter informativo, contendo objetivos, justificativa, caracterização dos aspectos administrativos e organizacionais, além de documentos legais sobre o Ciclo Básico; com apresentação de Orestes Quércia (Governador do Estado) e carta aos educadores, de Chopin Tavares de Lima (Secretário da Educação).

SÃO PAULO (Estado). Secretaria da Educação. Coordenadoria de Estudos e Normas Pedagógicas. *Leitura e escrita*: um novo enfoque na prática escolar. São Paulo: SE/CENP, 1988. 40p. (Equipe responsável: C. B. G. Barreto, M. A. Mantoanelli, M. E. Benini e M. P. Cintra).

Trata-se de uma coletânea, apresentada pelo Serviço de Educação Pré-Escolar, contendo os seguintes textos:

WEISZ, T. Revendo a função da pré-escola.

Escritos infantis: assim também se aprende.

DENIPOTE, V. E. F. Pré-escola e alfabetização: relato de experiência.

RIZO, C. J. P. et al., BARBOSA, J. J. (Coord.) *Alfabetização*: catálogo da base de dados. São Paulo: FDE, 1990. 274p. v.1. (Apoio; 1) (Equipe Técnica Responsável: J. J. Barbosa (Coord.), C. J. P. Rizo, I. M. E. Butti, I. A. C. Sêco, J. A. Matheus, L. L. Silva, M. A. S. Tramonti, M. M. H. Kano e M. A. D. Andrade).

ARGUENA, C. S. et al. BARBOSA, J. J. *Alfabetização*: catálogo da base de dados. São Paulo: FDE, Diretoria Técnica, 1990. 280p. v.2. (Apoio; 1) (Equipe Técnica Responsável: J. J. Barbosa (Coord.), C. A. Aguena, C. J. P. Rizo, I. A. C. Sêco, M. M. H. Kano, M. Bocalini e M. D. Andrade.

ALFABETIZAÇÃO: teoria e prática – Perfil dos capacitadores e avaliação do desenvolvimento do projeto. São Paulo: FDE, abril 1992. 26p.

Trata-se da divulgação do resultado de uma pesquisa realizada pela Gerência de Pesquisa Aplicada da FDE, com apresentação de I. M. Mendes (Gerência de Pesquisa Aplicada) e M. L. Alves (Gerência de Estudos e Debates).

WEISZ, T. *Por trás das letras*. São Paulo: FDE, Diretoria Técnica, 1992. 104p.

Trata-se de "material de apoio a uma série de 4 vídeos com o mesmo título", integrante das ações desenvolvidas pelo projeto Alfabetização: Teoria e Prática, que tem como objetivo subsidiar as discussões sobre a prática pedagógica da alfabetização", com apresentação de A. L Rodrigues, Diretor Executivo da FDE e prefácio de M. L. Alves e M. C. Duran. Ao final, encontram-se referências bibliográficas, com 33 títulos; uma nota de rodapé informa que "A Ashoka – Innovators for the Public" forneceu suporte financeiro ao trabalho de capacitação docente e a Fundação Vitae dividiu com a FDE o financiamento do Por trás das Letras.

ALVES, M. L. *Por trás das letras*: alfabetização, refletindo sobre a falsa dicotomia entre ensino e aprendizagem. São Paulo: FDE; Diretoria Técnica, 1994. 47p. (Org. M. L. Alves (Coord. geral), M. C. G. Duran (Coord. técnica), N. P. Bahia e S. M. Sawaya).

Trata-se de uma coletânea de textos resultantes de uma mesa-redonda organizada pela FDE, em 12.8.1991, por ocasião do lançamento dos vídeos da série Por Trás das Letras.

OLIVEIRA, M. K. *Ensino, aprendizagem e alfabetização*: a contribuição de Vygotsky.

CAGLIARI, L. C. *Ensino ou aprendizagem*: eis a questão.

MACEDO, L. *Ensino-aprendizagem*: de sua simultaneidade e do que decorre de nós mesmos, nossos colegas e nossos professores.

ANEXO 13
EXEMPLOS DE DOCUMENTOS CONTENDO
ABORDAGENS "TRADICIONAIS" DA ALFABETIZAÇÃO
E PUBLICADOS POR OUTROS ÓRGÃOS DA SE/SP
(VER CAPÍTULO 4)

SÃO PAULO (Estado). Secretaria da Educação. Departamento de Assistência ao Escolar. *Você e os problemas de linguagem*. São Paulo: SE/DAE, 1979. 37p. (Por: S. G. Romeo, Educadora de Saúde Pública, fonoaudióloga e membro da Equipe Técnica – Higiene Mental) (2ª reimpressão em 1985).

_____. *Posso entrar?...*: uma reflexão sobre o início da vida escolar. São Paulo: SE/DAE, 1981. 26p. il. (Por: I. T. Piza, M. A. D. Cunha e Y. Bueno (psicólogas), (3ª reimpressão em 1986).

_____. *Psicologia – escola – lar*. São Paulo: SE/DAE, 1984. L1 p. il. (Por: M. A. C. Cunha, Y. Bueno). (2ª reimpressão em 1986). (Transcrição e revisão de "1ª Semana de psicologia na escola").

ANEXO 14
EXEMPLOS DE TESES E DISSERTAÇÕES SOBRE ALFABETIZAÇÃO PRODUZIDAS NO BRASIL ENTRE 1987 E 1995, NO ÂMBITO DE CURSOS DE PÓS-GRADUAÇÃO EM EDUCAÇÃO (VER CAPÍTULO 4)

ALMEIDA, E. L. M. de. *A visão dos professores de alfabetização quanto aos problemas de aprendizagem*: uma análise dos relatos verbais. Rio de Janeiro, 1992. Dissertação (Mestrado em Educação) – Universidade Federal do Rio de Janeiro.

ALMEIDA, R. D. de. *O método integral para o ensino da leitura e escrita*: uma proposta de alfabetização com compreensão. São Paulo, 1988. Dissertação (Mestrado em Educação) – Universidade de São Paulo.

ALVES, G. S. *Alfabetização de deficientes motores*: proposta de *software* educacional. Petrópolis, 1994. Dissertação (Mestrado em Educação) – Pontifícia Universidade Católica de Petrópolis.

ALVES, M. F. *Alfabetização*: uma política e sua teoria. Salvador, 1990. Dissertação (Mestrado em Educação) – Universidade Federal da Bahia.

ALVES, M. L. *O papel equalizador do regime de colaboração estado-município no política de alfabetização*. Campinas, 1990. Dissertação (Mestrado em Educação) – Universidade Estadual de Campinas.

ANDREUCCI, S. B. de S. *O coordenador pedagógico na rede oficial de ensino em São Paulo*: relato de uma experiência de alfabetização. São Paulo, 1990. Dissertação (Mestrado em Educação – Psicologia da Educação) – Pontifícia Universidade Católica de São Paulo.

ARAUJO, M. C. de C. S. *A prática pedagógica do professor alfabetizador bem sucedido das camadas populares*. São Paulo, 1993. Dissertação (Mestrado em Educação – Supervisão e Currículo) – Pontifícia Universidade Católica de São Paulo.

ARENA, D. B. *Supervisão e alfabetização*: novas concepções para uma nova prática. Marília, 1991. Dissertação (Mestrado em Educação) – Universidade Estadual Paulista.

AZEVEDO, C. *A prática do professor alfabetizador*: algumas considerações. São Paulo, 1994. Dissertação (Mestrado em Educação) – Faculdade de Educação, Universidade de São Paulo.

ÁVILA, I. S. *O alfabetizador bem-sucedido*: um mito, uma realidade ou um universo relacional de significados? Porto Alegre, 1989. Dissertação (Mestrado em Educação) - Universidade Federal do Rio Grande do Sul.

BALARINI, M. de S. *Alfabetização*: uma interferência sociolinguística. Vitória, 1987. Dissertação (Mestrado em Educação) - Universidade Federal do Espírito Santo.

BARBOSA, E. de O. *O ciclo básico de alfabetização em Minas Gerais*: o risco da fogueira. Belo Horizonte, 1991. Dissertação (Mestrado em Educação) - Universidade Federal de Minas Gerais.

BASTOS, M. N. S. *Razão, emoção na linguagem do pré-escolar*: implicações no processo de alfabetização. Salvador, 1995. Dissertação (Mestrado em Educação) - Universidade Federal da Bahia.

BOHRER, M. E. *O processo de alfabetização*: aspectos evolutivos e estacionários. Porto Alegre, 1987. Dissertação (Mestrado em Educação) - Universidade Federal do Rio Grande do Sul.

BORGES, T. M. M. *Leitura*: da escrita da fala à fala da escrita: um estudo de distorções no ensino de leitura nas classes de alfabetização. Uberlândia, 1995. Dissertação (Mestrado em Educação) - Universidade Federal de Uberlândia.

BRANCO, V. *A construção da escrita pela criança*. Curitiba, 1991. Dissertação (Mestrado em Educação) - Universidade Federal do Paraná.

CAMPOS, M. das G. C. *Fracasso escolar na alfabetização*: atribuição de casualidade na percepção dos professores alfabetizadores. Uberlândia, 1994. Dissertação (Mestrado em Educação) - Universidade Federal de Uberlândia.

CARDOSO, C. J. *Da oralidade à escrita*: a produção do texto narrativo no contexto escolar. Belo Horizonte, 1995. Dissertação (Mestrado em Educação) - Universidade Federal de Minas Gerais.

CARLONI, M. *Tateamento experimental*: uma nova conduta no processo de alfabetização. Natal, 1994. Dissertação (Mestrado em Educação) - Universidade Federal do Rio Grande do Norte.

CARVALHO, L. H. B. de. *O processo de leitura e escrita*: um estudo de casos em escolas de Uberlândia. São Paulo, 1990. Dissertação (Mestrado em Educação - Psicologia da Educação) - Pontifícia Universidade Católica de São Paulo.

CASALINHO, M. T. *Contribuição do curso de formação de professores de segundo e terceiro graus das escolas públicas da cidade de Pelotas para a prática docente dos alfabetizadores*. Porto Alegre, 1990. Dissertação (Mestrado em Educação) – Pontifícia Universidade Católica do Rio Grande do Sul.

CASTANHEIRA, M. L. *Entrada na escola, saída da escrita*. Belo Horizonte, 1991. Dissertação (Mestrado em Educação) – Universidade Federal de Minas Gerais.

CASTRO, M. da C. S. e. *A superação do realismo nominal lógico*: uma questão pedgógica. São Carlos, 1990. Dissertação (Mestrado em Educação) – Universidade Federal de São Carlos.

CASTRO, M. T. B. C. e. *Professora, hoje tem aula de escrever?*: caminhos e (des)caminhos da alfabetização. s.l., 1994. Dissertação (Mestrado em Educação) – Instituto de Estudos Avançados em Educação.

CAVALCANTE, M. do C. B. *Descompasso entre a política e a prática da alfabetização*. Fortaleza, 1988. Dissertação (Mestrado em Educação) – Universidade Federal do Ceará.

CAVATON, M. F. F. *Dificuldades de aprendizagem na alfabetização ou dificuldades no ensino da leitura e escrita?* São Paulo, 1992. Dissertação (Mestrado em Educação – Psicologia da Educação) – Pontifícia Universidade Católica de São Paulo.

CIPRIANO, E. M. B. *Especialista e alfabetizador*: a construção da práxis pedagógica pelo diálogo. São Paulo, 1991. Dissertação (Mestrado em Educação – Psicologia da Educação) – Pontifícia Universidade Católica de São Paulo.

COELHO, M. I. L. de S. *Alfabetização*: um estudo de caso: experiências bem-sucedidas de professoras da região de Campinas. Campinas, 1989. Dissertação (Mestrado em Educação) – Universidade Estadual de Campinas.

CONTINI, M. L. J. *Concepções dos professores da primeira série do primeiro grau do município de Corumbá, MS, sobre o processo de alfabetização*. São Paulo, 1989. Dissertação (Mestrado em Educação – Psicologia da Educação) – Pontifícia Universidade Católica de São Paulo.

COSTA, D. C. *O processo de aquisição da escrita na escola*: um estudo de textos produzidos pelas crianças. Vitória, 1988. Dissertação (Mestrado em Educação) – Universidade Federal do Espírito Santo.

COSTA, M. S. da. *Mudamos a avaliação escolar*: e a avaliação como fica? Uma experiência na perspectiva construtivista sociointeracionista. São Paulo, 1992. Dissertação (Mestrado em Educação – Supervisão e Currículo) – Pontifícia Universidade Católica de São Paulo.

COSTALONGA, E. M. F. *Alfabetização*: da prática à práxis. Vitória, 1992. Dissertação (Mestrado em Educação) – Universidade Federal do Espírito Santo.

CRUZ, M. C. *Alfabetizando crianças surdas*: análise da proposta de uma classe especial. São Paulo, 1992. Dissertação (Mestrado em Educação – Distúrbios da Comunicação) – Pontifícia Universidade Católica de São Paulo.

CUNHA, L. M. *Aplicabilidade do uso de computador na alfabetização de portadores de Síndrome de Down*. Rio de Janeiro, 1995. Dissertação (Mestrado em Educação) – Universidade Estadual do Rio de Janeiro.

DIAS, A. M. I. *Classes de alfabetização na rede de ensino no Estado do Ceará*: desafio e mudança? Fortaleza, 1990. Dissertação (Mestrado em Educação) – Universidade Federal do Ceará

DURAN, M. C. G. *A representação de pré-escola*: suas relações com a prática de alfabetização. São Paulo, 1988. Dissertação (Mestrado em Educação) – Pontifícia Universidade Católica de São Paulo.

_____. *Alfabetização na rede pública de São Paulo*: a história de caminhos e descaminhos do ciclo básico. São Paulo, 1995. Tese (Doutorado em Educação – Psicologia da Educação) – Pontifícia Universidade Católica de São Paulo.

ENGERS, M. E. A. *O professor alfabetizador eficaz*: análise de fatores influentes da eficácia do ensino. Porto Alegre, 1987. Tese (Doutorado em Educação) – Universidade Federal do Rio Grande do Sul.

EVLAGON, M. C. N. *Considerações sobre o processo de alfabetização*: uma perspectiva sociointeracionista. Curitiba, 1990. Dissertação (Mestrado em Educação) – Universidade Federal do Paraná.

FARIA, J. T. C. *Treinamento em serviço de professores sobre a aprendizagem da leitura e escrita por alunos portadores de deficiências múltiplas numa abordagem funcional*. Rio de Janeiro, 1994. Dissertação (Mestrado em Educação) – Universidade Estadual do Rio de Janeiro.

FERREIRA, H. I. *Alfabetização*: desafio da escola pública e a proposta curricular do Paraná. Piracicaba, 1994. Dissertação (Mestrado em Educação) – Universidade Metodista de Piracicaba.

FERREIRA, J. M. *Produção de textos na alfabetização*: um estudo da relação entre a oralidade e a escrita numa experiência concreta. Salvador, 1993. Dissertação (Mestrado em Educação) – Universidade Federal da Bahia.

FERREIRA, M. das G. *A interação verbal*: um estudo do papel da linguagem numa sala de aula de alfabetização. Goiânia, 1991. Dissertação (Mestrado em Educação) – Universidade Federal de Goiás.

FOINA, L. de M. G. *O primeiro ano na escola*. São Paulo, 1989. Tese (Doutoramento em Educação – História e Filosofia da Educação) – Pontifícia Universidade Católica de São Paulo.

FRANCHI, E. P. *Da oralidade à escrita*: articulando aspectos sociais, linguísticos e psicológicos ao processo pedagógico da alfabetização. Campinas, 1987. Tese (Doutorado em Educação) – Universidade Estadual de Campinas.

FREITAS, R. C. de. *A alfabetização contextualizada pelos relatos das vivências de suas professoras no ensino regular do município do Rio de Janeiro*. Rio de Janeiro, 1991. Dissertação (Mestrado em Educação) – Universidade Federal do Rio de Janeiro.

FREITAS, S. A. de. *Alfabetização*: uma utopia buscada nos caminhos da interdisciplinaridade. São Paulo, 1993. Dissertação (Mestrado em Educação – Supervisão e Currículo) – Pontifícia Universidade Católica de São Paulo.

GABBARDO, L. M. R. *O cotidiano de classes de alfabetização e a construção da autonomia de aprendizagem*. Porto Alegre, 1993. Dissertação (Mestrado em Educação) – Pontifícia Universidade Católica do Rio Grande do Sul.

GARUTI, S. A. *Interações criança-criança e criança-adulto*: negociações na construção da linguagem escrita. São Paulo, 1995. Dissertação (Mestrado em Educação – Psicologia da Educação) – Pontifícia Universidade Católica de São Paulo.

GODINHO, M. J. *Alfabetização*: a psicogênese da escrita em crianças amapaenses. São Paulo, 1989. Dissertação (Mestrado em Educação – Psicologia da Educação) – Pontifícia Universidade Católica de São Paulo.

GONDIM, M. M. R. *Concepção integradora na prática de alfabetização*: projeto de vida. Rio de Janeiro, 1990. Dissertação (Mestrado em Educação) – Universidade Federal do Rio de Janeiro.

JATOBÁ, C. M. da R. *Eles conseguem*: estudo sobre alfabetização em crianças com Síndrome de Down. Natal, 1995. Dissertação (Mestrado em Educação) – Universidade Federal do Rio Grande do Norte.

LANZA, A. A. X. *Fracasso escolar e alfabetização*: uma crítica do período preparatório. Belo Horizonte, 1988. Dissertação (Mestrado em Educação) – Universidade Federal de Minas Gerais.

LEAL, M. A. I. *Distúrbios e dificuldades de aprendizagem na aquisição da escrita*: reflexões sobre seu diagnóstico na sala de aula. Campinas, 1991. Dissertação (Mestrado em Educação) – Universidade Estadual de Campinas.

LOCATELLI, I. *Em busca das palavras essenciais*: a alfabetização como processo dialógico. Rio de Janeiro, 1991. Dissertação (Mestrado em Educação) – Pontifícia Universidade Católica do Rio de Janeiro.

LUCENA, M. de F. G. *O atendimento educacional de crianças portadoras de deficiência auditiva em fase inicial de alfabetização*. São Paulo, 1987. Dissertação (Mestrado em Educação) – Pontifícia Universidade Católica de São Paulo.

MACEDO, G. *O lugar do significado no processo de alfabetização*: um estudo da cartilha *Pipoca* e do manual de instrução do professor. Natal, 1993. Dissertação (Mestrado em Educação) – Universidade Federal do Rio Grande do Norte.

MACIEL, F. I. P. *O analfabeto*: vida e lida sem escrita. Belo Horizonte, 1994. Dissertação (Mestrado em Educação) – Universidade Federal de Minas Gerais.

MAGALHÃES, R. C. A. *O mundo*: vida da criança com dificuldade em alfabetização. São Paulo, 1991. Dissertação (Mestrado em Educação – Psicologia da Educação) – Pontifícia Universidade Católica de São Paulo.

MARASCHINI, C. *O escrever na escola*: da alfabetização ao letramento. Porto Alegre, 1995. Tese (Doutorado em Educação) – Universidade Federal do Rio Grande do Sul.

MARTINCOWSKI, T. M. *Estudo da passagem da etapa pré-alfabética para a alfabética em crianças de primeira série*. São Carlos, 1989. Dissertação (Mestrado em Educação) – Universidade Federal de São Carlos.

MELLO, M. B. S. *Relutância dos professores em alfabetizar*. Rio de Janeiro, 1991. Dissertação (Mestrado em Educação) – Universidade Federal Fluminense.

MENDES, M. B. E. *Alfabetização*: a revelação do processo. São Carlos, 1992. Dissertação (Mestrado em Educação) – Universidade Federal de São Carlos.

MENDONÇA, M. S. de S. *A relação entre a supervisão e a alfabetização em Minas Gerais*. Rio de Janeiro, 1990. Dissertação (Mestrado em Educação) – Universidade Federal do Rio de Janeiro.

MENESES, B. M. de. *O sujeito construtivista da alfabetização*: uma reflexão crítica. Campo Grande, 1995. Dissertação (Mestrado em Educação) – Universidade Federal do Mato Grosso do Sul.

MIRANDA, M. M. *Os usos sociais da escrita no cotidiano de camadas populares.* Belo Horizonte, 1991. Dissertação (Mestrado em Educação) – Universidade Federal de Minas Gerais.

MOTA, S. B. V. *O quebra-cabeça*: a instância letra na aquisição da escrita. São Paulo, 1995. Dissertação (Mestrado em Educação – Psicologia da Educação) – Pontifícia Universidade Católica de São Paulo.

MOURILHE, M. J. G. *Professoras alfabetizadoras*: um estudo de sua prática pedagógica e de suas concepções sobre criança, escola e alfabetização. São Carlos, 1991. Dissertação (Mestrado em Educação) – Universidade Federal de São Carlos.

NASCIMENTO, E. A. *Governo Jarbas (1986-1988)*: o Ciclo de Alfabetização e o conformismo científico-tecnológico das massas. Recife, 1995. Dissertação (Mestrado em Educação) – Universidade Federal de Pernambuco.

NEDER, M. L. C. *Ensino da linguagem*: a configuração de um drama. Cuiabá, 1992. Dissertação (Mestrado em Educação) – Universidade Federal do Mato Grosso.

NEVADO, R. A. de. *As abstrações na construção da língua escrita e do espaço métrico na interação com o computador durante o processo de alfabetização.* Porto Alegre,1989. Dissertação (Mestrado em Educação) – Universidade Federal do Rio Grande do Sul.

NOGUEIRA, A. L. II. *A atividade pedagógica e a apropriação da escrita.* Campinas, 1991. Dissertação (Mestrado em Educação) – Universidade Estadual de Campinas.

OLIVEIRA, D. P. T. *A alfabetização na escola pública estadual do Rio de Janeiro.* Rio de Janeiro, 1987. Dissertação (Mestrado em Educação) – Universidade Federal do Rio de Janeiro.

ONATIVIA, A. C. *Método integral*: um recurso para a aquisição da leitura e da escrita numa criança com dificuldades específicas de alfabetização. São Paulo, 1992. Dissertação (Mestrado em Educação – Psicologia da Educação) – Pontifícia Universidade Católica de São Paulo.

OPPIDO, C. *Classes populares e o sucesso da alfabetização.* São Paulo, 1988. Dissertação (Mestrado em Educação – Supervisão e Currículo) – Pontifícia Universidade Católica de São Paulo.

OSORIO, A. M. do N. *Em busca de respostas para a questão da alfabetização ou do analfabetismo*: as representações sociais do professor alfabetizador. Campo Grande, 1994. Dissertação (Mestrado em Educação) – Universidade Federal do Mato Grosso do Sul.

OSWALD, M. L. M. B. *Alfabetização*: a construção histórico-social da linguagem. Rio de Janeiro, 1989. Dissertação (Mestrado em Educação) – Pontifícia Universidade Católica do Rio de Janeiro.

PASSOS, S. das G. D. *A prática da alfabetização na pré-escola particular e na pré-escola pública*. Belo Horizonte, 1995. Dissertação (Mestrado em Educação) – Universidade Federal de Minas Gerais.

PEREIRA, A. B. C. *A atuação da supervisão educacional no processo de alfabetização*. Rio de Janeiro, 1989. Dissertação (Mestrado em Educação) – Universidade Federal do Rio de Janeiro.

PERSONA, R. M. J. *Alfabetização*: prática pedagógica de professores considerados bem-sucedidos. Cuiabá, 1993. Dissertação (Mestrado em Educação) – Universidade Federal do Mato Grosso.

PIMENTEL, C. *A função social da língua escrita*: um diálogo com crianças de alfabetização. Rio de Janeiro, 1992. Dissertação (Mestrado em Educação) – Pontifícia Universidade Católica do Rio de Janeiro.

RAMOS, A. L. M. *Alfabetização na pré-escola*: apreciação analítica e contribuições para construção de um caminho interdisciplinar. Curitiba, 1995. Dissertação (Mestrado em Educação) – Universidade Federal do Paraná.

RAMOS, G. T. *Amapa*: o estudo de uma trajetória para a construção de uma política de alfabetização. São Paulo, 1993. Dissertação (Mestrado em Educação – Supervisão e Currículo) – Pontifícia Universidade Católica de São Paulo.

REGALADO, A. M. F. *Os estudos adicionais e a prática do alfabetizador*: conteúdos programáticos relevantes. Rio de Janeiro, 1988. Dissertação (Mestrado em Educação) – Universidade Federal do Rio de Janeiro.

RESENDE, V. B. de. *A produção do fracasso e do sucesso na alfabetização de crianças das camadas populares*. Belo Horizonte, 1994. Dissertação (Mestrado em Educação) – Universidade Federal de Minas Gerais.

RIBEIRO, E. E. T. *Condições de alfabetização na primeira série e desenvolvimento cognitivo de escolares*: um estudo de caso na periferia de Uberlândia. São Paulo, 1988. Dissertação (Mestrado em Educação) – Pontifícia Universidade Católica de São Paulo.

RIBEIRO, V. M. M. *Problemas da abordagem piagetiana em educação*: Emilia Ferreiro e a alfabetização. São Paulo, 1991. Dissertação (Mestrado em Educação – Filosofia e História da Educação) – Pontifícia Universidade Católica de São Paulo.

ROCHA, E. A. C. *Pré-escola e escola*: unidade ou diversidade?. Florianópolis, 1991. Dissertação (Mestrado em Educação) – Universidade Federal de Santa Catarina.

ROCHA, S. R. da M. *O processo de alfabetização e o folclore infantil*: o caso de três alfabetizadoras de uma escola municipal de Campina Grande – PB. Porto Alegre, 1993. Dissertação (Mestrado em Educação) – Universidade Federal do Rio Grande do Sul.

RODRIGUES, I. E. *A utilização do Método de Comunicação Total como adjunto efetivo na remediação de alunos com dissincronia na alfabetização e a interface entre linguagem oral, codificada e gesticular*. Rio de Janeiro, 1989. Dissertação (Mestrado em Educação) – Universidade Federal do Rio de Janeiro.

ROSA, D. E. G. *Abordagem construtivista em uma classe de ciclo básico de alfabetização*: do proposto ao projeto real. Goiânia, 1993. Dissertação (Mestrado em Educação) – Universidade Federal de Goiás.

SANTOS, A. B. G. dos. *O corpo em movimento e a alfabetização*: proposta para um trabalho corporal significativo. Rio de Janeiro, 1994. Dissertação (Mestrado em Educação) – Universidade Federal Fluminense.

SANTOS, M. da G. A. B. *O grafismo infantil*: processos e perspectivas. São Paulo, 1992. Dissertação (Mestrado em Educação) – Faculdade de Educação, Universidade de São Paulo.

SCHIAFFINO, M. M. S. *A construção do código linguístico escrito em programas de alfabetização bilíngue português-alemao*. Rio de Janeiro, 1988. Dissertação (Mestrado em Educação) – Pontifícia Universidade Católica de São Paulo.

SCHLINDWEIN, L. M. *A proposta de alfabetização do Estado de Santa Catarina e sua efetivação no município de Penha/SC*. São Paulo, 1994. Dissertação (Mestrado em Educação – Psicologia da Educação) – Pontifícia Universidade Católica de São Paulo.

SEMENSATO, D. *Anive*: uma primeira feição da palavra escrita. São Carlos, 1992. Dissertação (Mestrado em Educação) – Universidade Federal de São Carlos.

SILVA, H. H. F. da. *O processo de alfabetização em uma oficina de brinquedos*. Porto Alegre, 1992. Dissertação (Mestrado em Educação) – Pontifícia Universidade Católica do Rio Grande do Sul.

SILVA, L. S. P. *Reinventando procedimentos na classe especial*: uma experiência integrando professor e orientador educacional. Rio de Janeiro, 1990. Dissertação (Mestrado em Educação) - Universidade Federal do Rio de Janeiro.

SILVA, M. de N. da C. e. *Repensando a alfabetização*: em estudo introdutório. Campinas, 1987. Dissertação (Mestrado em Educação) - Universidade Estadual de Campinas.

SILVA, W. de A. H. e. *A avaliação na classe de alfabetização*. Vitória, 1987. Dissertação (Mestrado em Educação) - Universidade Federal do Espírito Santo.

SILVEIRA, T. B. F. de. *Ler e escrever como um processo ativo da criança*: o desafio de uma nova proposta. Porto Alegre, 1988. Dissertação (Mestrado em Educação) - Universidade Federal do Rio Grande do Sul.

SMOLKA, A. L. B. *A alfabetização como processo discursivo*. Campinas, 1987. Tese (Doutorado em Educação) - Universidade Estadual de Campinas.

SOARES, A. M. J. *Inovações conceituais nas propostas pedagógicas de alfabetização*: tentativas, impasses e tendências. São Paulo, 1992. Dissertação (Mestrado em Educação) - Faculdade de Educação, Universidade de São Paulo.

SOUZA, L. V. *O sentido na produção de textos de criança em fase de alfabetização*. Goiânia, 1995. Dissertação (Mestrado em Educação) - Universidade Federal de Goiás.

SOUZA, N. A. de. *A concepção de avaliação da aprendizagem do professor alfabetizador do ciclo básico paranaense*. Marília, 1995. Dissertação (Mestrado em Educação) - Universidade Estadual Paulista, Campus de Marília.

ZACCUR, E. G. dos S. *A construção do leitor/autor*: um desafio à escola progressista. Rio de Janeiro, 1991. Dissertação (Mestrado em Educação) - Universidade Federal Fluminense.

ZAN, C. *A produção de textos*: atividade nuclear do processo de alfabetização. São Paulo, 1994. Tese (Doutorado em Educação) - Faculdade de Educação, Universidade de São Paulo.

FONTE: BIREME/CD-ROM - Edição: julho de 1996.

ANEXO 15
LIVROS RELACIONADOS COM ALFABETIZAÇÃO MAIS CITADOS A PARTIR DA DÉCADA DE 1980 (VER CAPÍTULO 4)

BETTELHEIM, B. , ZELAN, K. *Psicanálise da alfabetização*: um estudo psicanalítico do ler e do aprender. Trad. José L. Caon. Porto Alegre: Artes Médicas, 1984.

CAGLIARI, L. C. *Alfabetização e linguística*. São Paulo: Scipione, 1989. (8.ed. 1995).

CARRAHER, T. N. (Org.) *Aprender pensando*. Petrópolis: Vozes, 1989.

CARDOSO, B., TEBEROSKY, A. *Reflexões sobre o ensino da leitura e da escrita*. Trad. B. Cardoso. São Paulo: Trajetória Cultural, Campinas: Editora da Unicamp, 1989.

FERREIRO, E., TEBEROSKY, A. *Psicogênese da língua escrita*. Trad. D. M. Lichtenstein. Porto Alegre: Artes Médicas, 1985. (Original em espanhol de 1984, 3.ed. brasileira 1990).

FERREIRO, E. *Alfabetização em processo*. Trad. S. C. Lima e M. N. Paro. São Paulo: Cortez, Campinas: Autores Associados, 1986. (Coleção Educação Contemporânea). (Original em espanhol de 1986, 5.ed. brasileira 1989).

_____. *Reflexões sobre alfabetização*. Trad. H. Gonzales et al. São Paulo: Cortez, Campinas: Autores Associados, 1985. (Coleção polêmicas do nosso tempo - v.17). (Originais em espanhol de [1985], 23.ed. brasileira 1995).

_____. (Org.) *Os filhos do analfabetismo*: propostas para a alfabetização escolar na América Latina. Trad. M. L. Abaurre. Porto Alegre: Artes Médicas, 1990.

GROSSI, E. P. *Didática da alfabetização*. São Paulo: Paz e Terra, 1990. 3v.

SMOLKA, A. L. B. *A criança na fase inicial da escrita*: alfabetização como processo discursivo. São Paulo: Cortez, Campinas: Editora da Unicamp, 1989. (6.ed. 1993).

SOARES, M. *Linguagem e escola*: uma perspectiva social. São Paulo: Ática, 1986.

TEBEROSKY, A. *Psicopedagogia da linguagem escrita*. Trad. B. Cardoso. 2.ed. São Paulo: Trajetória Cultural, Campinas: Editora da Unicamp, 1990.

ANEXO 16
EXEMPLOS DE CARTILHAS "CONSTRUTIVISTAS" E "TRADICIONAIS", LISTADAS NO *MANUAL PARA A INDICAÇÃO DOS LIVROS DIDÁTICOS E MÓDULOS PARADIDÁTICOS 95/96* (VER CAPÍTULO 4)

AGUIAR, M. A., MAGALHÃES, M. L., PARAIZO, M. *Na minha terra aprendo a ler com alegria*. Rio de Janeiro: Memórias Futuras, 1992. 191p. il. b&p. (Acompanhado de instruções para o professor, com o título "O construtivismo e a alfabetização" e contendo bibliografia, onde se encontram: J. A. Juriaguerra, M. G. Bordini, T. N. Carraher, E. Ferreiro, E. P. Grossi, S. Kramer, A. Luria, M. C. Micotti, E. Orlandi, J. Piaget, H. Sinclair, A. L. B. Smolka, L. S. Vygotsky, entre outros).

ALMEIDA, P. N. (Formado em Pedagogia, Letras e Filosofia, ex-professor alfabetizador, Diretor da EEPSG Barão do Rio Branco – Piracicaba – SP). *Pipoca*: método lúdico de alfabetização. Uma proposta construtivista e interacionista lúdica. 24.ed. reformulada. São Paulo: Saraiva, 1995. 176p. il. col. Com Manual do Professor (32 p. com bibliografia onde constam: B. Bettelheim, C. R. Brandão, Recuperando a alegria de ler e escrever (Cadernos CEDES), T. Carraher, M. J. Dietzch, E. Ferreiro, E. Franchi, P. Freire, B. Freitag, Jolibert, C. Micotti, E. Orlandi, J. Piaget, A. L. B. Smolka, L. S. Vygotsky, H. Wallon, entre outros.) (Complementada por: livro do aluno, livro do professor, manual do professor e fita cassete com canções da cartilha).

AZEVEDO, D. G. *Festa das letras*: cartilha. São Paulo: FTD, 1985. 144p. il. col. (Acompanhada de cassete com 45 músicas gravadas e suplementada por livro do professor. Segue "marcha sintética": do período preparatório para os textos de leitura complementar.)

BRAGANÇA, A. D., CARPANEDA, I. P. M., NASSUR, R. I. M. *Porta de papel*: alfabetização, cartilha. São Paulo: FTD, 1989. 160p. il. col. (Suplementado por livro de atividades e livro do mestre, no qual se encontram "orientações pedagógicas", indicando o método silábico utilizado na cartilha).

CUNHA, R. *Penso, pesquiso, aprendo*: processo de alfabetização numa perspectiva construtivista. São Paulo: Brasil, 1993. 112p. il. col. (Apresentada em pasta contendo livro, caderno de ditados e pesquisas e baralho silábico).

FONSECA, T. N., MAGALHÃES, I. M. *Pompom, meu gatinho*: atividades 1 – alfabetização. Rio de Janeiro: Ao Livro Técnico, 1983. 88p. il.

col. (Suplementada pelo guia do professor. Segue "marcha sintética": das sílabas às frases).

FRANCO, Â., CARVALHO, H., CRISTINA, T. *Descobrindo & Construindo*: Língua Portuguesa, alfabetização. Belo Horizonte: Lê, 1991. (Contém muitas páginas sem numeração com jogos para recortar, em branco e preto).

GALLO, M. I. D. *Chuvisco*: cartilha. São Paulo: Scipione, [1988]. 127p. il. col. (Exemplar do professor, acompanhado de Livro do Professor, contendo, plano de curso para a utilização de um material "simples e funcional" e bibliografia, onde se encontram títulos de textos de: R. Alves, F. Azevedo, M. L. Bacha, B. Bettelheim, P. Freire, P. Furter, W. Kilpatrick, M. T. Nidelcoff, M. L. C. D. Nosella, *Guias Curriculares...*, entre outros.)

GIENSEN, M. R. C., GARCIA, V. A. *Descobrindo a vida*: alfabetização numa perspectiva socioconstrutivista. São Paulo: Brasil, 1993. 240p. il. col. e b&p.

LIMA, G. R. B., MORENO, E. C. *Alfabetização construtivista*: atividades. São Paulo: Brasil, 1995. 223p. il. col. (Contém bibliografia consultada e sugerida, onde se encontram documentos oficiais da CENP e FDE: *Proposta Curricular para o Ensino de Língua Portuguesa – 1º grau*, *Retomando a proposta do Ciclo Básico*, *Revendo a proposta de alfabetização*, *Ciclo Básico em jornada única*, *A criança e o conhecimento*, além de textos de: E. Ferreiro, L. C. Cagliari, C. R. Brandão, entre outros).

LIMA, W. (Licenciada em Língua e Literatura Portuguesa pela USP, coordenadora de Língua Portuguesa do Colégio Rio Branco, São Paulo). *Meu Caminho*: alfabetização (livro didático) São Paulo: Atual, 1994. 138p. il. col., com bibliografia, referente sobretudo às fontes de textos de leitura, mais três títulos teóricos. (Suplementado por Manual do Professor (para livro didático e caderno de jogos) 23p. 5 partes: 1. Apresentando ideias, 2. Atuando com o material, 3. Enriquecendo experiências, 4. Complementando o trabalho, 5. Bibliografia comentada, com 17 títulos de autores atuais: M. G. Bordini, L. C. Cagliari, E. Ferreiro, E. Ferreiro & M. G. Palacio, P. Freire, W. Iser, M. Kato, H. Sinclair, A. L. B. Smolka, M. Soares, A. Teberosky & B. Cardoso. Complementa a cartilha o *Caderno de Jogos* (88p.) para recortar, baseado na proposta de E. P. Grossi.

MEIRELES, I, MEIRELES E. *A casinha feliz*: cartilha pelo método da fonação condicionada e repetida. 26.ed. rev. Rio de Janeiro: Record, 1991. 48p. il. col. (Com anexo, contendo 25 textos em anexo para serem colados na cartilha. Suplementada por *Caderno de Exercícios, Livro de Atividades* (v.1 e 2) e *Manual do Professor* apresentado à parte e contendo ideia geral do método e considerações sobre o material do professor e do aluno e sobre o curso).

PASSOS, L. M. M. *Alegria de saber*: cartilha. 26.ed. São Paulo: Moderna, 1992. 112p. il. col. (Com orientações para serem acrescentadas no exemplar do professor, em que se encontra explicitado o método misto ou eclético utilizado na cartilha).

PERSUHM, J. J. *Texto e contexto*: cartilha. São Paulo: Brasil, 1987. 131p. il. col. (Suplementado por livro do mestre, onde se explicita a opção pelo uso do processo global para alfabetização).

ROCHA, D. M. (Professora alfabetizadora e pedagoga), TEIXEIRA, R. F. B. (Professora e pedagoga, com especialização em Pré-Escolar, em Estimulação Precoce e em Avaliação Diagnóstica), GARCIA, T. M. F. B. (Filósofa, Professora, Pedagoga, com Mestrado em Educação na USP). *Produzindo leitura e escrita:* 1º livro de alfabetização. Curitiba: Braga, 1993. 231p. il. col. (Prêmio Jabuti/1994. Contém sugestão de leituras para alunos e bibliografia para professora, onde se encontram: E. Ferreiro, M. Kato, M. Lemle, A. Luria, A. L. B. Smolka, E. T. Silva, M. Soares, E. Yunes, R. Zilbermam. Complementado por manual do professor, com o mesmo título da cartilha, contendo aspectos teórico-metodológicos fundamentadores, comentários sobre organização da cartilha e unidades de trabalho, respostas de exercícios, informações sobre temas de pesquisa e indicações bibliográficas, onde se encontram: V. Frago, C. Faraco, E. Ferreiro & A. Teberosky, M. Kato, M. Lemle, M. K. Oliveira, J. Piaget, L. S. Vygotsky, A. Luria, L. Leontiev, entre outros.)

SIQUEIRA. C. R., SCAVAZZA, M. C. CURTI, M. E. *De palavra em palavra*: cartilha interdisciplinar, pré-escola, 1ª série, 1º grau. São Paulo: Moderna, 1987. (Com orientações didáticas no exemplar destinado ao professor).

SOUZA, G. G. *Alfabetização criativa*: cartilha. (Colaboração e supervisão didática de Zélia Almeida). Livro do Professor. São Paulo: Dimensão, 1990. 141p. col. (Contém o resultado da experiência da autora como alfabetizadora e apresenta, na bibliografia final, E. Ferreiro, A. L. B. Smolka, S. Kramer, B. Bettelheim & K. Zelam, J. Ajuriaguerra, F. Smith, entre outros).

ÍNDICE ONOMÁSTICO

Achille, 56
Adam, Nicolas, 77, 184
Aguayo, A. M., 196, 209, 218, 221
Alanis, A., 165
Almeida Junior, Antonio de, 83, 137, 181, 201
Almeida, José R. Pires, 75
Almeida, R. M., 199, 221
Alves, M. Leila, 263, 291
Andersen, Hans Christian, 92
Andrade, Maria Guilhermina Loureiro de, 80, 84, 87, 136, 137
Andrade, Mário de, 305
Antipoff, Helena, 155
Antunha, Heladio C. G., 137
Araujo, Nestor, 137
Arendt, Hannah, 304, 305
Argento, E. C. 165
Ariès, Phillipe, 37, 38
Arnold, Sarah Louise, 98, 114, 116, 127, 137, 155, 191
Arroyo, Leonardo, 36, 135
Assad, R. R., 291

Azevedo, Fernando de, 142, 143, 144, 181, 183, 192, 221
Azevedo, Francisco, 200
Bain, Allain, 70, 185, 186
Bakhtin, Mikhail, 275
Ballesteros, A., 165
Barbosa, Ruy, 47, 74, 90
Barreto, Arnaldo de Oliveira, 77, 78, 81, 83, 91, 93, 94, 98,106, 107, 108, 111, 112, 113, 114, 119, 120, 121, 122,123, 135, 136, 137, 138, 139, 183, 191
Barreto, Elba de Sá, 287
Barreto, Plínio, 132
Barreto, René, 81
Barros, Roldão Lopes de, 181, 183, 191
Baudelaire, Charles, 304
Bellegarde, João, 88, 138
Benjamin, Walter, 38
Benveniste, Émile, 74
Berman, Marshal, 304
Bertolletti, Estela N. M., 219

Bilac, Olavo, 121, 175, 221
Binet, Alfred, 103, 127, 157, 165, 192
Binzer, Ina Von, 47, 74
Bloch, Marc, 38
Boa Morte, M. Trigueiro da, 52
Borges, Abílio César (Barão de Macaúbas), 47, 51, 58, 74, 136, 175, 201
Braga, Denise B., 289
Braslavsky, Berta, 197, 218, 266
Bréal, M., 70
Brito, J. Luiz de, 88, 108, 109, 136, 138, 140
Browne, Marcia Priscilla, 80, 84, 98, 100, 108, 141
Buarque, Cyridião, 219

Caetano de Campos, Antonio, 78, 79, 80, 84, 91, 132, 133, 138
Cagliari, Luiz Carlos, 272
Caldeira, Branca, 158
Calkins, Norman A., 90
Camara Junior, Joaquim Mattoso, 74
Campos, Moacyr, 174, 221
Candido, Antonio Zeferino, 60, 61, 74, 89
Candido, Antonio, 37, 216
Cangrus, Colette, 165
Canto, Francisco Pedro do, 51, 53, 75
Capanema, Gustavo, 182
Cardim, Carlos Alberto Gomes, 100, 106, 113, 114, 119, 121, 136, 138, 139, 191
Cardoso Franco, Luiz, 89, 90, 91, 136, 138
Cardoso, Beatriz, 270
Carneiro Junior, Miguel, 81, 83, 136, 138, 185
Carpenter, 113
Carraher, Terezinha Nunes, 270
Carvalho, Epaminondas, 56
Carvalho, Felisberto, 53, 56, 57, 75, 175, 221

Carvalho, Francisco Aurélio de Souza, 46, 75
Carvalho, José Murilo de, 74
Castilho, A. Feliciano de, 58
Catani, Denice Bárbara, 135, 136
Certeau, Michel de, 39
Charboneau, 186
Chartier, Anne-Marie, 36
Chartier, Roger, 38
Chauí, Marilena, 21, 37
Chernier, 184
Chomsky, Carol, 264
Chomsky, Noam, 264
Claparède, Edouard, 155, 156, 157, 158, 196, 221, 222
Claub, 113
Comenius, J. Amós, 70, 103
Compagne, 186
Compayré, 196
Comte, Auguste, 70
Correa, Waldomiro Guerra, 200
Costa, Firmino, 159, 197, 222
Costa, W. F., 221, 290
Couto, Camargo, 118
Cunha, Luís Antonio, 37
Curtius, Ernest, 304

D'Ávila, Antonio, 133, 138, 218, 221
Damasco Penna, João Batista, 158, 196, 218, 221
Davis, Cláudia, 262, 292
Debesse, Maurice, 305
Décroly, Ovide, 103, 127, 128, 155, 192, 196
Degand, *Mlle*, 103, 127, 128, 192
Delauney, 184
Demartini, Zeila, 84, 85, 138
Deus (Ramos), João de, 18, 25, 41, 48, 51, 59, 60, 61, 62, 63, 72, 73, 75, 76, 89, 91, 95, 96, 98, 108, 115, 136
Dewey, John, 196
Dias, J. S., 59, 75

Dib, Carlos Z., 36, 101, 135, 140, 175, 203, 221, 223
Diez, F., 70
Dordal, Ramon Roca, 81, 83, 86, 92, 95 96, 108, 109, 110, 135, 136, 139
Duby, George, 37
Durkheim, Émile, 156

Escobar, José, 135, 181, 192
Espósito, Yara L., 274, 291

Fénelon, 191
Fernandez, Rogerio, 36
Ferreiro, Emilia, 19, 26, 37, 218, 219, 252, 256, 263, 264, 265, 266, 267, 270, 275, 276, 281, 285, 286, 289, 291
Ferrière, 67, 196
Fiad, Raquel S., 289
Figueirinhas, Antonio, 156, 222
Fioravanti, C. A., 221
Fleury, Luiz Gonzaga, 186
Fontenelle, J. P., 155
Forgione, J. D., 165
Foucault, Michel, 38, 306
Frago, Antonio Viñao, 36
Franco, Maria Sílvia C., 37
Fránklin, 46
Freire, Madalena, 270
Freire, Paulo, 219
Freitag, Bárbara, 221, 290
Freitas, Altina Rodrigues Albuquerque de, 102, 105, 139
Freitas, Cymbelino, 102, 103, 139
Freyre, Gilberto, 51, 75
Fröebel, Friederich W. A., 70, 114
Furet, François, 36, 305

Gadotti, Moacir, 270
Galhardo, Thomas Paulo do Bom Sucesso, 53, 55, 56, 75, 108, 137, 221

Geraldi, João Wanderley, 38, 276, 277, 278, 279, 289, 290, 291
Gonçalves Dias, Antonio, 46, 75
Goodman, Kenneth, 264
Graff, Harvey J., 36
Gray, W. 158, 165
Grisi, Rafael, 194, 195, 198, 222
Grossi, Esther Pilar, 270, 281
Guelli, Oscar, 200

Hall, Stanley, 113
Hallewell, Lawrence, 73, 74, 136
Herbart, J. F., 70
Hérbrard, Jean, 36, 37, 289
Hernandez, Elianeth D. K., 270, 281, 291
Hilsdorf, M. Lúcia Spedo, 53, 59, 60, 75
Homero Ricardo, 46
Hovelacque, Abel, 67, 70
Hummel, Sebastião, 60, 61

Inglez de Souza, Herculano M., 41

Jacotot, 77, 103, 115, 185
James, William, 97
Jancsó, István, 37
Janet, Pierre, 150
Jardim, Renato, 179, 181, 182, 183, 187, 188, 189, 190, 191, 192, 193, 222
Javal, E., 186
Julia, Dominique, 38

Kavanagh, J., 264
Kerchensteiner, Georg, 196
Köpke, João, 42, 53, 58, 84, 95, 98, 99, 107, 108, 109, 110, 111, 112, 113, 114, 115, 116, 117, 118, 119, 120, 121, 122, 139, 155, 175, 186, 187, 191, 192, 221
Krieck, Ernst, 196
Kuhlman, Gustavo, 118

La Durie, E. L., 37
Lane, Horacio, 80, 125, 140
Le Goff, Jacques, 37, 38, 39, 304, 305
Léfèvre, André, 67
Léfèbvre, Henri, 304
Leguina, Henrique de, 156
Leite, Francisco E. A., 87, 139
Lima, Branca Alves de, 206, 207, 209, 210, 211, 222
Lima, Mario S., 181
Lobo, José M., 201
Lombardo-Radice, Giuseppe, 196
Lopes, Oscar, 60, 76
Lourenço Filho, Manoel Bergström, 26, 119, 142, 143, 144, 145, 146, 147, 148, 149, 151, 152, 153, 154, 155, 156, 157, 158, 159, 60, 162, 163, 164, 165, 166, 168, 170, 172, 173, 176, 177, 178, 179, 182, 195, 196, 197, 199, 213, 214, 216, 217, 218, 219, 222, 223
Lourenço Filho, Ruy, 217
Lourenço, Leda Maria da Silva, 137, 165, 223
Luria, A., 272
Luzuriaga, Lourenzo, 196

Macedo, Lino de, 272
Machado de Assis, Joaquim Maria, 46, 75
Madureira, Candido J. A. (Abade de Arcozelo), 59
Magalhães, B., 81, 139
Magalhães, Justino, 36
Magnani, M. Rosário Mortatti, 38
Maia, Silvio, 118
Marques, Orminda Isabel, 159, 197, 223
Marx, Karl, 297
Mattingly, J., 264
Meiklejohn, 110, 112, 113, 115
Meireles, Cecília, 201, 223
Melo Castro e Mendonça, A. M., 49, 75

Mendes Vianna, Francisco, 81, 101, 106, 107, 187, 191, 221
Mendes, Amadeu, 181
Mennucci, Sud, 179, 182, 183, 192, 193, 194, 223
Mialaret, Gaston, 305
Micotti, Maria Cecília O., 199, 223
Milano, Miguel, 202
Mill, John Stuart, 70
Mill, John, 70
Minicucci, Agostinho, 197
Monarcha, Carlos, 73, 135, 137, 217, 218, 220
Montaigne, M.-E. de, 98
Montessori, Maria, 185, 196
Moraes Filho, Evaristo, 305
Moraes, Theodoro Jeronymo de, 83, 94, 97, 98, 99, 100, 106, 107, 113, 114, 119, 120, 123, 127, 136, 138, 139, 185, 186, 191, 201
Motta Junior, Cesário, 78, 83, 84
Motta, V. R., 221, 290
Moura, Américo de, 132
Müller, M., 70
Muniz, Irene, 158

Nagle, Jorge, 220
Napoleão, Hugo, 282, 291
Nora, Pierre, 39
Nunes, Clarice, 38

Oliveira, Mariano de, 83, 101, 106, 119, 122, 135, 138, 139, 185, 191
Olmo, F., 165
Ornellas, Manuel Soares de, 137
Osakabe, Haquira, 306
Ouzouf, Jacques, 36, 305

Palacio, Margarida, 276
Palma Filho, João Cardoso, 262, 291
Parker, Francis, 98, 115, 126, 185
Pascal, 98
Patto, Maria Helena Souza, 305

Pavão, Zélia M., 199, 223
Pêcheux, Michel, 275
Penna, Antonio Gomes, 217
Pereira, Antonio R. Alves, 81, 88, 135, 136, 140
Pestalozzi, J. H., 70, 105
Pfromm Neto, Sammuel, 36, 101, 135, 140, 175, 203, 221, 223
Piaget, Jean, 19, 150, 264, 275, 276
Pierón, Henri, 103, 156, 157, 158, 161, 165, 192
Pintner, Rudolf, 161
Pinto e Silva, João, 83, 135, 136, 138, 180, 181, 185, 191, 201
Pizzoli, Ugo, 128, 129, 158
Planchard, E., 165
Poppovic, Ana Maria, 194, 195, 199, 223
Portella, Eduardo, 305
Porto, Affonso, 219
Prestes, Gabriel, 78, 84, 102
Proença, Antonio Firmino de, 105, 106, 140
Puiggari, Romão, 55, 81, 92, 175

Quaglio, Clemente, 128, 129, 140, 158, 183, 191

Radecka, Halina, 165
Randovillers (Abade), 77, 184
Read, Charles, 264
Rego, Lúcia Browne, 270
Reis Filho, João Chrysostomo Bueno dos, 135
Reis, Carlos, 125, 140
Ribeiro, Hilario, 53, 54, 75, 136, 175, 201, 221
Ribeiro, Julio, 42, 60, 66, 67, 70
Roark, Eric, 184
Rodrigues, João Lourenço, 50, 76, 81, 88, 135, 136, 138, 140
Romero, Silvio, 40, 42, 76
Rosamilha, Nelson, 36, 101, 135, 140, 175, 203, 221, 223

Rouanet, Sérgio Paulo, 305
Rousseau, Jean-Jacques, 295
Ruiz, H., 165

Sampaio Dória, Antonio, 84, 85, 132, 134, 140, 181, 183, 186, 191
Sampaio, Ernesto, 219
Sant'Anna, Joaquim de, 136
Santos, M. G. M., 291
Santos, M. M., 200, 224
Saraiva, Antonio José, 60, 76
Saussure, Ferdinand, 74
Saviani, Dermeval, 259
Schorske, Carl E., 37
Sepúlveda, C., 305
Sheldon, E. A., 97
Silva Jardim, Antonio da, 25, 41, 42, 43, 44, 45, 48, 49, 51, 57, 59, 60, 61, 64, 65, 66, 67, 70, 71, 72, 73, 76, 90, 98, 112
Silva, Fernando Dias, 171
Silva, Lílian Lopes Martins, 289
Silva, M. Beatriz Nísia, 75
Silva, Roserlei N. da, 262, 292
Silveira, Carlos da, 181, 183, 219, 224
Silveira, Noemi A., 157, 158
Simon, Theodore, 127, 149, 157, 165, 192
Smith, Frank, 264
Smolka, Ana Luiza B., 275, 276, 292
Soares, Magda, 37, 198, 224, 259, 260, 273, 274, 292, 305
Sodré, Abel, 204, 205, 206, 224
Sodré, Benedicta Stahl, 204, 206, 224
Spencer, Herbert, 70
Sperber, Suzi F., 290
Starobinsky, Jean, 39
Stern, 196
Storni, Oswaldo, 176
Subiratis, Eduardo, 305

Teberosky, Ana, 218, 219, 264, 265, 266, 270, 291

Teixeira, Anísio, 143
Tenca, Alvaro, 84, 85, 138
Tenca, Sueli, 84, 85, 138
Terman, Lewis M., 161
Thiré, Arthur, 137
Thompson, E. P., 302
Thompson, Oscar, 80, 81, 83, 84, 93, 98, 99, 102, 103, 104, 118, 123, 125, 126, 127, 129, 130, 131, 132, 133, 134, 135, 136, 137, 140, 190, 192
Toledo, João, 181
Toledo, Odalívia, 158, 218
Tolosa, Benedito Maria de, 107, 108, 118, 136, 140, 183, 185, 191, 219

Vaney, 155

Vanzeller, 46
Vergamini, Ísis Sodré, 204
Verissimo, José, 48, 76, 89
Veyne, Paul, 306
Voss, Pedro, 81, 201, 224
Vygotsky, Lev Semenovich, 27, 272, 275, 276

Walther, Léon, 158
Warde, Mirian, 37
Watson, John B., 150
Weisz, Telma, 270, 272
White, Emerson, 185
Witte, Bernd, 305
Wyneken, Gustav, 196

Zilberman, Regina, 306

ÍNDICE GERAL

Apresentação 13

Introdução 17

Capítulo 1
A metodização do ensino da leitura 41
    A "missão civilizadora" de Silva Jardim 41
    A reforma do ensino da língua materna e o "método João de Deus" 48
    A *Cartilha Maternal ou Arte da Leitura* 59
        O método e o sentimento 65
        O método e a inteligência 66
        O método e a atividade 68
    O ensino da leitura como objeto de estudo 70
    A fundação de uma tradição 72
    Notas 73
    Fontes documentais 74

Capítulo 2
A institucionalização do método analítico 77
    A "nova bussola da educação" 77

Cartilhas analíticas e profissionalização
dos escritores didáticos   85
    Arte da Leitura, de Luiz Cardoso Franco   89
    Cartilha das Mães, de Arnaldo de Oliveira Barreto   91
    Cartilha Analytica, de Arnaldo de Oliveira Barreto   93
    Cartilha Moderna, de Ramon Roca Dordal   95
    Meu Livro (Leitura Analytica),
    de Theodoro Jeronymo de Moraes   97
    Cartilha Infantil, de Carlos Alberto Gomes Cardim   100
    Cartilha (Leituras infantis) e *Primeiros Passos* (Leituras infantis),
    de Francisco Mendes Vianna   101
    Nova Cartilha Analytico-Synthetica e *Cartilha Ensino-Rapido da Leitura*, de Mariano de Oliveira   101
    Cartilha – primeiro livro, de Altina Rodrigues de Albuquerque Freitas   102
    Cartilha Proença, de Antonio Firmino de Proença   105
    Cartilha de Alfabetização, de Benedito M. Tolosa   107

As disputas entre mais modernos e modernos   108
    As polêmicas veiculadas pela *Revista de Ensino*   108
    A polêmica entre paulistas e fluminense   112

Oscar Thompson e a institucionalização
do método analítico   123

A fundação de uma (nova) tradição   133

Notas   135

Fontes documentais   137

Capítulo 3
A alfabetização sob medida   141
    A educação renovada   141
    Lourenço Filho e o aprendizado da leitura e escrita   146
        Testes ABC   146
            O conteúdo expresso e seus fundamentos   146
            A prática legitimadora
            e seus mecanismos de controle   151
            A estrutura do livro: a apresentação   152
            A estrutura do livro: o prefácio   152
            A organização interna   154
        Testes ABC e a consolidação
            de uma carreira de prestígio   156

Testes ABC e a "monomania de época"   157
Testes ABC e a "Bibliotheca de Educação"   158
A trajetória de *Testes ABC* e a produção
de um ato fundador   159
As sucessivas edições   160
A propaganda ostensiva   161
A autorreferência dos prefácios   162
Revisões e ampliações atualizadoras   163
A repercussão internacional   164
Autonomização do material para aplicação   166
Testes ABC e os testes ABC   167
Testes ABC e a disputa entre moderno e antigos   168

Cartilha do Povo   170

Upa, Cavalinho!   174

A diversidade de iniciativas   179
    As revistas de ensino paulistas   180
    Mais uma polêmica sobre o método para o ensino
    da leitura   182
    A rotinização do "método eclético"   194
    Livros, manuais de ensino e textos acadêmicos   195
    Cartilhas   199
    Cartilha Sodré, de Benedicta Stahl Sodré   204
    Caminho suave, de Branca Alves de Lima   206

A fundação de uma (nova) tradição   212

Notas   216

Fontes documentais   221

Capítulo 4
Alfabetização: construtivismo e desmetodização   251
    "Velhos temas", "novas perspectivas"   251
    A escola democrática e a alfabetização   257

    A resposta do Ciclo Básico   262
        A teoria construtivista de Emilia Ferreiro   263
        A institucionalização do construtivismo
        no Estado de São Paulo   267

    Tematizações acadêmico-científicas sobre alfabetização   273
        O "estado do conhecimento" em alfabetização   273
        A perspectiva interacionista   275
        A ausência presente do discurso   276

Concretizações propostas nas cartilhas   280

A alfabetização no final do século XX   284

Notas   281

Fontes documentais   291

Alfabetização e modernidade no Brasil
(à guisa de conclusão)   293
   Sobre o conceito de modernidade   293
   Um projeto moderno de educação   294
   Sob o signo da modernidade:
   modernidades brasileiras em alfabetização   298
   O que foi *o fazer*   302
   Notas   304

Bibliografia   307
   Leitura/escrita/alfabetização   307
   Linguagem/língua   309
   Educação/pedagogia   310
   Psicologia   313
   Epistemologia   314
   História e cultura   314
   Obras de referência   318

Instituições e acervos consultados   323

Anexos   325

Anexo 1
Cadernos de caligrafia em circulação no 2º momento   325

Anexo 2
Textos relacionados com o ensino da leitura publicados na *Revista de Ensino*, além dos citados no Capítulo 2   326

Anexo 3
Outros textos representativos da "monomania dos testes"   326

Anexo 4
Textos relacionados com a leitura e a escrita,
produzidos, orientados ou prefaciados por Lourenço Filho   327

Anexo 5
Outros textos sobre ensino de leitura
e escrita publicados na revista *Educação*, até 1930   329

Anexo 6
Textos sobre ensino da leitura e escrita publicados
ou republicados na revista *Educação*, após 1930   331

Anexo 7
Exemplos de artigos sobre ensino de leitura e escrita
publicados em outros periódicos, nas décadas de 1940 a 1970   332

Anexo 8
Livros e manuais de ensino contendo capítulos sobre ensino da leitura
e escrita, que circularam entre professores paulistas desde o final do
século XIX até a década de 1920   334

Anexo 9
Manuais de ensino, que tratam direta ou indiretamente do ensino
da leitura e escrita, produzidos por brasileiros no 3º momento   335

Anexo 10
Cartilhas produzidas antes de 1930
e constantes no *Annuario de Ensino de 1937*   336

Anexo 11
Cartilhas publicadas em São Paulo a partir da década de 1930   337

Anexo 12
Documentos relativos à alfabetização no Ciclo Básico,
produzidos por órgãos da SE/SP, a partir da década de 1980 e recorrentemente citados   339

Anexo 13
Exemplos de documentos contendo abordagens "tradicionais"
da alfabetização e publicados por outros órgãos da SE/SP   346

Anexo 14
Exemplos de teses de dissertações sobre alfabetização
produzidas no Brasil entre 1987 e 1995,
no âmbito de cursos de pós-graduação em Educação   347

Anexo 15
Livros relacionados com alfabetização
mais citados a partir da década de 1980   357

Anexo 16
Exemplos de cartilhas "construtivistas"
e "tradicionais", listadas no *Manual para a indicação
dos livros didáticos e módulos paradidáticos 95/96*   358

Índice onomástico   361

Índice geral   367

PROGRAMA PUBLICAÇÕES DE APOIO À FORMAÇÃO INICIAL E CONTINUADA DE PROFESSORES

O objetivo do Programa é criar estímulo para que editoras universitárias, em colaboração com as instituições participantes do Comitê dos Produtores da Informação Educacional (COMPED), apoiem a difusão de coleções, textos didáticos, obras de referência, catálogos, guias e outros materiais inovadores que contribuam para a ampliação da disponibilidade de títulos a serem adotados como bibliografia nas licenciaturas da área educacional.

Veja como funciona

O Programa será desenvolvido com o apoio dos membros do COMPED na reprodução e difusão dos materiais aprovados, segundo sua adequação nas seguintes linhas: publicações para compor bibliografia básica nas licenciaturas e publicações de fontes de informação em educação.

Como participar

1 As editoras universitárias deverão habilitar-se previamente junto ao COMPED, através do INEP, manifestando formalmente seu interesse em participar do Programa.

2 Terão preferência as editoras universitárias mantidas pelo setor público.

3 Cada editora poderá ter contratada para reprodução, no máximo, duas (2) obras, por ano.

4 Não serão aceitas obras que se caracterizem como estudo de caso ou tese.

5 É permitida coedição entre as editoras.

6 As obras a serem encaminhadas ao Programa deverão ser previamente selecionadas e aprovadas pelos respectivos conselhos editoriais.

7 Cada editora poderá encaminhar, no máximo, duas (2) propostas, em cada fase de seleção.

7.1 Só serão aceitas reedições de obras esgotadas, no mínimo, há dois anos.

7.2 Cada volume de uma mesma obra é considerado como uma proposta independente.

8 Para cada reprodução apoiada, deverá ser enviada ao INEP uma cota de 1.000 exemplares para distribuição.

9 A editora universitária responsabilizar-se-á pela edição, pagamento de direitos autorais, prestação de contas e outras exigências que se fizerem necessárias.

Maiores informações e calendário consultar
http://www.inep.gov.br/comped/acoes/default.htm
e-mail: cibec@inep.gov.br
endereço: Centro de Informações e Biblioteca em Educação – CIBEC
Esplanada dos Ministérios, Bloco L, térreo   CEP: 70047-900
Telefones: (0XX61) 323-5510 ou 410-9055

SOBRE O LIVRO

Coleção: Encyclopaidéia
Formato: 14 x 21 cm
Mancha: 23 x 43 paicas
Tipologia: ITC New Baskerville 10/13
Papel: Offset 75 g/m² (miolo)
Cartão Supremo 250 g/m² (capa)
1ª edição: 2000

EQUIPE DE REALIZAÇÃO

Edição de texto
Luicy Caetano de Oliveira (Preparação de Original)
Fábio Gonçalves,
Luicy Caetano de Oliveira e
Solange Scattolini Felix (Revisão)
Barbara Eleodora Benevides Arruda (Atualização ortográfica)

Editoração Eletrônica
Ricardo Nakamiti e Barbara Eleodora Benevides Arruda